党的十一届三中全会
前后的北京历史丛书

首都建设新风貌

中共北京市委党史研究室
北京市地方志编纂委员会办公室 组织编写

———

杨胜群 桂 生 主编
中共北京市委党史研究室
北京市地方志编纂委员会办公室 著

北京出版集团
北京人民出版社

图书在版编目（CIP）数据

首都建设新风貌／中共北京市委党史研究室，北京市地方志编纂委员会办公室组织编写；杨胜群，桂生主编；中共北京市委党史研究室，北京市地方志编纂委员会办公室著. -- 北京：北京人民出版社，2024.7.
（党的十一届三中全会前后的北京历史丛书）. -- ISBN 978-7-5300-0635-1

Ⅰ. D232

中国国家版本馆 CIP 数据核字第2024MR1701号

党的十一届三中全会前后的北京历史丛书
首都建设新风貌
SHOUDU JIANSHE XINFENGMAO

中共北京市委党史研究室　　组织编写
北京市地方志编纂委员会办公室

杨胜群　桂 生　主编

中共北京市委党史研究室　　著
北京市地方志编纂委员会办公室

*

北 京 出 版 集 团　出版
北 京 人 民 出 版 社

（北京北三环中路6号）

邮政编码：100120

网　　址：www.bph.com.cn

北 京 出 版 集 团 总 发 行
新 华 书 店 经 销
北京华联印刷有限公司印刷

*

787毫米×1092毫米　16开本　23.5印张　347千字
2024年7月第1版　2024年7月第1次印刷
ISBN 978-7-5300-0635-1
定价：96.00元

如有印装质量问题，由本社负责调换
质量监督电话：010-58572393

"党的十一届三中全会前后的北京历史丛书"
编委会

主　　编　　杨胜群　桂　生

执行主编　　陈志楣　宋月红

成　　员　　崔　震　张恒彬　韩久根

编委会办公室

主　　任　　陈志楣（兼）

副 主 任　　王锦辉

成　　员　　董　斌　杨华锋　武凌君　刘　超
　　　　　　董志魁　乔　克

序　言

习近平总书记强调，改革开放是决定当代中国命运的关键一招，也是决定实现"两个一百年"奋斗目标、实现中华民族伟大复兴的关键一招。站在新时代的今天，回顾40多年前的那段改革开放兴起的历史，更能深刻体会到改革开放的伟大意义。

1978年12月，在邓小平等老一辈革命家的推动下，党的十一届三中全会冲破长期"左"的错误的严重束缚，批评"两个凡是"的错误方针，充分肯定必须完整、准确地掌握毛泽东思想的科学体系，果断结束"以阶级斗争为纲"，重新确立马克思主义的思想路线、政治路线、组织路线，作出把全党工作的着重点转移到社会主义现代化建设上来、实行改革开放的战略决策，实现了新中国成立以来党的历史上具有深远意义的伟大转折，开启了改革开放和社会主义现代化建设新时期。这在中华民族历史上，在中国共产党历史上，在中华人民共和国历史上，都是值得大书特书的一件大事。

今年恰逢邓小平同志诞辰120周年。我们组织编写了"党的十一届三中全会前后的北京历史丛书"，旨在通过翔实的历史资料和生动的叙述方式，全面展现党的十一届三中全会前后在党中央领导下，中共北京市委带领全市人民冲破思想禁锢、克服重重困难、推进改革开放的生动实践和斗争精神，深刻诠释十一届三中全会伟大转折的历史意义和时代价值。

北京是中华人民共和国的首都，在开创和发展中国特色社会主义进程中具有十分重要的历史地位。丛书聚焦于1976年"文化大革命"结束至1984年党的十二届三中全会召开期间北京的历史，由《解放思想　拨乱反正》

> 首都建设新风貌

《城乡经济体制改革起步》《打开对外开放大门》《教育科技文艺恢复与发展》《首都建设新风貌》5部书构成。我们在编写中尽力做到：

导向正确。始终坚持以党的三个历史决议精神与习近平总书记关于党的历史和党史工作重要论述为遵循，树立正确党史观，坚持"两个不能否定"，准确把握党的十一届三中全会前后历史的主题主线、主流本质，正确评价党在前进道路上经历的失误和曲折，坚决反对和抵制历史虚无主义。

主题突出。通过对党的十一届三中全会前后历史的记叙和总结，深刻反映邓小平同志是中国社会主义改革开放和现代化建设的总设计师、中国特色社会主义道路的开创者、邓小平理论的主要创立者；深刻反映改革开放是我们党的一次伟大觉醒，是党和人民大踏步赶上时代的重要法宝，是坚持和发展中国特色社会主义的必由之路；深刻反映中国特色社会主义不是从天上掉下来的，是党和人民历尽千辛万苦、付出各种代价取得的根本成就。

科学准确。编写人员严格落实"查资料、查人、查地"的"三必查"工作要求，注重运用原始档案、文献，赴北京市档案馆查阅资料上百次，反复查阅《北京日报》《北京晚报》等报刊，联系有关单位，采访事件当事人，调研历史发生地，掌握了大量权威而翔实的资料。初稿完成后，多次修改打磨，邀请专家审改，最后经主编逐字逐句把关，以期为读者提供一套既有历史深度又有现实启示的优质读物。

地方特色鲜明。丛书侧重考察北京市委立足本地实际，领导全市人民在推进改革开放，坚持和发展中国特色社会主义伟大事业中出现的创造性实践、开拓性举措、突出性亮点以及在当地乃至全国具有重大影响的历史事件和重要活动，进而反映北京地域特点。

可读可鉴。坚持学术性与可读性相统一，既注重文字的准确性、严谨性，又力求写得生动流畅、通俗易懂。特别是把握整体与细节的关系，既关注决策的形成过程，又注意反映历史细节和先进典型，努力让读者做到知其然、知其所以然、知其所以必然。

历史和现实证明，越是伟大的事业，往往越是充满艰难险阻，越是需要开拓创新。中国特色社会主义是前无古人的伟大事业，前进道路上，还将进行许多具有新的历史特点的伟大斗争。让我们紧密团结在以习近平同志为核心的党中央周围，敢于担当、埋头苦干，以与时俱进、时不我待的精神不断夺取新胜利，在全面建成社会主义现代化强国、全面推进中华民族伟大复兴新征程上奋勇前进。

目录 CONTENTS

前　言 / 1

第一章 城市建设总体规划 / 1

一、贯彻落实中央书记处四项指示 / 1

二、1982 年城市总体规划的编制及其批复 / 10

三、大力发展适合首都特点的经济 / 19

第二章 城市基础设施建设 / 32

一、"前三门"、劲松等住宅小区建设 / 32

二、道路交通建设加快发展 / 40

三、实施一批供水排水骨干工程 / 49

四、供热供气供电能力稳步提升 / 58

五、邮政电信事业快速发展 / 66

第三章 医疗卫生事业新发展 / 77

一、医疗卫生改革初步展开 / 77

二、新建、改扩建医疗卫生机构 / 89

三、地方病与传染病防治 / 99

四、改善农村医疗卫生工作 / 107

五、爱国卫生运动广泛开展 / 116

第四章 国际旅游城市建设 / 127

一、加强旅游业统一管理 / 127

二、文物古迹保护修缮和风景区建设 / 134

三、改扩建、新建旅游饭店 / 143

四、旅游交通设施建设 / 151

五、旅游学院的筹建与人才培养 / 160

第五章 首都绿化美化 / 170

一、全民义务植树运动的开展 / 170

二、首都绿化委员会成立 / 180

三、城区绿化结硕果 / 187

四、郊区绿化步伐加快 / 196

五、"门前三包"责任制的探索和建立 / 206

第六章 社会治安和社会秩序治理整顿 / 214

一、打击经济领域严重犯罪活动 / 214

二、开展严厉打击严重刑事犯罪斗争 / 221

三、实行社会治安综合治理 / 230

四、整顿交通秩序 / 238

第七章 社会主义精神文明建设 / 247

一、"学雷锋，树新风"活动蔚然成风 / 247

二、广泛开展"五讲四美三热爱"活动 / 256

三、首都军民共建精神文明 / 265

四、培育"四有"新人 / 275

五、移风易俗倡导社会新风 / 290

目 录

第八章 人民生活新变化 / 300

一、就业渠道不断扩大 / 300

二、城乡居民收入和消费水平逐步提高 / 311

三、服饰衣着开始多彩多样 / 323

四、群众性体育活动恢复开展 / 334

五、业余文化生活逐步丰富 / 346

后　记 / 361

前　言

北京这座拥有3000多年建城史、800多年建都史的历史文化名城，见证了无数的荣耀与沧桑。党的十一届三中全会前后，她又一次站在历史的交汇点上。伴随改革开放的春风，北京市广大干部群众冲破思想的束缚，迈开铿锵有力的步伐，大力推进改革开放和社会主义现代化建设，首都经济社会呈现新的时代风貌。

针对长期以来北京城市建设存在的问题，1980年，中央书记处作出关于首都建设方针的四项指示，为新时期首都建设指明了前进方向。北京市积极贯彻落实四项指示，制定1982年城市建设总体规划并获得中共中央、国务院十条重要批复，明确北京全国政治中心和文化中心的城市性质，确定了发展适合首都特点的经济的工作思路，开启了首都社会主义现代化建设新的篇章。

全市把加强城市基础设施建设放在首位，建设完成"前三门"、劲松等一批住宅小区，缓解了首都人民住房紧张状况；兴建三环路、水源九厂、北京国际电信局等一批道路交通、供水排水、电力电信等骨干工程，极大地改善了城市基础设施，便利了人民群众生产生活。开展全民义务植树运动，多种形式加强城区郊区绿化，落实"门前三包"责任制，首都绿化美化建设迈出坚实步伐。适应对外开放新形势，加强旅游业建设和发展，开展文物古迹保护修缮和风景区建设，北京国际旅游业开始兴起。推进医疗卫生改革，新建、扩建医疗卫生机构，广泛开展爱国卫生运动，首都市容环境卫生状况明显好转。

根据党的十二大提出的努力建设高度的社会主义精神文明的战略方针，

首都建设新风貌

全市坚持物质文明建设和精神文明建设两手抓，积极培育"四有"新人，广泛开展"五讲四美三热爱""学雷锋，树新风"等活动，让社会主义精神文明之花绽放京华。同时，严厉打击严重刑事犯罪分子，推进社会治安综合治理，整顿交通秩序，实现首都社会风尚和社会风气的基本好转，为四个现代化建设营造了安定团结的良好氛围。

民惟邦本，本固邦宁。中国共产党团结带领人民进行革命、建设、改革，根本目的就是为了让人民过上好日子、过上幸福生活。为改善首都人民群众生活，全市在发展生产的基础上，积极扩大社会就业，推进城镇职工工资改革，发展农村多种经营，提升城乡居民收入和消费水平；大力推进群众文化建设，发展体育、电视、电影等社会事业，活跃群众体育运动，丰富市民业余文化生活，激发起全市人民意气风发建设社会主义的热情。

悠悠岁月筑丰碑，砥砺前行创新绩。今天，我们站在新的历史起点上，回望改革开放初期北京发展、建设的这段历史，不仅仅要铭记纪念建设者们的辛勤付出，更应汲取他们开拓进取、敢为人先的精神，建功新时代，奋力开创首都发展更加美好的明天。

第一章
城市建设总体规划

党的十一届三中全会召开后,首都城市建设迎来新的发展时期。中共中央书记处提出关于首都建设方针的四项指示,对北京城市定位提出了新的要求,为新时期首都建设指明了前进方向。根据中央书记处四项指示,北京市制定完成1982年版北京城市总体规划,并获得党中央、国务院十条重要批复,勾画出首都一个较长阶段的发展蓝图。在中央书记处四项指示和中央批复精神的指引下,北京市积极调整经济结构,探索发展适合首都特点的经济,开创了社会主义现代化建设的新局面。

一、贯彻落实中央书记处四项指示

北京是伟大社会主义祖国的首都。新中国成立后,为将北京由消费城市转为生产城市,城市曾定位为"我国政治、经济和文化的中心,特别要把它建设成为我国强大的工业基地和科学技术的中心"[①]。经过几十年的建设发展,北京各方面都取得了巨大成绩。但因过于注重工业发展也带来了一系列问题,加上"文化大革命"的破坏,直到改革开放初期,首都建设依然面临许多难题,如

---

① 《中共北京市委关于改建与扩建北京市规划草案向中央、华北局的请示报告》(1953年12月9日),北京市档案馆、中共北京市委党史研究室编:《北京市重要文献选编(1953)》,中国档案出版社2002年版,第588页。

城市规模发展过大，供水紧张、交通拥堵，城市住宅、市政公用设施、商业服务网点等"欠账"较多，环境污染较为严重，科学、教育、文化、卫生、体育等事业受到摧残，社会治安、社会风气、道德风尚等还存在许多问题。

中央书记处作出四项指示

北京发展中出现的问题，影响首都的地位和形象，与党中央要求和人民群众期待不相符，需要进一步深入认识和把握首都的性质和发展方向。早在1973年，周恩来总理提出，要把首都建成一座清洁的城市。[①] 1973年3月，中共北京市委书记、北京市革委会副主任万里提出，一定要把首都规划好、建设好、管理好，并提出了保护环境、治理污染，搞好工业布局和城市规划，广泛植树造林、绿化北京等主张和措施。[②]1978年8月，中央领导指出，北京市要把搞好社会治安、交通秩序和市容卫生作为改变首都市政面貌，向国庆30周年献礼的三项综合指标。这些探索和思考为首都发展方向的调整奠定了一定基础。

1978年12月，党的十一届三中全会召开，实现了党和国家工作中心的战略转移，揭开了改革开放的序幕。站在新的历史起点上，为破解北京城市建设存在的难题，大力推进首都改革开放和社会主义现代化建设，必须首先明确北京究竟要建成一个什么样的城市这一重大问题。而此时，社会各界对首都的城市性质、布局、规模、环境、工业发展等，认识并不一致。首都要实现更好发展，迫切需要在更高层面上进行全面统筹规划。

1980年4月17日，市委向中央上报《关于北京城市建设方针问题的汇报提纲》，就北京的城市性质、规模和布局，北京城市建设规划等提出初步设想。市委认为，根据北京是全国的政治中心这个特点，在建设方针上，必须坚决保证党中央、国务院领导全国和开展国际活动的需要，首都的四化建设包括工业、科学研究、文化教育等方面，都要适应这个特点，服从这个特点。过去对首都建设的这个特点认识不够，建设项目安排得不合理。针对北京城

[①][②] 《万里文选》，人民出版社1995年版，第62—64页。

市建设存在的问题，建议在总结经验基础上，采取果断措施，制止城市继续盲目扩张的趋势，控制城市人口过快增长；逐步改建旧城，改变破旧落后的面貌；加紧建设住宅和生活服务设施，大力改善城市交通，发展城市供水排水事业，大搞绿化美化，改善城市环境和市民生产生活条件；发展邮电通信、旅游等事业，增加科学、教育和文化设施等。

很快，4月21日，中央书记处专门召开会议，听取中共北京市委第一书记林乎加等就北京城市建设方针问题的汇报。中央书记处听取北京市委的工作汇报后，指出：首都建设要解决一个方针问题，即要建设一个什么样首都的问题。我们要想宽一点，扩展开来考虑首都的建设方针问题，首都的四个现代化建设要有自己特点，关键是要找准首都的定位。从国内角度看，北京作为首都最重要的功能就是全国的政治中心，"是神经中枢，是维系党心、民心的中心，不一定要成为经济中心"；从国际角度看，北京是"中国对国外的橱窗，全世界就通过北京看中国"。基于这样的认识和定位，首都建设必须在整体规划上重新探索，按照相当高的标准来建设。为此，在综合考虑北京自身地位、特点和历史等因素的基础上，中央书记处对首都建设方针提出了四条指导思想，即四项指示：

（一）要把北京建成为全中国、全世界社会秩序、社会治安、社会风气和道德风尚最好的城市。

（二）要把北京变成全国环境最清洁、最卫生、最优美的第一流的城市，也是世界上比较好的城市。

（三）要把北京建成全国科学、文化、技术最发达，教育程度最高的第一流的城市，并且在世界上也是文化最发达的城市之一。

（四）要使北京经济上不断繁荣，人民生活方便、安定。要着重发展旅游事业，服务行业，食品工业，高精尖的轻型工业和电子工业。下决心基本上不发展重工业。[①]

---

① 这是《中共中央书记处会议纪要》中的一部分。中共北京市委1980年5月10日以通知形式印发。

| 首都建设新风貌

中央书记处要求北京市委紧紧抓住政治思想建设、环境美化建设、科学文化建设、适合首都特点的经济建设等四个问题，并以此作为检查北京市工作的标准，实现"三年一小变，五年一中变，十年至十五年一大变"的目标。同时，必须遵循三个原则，即：严格控制人口规模，严格控制进京人口；制定改造、美化北京环境的远景规划，并从当年起采取切实措施，一步一步地干起来；加强统筹和宣传工作，在京的党政军领导机关要通力合作。

中央书记处关于首都建设方针的四项指示，进一步明确了首都的定位和性质，即"全国的政治中心和文化中心"，不再作为"经济中心"，全面地提出了政治思想建设、环境美化建设、科学文化建设和适合首都特点的经济建设问题，为新时期首都建设指明了方向，对北京市的建设和发展产生了重要而深远的影响。

统一全市思想认识

为学习贯彻中央书记处四项指示，1980年"五一"前夕，市委向市属各部、委、办和区、县、局的负责人传达了主要精神。5月10日，市委把中央书记处会议纪要关于北京城市建设方针问题部分，印发到全市基层党委（党组），要求"迅速传达到全体党员和广大群众，做到家喻户晓，老少皆知"。

四项指示印发后，立即在北京市广大干部和群众中激起热烈反响。大家兴高采烈地说：中央书记处提出的四项指示，为首都建设指明了方向，完全符合首都人民的心愿。西城区委等单位的同志说，中央书记处的指示完全符合北京的实际，首都的建设就是应该这么办。过去，首都建设由于方针不明确，中心不突出，多年来城市面貌变化不大。这回中央抓住了首都的特点，明确了方针，事情好办了。许多区委和科技界的负责干部说，实现中央提出的四项指示，困难不少，但是北京的有利条件也很多，特别是有党中央的关怀、领导，我们充满了信心。①

与此同时，作为北京发展方向的一次重大转变，也有些党员干部对四项

---

① 《中央四条建议为首都建设指明方向》，《北京日报》1980年5月7日第1版。

指示存在不同的理解和认识。有的认为实现四化、搞好经济建设是党的总路线的要求，强调要继续发展重工业；有的认为加强精神文明建设，经济建设就不重要了，甚至出现发展经济究竟是功还是过的议论等。为此，市委多次召开会议，统一各级领导干部的思想，强调必须同中央保持一致。5月7日至9日，北京市基本建设工作会议举行，传达贯彻了中央书记处四项指示要求。会议认为，中央书记处四项指示总结了30年来首都建设的经验和教训，解决了首都工作和建设的方针问题，是首都建设的一个转折点，为首都建设开辟了一个新阶段。会议要求立即行动起来，用实际行动来贯彻中央书记处的指示，抓紧编制首都城市规划总图方案，做好在建项目的重新审查和清理工作等。[①] 5月11日，《北京日报》发表社论指出，中央书记处四项指示实事求是总结北京市三十年城市建设的经验教训，是吸取了国际上许多国家首都建设的经验提出来的，必将成为推动首都现代化建设的强大动力。[②]

同时，市人大常委会认为要认真组织广大干部群众学习贯彻四项指示，从市级领导机关和基层，从干部到群众，都要切切实实地、毫不含糊地念四项指示这本"经"，不能"锣响鼓不响"，努力把首都建设好。市政协召开常委扩大会议，要求政协委员和市各民主党派坚决贯彻四项指示，为首都建设献计献策。

市级各部门、各区县通过召开工作会议、党委（组）会等形式，深入学习讨论贯彻中央书记处四项指示。市经委党组连续开展多次学习讨论，决心从以往的一些旧的传统观念中解放出来，根据首都的特点，坚决调整北京工业结构和工业布局，为把首都建设成为优美、清洁、具有第一流水平的现代化城市而努力。市规划局干部职工认真学习讨论四项指示，大家表示：四项指示很明确，也很重要，应该毫不走样地按照中央书记处提出的方针去办。有关处室在总结首都城市规划的基础上，立即行动起来，收集资料、分析数据、绘制图表，着手制定新的建设规划。市委教育工作部召开多次学习讨论

---

① 《按照首都特点重新审查建设项目》，《北京日报》1980年5月10日第1版。
② 《首都人民的光荣任务》，《北京日报》1980年5月11日第1版。

会，并召集20所市属高等院校的负责同志召开3次座谈会，学习讨论四项指示，在提高思想、统一认识的基础上，着手制定北京市教育事业的发展规划纲要，为把首都建设成为全国文化科学技术最发达、教育程度最高的城市贡献力量。市科委、市文化局、市财贸办公室等部门也召开学习讨论会，立即谋划制定行业发展规划。各郊区县也根据中央确定的方针，从实际出发考虑规划，决心把郊区建成为城市人民服务的副食品基地。

广大干部群众积极响应市委号召，纷纷献计献策，边讨论，边行动，有些能够马上做的立即去做，在整顿市容卫生、加速首都绿化、增设商业服务业网点、治理污染、改革中等教育结构以及搞好社会治安等方面取得了一些进展。如首都科技工作者先后向北京市委、市政府有关部门提出近400条重要建议，其中包括北京城市建设总体规划，开发、利用和节约能源，合理利用资源，城市交通，医药卫生，企业技术改造，人才培训，建立京郊自然保护区等一系列重大课题。① 市卫生局为解决全市医院病床紧张的问题，开展调查研究，发现当时最急需增加的是产科和儿科的床位，决定在朝阳区垂杨柳医院、朝阳区小庄医院、北京市第四医院等增设一部分产科床位，协调西城区中医医院等增设儿科床位。② 全市广大人民群众从我做起，从当下做起，人人动手，消灭苍蝇，整顿环境，深入搞好爱国卫生运动。

为更好贯彻落实中央书记处四项指示精神，1980年7月至8月，北京市还邀请部分全国人大常委会委员和全国政协委员视察北京工作并分别召开座谈会，听取对首都建设的意见建议。全国人大常委会委员们对北京市的社会治安、青少年教育、市容卫生、城市污染、噪声危害、蔬菜供应等提出了意见建议。全国政协委员们对北京市工业布局、基本建设、交通管理、商业网点、服务态度等提出了意见建议，特别是希望尽快解决日益严重的首都环境污染，解决群众吃菜难、做衣难等问题。

经过3个多月的学习讨论和听取各方面的意见建议，全市初步统一了思

---

① 《共和国日记》编委会编：《共和国日记1983》，河南人民出版社2020年版，第142页。

② 《大搞卫生 努力使首都成为清洁城市》，《北京日报》1980年5月15日第1版。

想认识，明确了首都建设的方向和目标。1980年8月，市委向中央书记处上报《中共北京市委关于贯彻执行中央书记处对北京市工作方针四项指示的汇报提纲向中央书记处的报告》。指出：中央书记处四项指示正确地指出了首都建设的方向，"我们一定要遵照中央指示，进一步认清北京的特点，解放思想，总结经验，调整北京市各项工作部署，重新研究首都建设的全盘规划，广泛深入发动群众，朝着中央书记处指出的目标努力奋斗，使贯彻落实中央书记处四项指示成为首都建设史上一个崭新的开端"。报告按照中央书记处对北京工作的目标要求，提出了此后15年的奋斗目标，努力把首都建成社会秩序、社会风气、道德风尚全国最好的城市，清洁、卫生、环境比较优美的城市，全国科学文化最发达、教育程度最高的城市，经济繁荣、人民生活比较方便的城市等。①

基本实现"三年小变"目标

1981年1月，中央调段君毅任中共北京市委第一书记，焦若愚任中共北京市委第二书记兼市长。新的市级领导班子建立后，努力抓好四项指示精神的贯彻落实。

为进一步统一思想，2月12日至20日，市委召开工作会议。与会同志深入学习了四项指示精神，总结了党的十一届三中全会以来市委的工作。会议强调，四项指示是"根据北京特点，总结了历史经验提出来的，是党的三中全会确定的政治路线在北京的具体化"。"四项指示抓住了北京市的特点，是我们长期的指导思想。"全市必须按照四项指示进行调整，不能有任何动摇和违背。会议要求，全市各级党组织和广大党员、干部，都必须在指导思想上来个根本的转变，逐步把首都建设转移到四项指示的轨道上来。从当时起，对首都的政治思想建设、环境美化建设、科学文化教育建设，都要摆到日常重要的工作位置上，在财力、物力的使用上要尽可能地支持。全市人民要动

---

① 《中共北京市委关于贯彻执行中央书记处对北京市工作方针四项指示的汇报提纲向中央书记处的报告》（1980年8月9日），北京市档案馆、中共北京市委党史研究室编：《北京市重要文献选编（1980）》，中央文献出版社2018年版，第217—219页。

首都建设新风貌

员起来，密切配合，为改变首都面貌而努力。①

1982年9月，党的十二大召开，提出"建设有中国特色的社会主义"重大命题，对开创社会主义现代化建设新局面作出全面部署。11月6日至13日，市第五次党代会召开，段君毅代表中共北京市第四届委员会作题为《坚决贯彻党的十二大精神 全面开创首都社会主义现代化建设新局面》的报告。会议研究总结了贯彻执行中央书记处四项指示情况，认为北京各条战线的工作，开始纳入了四项指示的轨道，为今后的发展奠定了良好基础。同时，会议进一步明确强调：北京在新的历史时期应当朝着一个什么样的目标奋斗？概括地讲，就是中央书记处关于首都建设方针的指示中的四条要求。此后五年全市要大力推进物质文明建设、精神文明建设，使首都在政治思想建设、环境美化建设、科学文化建设和适合首都特点的经济建设等各方面都取得显著进展，开创首都社会主义现代化建设的新局面。

经过持续宣传动员，在党的十二大精神指引下，全市深入贯彻市第五次党代会精神，坚持解放思想、实事求是，积极推进改革开放，组织发动各方面力量，全面贯彻落实中央书记处四项指示精神，开启了首都建设新的篇章。

全市不断加强社会主义精神文明建设，广泛开展群众性的"五讲四美三热爱""文明礼貌月"等活动，推行文明公约、职工守则、学生守则、乡规民约以及各种职业道德规范。广大党员群众特别是青少年学雷锋、树新风，立志成为有理想、有道德、有文化、守纪律的劳动者。同时，全市各级党组织大力加强思想作风建设，开展了"为人民服务，对人民负责"大讨论，狠刹公款吃喝等不正之风，端正党风。进一步健全社会主义民主和法制，加强法制宣传教育，从重从快打击一批严重危害社会治安的犯罪分子等，保证了首都社会主义现代化建设的顺利进行。

针对长期以来城市基础设施"欠账"较多的矛盾和困难，全市不断加强城市建设和管理，努力逐步把首都建设成为现代化的社会主义新型城市。调

---

① 《逐步把首都建设转移到中央四项指示的轨道上来》，《北京日报》1981年2月21日第1版。

整城市建设"骨头"和"肉"的比例关系,把城市基础设施放在各项建设的先行地位,加强道路、交通、给水、排水、电力、邮电、煤气、热力等建设。加快城市住宅建设,落实私房政策,满足人民群众日益增长的住房需求。至1983年初,全市用于道路、供水、排水等市政公用设施的投资共7.6亿元,相当于十年内乱期间的2.7倍;建成各类房屋2100多万平方米,其中竣工1200多万平方米,一大批新式住宅小区拔地而起。加强了环境卫生和公共秩序的整顿、治理,持续深入开展"全民义务植树"活动,加快首都绿化、美化建设步伐。

为将首都建设成为中国科学文化最发达、教育程度最高的城市,全市大力加强发展教育、科学、文化艺术、新闻出版、广播电视、卫生体育、图书馆、博物馆等各项文化事业。教育方面,主要是巩固中小学教育,积极恢复新建高等院校,创办并巩固大学分校,发展中等职业技术教育,建立高等教育自学考试制度。至1983年初,郊区农村学龄儿童入学率和城区初中入学率都已达到98%;全市高等院校在校大学生近8万人,中专、技校、职业高中班在校学生达47000人,电视大学、函授大学和职工业余大学在校学生约4万人。科学技术成果不断涌现,文化、体育、卫生等各项社会事业开始呈现繁荣兴旺景象。

全市以积极发展适合首都特点的经济为导向,加快国民经济结构的调整。工业着重发展食品、纺织、轻工、电子、光学、民用电器、仪器仪表、新型建筑材料等能耗低、用水省、占地少、不污染扰民、容纳劳动力多的行业,努力朝着高、精、尖的方向发展。商业服务业大力增加网点、改善服务,进一步发展饮食业、修理业和各种服务业等行业。外贸、旅游事业也有了较大发展。农业贯彻执行"服务首都、富裕农民,建设社会主义新农村"的方针,在保证粮食总产量不断有所增长的前提下,发展多种经营,使首都蔬菜、牛奶、鸡蛋、猪肉、北方水果等主要副食品基本自给。

1983年3月,在中央书记处四项指示提出近3周年之际,市委向中央上报《关于贯彻执行首都建设方针四项指示的情况和今后意见的报告》。报告认为,经过3年多的努力,北京市社会治安和社会秩序有所好转,城市面貌有了显著改变，教育科学文化事业逐步恢复和发展，国民经济逐步走上适合首都特点的轨道，城乡人民生活有了显著改善，基本上实现了中央书记处提出的"三年小变"的要求，并在此基础上向"五年中变"的方向前进。

二、1982年城市总体规划的编制及其批复

新中国成立后，北京先后经历了1953年、1958年、1973年三版城市规划的制定。党的十一届三中全会召开，首都城市建设迎来新的历史发展时期，编制新一轮城市建设总体规划，成为开创新时期首都城市建设发展新局面的迫切需要。

编制改革开放后北京首个城市总体规划

自1973年城市总体规划修订以来，北京各界对城市规划建设上的一些重大问题，如北京要不要成为经济中心，要不要严格控制城市规模，要不要坚持分散集团式布局等，始终存在不同的认识及争论。1980年4月，中央书记处对北京城市建设作出四项指示，成为新一版城市总体规划编制的根本指导思想。同年12月，国家建委颁发《城市规划编制审批暂行办法》及《城市规划定额指标暂行规定》，为城市总体规划的修编提供了标准和依据。由此，新一版北京城市建设总体规划的编制工作进入了加速推进阶段。

全市各相关职能部门，围绕中央书记处四项指示精神，积极开展城市总体规划的编制工作。市规划局多次组织召开汇报会、座谈会，听取专家及有关部门的意见建议。1980年11月24日至26日，市科协和市规划局邀请各方面专家70多人，对北京市城市建设总体规划献计献策。专家纷纷表示，当前北京市的建设工作分散混乱，认真贯彻四项指示、制定总体规划刻不容缓。不少专家提出，北京是我国的首都，牵涉面广，影响广泛，必须有各个部门、各有关地方的配合，特别需要在中央强有力的领导下，综合地、系统地考虑各方面因素，制定总体规划。总体规划一经制定，要提交市人民代表大会讨

论通过并报国务院批准，坚决贯彻执行，任何个人不得任意更动。①

1980年5月，北京市城市规划管理局的工程技术人员认真讨论和制定城区建设规划。

为广泛征求社会各方面意见，1981年5月，市规划局在虎坊桥市技术交流站举办北京城市规划工作汇报展览。展览历时40多天，共接待来自中央、北京市及外省市人员8800多人。② 参观者纷纷表示：规划方案基本符合中央书记处关于首都建设方针的四项指示精神，符合首都人民的心愿；认为展览肯定了成绩，揭示了矛盾，展望了未来，增强了人们建设首都的信心。③

1981年11月，北京市城市规划委员会（以下简称市规委）成立，市长焦若愚为主任，进一步加大了对城市总体规划编制工作的组织协调力度。在市规委的统筹下，市规划局继续承担总体规划的编制工作，并从市建筑设计院、市政设计院和建委系统有关单位抽调了70名专业人员，为规划编制工作充实了技术力量。1982年1月18日至20日，市规委召开会议进一步研究讨

---

① 《制定首都总体规划刻不容缓》，《北京日报》1980年11月29日第1版。
②③ 中共北京市委城市建设工作委员会编：《北京市城建系统党史资料（纪事汇编）（中）》，中国工商出版社2004年版，第804—805、805页。

论总体规划方案。3月,《北京城市建设总体规划方案(草案)》形成,正式上报市委。

方案经市委常委会讨论通过,提交市人大常委会审议。7月19日至22日,北京市第七届人民代表大会常务委员会第二十二次会议原则通过该方案。市人大常委会《关于〈北京城市建设总体规划方案〉的决议》认为:"这个规划方案是遵照中共中央书记处关于首都建设方针的指示,经过认真调查研究和广泛征集了各个方面的意见而编制的,基本上是符合北京的地位、特点和建设实际情况的。"[1] 会议决定,方案由市政府做必要修改,报请国务院审批,作为指导北京城市建设发展的总依据。

《北京城市建设总体规划方案》(以下简称《规划》)包括城市性质、城市环境、城市布局、旧城改建等17部分内容,总结了"文化大革命"中的诸多教训,继承了以往城市总体规划编制的主要思想,直面城市建设中的诸多问题,规划了到2000年北京城市建设的发展方向和建设方针。

《规划》明确北京的城市性质,"北京是我们伟大社会主义祖国的首都,是全国的政治中心和文化中心。各项事业的建设和发展,都要适应和服从这样一个城市性质的要求",不再提经济中心和现代化工业基地。规划提出适合首都特点的经济发展方向,强调经济发展"要充分考虑首都的特点,调整结构,扬长避短,发挥优势,不断提高经济效益",对工业、交通运输业、建筑业、农业、旅游业等各项经济事业发展,提出原则要求。

《规划》强调严格控制城市人口规模,按照中央书记处提出的人口规模1000万人的要求,提出通过限制新建或扩建中央机关下属事业单位等措施,严格控制人口机械增长,逐步实施疏散人口的方针。[2] 规划指出,人口规模控制是城市规模控制的关键,但不是全部,对控制城市规模要采取多项综合措施,如严格控制建设用地、卫星城建设节约用地、加强用地管理等。

---

[1] 中共北京市委城市建设工作委员会编:《北京市城建系统党史资料(纪事汇编)(中)》,中国工商出版社2004年版,第829页。

[2] 北京市城市规划设计研究院编:《北京城市规划建设的创新》,北京出版社2023年版,第29页。

《规划》强化对城市环境绿化的认识，明确环境质量提高目标和具体措施。针对风沙危害大、环境污染严重等问题，提出"要治山治水，绿化造林，防治污染，兴利除弊，提高环境质量"的规划方针。突出综合施策的理念，明确提高绿化覆盖率、建立若干自然保护区、建设风景游览区、大力治水、积极保护水源等措施。关注区域协作，提出解决水源不足、生态平衡失调等问题，要结合京、津、冀地区的区域规划进一步研究。

《规划》提出"旧城逐步改建，近郊调整配套，远郊积极发展"的建设方针，合理调整城市布局。对旧城逐步改建、近郊调整配套以及在远郊地区有计划发展卫星城和规划村镇建设提出明确要求，形成大、中、小相结合的城镇体系。旧城主要体现政治中心和文化中心的需要；近郊工业区进行搬迁调整，建设居住区和各类生活服务设施；远郊因地制宜、有计划地发展卫星城镇，首次提出建设要"搞好环境评价"。对山区建设与保护提出要求，保持水土，发展生产，体现城乡协调发展的内涵要求。

《规划》根据北京历史文化名城的定位，对保留、继承和发展文化古都风貌提出更高要求。明确旧城改建的目标和重点，"必须从整体着眼，注意保留、继承和发扬旧城现有的独特风格和优点"，提出完成天安门广场和长安街改建、旧城关厢地区改建、重要历史街区保护、历史文化名城保护、旧城建筑高度控制等 11 条具体要求，首次提出历史文化名城保护要求，抓紧制定名城保护规划。[①]

《规划》深化了对居住区建设等问题的认识，坚持按比例建设住宅和生活服务设施的原则，明确居住区是组织居民生活的相对独立的基本单位。首次提出"多数职工在工作地区就近居住"的规划原则，强调居住区建设包括住宅及生活服务设施建设、市政公用设施建设，要和基层政权建设结合起来，形成能行使各项城市管理职能、设施比较齐全、能基本满足日常生活需要的有一定相对独立性的社会细胞。

---

① 北京市城市规划设计研究院编：《北京城市规划建设的创新》，北京出版社 2023 年版，第 30 页。

《规划》认真总结以往规划实施的经验教训，首次提出保证城市总体规划实施的措施，明确了健全法制、加强领导、改革体制、分期实施、落实到基层的5条具体措施，具有很强的前瞻性和可实施性。"北京的总体规划，许多问题涉及华北地区，尤其是京、津、唐地区，雁北地区，张家口和承德地区。建议国务院主管部门加强区域规划工作的领导，统筹安排"，这被认为是规划界最早提出的"首都圈"概念，具有重要的理论创新意义。

党中央、国务院十条重要批复

1982年12月22日，市政府将该《规划》报国务院审批。1983年5月23日、7月4日，党中央、国务院研究讨论对《北京城市建设总体规划方案》的批复。胡耀邦、万里等中央领导同志听取北京市汇报。北京市段君毅、焦若愚等领导同志参加。经中央书记处讨论，最后决定："批准北京城市总体规划，成立首都规划建设委员会，市长挂帅，市里事情实在难办时，找万里同志。"

1983年7月14日，党中央、国务院对《北京城市建设总体规划方案》作出十条重要批复，内容包括城市性质、经济发展、历史文化名城保护、基础设施建设等10个方面。批复认为，总体规划方案贯彻了中央对首都建设方针的指示精神是符合实际的。这是首次以中共中央、国务院的名义批复一个城市的总体规划，体现了党中央对北京城市总体规划编制的高度重视。

关于城市性质和城市规模，批复明确北京是我们伟大社会主义祖国的首都，是全国的政治中心和文化中心。"北京的城市建设和各项事业的发展，都必须服从和充分体现这一城市性质的要求。"要为党中央、国务院领导全国工作和开展国际交往，为全市人民的工作和生活创造日益良好的条件。要在社会主义物质文明和精神文明建设中为全国城市作出榜样。要采取强有力的行政、经济和立法的措施，严格控制城市人口规模，控制好进京人口，有计划地疏散市区人口。

关于经济发展，批复强调"北京城乡经济的繁荣和发展，要服从和服务于北京作为全国的政治中心和文化中心要求"。工业建设规模要严加控制，工业发展主要应当依靠技术进步。要制定全面的工业技术改造规划，用 20 世纪 70 年代、80 年代成熟的现代化技术，逐步改造和装备北京工业。今后北京不要再发展重工业，特别是不能再发展那些耗能多、用水多、运输量大、占地大、污染扰民的工业，而应着重发展高精尖、技术密集型的工业。

关于历史文化名城保护，批复强调"北京的规划和建设，要反映出中华民族的历史文化、革命传统和社会主义国家首都的独特风貌"，对珍贵的革命史迹、历史文物、古建筑和具有重要意义的古建筑遗址，要妥善保护。在其周围地区内，建筑物的体量、风格必须与之相协调。要逐步地、成片地改造北京旧城。通过改造，既要提高旧城区各项基础设施的现代化水平，又要继承和发扬北京的历史文化城市的传统，并力求有所创新。

关于城市基础设施建设、郊县村镇建设、城市环境建设，批复指出：要大力加快城市基础设施建设，继续抓好住宅建设，"要大力加强各项生活服务设施和文化、教育、体育、卫生设施的配套建设"，不断为首都人民创造良好的生活条件；要重视并抓好郊县广大农村和集镇建设，按照节约用地、少占或不占耕地、统筹安排、配套建设的原则，认真组织编制村镇建设规划；大力加强城市环境建设，认真搞好环境保护，"对于污染严重、短期又难于治理的工厂企业，要坚决实行关停并转或迁移"。继续提高绿化和环境卫生水平，加强风景游览区和自然保护区的建设和管理，把北京建设成为清洁、优美、生态健全的文明城市。

关于城市建设管理体制，批复强调"积极改革城市建设的管理体制，解决条块分割、分散建设、计划同规划脱节等问题"。搞好计划同规划的衔接，五年计划和年度建设计划一定要充分体现城市总体规划的要求，不能搞"两张皮"。"要坚决地、有步骤地实行由北京市统一规划、统一开发、统一建设的体制"，具体办法，由北京市与国家计委、财政部、城乡建设环境保护部商定，报国务院批准后实施。

关于城市建设资金、加强对首都规划建设的领导，批复指出：北京要筹集本市的财力，增加用于城市建设的资金，并调动各方面的积极性，大家动手，为建设首都作出贡献。北京市委、市政府要认真抓好规划的实施，"严格按照规划办事,把首都建设好、管理好"。要抓紧制定城市规划、城市建设和管理的各项法规,建立法规体系,做到各项工作都有法可依。

为了加强对首都规划建设的领导,党中央、国务院批复决定成立首都规划建设委员会,负责审定实施北京城市建设总体规划的近期计划和年度计划,组织制定城市建设和管理法规,协调解决各方面的关系。委员会由北京市人民政府、国家计委、国家经委、城乡建设环境保护部、财政部、国务院办公厅、中央军委办公厅、解放军总后勤部、中直机关事务管理局、国家机关事务管理局等单位的负责人组成,北京市市长任主任。国务院副总理万里分管首都规划建设委员会工作。批复强调,中央党、政、军、各驻京部队,要从首都建设的大局出发,服从首都规划建设委员会的统一领导,模范执行北京城市建设总体规划和相关法规,与首都规划建设委员会通力协作,为把首都建设成为社会主义高度文明的现代化城市而奋斗。

宣传贯彻总体规划和批复精神

1983年7月30日,市委、市政府印发了《中共中央、国务院关于对〈北京城市建设总体规划方案〉的批复》和《北京城市建设总体规划方案》,并指出,城市建设总体规划一经批准,就具有法律的性质,要求北京市党、政、军、群各单位共同努力,为把首都建设成为社会主义高度文明的现代化城市而奋斗。

8月3日,《人民日报》刊发中共中央、国务院批准北京城市总体规划方案和首都规划建设委员会成立的消息,发表题为《开创首都建设的新局面》社论。社论指出,《北京城市建设总体规划方案》经党中央、国务院批准,"这样一个方案的正式批准,标志着北京的城建工作进入了一个新的阶段"①。《北京日报》同时发表消息和《坚决按总体规划建设伟大祖国的首都》社论。社论指出,"城市建设总体规划是一定时期城市发展的总计划、总目标,是城

---

① 《开创首都建设的新局面》,《人民日报》1983年8月3日第1版。

市建设的综合部署，也是城市建设管理的'宪章'"①。

首都各界深入学习讨论北京城市建设总体规划和党中央、国务院批复精神。清华大学教授吴良镛表示，首都规划建设委员会的成立，不仅对北京市建设具有重大意义，对全国的城市建设乃至全国建设也具有重大意义。北京市建委有关负责同志表示，中央批复全文3500字，对批准一个城市的规划来讲，从来没有这样一个详尽的、全面系统的论述。②北京大学教授侯仁之表示，在北京这个文化遗产非常丰富的城市进行建设，不是单纯的工程技术。中央批复不仅是城市建设的纲领，而且是北京市各项工作的纲领。市规划局有关负责同志表示："编制详细规划和加强规划管理工作，矛盾很多，问题复杂，我们一定要认真解决这些矛盾，才能对实现总体规划起到十分有力的促进作用。"③

8月18日，市政府举行中外记者招待会，向中央、北京市的新闻单位和20多家外国驻京新闻单位，介绍北京城市总体规划方案。会上，除向记者们提供了中共中央、国务院对《北京城市建设总体规划方案》的批复和介绍总体规划的书面材料外，市规划局局长还就北京30多年来城市建设成就和关于北京旧城改建问题作了介绍。他讲道：为满足社会主义现代化建设和人民生活的需要，必须逐步改建旧城区。要有计划地改建那些居住条件差、破旧房屋多，市政公用设施落后以及交通阻塞的地区。改建旧城区要逐步改变它的落后面貌，使之现代化。同时也必须注意保留、继承和发扬旧城原有的独特风格。④

1984年1月30日，为深入贯彻落实中央批复精神，市委、市政府又专门发出通知，要求在全市范围内开展一次群众性的学习贯彻十条批复和城市总体规划的活动。2月9日，市委举行常委扩大会议，进一步学习讨论中央批复精神。会议指出，能不能开创首都建设新局面，关键在于北京市自己的工

---

① 《坚决按总体规划建设伟大祖国的首都》，《北京日报》1983年8月3日第1版。
②③ 《有关专家、教授和有关部门负责同志座谈发言摘要》，《北京日报》1983年8月9日第1版。
④ 《市政府举行中外记者招待会》，《北京日报》1983年8月19日第1版。

作。要着力克服城市建设中的软、散、乱现象。与会同志一致认为，北京市的建设实践证明，正确理解和执行中央四项指示，工作就取得成绩，相反对中央四项指示表示怀疑摇摆，工作就受损。能不能按照中央批复精神进行首都建设，也是能否把首都建设成为有中国特色的第一流现代化城市的关键。

全市各单位按照市委、市政府通知要求，认真组织学习讨论，分析查找存在问题，推动中央批复精神和总体规划的贯彻落实。2月20日、23日，市建委召集建委口各局、总公司主要领导会议，讨论贯彻中央批复精神和开创1984年工作新局面的工作安排。会议指出，落实1984年工作计划要有新的气象，新的面貌。要认真学习批复，按照中央批复办事，统一全体干部思想。要议大事、懂全局、管本行，首先要治乱、治散。

全市各区县广泛开展学习讨论，坚持领导干部带头学，坚持边学边改，推动工作落实和问题整改。石景山区相继召开区委常委会、常委会扩大会，对首都是全国的政治中心和文化中心这一城市性质进行了深入讨论。区工业公司经理表示，过去对首都性质认识不足，认为把生产搞上去就是为人民作出了贡献。通过学习认识到，要按照城市总体规划要求，严格控制工业规模。区文物局有关负责同志表示，石景山区文物古迹较多，过去我们对首都是文化中心的认识不足，文物保护工作抓得不够好，今后我们要按照批复要求，加强对文物的保护。①

崇文、东城、西城、宣武、朝阳等区，在学习整改过程中，针对私搭乱建、违章占地等情况，采取一系列有效措施。崇文区结合自身实际，提出5条具体要求，如各单位与城建、房管等部门通力合作，立即刹住乱占地、乱建房、乱砍树等歪风；区属各建筑单位，要严格按基建程序施工，一律不得承担无计划、无施工许可证的建筑任务等。② 相关街道成立了领导小组和办公室，组织专门力量清查私搭乱建的单位或居民户，还派人昼夜巡逻，发现新出现的违章建筑立即予以制止。东城区重点调查了16个居委会，对这些地

---

① 《认清城市性质　开创城建新局面》，《北京日报》1984年2月9日第1版。
② 《敢抓敢管，办几件扎实有益的事》，《北京日报》1984年2月9日第1版。

区的违章建筑制订出具体的拆迁方案。

1982年北京城市总体规划的制定及中央十条批复精神，明确了改革开放后一段历史时期的首都建设方向，成为指导北京城市建设发展的总依据。通过广泛深入的学习宣传，提高了全市广大干部群众的思想认识水平，把思想和行动统一到中央批复精神和城市总体规划的贯彻落实上来。

三、大力发展适合首都特点的经济

根据中央书记处关于首都建设方针的四项指示和1983年《中共中央、国务院关于对〈北京城市建设总体规划方案〉的批复》，北京市明确了以提高经济效益为中心，积极发展适合首都特点的经济的工作思路。全市充分利用各种有利条件，挖掘潜力，调整结构，推动北京经济朝着适合首都特点的方向稳步前进。

坚决调整工业结构

为加快实现工业化，北京工业长期重视重工业的发展。据统计，从1949年到1978年的近30年里，全市重工业投资98.4亿元，占全部工业投资的87.9%，而轻工业投资仅有13.5亿元。[①] 这种状况给首都工业和城市建设带来了能源消耗高、工业用水多、污染扰民等许多较为严重的问题，而轻纺工业无论在数量上、品种上、质量上都远远不能适应人民生活的需要，特别是食品工业和一些高、中档商品长期供应不足。针对这种情况，中央书记处四项指示和中共中央、国务院对《北京城市建设总体规划方案》的批复精神，要求北京不要再发展重工业，而应着重发展高精尖、技术密集型的工业，特别是发展食品加工工业、电子工业和适合首都特点的其他工业，以满足人民生活和旅游事业的需要。

按照中央要求，1982年11月召开的市第五次党代会提出，北京工业要着

---

① 《本市积极调整工业结构见成效》，《北京日报》1984年9月29日第1版。

> 首都建设新风貌

重发展食品、纺织、轻工、电子、光学、民用电器、仪器仪表、新型建筑材料等能耗低、用水省、占地少、不污染扰民、容纳劳动力多的行业。冶金、机械、石油化工等重工业要大力进行技术改造，积极治理污染，降低能耗和水耗，发展深度加工和综合利用，更好地为轻纺工业、农业和城市建设的发展服务。同时，强调"今后工业的发展，主要不是靠大量投资，靠搞'外延'，而是靠挖掘潜力，靠抓'内涵'，大搞技术改造，努力向着高、精、尖的方向发展"①。根据中央和市委的部署和要求，全市有计划地调整工业产业结构和产品结构，严格控制重工业发展规模，充分发挥北京科技力量强的优势，加快工业企业技术改造，努力朝着"高精尖"方向转型。

全市"关停并转"一批布局不合理、产品不合需求、污染扰民的重化工业企业。1980年至1984年，北京投入资金达3亿多元，关、停、并、转重化工业企业300多个，污染、扰民企业逐步得到治理。② 北京第一轧钢厂建于1949年，是一个年产30多万吨盘条钢的中型企业，坐落在西直门立交桥旁边。由于这个厂地处居民稠密区，工厂排出的烟尘和污水污染环境，大量盘条钢堆积在厂外，有碍交通，影响市容。1981年12月，市政府有关部门决定将第一轧钢厂迁入首都钢铁公司，腾出的场地兴建大型食品厂。③ 市机械局所属地处三环路以内污染、扰民比较严重的28家企业，生产过程中产生大量烟尘、噪声以及电镀、热处理、喷漆等带来的"三废"，对周围环境影响较大。因此，市机械局贯彻调整方针，采取"治、改、并、迁"四项措施，至1982年2月，使这些企业污染、扰民问题逐步得到解决。如位于天桥地区的北京粉末冶金二厂，由于粉尘和噪声污染，对周围居民生活影响很大。为了

---

① 中共北京市第五次党代会报告：《坚决贯彻党的十二大精神　全面开创首都社会主义现代化建设的新局面》，段柄仁主编：《北京市改革十年》，北京出版社1989年版，第57页。
② 《本市积极调整工业结构见成效》，《北京日报》1984年9月29日第1版。
③ 《第一轧钢厂将迁并到首钢　腾出场地兴建大型食品厂》，《北京日报》1982年2月11日第1版。

解决这个问题,市机械局采取迁移措施,将这个厂迁到大兴县。①

同时,对已有的冶金、机械、石油化工等重工业,大力进行技术改造,积极治理污染,降低能耗和水耗,提高综合效益。燕化总公司作为全市石油化工重点企业,大部分生产装置相当于国际上20世纪60年代和70年代初的水平,生产规模小,能源消耗高。1981年至1984年,该企业积极引进国内外的新技术、新工艺,改造不合理的旧设备,共完成技术改造项目100余个,取得显著经济效益。其中,1983年给国家上缴利润8.2亿元,主要产品的产量都完成和超额完成计划指标,有些产品创造了建厂以来的最好成绩。②

全市把食品工业放在各工业门类的首位,大力发展食品工业,包括面粉、啤酒、汽水、调味品、豆制品、肉制品、糖果、糕点和方便食品等,使当时市场供不应求的状况得到较快改变。1981年至1983年,全市用于食品工业的投资达2.5亿元,超过以往30年投资的总和,共安排120多个项目。截至1984年9月,全市拥有300多个国营食品厂、500多个工商兼营的前店后厂,涌现出560多个集体食品工厂、520户个体食品加工户,食品行业职工队伍达到7万多人。有9种食品获国家质量奖,280多种食品获国家主管部门和本市的优质品称号;月盛斋、正明斋、天福号、稻香春、桂香村等20多家老字号得到恢复;同时还引进了200多种外地名特食品,丰富了首都市场。③北京义利食品厂1981年获得美国小麦协会赠送一套生产白面包的设备,建成了中美示范面包厂。1984年、1985年该厂又先后从美国、德国、日本、英国、意大利、瑞士、奥地利引进9条现代化的食品生产线。义利食品厂引进的面包生产线,自动化水平高、产量大、质量好,继而开发出更多新产品,深受消费者欢迎,成为名副其实的"面包王"。其中最经典的"果子面包""维生素面包"和"乳白面包"三款品种,成了老北京人记忆中幸福的味道。

---

① 《市机械局采取"治、改、并、迁"四项措施三环路内十四个企业污染扰民问题初步解决》,《北京日报》1982年2月24日第1版。
② 《燕化总公司去年上缴利润八亿二千万元》,《北京日报》1984年1月2日第1版。
③ 《本市近三年投资二亿五发展食品工业》,《北京日报》1984年9月9日第1版。

首都建设新风貌

全市还不断加大轻纺工业投资，大力发展适合首都的轻纺工业。自1979年起，全市贯彻国民经济调整方针，推进轻纺工业发展。当年轻纺工业总产值增长率逐步超过重工业增长率，主要轻纺产品如电视机、灯泡、缝纫机、自行车、丝织品、毛毯等，产量大幅度提高。① 在此基础上，全市轻纺工业进一步调整结构，提高产品质量，从抓名牌产品入手，选定洗衣机、收音机、电冰箱、精纺毛织品、棉纺制品、眼镜等名牌产品为重点，分批制定日用消费品发展规划，加强调整、改组、联合、技术改造，把有关企业按专业化协作原则组织起来，扩大轻纺工业的生产能力，努力提供更多质量好、式样美观、经济实惠的群众欢迎的新产品。

1976年，北京市仅有一条9英寸黑白电视机生产线。1980年2月，东风电视机厂、北京电视机厂各建成一条12英寸黑白电视机生产线。两条生产线生产能力合计一年可产电视机24万台，标志着本市电视机制造业开始脱离手工生产方式，进入了现代化大工业生产。12月，东风电视机厂建成一条14英寸彩色电视机生产线，日产200台彩色电视机。1981年7月，北京电视机厂又与日本松下电器公司合作，建成年产15万台彩色电视机生产线，正式投产14英寸至22英寸彩色电视机。截至1981年底，全市已具有黑白电视机和彩色电视机生产线共7条，生产各种电视机达43万多台，为1976年的35倍多。② 其中，东风电视机厂生产的昆仑牌B315型、北京电视机厂生产的牡丹牌31H5型获当年全国第三届黑白电视机质量评比二等奖。③

北京电冰箱厂组建5个专业化生产厂，分别进行电冰箱电机、压缩机、温控器、零配件和整机总装的专业化生产，形成了主机、箱体、组装、测试、包装"一条龙"生产流水线。该厂加快技术革新，研制成功塑料内皮真空成型机、聚氨酯填充发泡机、控制电冰箱性能的电子微处理机等，使这个厂成为当时中国一家主要依靠自力更生建成的电冰箱专业厂。在电冰箱设计上，品种规格由1个发展为5个，由单门单温发展为双门双温。外观造型和色彩

---

① 《本市轻纺工业发展速度超过重工业》，《北京日报》1980年1月30日第1版。
② 北京市统计局编：《北京统计年鉴1982》，中国统计出版社1983年版，第117页。
③ 《全国第三届黑白电视机质量评比揭晓》，《北京日报》1981年9月20日第4版。

也有了较大改进,增加了箱体隔温层厚度,加强了隔温性和密闭性,使"雪花牌"电冰箱的耗电量明显低于国外同类产品,在市场上很受欢迎。至 1984 年,"雪花牌"电冰箱形成年产 10 万台的生产能力,被评为轻工业部和北京市的优质产品,在同行业质量评比中获总分第一名。①

北京电冰箱总厂于1984年1月27日至29日在北京市王府井百货大楼展销"雪花牌"电冰箱

北京市工业经过五年的调整,发展质量明显提高、结构更趋合理,吃、穿、用产品大幅度增产,一批工业品成为高、精、尖产品,"重工业太重,轻工业太轻"状况初步得到改变。截至 1984 年,全市工业生产总量实现新突破,工业总产值达 281.7 亿元,相当于 1949 年的近 250 倍。② 轻工业产值由 1979 年占总产值的 35.2%,上升到 45%,重工业由 64.8% 下降到 55%。电子计算机、大规模集成电路等高、精、尖产品,得到进一步发展。900 多种新

---

① 《中国企业管理百科全书》编辑委员会、《中国企业管理百科全书》编辑部编:《中国企业管理百科全书》(下),企业管理出版社 1984 年版,第 1026 页。

② 《去年本市各条战线许多工作成绩显著》,《北京日报》1985 年 3 月 11 日第 1 版。

产品获得国家颁发的优秀新产品"金龙奖",居全国第二,其中 87 种产品的主要技术指标达到国际先进水平,559 种达到国内先进水平。[①]

大力发展商业服务业

新中国成立到改革开放初期,北京市的城市规模扩大了 2 倍多,城市人口增加了 3 倍,但商业服务业网点建设没有跟上,导致出现吃饭难、购物难、做衣难、修理难、住店难等问题。为了改变这种状况,全市解放思想,放宽政策,坚持"国营、集体、个体一起上",大力增加商业服务业网点,积极推动商业服务业发展,方便人民群众生活。

为迅速改变商业服务业网点"大、稀、少"局面,全市大力推进住宅区商业服务业网点配套建设。1981 年 8 月,市政府作出《关于加强商业、服务业网点建设的若干规定》,要求在新建居民区和新建工矿区的职工住宅区时,按照比例规划建设商业、服务业网点;各单位建设住宅,都要根据所在地区商业、服务业网点的状况和群众需要,拨出一定比例的建筑面积作为商业、服务业用房;主要街道建筑楼房,底层一般应建成商业、服务业网点,由规划和设计部门根据需要和实际情况进行规划设计。[②] 1983 年 1 月,市政府办公厅又批转了市计委、建委和财贸办公室《关于加强商业、服务业网点建设的补充规定》,再一次强调市、区、县统建和房管部门成片建设,一个部门或几个部门联合统建的住宅区,都要按照比例配建商业、服务业网点。

市、区政府在发展商业服务业网点时,优先安排群众急需的粮店、菜站、副食店和饭馆、服装加工门市部等网点,并尽量在新建居民区和网点缺少的地区建点,同时积极兴办综合性的小商业街(群)。崇文区永定门火车站来往旅客多,以前只有一两家饭馆、食品店,群众吃饭、购物不便。1981 年,崇文区政府在这里规划建设了饮食、食品、百货和日杂等商店,开业后基本形成了一个小商业区,赢得群众普遍赞誉。[③] 宣武区回民聚居的牛街地区过

[①] 《本市积极调整工业结构见成效》,《北京日报》1984 年 9 月 29 日第 1 版。
[②] 《市政府作出规定加强商业服务业网点建设》,《北京日报》1981 年 8 月 25 日第 1 版。
[③] 《本市今年新建商业网点三千多个》,《北京日报》1981 年 10 月 1 日第 1 版。

去没有百货店，群众买日用品很不方便。区委、区政府认真落实民族政策和党的经济政策，在牛街大力新建了一批商业网点，百货商店、牛羊肉生产合作社、清真餐厅相继开业，销售回族群众特需的商品，提供牛羊肉生熟食及火锅涮肉、切糕、年糕等小吃。有的回族群众说："现在不仅买东西方便了，还吃到了多年没有尝到的特殊风味！"①

全市商业部门在发展国营经济的同时，积极发展集体和个体商业服务业网点。1982年，根据中共中央、国务院《关于放手发展城乡集体、个体零售商业、服务业的指示》，市政府对发展集体和个体商业服务业作了进一步部署。除大中型商店、现代化高级旅店、粮店、饭馆等，由国家投资经营外，一般本着"经济适用、布局合理、行业配套、方便群众"的原则，放手让集体和个体商业去办；农村和集镇的饮食服务业基本上发展集体、个体经营。发展的重点放在网点不足的地方，缺什么补什么，利用楼群空地、机关、企业、部队的临街墙院，破墙定点，积极发展集体和个体网点。

譬如，为缓解"吃饭难"问题，从1980年至1982年5月，全市兴办了集体所有制的饭馆700多家，占全市各类饭馆总数的40%。这些集体饭馆主要分布在居民区、新建楼群和厂矿区，经营早点、小吃、面食和冷热饮等，营业时间长，经营灵活，对缓解群众"吃饭难"起了一定作用。市政府机关腾出4间临街车库，并进行了适当改建，办起了利群饭馆。饭馆坐落在台基厂北口东侧，繁华的王府井南口对面，营业面积30多平方米，设有7张方桌，可接待40多人就餐。饭馆为集体所有制企业，实行独立核算，自负盈亏，经营早点、正餐，方便了群众用餐。② 西城区联社在景山西街开办的西联冷热饮食商亭，针对过往旅客较多的特点，经营西式快餐、冷热饮和各种糕点，受到群众的欢迎。

经过持续建设扩充，全市商业服务业网点逐步增加。1983年，网点数量

---

① 《宣武区认真落实民族政策 为回民聚居的牛街地区办了五件好事》，《北京日报》1982年1月31日第1版。
② 《带头安置待业青年 增加饮食网点——市政府机关兴办的利群饭馆今日开业》，《北京日报》1981年5月20日第1版。

首都建设新风貌

由1980年的14450多个增加到30200多个，其中国营网点由8800多个增加到10100多个，集体经营的网点由5300多个增加到8500多个，个体户由350个增加到11600多个。商业网点布局不合理局面有所改善，人民群众生活中的"几难"问题逐步得到缓解。

为优化商业网点布局，减轻老商业区的压力，北京市开始建设新的商业中心。1982年，市政府在编制《北京城市建设总体规划方案》过程中，加强了商业区域规划，指出："除了要改造、扩建王府井、西单、前门三个大型商业、服务中心外，还要在东郊东大桥、南郊木樨园、西郊公主坟、西北郊海淀和北郊三环路附近，新建五个各具特点的大型商业服务中心。"这五个大型商业服务中心，"六五"期间（1981—1985年）已开始逐步兴建，有的已初具规模。如海淀区在新建具有时代气息的电子一条街时，也增建了各类商店100多家，被称为现代化的新文化街。[①]

1983年7月，根据中共中央、国务院对《北京城市建设总体规划方案》的批复精神，市政府决定："在扩大市区各商业中心的容量的同时，尽快地在近郊各新建区和卫星城镇建设相当规模的商业中心。"为此，商业部门加快了通县、昌平、黄村、燕山等4个卫星城商业区的建设。黄村原来是大兴县的一个镇，原有的商业、服务业设施基础比较差。从1976年开始，中央和北京市区的一些工厂逐渐往这里迁移，对商业、服务业需求日益迫切。黄村被确定为北京市的卫星城后，中共大兴县委和县人民政府结合卫星城建设的总体规划，对商业区的建设作了统一安排，并开始加大建设力度。经过几年的努力，一个门类比较齐全、行业基本配套的新商业区初具规模。到1987年，黄村已有商业、服务业网点1193个，从业人员7609人。有17个大型批发和零售企业、6个集贸市场和1个拥有180户封闭式的"兴业市场"，并且形成了2条比较繁华的商业街。[②]

为满足人民群众生活的需求，全市还积极开办夜市，增加商业服务业供

[①②] 《北京商业四十年》编辑部编：《北京商业四十年》，中国财政经济出版社1989年版，第146—147页。

第一章 | 城市建设总体规划

1984年6月西单夜市一角

给。从1984年5月开始，全市在10个近郊区陆续试办了13处常年或季节性的露天夜市。营业时间一般从晚上7点到10点左右。这13处夜市共设有1300多个摊位，其中饮食小吃90多个，冷饮170多个，服装300个，百货180个，服务、修理70多个，蔬菜、粮油、副食、日杂等摊位230多个。1984年12月底统计，全市夜市平均每晚客流量在27万人左右，5个月累计客流量4000多万人次，销售额平均每晚17万多元，5个月累计约7500万元。夜市各有特点，有的以经营服装为主，有的以饮食、小吃为主。东安门夜市就是以小吃为特色，在长长的红黄蓝绿的彩灯下，排着几十个风味小吃摊，有四川辣面、兰州牛肉拉面、北京茶汤、煎饼果子、豌豆黄等。西单的夜市是以服装为主，每到下午五六点钟，那些由统一规格的铁管构件装就的货架，就在这块繁华的街头一个个立起来了。约十几平方米的货位鳞次栉比，每一个货位都挂着、摆着五颜六色的服装。每天上市的服装有200多种。人们称这里是引领服装新潮流的地方，喜欢新潮的青年男女都慕名而来。①

建设现代化农副产品基地

北京市是大城市小农业。1979年4月，市委召开农村工作会议，指出北京的农业要坚持为大城市服务的方针，迅速把郊区建设成为首都现代化的副食品生产基地。1981年，市委、市政府又提出了"服务首都，富裕农民，建设社会主义新农村"的指导方针。为此，全市适应首都市场需要，在保证粮食总产量不断增长的前提下，广开门路，大力发展多种经营，朝着建成首都现代化副食品基地方向努力。

全市把狠抓副食品生产、建立副食品基地，纳入农业生产总体规划，按照不同地区的自然资源、生产条件，因地制宜，合理规划布局，加速建设品种多、数量足、质量好、产量稳的副食品生产基地。京郊大体划为四类地区：朝阳、海淀、丰台、石景山紧靠城区的社队，以蔬菜生产为主，兼营其他；大兴、通县、昌平等区县离城区较近的产粮区和近郊四区其他产粮社队，以饲养奶牛为主，兼营其他；通县、顺义、大兴、房山、平谷以及其他远郊区县平原产粮地区，以饲养猪、鸡为主，兼营其他；昌平、延庆、门头沟、平谷、密云、怀柔、房山等区县的丘陵和浅山区，以生产苹果、柿子、梨、西瓜、核桃、栗子等干鲜果品为主，兼营其他。另外，有草山、草坡、荒滩等的地区，大力种植牧草，发展牛羊兔等草食家畜；在有水面的地方，大力发展养鱼。

平谷县按照全市规划，放宽政策，解放思想，因地制宜发展畜牧业，出现一批国营、集体大型畜牧饲养企业和个体专业大户，初步实现畜禽饲养的专业化、基地化，成为首都主要畜禽生产基地之一。1978年，全县兴建半机械化集体养猪场共284个，生猪生产快，出栏率高。1981年，全县又出现小规模养猪专业户140户，到1985年，饲养肥猪50头以上的专业户发展到543户。养鸡专业户逐年增多，到1985年，全县养鸡专业户达2259户，存栏鸡

---

① 《北京商业四十年》编辑部编：《北京商业四十年》，中国财政经济出版社1989年版，第153—154页。

37.52万只。为了满足全县养鸡业的迅速发展，县政府将夏各庄二砖厂改建为平谷县种鸡场，年孵化规模达100万只。注重商品鱼基地建设，1982年扩大了商品鱼基地建设，到1990年发展到7873亩，养鱼队伍增加到939人，全县成鱼产量增加到350.8万公斤。1984年，海子水库在北京市水产局开发公司的大力支持和技术指导下，开始搞网箱养鱼试验，并获得了可喜成果，创造了亩产养鱼全国最高纪录。此外，平谷县还加大了奶牛、兔、羊等家畜的养殖力度。①

大兴县把西瓜作为优势经济作物来抓，积极推进种植。20世纪80年代初，大兴主产瓜区出现了四各庄、皮各庄、石柱子、岳家务等25个西瓜专业生产村。这些村中从事西瓜生产的农户占全村农户总数的50%以上，种植西瓜面积占全村可耕种土地面积的50%以上，西瓜生产经营收入达到农业总收入的50%以上。并先后分化出专营西瓜生产的农户，他们种植西瓜面积在8至10亩以上。西瓜收入占家庭经济收入90%以上的专业户，后来多数成为推动西瓜专业化生产、适度规模经营的带头人。②

经过几年的努力，全市副食品生产基地建设取得了明显成效，郊区向城市提供的菜、奶、蛋、肉、禽等主要副食品逐年增加。1984年，全市蔬菜总产量达21.8亿公斤，是1978年的132.5%，蔬菜在基本自给的基础上增加了品种，提高了质量；奶牛总头数达3.9万头，比1978年的1.69万头增长了1.3倍，年产奶量由5419万公斤增加到12661万公斤，也增长了1.3倍；商品猪数量从1978年的183.6万头增加到213.8万头，肉牛、肉羊、肉鸡等均有一定的发展。蛋类也有快速增长，到1983年底，全市商业部门收购鸡蛋6466.9万公斤，比1978年增长3.77倍，基本做到了敞开供应，首都市民"吃蛋难"问题从根本上得到了解决。苹果、梨等北方水果基本自给，其他

---

① 中共北京市委党史研究室、中共平谷区委党史资料征集办公室编：《平谷建设史》，北京出版社2007年版，第231—234页。

② 中共北京市委党史研究室、北京市大兴区史志办公室编：《大兴改革开放30年》，中央文献出版社2008年版，第68页。

干鲜果品如柿子、红果等也建立了基地。①

"昔日在荒野上创业，今日在改革中提高。"新中国成立以来，一批批创业者到京郊荒野，把一片片处女地开垦成良田，建设起初期的北京国营农场。改革开放初期，京郊共建成了16个国营农场，拥有耕地70万亩，职工5万多人，成为向首都提供肉、菜、禽、蛋、鱼、牛奶等多种副食品的重要生产基地。1983年，市农场系统共生产牛奶2.1亿斤，全市商品鲜奶的绝大多数都是由农场提供；上市商品菜3亿斤，占全市蔬菜上市量的1/7；交售鸡蛋2400万斤，占全市上市量的1/5；供应商品鱼240万斤，占全市淡水鱼上市量的1/5；交售干鲜果品4700万斤。闻名中外的"北京鸭"，就是双桥、东郊等农场首先培育出来的。北京国营农场重视科技工作在建设稳定副食品基地中的重要作用。农场培育的北京鸭Ⅱ系、瘦肉型北京黑猪、红富士Ⅱ系苹果等优良品种，获得了国家和市级科技成果奖，生产中取得了高效益。②

随着副食品生产基地发展，北京市探索农产品产、加、销一体化。由于牛奶要求流通环节简捷通畅、供应均衡稳定，最早实施产、加、销一体化的是牛奶。改革开放前，市农场局即以各国营农场的奶牛场、乳品厂和牛奶公司所属的奶站为基础，实施了生产、加工、销售一体化。改革开放后，郊区集体和农户饲养的奶牛日益增加，为保证牛奶质量，促进奶业发展，1982年市政府决定，由市农场局对全市奶业实行产、加、销一体化管理。为此，市农场局建立了奶牛处，充实了市牛奶公司，新建和扩建了饲料公司、乳品厂、乳品质量监督检查站、奶业培训中心和奶业科研所，确定了划片包供应、包服务、包网点建设的原则，保障了牛奶生产的高质量和稳定供应，成为当时全市唯一不要国家补贴、生产保持稳定上升的一项产业，一定程度上缓解了"吃奶难"问题。此后，这一成功经验得到推广，蔬菜、肉鸡、水产等农副产品也建立了综合经营、产供销一体化企业。1983年5月，北京市还成立了农工商开发贸易总公司，以加强农产品产销衔接和农用物资采购供应。

---

① 王振业、张一帆、廖沛编著：《北京农村经济史稿》，中国农业出版社2016年版，第390—391页。

② 《本市国营农场成为重要副食品基地》，《北京日报》1984年10月7日第2版。

经过几年的调整和建设，北京经济发展开始走上适合首都特点的轨道，经济发展质量和效益有了较大提升。1984年，全市工农业总产值完成315.7亿元，比1980年增长50.2%，是党的十一届三中全会以来增长最快的一年；全市商品零售总额完成101.7亿元，年均递增12%左右；农村集体经济总收入和纯收入，均比1980年翻了一番。

第二章
城市基础设施建设

基础设施是居民生存和发展的载体。改革开放初期，在党中央、国务院的大力支持下，北京市把加强基础设施放在城市建设首要位置，大批兴建住宅，着力改善道路交通，恢复发展水气热电和电信事业，补偿了部分历史欠账，改善了居民生活条件，为推动改革开放和促进国民经济可持续发展提供了重要条件。

一、"前三门"、劲松等住宅小区建设

随着干部政策落实、知识青年返城，北京市城市人口迅速增长，原有的住房紧张形势变得更加严峻。1976年，人均居住面积只有4.45平方米，[①] 居民要求解决住房问题的呼声比较强烈。针对这一问题，北京市在修缮和翻建旧房、拆除危房的同时，开始了大规模的住宅建设。

"前三门"住宅区建设

为改变过去分散建设、见缝插针的方式，1977年10月12日，市革委会成立北京市统建办公室，领导全市性房地产开发工作，实行统一征地、统一

[①] 北京市地方志编纂委员会编著：《北京志·市政卷·房地产志》，北京出版社2000年版，第38页。

拆迁、统一规划、统一设计、统一投资、统一分配，该办公室下设秘书组、计划组、工程组、拆建组，具体负责组织、监督检查统建计划的实施。首都住宅建设及服务配套设施开始向综合开发的科学方式转变。

统建办公室成立后，着手推动"前三门大街"住宅区开发建设。"前三门大街"住宅区的筹建为时已久。早在1971年6月，市委常委、市工交城建组副组长万里在北京城市建设和城市管理工作会议上就指出，要规划好几个重要街区的建设，如"前三门大街"。① 同年11月，市革委会向国务院提交了《关于"前三门大街"建设规划问题的报告》。报告说，北京地铁一期工程完工后，从北京站起，经崇文门、前门、宣武门向西北折至复兴门一线，形成了一条长达7.7公里的"前三门大街"。这条街道横贯首都中心区，地位重要，街面宽阔，很适合建设住宅。根据国务院1975年有关文件提出的"北京是我国的首都，一定要建设好"的要求，市建委决定在"前三门大街"南侧进行一条街的统建工作。1976年2月，成立"前三门"统建工程指挥部。市城市规划管理局，市建筑设计院和国家建委一局三公司，北京市第一、第二、第三、第五、第六建筑公司共同组成"现场三结合"设计组，综合负责规划、设计、施工等问题。

2月10日至12日，"前三门"工程动员会议在工人体育场招待所召开，市建委副主任李瑞环作动员报告，提出要在四年时间内将前三门建设好。5月25日，"前三门"高层住宅工程正式开工，其间由于唐山大地震原因，施工暂停，1977年6月复工。"前三门"住宅建设群是首都第一次大规模采用大模板建筑体系工业化施工的一项工程建设。住宅面积标准参照北京市甲类住宅的要求（每户建筑面积52平方米）进行规划设计，由于多层住宅使用电梯和相应增加公共走道面积，为了达到与甲类住宅同样的居住水平，最后确定每户建筑面积增至55平方米，层高统一为2.9米。

"前三门"住宅区建设受到了邓小平的高度关注。1978年10月20日，

---

① "前三门大街"自东向西依次经过崇文门、前门、宣武门。三门因位于皇城之前，故称为前三门，贯穿于这三个门之间的大街，称为"前三门大街"。

首都建设新风貌

沿街拔地而起的30多幢高层住宅楼正在紧张装修。上午10点多钟,在市委第一书记林乎加等人陪同下,邓小平前往"前三门大街"住宅楼工地视察。他实地查看两居室和三居室单元房,详细了解门窗、阳台、厨房、卫生间建设情况以及楼房面积、层高、抗震等建筑标准。陪同人员介绍说,"前三门大街"的住宅楼动工时赶上唐山地震,所以后来的设计考虑到了按地震8级设防。邓小平听后满意地点了点头。当了解到"两居室的大间是14平方米,小间9平方米,三居室的大间是14平方米,中间12平方米,小间9平方米"时,邓小平关切地说,"小了点儿","层高能不能降低一些,把面积搞得大一些?"并对新住宅存在的问题提出意见,指出,"今后修建住宅楼时,设计要力求布局合理,尽量增加使用面积,更多地考虑住户的方便,比如尽可能安装一些淋浴设施,还要注意内部装修的美观,多采用新型轻质建筑材料,降低住房造价。同时,请一些会挑毛病的人来提意见,研究一下怎样把住宅楼建得更好些"①。

"前三门"住宅区

---

① 中共中央文献研究室编:《邓小平年谱(一九七五——一九九七)》(上),中央文献出版社2004年版,第405页。

1978年12月底,"前三门"住宅区基本建成,高层板式和塔式住宅楼首次亮相北京。这在当时属于北京市统一建设规模最大、高层建筑最多的一项工程,总建筑面积近60万平方米,其中高层住宅约40万平方米,共30多幢,全部为9至12层的高层建筑,可容纳7200户3万余人入住。沿街还配套了不少公共服务设施,如副食店、粮店、综合修理店,以及春门菜市场、春门旅店、宣武门旅店、和平门烤鸭店、国华商场等。昔日前三门城街的狭窄土路和破旧房屋,在人们的记忆中渐渐成了历史。

与此同时,市建委迅速落实邓小平的指示要求,向北京市建筑设计研究院下达了改进住宅设计的任务。设计研究院经过组织设计方案竞赛并反复研究,编制出新的住宅通用图,在标准化的基础上力求多样化,使居住更加舒适方便、经济实惠。具体方案是:适当降低层高,层高标准由原来的2.9米调整为2.7米,将节省下来的投资用于扩大每户的面积,在不增加投资的情况下,标准两居室的建筑面积增加到56平方米/户;将只有一个蹲式大便器的厕所改进为设有坐便器、洗脸盆和小澡盆(淋浴器)的卫生间;厨房内增设切菜台、碗柜等设备;留有安置洗衣机、电冰箱和安装电、水、煤气表的位置,还考虑了共用电视天线的安置。[①] 这种户型设计后来被称为"80—81系列住宅通用图",在全国建筑室内设计和装修产品展览会上颇受欢迎,被同时期住宅建筑广泛采用,从而开创了北京住宅设计更新换代的新局面。

劲松、团结湖住宅区建设

除了"前三门"外,为了解决东郊居民住房困难问题,1976年,北京市还动工兴建了劲松、团结湖两个成片住宅区。在市建委统一领导下,有关单位分别组成规划组、设计组、施工组,对住宅区建设实行统一投资、规划、设计、施工、分配和管理。

劲松住宅区工程的建设用地原为菜地,地势相对平坦。由于规划的城市

---

① 锦朝:《受人欢迎的北京住宅样子间》,《建筑知识》1983年第4期。

| 首都建设新风貌

干道劲松路位于征购菜地的中间,横穿住宅区,并与劲松中街交叉,居住区因此被划分为4个小区,居委会、公共建筑按照规划分布在劲松路两侧。1976年12月动工,1979年新中国成立30周年时住宅区基本建成。总建筑面积约36万平方米,其中住宅建筑面积约32万平方米,可容纳近6000户。住宅区户型的大致比例为:一居室7%—10%,二居室63%—67%,三居室21%—29%。考虑到要安排拆迁户,还建有少量四居室。

规划设计团结湖住宅区时,东郊已无成片空地。经北京市革命委员会批准,决定占用朝阳区星火公社沙筒子生产队的全部土地,作为住宅区的建设用地。1976年9月开工,由市建委组织有关单位组成统建领导小组和建设指挥部,统一解决征地、拆迁、规划、设计、施工、市政等问题。资金主要来源于中央拨款和统建单位缴款。因团结湖住宅区距离东郊构件厂比较近,运输材料方便,所以住宅基本上采用大板技术,部分为混合结构。1979年新中国成立30周年时,一期工程基本完成。住宅区西临迎宾大道东环北路,北面为全国农展馆及规划的水碓公园,西北面与三里屯使馆区相望,西南面为团结湖公园及已建的部分单位和住宅,总建筑面积约30万平方米,其中住宅建筑约26万平方米,层数以6层为主,可居住约5000户。该工程完工后,二期工程随即启动,向南继续扩建。两期住宅区建成后,与已建成的水碓小区,形成了一个以大板住宅为主的居住区。

在加快住宅建设的同时,北京市一段时期内还存在重生产、轻生活的工作倾向,导致生活和生产的投资比例失调,住宅区配套设施建设存在一定滞后性。1981年冬,《北京日报》记者耳宝君写了一组内参《建成的房屋不能尽快使用的情况》,反映劲松、团结湖住宅区建筑、市政、公用工程甩项多,商业网点、中小学等生活配套设施跟不上,公共交通不便,房屋分配工作抓得不紧,造成一批住宅建成后还不完全具备生活条件,群众不能马上入住,进住的居民则感到生活不方便。中央书记处书记胡耀邦对此非常重视,在这组内参上作出批示:"请冯文彬同志组织人,把这四份材料压成一份材料,印成书记处文件,并通知北京市有关同志,下星期一讨论解决这个问题。"①

1981年2月16日,中央书记处召开会议,北京市有关领导及耳宝君列席,耳宝君还作了专题汇报。会上,市委第一书记段君毅感到这不是一个单纯的住宅小区居民生活问题,而是涉及全市各级领导、各个部门是不是真正贯彻全心全意为人民服务、坚持对人民负责的全局性大问题,于是提出准备在全市开展一次"为人民服务,对人民负责"的大讨论,得到胡耀邦的赞同。经过研究,会议决定,凡是建好的房子,不管是中直机关的,还是国务院机关的,现在还在扯皮的,限期三个月之内住进人,再不住人,就由北京市没收。分配房子时,尽量先解决没有房子住或住房十分紧张的困难户。

从2月17日开始,一场"为人民服务,对人民负责"的大讨论在全市范围广泛开展起来。以此为契机,市委、市政府成立了劲松、团结湖住宅区建设领导小组,由一位市委领导任组长,各有关部门负责人任副组长,下设办事机构,成立现场工作组,开展联合办公,很快制订出综合工作计划,涵盖房屋竣工收尾,通水、通电、通气、通电话、验收交用,商业服务业网点开业,中小学、幼儿园开学,公共交通线路开辟,清理场地、修整道路、设置路灯,植树绿化以及基层政权建设等8个方面。

各单位密切配合解决相关问题。供电局、公用局、煤气公司、自来水公司的领导干部到劲松住宅区听取基层群众意见,主动送电、送气、送水上门。过去有6幢楼因煤气不通,竣工半年多不能交付使用,这次煤气公司仅用12个小时就接通煤气;供电局3天就解决了拖了两三年未解决的劲松住宅区的两路供电问题。由于团结湖住宅区派出所房子没有建成,公安干警先借房办公,上门登记户口,方便群众。在各单位有效配合下,至1981年5月1日,建筑、市政、公用等部门抽调力量,对过去已经验收的48万平方米房屋甩下的尾活,逐项进行检查修理,同时又新验收房屋17.4万平方米,新交房屋做到水通、灯亮、有煤气、有暖气,具备了居住条件;开业的商业服务业网点

---

① 北京市老新闻工作者协会编:《一次难忘的采访 88位资深记者亲历记》,同心出版社2001年版,第16页。

由原来的 15 个增加到 29 个；中小学由 5 个增加到 7 个，新增幼儿园 2 个；住宅区干道均已修好，场地得到清理和平整，路灯全部装好；2 个住宅区的临时公共汽车线路实现通车；栽种树木 1 万余棵；增建 1 个派出所和 2 个居委会；新建成验收的住宅，全部分配到位，1000 多户居民搬进新居。[①] 劲松、团结湖住宅区配套建设问题基本解决。

其他住宅区建设步伐加快

为进一步缓解人民群众住房紧张状况，1980 年，市政府决定以北京市统建办公室为基础组建全市第一家房地产开发企业——北京市城市建设开发总公司，由市建委直接领导。主要任务是：根据首都城市规划，对统一建设的地区进行征用土地、拆迁安置、规划设计、市政和公用设施的建设等项工作；对首都城镇的居民住宅区统一组织建设。统建住宅采用订立合同的办法，由用房单位根据国家批准的住宅建设计划交钱交材料，资金和材料交齐后一定期限内交付用房；依据首都统一的城市建设规划和计划，负责对新建卫星城镇开发建设的组织工作。[②] 北京城市住宅规划建设步入快速发展轨道。1983 年，北京市住宅建设投资占全部基建投资的比重从 1979 年的年平均 5.8% 提高到 24.1%。

1981 年至 1984 年间，全市共建成住宅 1832 万平方米（建筑面积），相当于"文化大革命"期间住宅建设总面积的 2.7 倍，平均每年住宅竣工面积达 450 多万平方米，居全国各大城市之首。1980 年人均居住面积达 4.79 平方米，第一次超过新中国成立初期水平。1984 年达到 5.92 平方米，比 1980 年增长 24%。

居住区和小区建设范围由三环路以内逐渐扩展到三环路以外。东郊除劲松住宅区和团结湖住宅区外，还有小庄、二道沟、高家园、左家庄、香河园、十字坡、西坝河东里、堡头等住宅区；北郊有塔院、蓟门里、西三旗、文慧

[①]《北京市加快劲松、团结湖居住区配套建设的初步总结》，国家城市建设总局房产住宅局、北京日报社理论部编：《城镇住房问题》，北京日报出版社 1981 年版，第 75—77 页。

[②]《北京市设立城市建设开发总公司》，《人民日报》1980 年 10 月 23 日第 1 版。

园、魏公村、樱花园、五路居、双榆树、黄庄南、人大北路、万泉河等住宅区；西郊有古城、老山南、马连道、莲花河、西便门等住宅区；南郊有蒲黄榆、刘家窑、西罗园等住宅区。

新建的居住区中，高层住宅呈迅速发展之势。多层楼以6层为主，高层多数为12至16层，少数高层达到二十几层。1979年至1984年新建住宅总面积中，平房所占比重从"文化大革命"前的26.8%下降到5.5%；4至8层的楼房从48.29%上升到82.1%；9层以上的高层楼房从0.4%上升到9.3%。至1983年底，全部住宅的平均层数近5层，比解放初期的1.06层，增加三倍多。[①] 以双榆树居住区为例，住宅总建筑面积42.6万平方米，高层建筑22.57万平方米，占总建筑面积的53%。一幢幢新型高楼的崛起，给首都北京增添了新的生机。

值得一提的是，住宅质量有了普遍提高。新盖楼房内厨房、厕所齐全，大部分装有暖气，一部分配备管道煤气，少数有浴室。有些楼房加大使用面积后，摆放洗衣机、电冰箱比较方便，人们感到生活更加舒适。1983年3月全国建筑工作会议上，建设部领导评价说，北京市近几年的住宅设计在平面布局、空间利用、设计款式上都有一些好的构思和新颖的手法，为用户提供了舒适方便、经济实惠的居住条件，被誉为新一代的住宅设计。[②]

1983年7月14日，在关于对《北京城市建设总体规划方案》的批复中，党中央、国务院特别指出，"要继续抓好住宅建设。在严格控制城市人口的基础上，到1990年应基本解决无房户和居住严重困难户的住房问题。要充分注意设计的多样化，克服千篇一律的状况。建筑标准既要适应目前的经济水平，又要给将来改善居住条件留有余地"。按照这个目标和要求，首都住宅建设继续阔步前进，呈现出日新月异的变化。

---

① 北京市统计局编：《欣欣向荣的北京 三十五年来北京市国民经济和社会发展概况 1949—1984》，北京出版社1984年版，第345页。
② 中共北京市委城市建设工作委员会编：《北京市城建系统党史资料（纪事汇编 上）》，中国工商出版社2004年版，第759页。

二、道路交通建设加快发展

新中国成立后,北京市道路交通建设取得了巨大成绩,但与发展改革开放事业、提高人民生活水平的要求相比,道路交通状况仍然显得比较滞后。1974年12月,北京市向党中央、国务院专门递交《关于解决北京市交通市政公用设施等问题的请示报告》。国务院批复同意在第五个五年计划期间,每年向北京市安排专款1.2亿元和相应的材料设备,用于改善交通市政公用设施。

为了适应交通量不断增长的需要,充分发挥国家投资的经济效益,北京市有关部门对市区道路系统作了大量调查研究,于1977年8月1日、1978年11月6日先后两次对市区主要路口进行交通量调查,并对3000多辆货运卡车作了行驶路线、货物种类和运量的调查。在此基础上,对市区道路的路口和路段通行能力开展研究,对三环路以内的主要平交路口的交通负荷进行定量分析,提出北京市要在充分利用既有道路的基础上,打通一些道路卡口、堵点;拓宽一些交通拥挤的干线;加快三环路建设;修建两条环线之间的一些联络线;展宽一批平交路口,修建一批道路立体交叉和人行立交设施,提高地铁运输能力等。

三环路全线贯通

三环路的修建是适应国民经济发展需要,根据城市建设和交通运输实际情况,分期分段逐步完成的。20世纪50年代,北京市重点建设近郊工业区、东郊、南郊工业区及西北文教区,这些区域迅速发展起来后,亟须相互连通起来。至1960年,北环路、东环路、南环路相继建成,共长28公里,实现了东南、东、北三部分连通,三环路就成了三段环路的统称。

到了70年代,北京市各种车辆增长很快。1971年至1975年,全市机动车(不包括军用车),平均每年增加7500辆,1976年激增9133辆。1976年底,全市机动车总数达7.17万辆,比1965年增加4.42万辆,增长1.6倍。

如果加上军车和外地来京汽车，全市机动车超过10万辆。① 车量的激增带来交通拥堵，通过车辆等待红灯时间过久，往往需排长队，有些车辆一次绿灯无法通过，要等待两次甚至三次绿灯才能通过。加之城内道路和交叉路口长期基本没有变化，这就使交通堵塞问题更加严峻，迫切需要加快城市道路建设步伐。

为调整交通流向，缓解交通堵塞状况，1974年，市规划部门经过调查研究，制定出1975年至1980年北京市道路及其他市政设施建设规划，其中提出了修建西南三环，把整个三环全线连通的意见。1978年9月，市政府同意修建西三环及西南三环路，最终方案确定为机动车道与非机动车道分行的三幅路形式。

1979年，西三环和西南三环路工程开始设计施工。西三环利用已有旧路并开辟新路连通，自学院路向西，经海淀路、三义庙、紫竹院、公主坟、六里桥、管头至木樨园；西南三环自京周公路向南折向东至木樨园接南三环东段。为了少占农田，道路宽度尽量压缩，从木樨园往西、北至京周公路，机动车道宽度为15米，非机动车道宽5米，分车带为1米，只埋设灯杆，不种树。从京周公路以北，分车带为2.5米，种树一排。由于阜成路以北沿路已有不少建筑，道路适当放宽，机动车道宽22米，设6个车道，非机动车道宽6米，设分车带2.5米。在西南三环工程施工中，难度最大的是位于丰台区东管头的道路与铁路的立交工程。施工部门采用顶进法，将预制的箱形桥体从铁路下面顶入，跨径总长44米。

经过两年多的工期，到1981年底，西三环和西南三环路工程完工，三环全线建成通车，全长约49公里，成为市区第一条全线贯通的环路。三环路范围内一些道路的交通压力由此得到缓解，据1982年3月调查，马家堡路机动车高峰小时交通量下降39%；广安门滨河路下降33%；阜成路下降15%；白石桥路下降11%；新街口外大街下降14%。

---

① 《北京市规划局关于城市道路交通紧张和改善意见及组织中学生进行交通普查的报告》，北京市档案馆藏，档案号131-003-00057。

| 首都建设新风貌

其他环路也随之改建扩建。面对东三环及北三环交通日益拥堵状况,从1979年起,北京市开始分段改建拓宽东三环,至1980年完成首都机场路至大北窑段扩建。1983年,开始扩建北三环路,自西颐路至土城为三幅路,土城至北太平庄为四幅路,北太平庄至机场路牛王庙为三幅路。其他环路方面,主要建设了二环路的北半环(自复兴门经西直门、东直门至建国门段),使二环路北半环与崇文门东大街、前三门大街形成一个道路环。①

在城区,新建的干路、次干路多为有隔离带的三幅式道路,较好地解决了机动车与非机动车混行交叉干扰的问题。在郊区,修建了昌平路、京良路、京开路、八达岭复线、慕田峪旅游线路等,基本解决了北郊、东北郊、西南郊出城难的问题,城内和旅游点的交通有较大改善。

立交桥建设引人注目

随着城市交通量不断增长,重要路口和铁路道口的交通堵塞问题日益突出,建设立体交叉设施开始提上日程。

1974年,在复兴门立起一座庞然大物,如同雄狮立于复兴门的十字路口上,这就是北京市第一座互通式苜蓿叶形立交桥——复兴门立交桥。它上下落差5.5米,使平面交叉来往的车辆分为上下道立体行驶,既缓解了交通拥堵,又减少了事故发生。复兴门立交桥的建成,传递出首都交通向现代化迈进的信息,开启了城区立交桥建设新篇章。

建国门立交桥是北京市第一次兴建的快慢车分行的三层互通式立交。东二环路与建国门大街的交叉处,是北京市的迎宾干道和建国门外使馆区出入城区的主要路口,也是联系东郊工业区及通县主干道的交通枢纽,路口的车流量很大。市有关部门经过实地观测,并组织公安、交通、运输等部门座谈,认为应当建设建国门立交桥,提出了机动车与非机动车分行的三层式立交方案。该工程与二期环线地铁工程同时进行,1979年10月竣工。桥面设计为3

---

① 《中国市政工程设计通志》编委会编:《中国市政工程设计通志》,中国建筑工业出版社1998年版,第354页。

层，上下两层分别行驶交叉而过的机动车，中层为自行车等非机动车专用车道。在周围现代化的建筑和古观象台的映衬下，显得典雅雄浑。整座桥设计严谨、科学、独特、美观，得到了中外人士的好评，认为这种立交桥开创了城市道路立交新形式。

1980年12月，跨于西直门南、北大街之上的西直门立交桥竣工投入使用，该桥采用上、中、下三种车道分驶的形式，上层机动车道呈巨大的圆形，使机动车可以自如转向或掉头行驶。中层为一个巨大的椭圆，东西长140米，南北长95米，比当时工人体育场的足球场地还大，为车辆往来穿梭提供了方便。

更引人注目的是牛王庙立交桥（后被称为三元立交桥），它位于东北三环路与首都机场路、京顺路的交会处，是三条重要交通干道相交的双十字形交叉路口，而且还处于首都国际机场进入市区的门户位置。当时，这里的交通流量越来越大，经常出现拥堵。为改善牛王庙一带的交通状况，市有关部门决定在这里修建三座大小不同的钢筋混凝土立交桥，由市政设计院设计、市政一公司施工。1982年版《北京城市建设总体规划方案》将其正式确定为道路建设重点项目。

该工程于1983年12月1日正式开工，原计划两年时间完成，1985年底竣工。后来根据形势发展需要，市政府作出决定，为迎接新中国成立35周年，尽快解决首都东北大门的交通堵塞问题，要求该立交桥1984年国庆节前建成通车。为此，市里特别成立了三元立交桥工程总指挥部及施工现场指挥部，分头把关，层层负责，并将承包责任制引入建筑领域。1984年2月，市政一公司内部开始实行"百元产值工资含量"承包责任制，在保证工程质量全优、不误工期、安全施工和完成预算投资节余指标的前提下，每完成百元产值，就按标准提取一定的工资额；反之，按规定罚款。多干多得，少干少得，上不封顶，下不保底。

实现承包责任制后，劳动效率大大提高。安装V形墩是工程重点部位的关键工序，实行承包前一天只装2个，之后一天最多能安装7个，质量达到全优。市政一公司三工区二队，负责拆除一号桥模板、排架的任务，木材总方量达1700多立方米。实行承包后，20天的任务只用6天就完成了。

牛王庙立交桥建设得到了兄弟省市、全市有关单位的积极配合和大力支持。施工中急需40吨亚硝酸钠，作为钢筋阻锈剂用于水泥混凝土中。由于工期提前，材料供应部门来不及安排供应计划，这一时成了工地上的"老大难"问题。经化工部介绍，采购人员前往贵阳，当地日产亚硝酸钠只有5吨的建江化肥厂，直接把连续生产8天的亚硝酸钠全部调往北京，贵阳、重庆、成都等铁路部门提供方便，及时把40吨亚硝酸钠运到工地。① 参加该项工程的市政管理处、北京第一构件厂、市园林局绿化处等30多家单位，密切配合，通力协作。市物资局、市建材供应总公司等单位领导带着有关科室干部直接到工地上安排材料供应；供电局、电信局等单位的工人、干部，积极组织安排供电、接通电信。

经过9个多月连续奋战，1984年9月20日，规模宏伟、气势磅礴的牛王庙立交桥胜利建成并举行通车典礼，比原计划提前15个月，创造了我国立交桥建设速度的新纪录。国务院副总理万里、中央书记处书记胡启立出席典礼并发表讲话，称赞"北京的建筑工人善于打快仗、打硬仗：在短短的9个半月里，拿下了这么大的工程，这是改革的胜利，是团结协作的成果，是党中央、国务院关于在建筑行业首先实行改革结出的一个丰硕果实，也是社会主义优越性的表现"。② 北京市委、市政府及中央有关部门的负责人和2000多名群众参加通车典礼。这次典礼上，市政府正式将该桥命名为"三元立交桥"，取3条主干道交叉于一桥又互相连通之意。

建成后的三元立交桥，由3座钢筋混凝土立交桥、5座栈桥、9座人行梯道和8座地下人行通道组成，上下重叠、纵横交错，各条道路之间相互沟通，运行方便，是当时国内最大的立交桥，全部工程占地约35万平方米。周围交通从此得到很大缓解。

这一时期，北京市立交桥建设速度明显加快。1976年至1984年，北京市

---

① 《跨越时间的桥》，《北京日报》1984年9月21日第2版。
② 翟启运：《顽强拼搏、通力协作、实行改革的成果　北京三元立交桥提前通车　万里、胡启立和北京市负责人参加通车典礼》，《人民日报》1984年9月21日第1版。

三元立交桥俯瞰图

共建设立交桥 14 座。二环路上，先后修建阜成门、西直门、德胜门、安定门、东直门、东四十条、朝阳门、建国门等 8 处立交桥；北三环路段上，修建三元桥、安贞桥、马甸桥、蓟门桥等立交桥；并打通马家堡路，将马家堡、夕照寺、东管头道路与铁路的平交建成立交。

过街天桥和地下通道开始出现

当时，行人过马路难的问题也变得越来越突出。像西单北大街、东单北大街和西四、东四、西单、东单、王府井等繁华街道和路口，每天人头攒动，人行横道人流高峰时每小时可达 1 万人次左右。行人在这些地方过马路，与机动车、自行车交叉穿行，过街十分困难，再加上个别司机不注意避让行人，交通事故时有发生。据不完全统计，1981 年上半年，仅建国门至天安门的长安街一线，在人行横道内就发生交通事故 23 起，伤 18 人、死亡 3 人，情况十分严重。[①] 为解决行人过街难的问题，一些专家提出了在路上架桥的想法，

---

① 《尽快解决行人"过街难"的问题》，《北京日报》1981 年 9 月 2 日第 2 版。

也就是修建"天桥"，以实现人和车彻底隔离。

在这种情况下，北京市建委希望找到解决人车混行问题的新办法，决定建设西单商场过街天桥，将其作为实验工程。该工程由北京市政工程局技术研究所设计、市政四公司施工。1982年5月3日晚，正式动工，由于采取在工厂内加工、预制桥梁构件和夜间作业的方式，工程进展较快，7月1日施工完毕。

在西单商场与电话局营业室门前，全市第一座人行过街天桥垂直跨越西单北大街，跨径20米，全桥长21.07米，净宽4米，设有4座桥梯，高度相当于两层楼房。整体建筑除基础部分采用钢筋混凝土结构外，其余全部采用钢结构，轻巧美观，强度较高。

西单商场天桥建成后，吸引了无数市民前去观看。北京市市政工程研究所特意做了一个测试实验，发现绝大部分行人选择上桥过马路，桥下车速也有很大改善。桥南北200米长范围内，机动车平均时速提高3.1公里，公交车正点率提高3%，车辆受阻和鸣笛噪声大为减少。这证明在交通量与过街人流量比较大的繁华地段，建设人行过街桥是可以解决问题的。经过调查研究和总结经验，北京市决定加强首都交通综合治理，加快过街天桥建设步伐，至1984年底，共建成西单商场、东四北、动物园西、动物园东、崇文门南、东单北、清河东7座过街天桥。

与过街天桥相伴而生的是地下通道。1975年，结合地铁二期工程的修建，北京市曾在二环路的几个路口预设了10处地下人行道。1984年，为重点解决北京第三棉纺厂万余名职工安全穿过朝阳路、往返厂区和生活区的问题，全市第一个地下通道——朝阳区慈云寺人行通道开始修建。因位于北京第三棉纺厂门前，又被称为国棉三厂通道，建成后对保障朝阳路交通正常运行发挥了重要作用。

此后，北京市陆续建成动物园、三元桥、崇文门、前门外地下通道等。其中，前门外地下通道位于前门外原五牌楼（正阳门牌楼）处，横穿前门大街地下，又称五牌楼人行地下通道，1983年12月建成。

地铁建设迈出新步伐

北京是全国最早建设地铁和投入运营的城市。受历史条件所限，地铁一期工程（苹果园站至北京站段）于1969年完工后一直处于试运行阶段。同时，党中央和市委决定开工兴建地铁二期工程。工程由北京市城市建设工程设计院、铁道部通号公司等单位设计，中国人民解放军铁道兵、基建工程兵和铁道部地下铁道工程局、北京市城市建设工程总公司等单位联合施工。受"文化大革命"影响，许多工矿企业处于瘫痪状态，造成原料不足，地铁建设进展缓慢。

随着国家经济工作重心的转移，北京地铁开始从"以战备为主"向"以运营为中心"转变。1981年9月，经国家批准验收，地铁一期工程正式对外开放。12月，地铁二期基本建成，但进行初步检验时，发现工程设备存在诸多问题，北京市因此决定推迟通车。1983年10月，国务院副总理李鹏等受邓小平委托，深入二期地铁工地调研解决问题，并作出"要抓紧修复通车，把失去的时间夺回来"[①]的指示。随后，党中央责成国家经委、机械工业部等10个部委以及上海、辽宁等15个省市联合攻关，先后组织130多个厂家，对二期工程设备进行大规模整治改造。在不到一年的时间里，更换22个高压电站的600多台设备，改造16个低压电站的300多台设备。担负二期地铁建设的工人们互相协作，终于使二期地铁具备了通车条件。

1984年9月19日，作为国内自主设计和建设的第二条地铁工程开通运营。李鹏、李锡铭等人到场祝贺。从这天开始，二期地铁从建国门到朝阳门、东四十条、东直门、雍和宫、安定门、鼓楼、积水潭、西直门、车公庄、阜成门及复兴门开始运行，设12座车站，在复兴门与一期工程相连，全长16.1公里，呈"马蹄形"。二期地铁试运营第一天就发出列车201次，运送近2万人次。有位乘客兴奋地说："以后我就坐地铁了！""以前乘公共汽车，到复兴门换乘一期地铁，乘公共汽车可真急人呀，哪天上班不得花上个把钟头，

---

① 刘霆燕编著：《北京的交通》，北京燕山出版社1991年版，第91页。

首都建设新风貌

可是您瞧，坐地铁只用了 21 分钟多一点儿。"① 二期地铁成为当时除日本东京、大阪和名古屋地铁之外，亚洲最长的一条地下铁道，后来与北京地铁一期工程实现联网运营。至此，北京的地铁线路长度达到 29.7 公里，位列亚洲第四。

相比一期地铁，二期地铁在建筑设计上更为宽敞、大方、富丽。每个车站均有别致的灯光造型，东四十条站、建国门站、西直门站、复兴门站还装饰有大型壁画。其中，因气势雄伟、线条明快并绘有五彩缤纷的大型陶板壁画，地铁东四十条站被评为"北京市八十年代十大建筑"之一。走进地铁东四十条站，人们便会被庄严新颖的设计所吸引。淡黄色的大理石石柱，紫红色的地面，把大厅衬托得更加洁净、高雅。大厅顶部，无数只灯管交相盘错，组成 26 个花环，每个花环直径 3.1 米，象征团结和友谊，使大厅显得满堂生辉。大厅两侧是由瓷砖组成的两组大型体育壁画。东侧壁画为《华夏雄风》，高 3 米，长 62 米；西侧壁画为《走向世界》，高 2.99 米，长 70 米。画面上的运动员身材矫健而轻盈，或击拳，或舞剑，或滑雪，或跳水，栩栩如生，彰显着社会主义现代化事业欣欣向荣。

1984 年 10 月 5 日晚，一直关心北京地铁建设的邓小平在北京市领导的陪同下，来到地铁复兴门站，视察北京地铁二期工程。② 当时，复兴门车站站台两侧停放着两列地铁列车。陪同人员询问邓小平先坐哪辆车，邓小平问道："有啥子区别？"工作人员解释说，一列是国产电动客车，一列是刚从日本引进的列车。邓小平回答："先坐国产车，先坐国产车好。"于是，邓小平一行先从复兴门站出发，乘坐我国长春机车车辆厂制造的列车，到达雍和宫站后下车，再换乘从日本进口的"东急"列车继续前进。在列车上，邓小平详细了解并实际感受北京地铁建设情况。他询问在场的人员，日本车有什么优点？在场人员回答：日本车质量好，故障少。邓小平又问：中国车呢？在场人员回答：中国车坏了有配件。③ 当晚 21 时 45 分，列车到达终点站建国门车站，

---

① 《快捷舒适 二期地铁第一天运营见闻》，《北京日报》1984 年 9 月 21 日第 2 版。
② 《邓小平视察北京地铁和三元立交桥》，《人民日报》1984 年 10 月 6 日第 1 版。
③ 刘金田、张爱茹著：《走出中南海的邓小平》，台海出版社 2011 年版，第 429 页。

邓小平与大家亲切告别。

在中央领导的亲切关怀下，北京地铁建设进入快速发展时期。1976年至1984年间，北京市道路桥梁投资4.7842亿元，占同期基本建设总投资的1.38%。市区道路达到2545公里（2091万平方米），比1975年增长695公里（645万平方米），道路交通建设取得了明显进展。

三、实施一批供水排水骨干工程

新中国成立后，北京地区在水资源开发利用方面取得重大成绩的同时，也遇到了城市现代化发展的瓶颈制约。由于地下水长期超量开采，1970年至1981年十几年间，市区地下水位普遍下降10—15米，形成了一个范围超过1000平方公里的下降漏斗区，并逐渐向外扩展。随着工农业用水量和城市人口激增，北京水资源的供需矛盾日趋突出，解决水资源难题成为全市面临的一项极为严峻而紧迫的任务。

建设供水水源重点项目

北京市相继建成第一至第七水源厂后，为进一步满足居民用水需求，1973年，市革委会批准建设大型水源工程项目水源八厂，决定投资1.5亿元，在顺义县境内开采地下水，再输送到市区。经地质勘查，1974年5月，水源八厂一期工程在顺义县北部牛栏山西北破土动工，但受"文化大革命"的影响，工程进展十分缓慢。

1977年夏天，北京出现严重干旱天气，加快水源八厂一期建设变得迫在眉睫。当年12月，有关市领导作出批示："八厂工程需设强有力的现场指挥部，由建委、计委召集有关方面开会动员。"1978年2月，水源八厂工程会战第一次动员会在香山召开，会议明确要求尽快建成八厂，以缓解北京供水紧张状况，1978年底具备通水条件，1979年底建成，实现每日供水13万立方米的目标。这次会议统一了思想认识，对推动工程建设起到了重要作用。会后，成立现场指挥部，由市市政局、市公用局主要领导任正副总指挥，设立6个分指挥部，开始逐步解决困扰已久的施工拆迁、农业赔偿、材料供应、设备、供电等问题。北京市第三市政工程公司担负主要施工任务。1978年11月，水源八厂第二次会战会议在房山召开，再次就工程中出现的供电、设备材料等问题进行研究部署，施工速度明显加快。

施工过程中，由于提供混凝土大管的两个制管厂没有正式投产，管材供应不足，工程进度受到严重影响。工人们大胆采用"拉模"新工艺，自制压力较低的输水管道，保证了工程需要。经过艰苦努力，1979年除夕，正是用水高峰季节，水源八厂终于通水了。聚在呼家楼出水口周围的人们手捧清水，脸上浮现出欣喜的笑容，首都人民终于喝上水源八厂的水。一期工程的投产，暂时缓解了市区用水供需矛盾，使东郊、东南郊、东北郊管网水压提高了5—11米，改变了长期以来西水东调局面。在此基础上，北京市先后启动第二期输水管线辅线工程和第三期工程，水源八厂日供水能力达到42.9万立方米，成为当时国内最大的一座地下水厂。

但北京市区公共供水形势依然不容乐观。1979年8月至1981年两年间，北京地区持续干旱，地上水大量减少，地下水位普遍下降。至1981年8月24日，作为北京市主要水源，密云水库蓄水5.1亿立方米，官厅水库蓄水2.71亿立方米，两大水库合计蓄水量仅7.81亿立方米，比1980年同期少6.21亿立方米，除去死库容（死水位以下的库容）外，两大水库可用水量只有1.34亿立方米，是建库以来最少的一年。郊区80多座中小型水库，基本处于无水状态。全市约4万眼机井，有1/3抽不上水，1/3只能抽抽停停。有的公园因湖泊不能及时补水，游船一度停止下水。一部分二三层楼房已供不上水，对工农业生产和人民生活造成严重影响。这在北京历史上是罕见的。市委、市政府向党中央、国务院紧急报告说"北京缺水情况继续发展，已经达到极其严重的地步"。面对这种情况，从1981年6月上旬开始，密云、官厅两大水库，暂停对农业大田作物供水。7月25日起，官厅水库给首都的日供水量由200万立方米压缩到130万立方米。

首都供水严峻形势引起了党中央、国务院的高度重视。1981年8月11日至15日，国务院召开京津冀三省市和有关部门紧急会议，果断作出决定，密云水库停止向天津市、河北省供水,将密云水库作为北京城市供水的专用水源,不作他用,要求京津冀三地加强水资源管理,积极采取各种节水措施。

根据这次会议精神,同年8月28日,北京市成立水资源管理委员会,加强对水资源的统一领导,负责全市地上、地下、城区、郊区、工农各业及城市生活水资源统一管理调配,统筹开源、节流和调蓄各项工作。第二年,北京市水资源管理委员会下设办公室,负责日常工作,与市农业基本建设办公室合署办公。

由于跨流域引水短期内难以实现,为扭转首都供水紧张的被动局面,建设新水厂显得刻不容缓,水资源管理委员会着手研究开发新水源,决定立足本地区开发可以利用的水源,从密云水库取水,在北郊建设水源九厂。1982年版《北京城市建设总体规划方案》进一步明确提出要建设水源九厂,规模为100万立方米/日,2000年建成。

实际上,北京市市政工程设计研究总院早在1979年就开始收集整理密云、怀柔水库水质资料,对水厂厂址、取水地点、输水线路等主要环节进行了现场勘察和方案比选,还针对密云水库水源作了水净化工艺的试验研究,为水源九厂建设做了大量前期准备工作。

经过调查研究,北京市编制上报水源九厂工程计划任务书,形成了以密云水库为水源建设自来水公司水源九厂的工作方案,初步选定朝阳区的大屯和洼里作为备选厂址。1983年3月,国家计委在批复中明确"为解决北京城市供水严重不足的问题,同意建设水源九厂",建设规模"为日供水50万立方米,并留有扩大到日供水100万立方米的余地"。北京市公用局委托市政工程设计研究总院进行水源九厂工程设计,随着工作逐步深入,发现原选定的两处厂址均位于活动的黄庄—高丽营断裂带上,位置不太合适,随后又对花虎沟、太平庄、东小口、来广营、西小口等多处厂址进行比较研究,最终选定清河镇南的花虎沟作为水源九厂厂址,1984年底完成初步设计。水厂建设分两期实施,第一期建设自1986年5月开始,每期日供水能力50万立方米。1990年7月全部建成投产。

与此同时,加快白河堡水库建设也被提上重要日程。白河堡水库位于密云

| 首都建设新风貌

建成投产的北京水源九厂一期工程

水库上游，主要拦引密云水库上游的白河，跨流域向官厅水库和十三陵水库补水，工程于1970年9月破土动工。为了引出白河水，需要凿穿7090米长的白河隧洞。延庆县20多万人口，性别不分是男是女，地域不分前山后山，受益不分谁先谁后，"是延庆人，就打白河洞"，形成了各行各业齐上阵的局面。

凿洞，没有测量队伍，就聘请退休的老测工办培训班，从实践中学，边测边打；掘进，没有支撑工，就请曾在煤窑井下作业的支撑工，到工地带徒弟，进行现场教学，现学现用；衬砌，没有打砼技术，就按技术要求办学习班召开打石头现场会，训练出白河石匠队……工人们最终开通宽2.9米、高3.84米、过水20秒立方的白河隧洞。1978年4月15日，白河隧洞完成衬砌，正式通水，不过由于各种原因，其他配套建设暂时缓建。

当时，官厅水库水源日益不足，越来越难以保障北京西郊电力、蔬菜等工农业用水需要。1981年7月，北京市市长焦若愚到白河堡水库工地视察，了解工程进展。年底，经报请国务院有关部门批准，北京市决定恢复并加快白河堡水库工程建设，提出"要保证工程质量，加快进度，安全施工，厉行节约，1983年建成通水"的要求。除成立现场指挥部外，市政府还成立北京市水源工程指挥部,由副市长王宪任指挥。延庆县另外成立白河堡水库干渠指挥部。

为加快工程进度,施工过程中主要采用机械作业。每天有上百台机械在300米长的大坝上同时作业。延庆县群众共投入工作日两千多万个,平均全县每人担负一百个工作日。① 这是全市同期水库中机械化施工程度最高的一次尝试。19位民工为了改变家乡面貌,献出了宝贵生命。有位参与工程建设的老同志后来回忆说,红旗渠的精神在延庆开花结果了!②

1983年7月1日,白河堡水库正式拦洪蓄水,焦若愚等市领导出席庆祝大会表示祝贺。作为跨流域沟通三大水库(密云、官厅、十三陵水库)、三大水系(潮白河、永定河、温榆河)的水利枢纽工程,白河堡水库按照百年一遇洪水设计,总库容9060万立方米,控制流域面积2657平方公里。1984年至1985年共向官厅水库补水1亿立方米。

除了开发地下水源,建设以地表水为水源的水厂也势在必行。1982年,市政府决定,在海淀区田村山南路建设田村山净水厂,由北京市市政设计院设计,北京市市政四公司承建。1983年5月,正式开工建设,从密云官厅水库引水,通过河道和饮水渠在昆明湖汇聚后,经燕化输水管线进入水厂,1985年6月竣工投产。这是北京市第一座以地表水为水源的大型净水厂,在保障燕山石化生产用水的基础上每日供水17万立方米,有效缓解了北京市西部地区供水不足和水压偏低的局面,特别是在国内率先采用臭氧消毒和活性炭吸附的深度处理工艺,经过"加药—混凝—澄清—过滤"等常规工艺加工后,再经氯化消毒深度净化,去除水中的色、溴、味以及各种有机物,将生产出的高质量饮用水送入百姓家中,为后续水厂建设积累了宝贵经验。

至1984年底,市区城市公共供水厂由新中国成立初的1个发展到8个,城市公共供水管线达到3250公里,相当于1949年的8.9倍。市区90%居民饮用上自来水,10%居民饮用上自备井水。

---

① 《合理调配首都水资源的重要枢纽 白河堡水库胜利建成拦洪蓄水》,《北京日报》1983年7月2日第1版。

② 中共北京市委党史研究室、北京市政协文史资料委员会、北京市老干部局编:《抚今追昔话北京》,北京出版社1999年版,第201页。

实施以上供水骨干工程的同时,北京市还从节流和调蓄等方面积极采取措施,落实工业用水大户节水措施,加快节水工程建设,建成高井电厂冷却塔主体工程、第二热电厂冷却塔第一期工程,实施第一热电厂循环水工程方案。对于生活用水,深入开展节约用水宣传教育,号召全市人民行动起来,充分认识搞好节约用水、战胜严重缺水困难的战略意义。从1981年底开始,一律取消城市自来水用水包费制;1983年底前,为40万楼房住户分期分批安装分户水表,实行按量收费,规定新建住宅一律安装分户水表;严格控制城区打井,收取地下水资源费;调整地表水价,减少浪费。这一系列措施有效应对了改革开放初期北京严峻的供水形势。

实施排水骨干工程建设

与供水系统相配套的是城市排水设施建设。"文化大革命"结束后,北京下水道建设还赶不上城市污水量排放增长的需要,很多地区污水直接排入河道、明沟,既污染了地面和地下水源,也严重影响了城市环境。1981年,市区每日排放污水200万吨,其中70%就近入河入沟,只有少量污水排入下水道。而已有排污系统多年来投资不足,管道失修失养情况比较严重。针对这种情况,北京市除了利用国家拨付的市政设施建设专款外,采取集资办法修建部分下水道及主干线,加快排水设施建设步伐。

以解决污水出路为中心,下水道建设全力推进。这一时期,主要修建了西郊污水干线工程、南城污水干线下游工程、永定河引水渠污水截流干管和农大排水渠改暗沟工程、学院路雨水暗沟工程、万泉河污水截流管工程等几项排水骨干工程。

西郊污水干线工程,主要是解决西郊地区的污水出路问题。北京西郊一带地区是新中国成立后逐渐建设发展起来的。当地先后修建了阜外污水管及西滨河路污水截流管。随着城市建设大规模发展,新的跨流域污水不断接入这些干管,到1977年,流域面积增至3000多公顷,污水量超出了这一系统污水管的宣泄能力,造成排水不畅,上游污水溢出地面。甘家口商场附近,在排放高峰时,污水从检查井溢出地面,漫流成污水河,行人只有搬砖搭

"桥"才能通过。根据当时城市建设规划，西二环路复兴门外大街等处，沿街将修建大量住宅和大型公共建筑，污水必将大量增加。为解决新建地区的排水问题，减少对京密引水渠、永定河引水渠的污染，确保西郊百余万人民群众的身体健康，1977年，北京市将西郊污水干线作为市政建设重点项目，正式立项。由于西郊地区污水排除方案与其他规划密切关联，施工时间又紧，整个西郊污水干线工程是在逐段规划、逐段开工的情况下分步实施的。

第一期工程先施工上段管线（甘家口至京周公路段），于1979年开工，1982年竣工。上段管线途经的三里河路属于迎宾线路，为减少拆迁并避免对迎宾馆一带造成干扰，工程全部采用地下顶管施工方法。在穿过复兴门大街时，与地铁交叉，管底高层正处于地铁上顶，而管顶又处于地铁的防护层以下，施工中不准开挖路面。施工方对情况了解调查清楚后，最终慎之又慎地顺利顶过了复兴门外大街。这段工程完工运行后，甘家口一带污水的排除问题得到缓解。

第二期工程包括下段、中段污水管线及万泉寺泵站，分别于1982年、1984年、1986年开工，到1987年底主体工程完工。中段管线（京周公路至广外大街）穿过北京钢厂，在800多米的地段就有50多处与各种地下管线交叉，管线两旁又紧邻车间，施工环境非常不利。原来曾按盾构施工方法进行设计及施工准备，后由于污水管线上的110千伏高压电力沟线路与污水管平行，相距小于6米，不能满足盾构施工的要求。1983年，又改用电力沟与污水管上下双层沟型的方案，施工采用开槽方法，才解决了这个难题。西郊污水干线工程将永定河引水渠沿岸的入河污水全部截流，大大减轻了西滨河路污水管的负担，使水质有了明显好转。

从东南城角到通惠河的南城污水干线，则解决了南城地区污水的出路问题。自20世纪50年代开始，北京市就着手推进南城污水干线的规划设计工作，可惜由于投资、拆迁以及施工技术原因，多年来一直没有实现。直至80年代初，该项工程才由北京市市政三公司正式施工。

在通惠河南岸施工时，管线位置有两个方案可供选择：一种是顺铁路向西绕行，选择铁路线股数较少的地段穿过；另一种是穿过北京铁路局内燃机

首都建设新风貌

务段的 20 股铁路线，长度达 210 米，中间不能设置工作坑，距离较长，超过了当时大口径管道的最大顶进长度一倍，还要确保铁路安全运行，施工难度非常大。但能够节约工程造价约 200 万元（不包括拆迁费用），少拆房 160 余间，并能大大加快施工进度。

指挥部经过技术比较和对穿过铁路可行性的反复研究，认为只要精心设计，精心施工，采取成熟的新技术，第二种方案是可以实现的。在征得市规划局及北京铁路局同意，并经施工单位进行技术论证后，确定采用第二种方案。1982 年 7 月，施工方采用触变泥浆顶管①并加中继顶管方案，加大顶管长度，配合使用机械手掘进、顶进控制圈以及水泥浆灌顶缝等先进施工技术，在保证列车正常运行情况下，实现了一次顶进长度 210 米的新纪录，为国内顶管施工创造了新的经验。这项工程因此被评为 1983 年国家优质工程银质奖。

同时，在新开发住宅区内，北京市安排了一些雨水、污水管道工程建设，其中不少属于地区性干线工程，如石景山区八角污水干线，流域范围包括金顶街、苹果园、西黄村、八角居住区等 500 多公顷面积。为配合科学院、双榆树、五路居、马甸等统建区的开发，推进土城北路雨、污水干管工程，北三环路雨、污水管工程建设。在建设团结湖、劲松、左家庄等住宅区中，也相应安排建设了雨水、污水管线工程。截至 1982 年底，共新建下水道 1600 多公里，是新中国成立初期的 7.3 倍。

围绕清淤疏浚工作，城市防洪和河湖整治也迈出新步伐。主要有疏浚清河，东护城河改暗沟，京密引水昆明湖段改河工程，治理北护城河、亮马河、万泉河、小月河、二道沟、土城沟等。

北护城河是北京古城旧址北侧的一条古河道。为了清挖河底淤积，进一步改善首都环境，北京市于 1983 年 12 月 1 日起，开展群众性北护城河清淤义务劳动。中共中央、国务院，中央军委办公厅，中央和国务院各部委，中国人民解放军驻京机关和部队，北京市委、市政府和全市 1300 多个单位，共

---

① 顶管时一般管壁与土壤的间隙注入一种具有润滑作用的泥浆，减少摩擦阻力。

8万人次踊跃参加劳动。西起德胜门,东至和平里南口桥东,在4公里多长的河道上,机关干部、工人、售货员、大中学生、医务工作者、街道工作者以及解放军指战员等各界人士踩着河底的冰碴儿,挥铲清淤,推车运泥。清华大学建筑系的32名大学生,没有被安排参加义务劳动,就在星期天主动到工地挖泥。许多工厂、商店的共青团组织了青年突击队;景山街道17名个体劳动者和在京学习的一些少数民族学生也参加了挖河泥劳动;许多街道老太太、退休职工和小学的少先队员热情地为参加工地劳动的人们沏茶送水;不少饭店的服务人员还把热腾腾的饭菜送到工地。这次北护城河清淤义务劳动原计划12月20日完成,由于各方面共同努力,提前八天完工,共清运淤泥3.8万多立方米。①

同期进行的还有亮马河义务清淤工程。亮马河地处北京市东北郊,流经使馆区。改革开放后,虽经开挖调直,初步改变了面貌,但上游沿河单位继续向河道排污。仅一年多时间,1500多米长的河道中又淤积了大量淤泥和悬浮物。该项清淤工程难度较大,淤泥厚又呈粥状,河底不平,两岸狭窄,这些给清淤工作带来了很大困难。1983年12月15日至1984年1月15日1月间,北风凛冽,寒气逼人,清淤现场却人来人往,热气腾腾。参加义务劳动的干部群众,有的用车推,有的用筐抬,有的用盆端,还有的肩扛人背。崇文区一个拉锁厂的干部职工没有清淤任务,在一名干部带队下,40多人利用厂休日前往参加清淤;朝阳区几十所中学,每天分两班,每班有近千名师生参加劳动;新源里一所小学的16名小学生,由老师带队到工地送水,编排快板为大家演出。北京造纸一厂是亮马河上游几个主要排放污水、污物的单位之一,该厂的负责人来到清淤工地,看到几千人为治理亮马河辛勤劳动的场景,心情沉重地说,亮马河污染成这个样子,我们厂有责任,所以用了两年多的时间,花60多万元买了一套污水处理设备,再也不向亮马河排放污水

---

① 《党政军民学8万人次踊跃义务劳动 北护城河清淤工程12天胜利完成》,《北京日报》1983年12月13日第1版。

了。① 这次河道清淤，共有 5 万多人参加义务劳动，挖出淤泥近 3 万立方米。清淤后的亮马河河床如同玉带一般，两岸护坡被清扫得干干净净。

全市上下齐心，迎难而上，通过实施一系列供排水骨干工程，一定程度上缓解了北京市用水紧缺和排污困难的局面，为后续水资源有效利用奠定了重要基础。

四、供热供气供电能力稳步提升

随着城市建设大规模展开，市民用热用气用电需求迅速增长，供需矛盾更加尖锐。为适应社会主义现代化建设客观要求，北京市千方百计发展供热供气供电事业，一定程度上满足了人民群众生活需要。

大力发展集中供热

长期以来，北京市供热取暖主要有集中供热和分散供热两种方式。两种供热方式相比，集中供热既能节约能源，减轻环境污染，又能提高供热质量，节省人力，方便管理，具有明显的优越性。

1958 年 9 月，北京第一热电厂一期工程建成投产，揭开了北京市区发展集中供热的序幕。1966 年，又建成了北京双井蒸汽厂。经过 20 多年的发展，北京市供热规模初步形成。改革开放初期，全市新建房屋面积每年增长少则 70 万—80 万平方米，多则 110 万—120 万平方米，大部分又不属于成街成片改造，城市热网供热发展显得相对滞后。

为发展集中供热，解决北京市区西部地区房屋建筑用热问题，1972 年 9 月，国务院正式批准建设北京第二热电厂（又称为西南郊热电厂）的计划任务书，厂址确定在广安门外天宁寺西侧，供热范围东至天安门，西至木樨地，南至"前三门大街"，北至阜成门大街以南，涉及 500 万平方米民用建筑采暖

---

① 《两万八千人参加治理已清淤一万八千立方米 义务劳动大军给亮马河带来新生》，《北京日报》1983 年 12 月 22 日第 1 版。

和生活用水加热，主要热用户有军事博物馆、国宾馆、中南海、人民大会堂、毛主席纪念堂、故宫等。1972年10月，北京第二热电厂筹建处成立。当时有关部门对北京第二热电厂确定的厂址看法不一，有人提出因离市中心区和文物古迹天宁寺过近，烟尘、噪声和冷却水塔水雾将影响周围环境和交通，不利于天宁寺塔的景观保护。因此，筹建工作一再拖延，迟迟没有进展，直至1976年1月，建设工程才动工兴建。

由于施工现场地处市区，场地狭小，搬迁量大，施工与搬迁、建筑与安装只好进行交叉作业。厂区没有堆放设备的场地，大件设备就存放于12公里外的第一热电厂，小件设备则堆放在房前屋后和道路两旁，给工程施工增加了困难。设备安装中，施工方在修配厂内进行管道、管件、阀门、垫圈等加工组装工序，然后整体运到现场安装就位。同时，采用激光准直仪找正技术安装汽轮机，用磁辊式全位置自动火焰切割机和磁辊式全位置大口径自动焊机进行管道施工，研制成功电缆敷设机，实现了电缆敷设机械化等新技术。施工人员最多时有1300多人。1980年7月，北京第二热电厂建成投产，与第一热电厂之间实现了两条管线相连，为保障市中心地区用热提供了便利，很大程度上缓解了供热的紧张状况，也改变了东部和西部供热不均衡的局面。

在建设北京第二热电厂的同时，左家庄供热厂开始投入建设。20世纪70年代末，在东北部的左家庄小区、香河园小区、新源西里小区、东兴路小区和西坝河两侧，以及东二环北部、北二环东部一带，新建建筑面积达400万平方米。如果这一地区采取分散小锅炉房供热，势必会烟囱林立、浓烟滚滚，到处是煤场、灰场，造成严重的大气污染。因此，很有必要兴建一座区域锅炉房，实行集中供热，这样既能解决这一地区建筑用热问题，还可以与北京第一热电厂热网连通起来，扩大北京第一热电厂供热范围。

1980年11月，北京市公用局编制了工程计划任务书，上报市政府，第二年1月，市政府批准兴建左家庄供热厂，设计供热能力为290兆瓦。经有关单位调研论证，最后确定厂址在北三环南侧左家庄小区内，北临左家庄路，东濒左家庄西路，西邻西坝河南路，可以利用煤厂铁路线运煤。1983年6月24日，左家庄供热厂破土动工。市政府十分重视这项工程建设，将其列入市重点建设项目，具体由北京市热力公司负责组织筹建。建设中的关键问题，是大容量的高温热水锅炉的选型。当时国内生产的热水锅炉，只有单台容量为每小时 7 兆瓦和 14 兆瓦的产品，容量 116 兆瓦的热水锅炉在国内尚未试制生产，如果从国外引进又需要大量外汇资金。经有关部门调查和多次论证，最终选用了由无锡锅炉厂生产单台容量为每小时 29 兆瓦的热水锅炉。

1985 年，左家庄供热厂一期工程完成，香河园住宅小区、三里屯使馆区、东二环路两侧新建住宅取暖用热和生活热水有了保障。左家庄供热厂作为我国以热水锅炉作为热源的第一个大型区域供热工程，它的建成实现了较大面积的集中供热，从而减少了分散锅炉房建设。由于锅炉效率相对较高，与分散供热相比，每年省煤 4 万吨，减少烟尘 2000 吨，减少二氧化硫排放量 700 吨，减少灰渣 1.4 万吨[①]，对节约能源、改善环境起到了积极作用。北京东部地区逐渐形成了以北京第一热电厂为主、以双井蒸汽厂和左家庄供热厂为辅的城市热网供热系统。

随着北京第一热电厂、北京第二热电厂和左家庄供热厂先后兴建和投产，由这三个热源厂引出的民用热水管网干线相应建成，如东二环线、广展线、"前三门"线、西二环线、左家庄西干线、左家庄东干线等，构成了横跨朝阳区至海淀区等 6 个城近郊区的闭式民用热水管网。其中，"前三门"线西起北京第二热电厂向东沿莲花池东路、宣武门西大街直至正义路南口，与建成的"前三门"线东段接通，是连通北京第一热电厂和第二热电厂热网的热力干线之一，主要为"前三门"住宅区及市中心区一批新建民用建筑供热。"前三门"线刚开始施工时，"前三门"高层住宅区已开工建设近一年。西便门至前门地段的热力管道位置紧邻住宅区北侧，被施工机械占据，阻碍了热力管道的施工进程。最终，由北京市建设委员会出面协调，把原来的热力管道线路位置腾了出来，又调集 7 家施工单位同时分段施工。"前三门"线终于抢在 1978 年 10 月采暖期到来之前建成并投入运行。

---

① 李玉华：《北京市左家庄供热工程概况》，《区域供热》1985 年第 3 期。

发展北京供热事业，单靠建设热电厂一种方式是不够的，必须采取多种供热形式。1980年以后，区域锅炉房供热受到社会重视，出现了多层次、多渠道集资建设区域供热锅炉房的态势。不仅城市建设开发公司、房管部门和各区县积极建设区域供热锅炉房，工厂、高等院校也投入区域供热锅炉房建设。区域锅炉房的供热规模大小各异，小的负责采暖面积20万平方米左右，大的可达到200万—300万平方米。

与此同时，北京市不断探索对分散小锅炉的改造工作。1983年，北京市区房屋建筑面积约是1949年的4倍，市区分散锅炉房供热面积约4300万平方米，占市区建筑总面积的一半以上。针对分散锅炉房供暖能耗大，烟尘污染严重的问题，为节约煤炭、减少烟尘，从1984年开始，北京市有关部门开始推行就地连片供热，也就是对相邻的数个分散锅炉房进行统一规划，更新改造成为一个锅炉房。1984年底，连片供热面积达到80.3万平方米。

千方百计解决供气难题

居民用气供不应求是北京市面临的另一个难题。1981年，北京市城区人口为522.6万人，用上燃气的居民约322万人，气化率接近62%。当时，北京市的燃气供应主要有两种：一种是人工煤气，即焦炉煤气和油制气，有两个气源，分别是北京焦化厂和751厂；另一种是液化石油气，主要由燕山石油化工总厂供应，供应对象多为居住平房的居民。大量楼房居民区仍需等待管道输送的煤气来解决。1982年7月，北京市城市规划委员会为《北京城市建设总体规划方案（草案）》作了一个专题说明，对于燃气供应情况，这样评价说："煤气气源严重不足，缺少季节性调峰气源和储存手段，供应安全性差。"

这种判断主要针对人工煤气而言。以焦炉煤气为例，每年冬季供应高峰期间，煤气气源每日只有85万立方米左右，而冬季每日的民用量最多时就需要53万立方米左右。这样，可供工业生产使用的每天只有32万立方米左右。工业用户即使严格实行计划用气，每天也要45万—50万立方米，相差15万—20万立方米。为了确保民用需求，一到冬季就不得不对部分工厂实行

首都建设新风貌

一周内停用三天保四天,部分工厂冬季全部停用。①

北京市煤气公司

开发新气源变得迫在眉睫。北京市煤气公司曾于1975年上报北京市基本建设委员会和市政府市政管理办公室,申请新建第二煤制气厂,初步选址在大兴县前大营村西侧,建设规模为日供气能力200万立方米,工程分两期完成,遗憾的是,后来因不能及时解决有关问题而被迫停建。开发气源的投资暂时转向首都钢铁公司焦炉的改造。1979年后,首钢改造了炼铁高炉,将高炉放掉的煤气回收利用,供给厂内的锅炉加热炉和焦炉使用,这样就节省出了一部分适用居民使用的焦炉煤气。1983年,首钢向市区供应煤气工程开始动工,被列为1983—1985年首都市政建设三项重点工程之一。1984年7月20日,首钢首次向城市供气,日供气量30万立方米。

与人工煤气的紧张状况一样,液化石油气供应同样紧俏。北京市自1981年5月27日至6月2日,连续7天液化气脱销。当时全市使用液化气的居民约有67.4万户,从早到晚都有人排长队等待换气。5月30日,经国务院有关

---

① 马耀:《开源节流 解决煤气供需矛盾》,《北京日报》1980年5月27日第2版。

领导同意，北京市采取断然措施，要求燕山石化总公司关停聚丙烯一条生产线，用丙烯气来抵充液化气，才解了燃眉之急。为解决北京市液化气的供应问题，节约用气，减少外流，北京市不得不针对居民用户、服务网点的不同情况采取限制措施，有的采取定量供应，有的规定限量供应，有的则停止供应，规定在供气能力没有提高之前，不再扩大用户范围，只进行零星发展。

面对这种局面，解决问题的出路只能从京内转向京外。20世纪70年代中后期，石油工业部即着手在北京地区周围寻找天然气，经过多次勘探，终于在华北油田的北部找到了合适的气源。1981年3月，北京市政府与石油工业部联合上报国务院，建议将华北油田的天然气引入北京。同年9月，国家计委在转发《关于北京市若干重要问题处理意见的报告》的通知中，同意"六五"计划期间予以安排，1983年正式批准建设。

引进华北油田天然气的工程随即开始，北京方面由市公用局负责"引进"的具体筹备工作，并成立天然气筹建处。

这项工程南起河北永清，途经安次、大兴、通县，北至北京市朝阳区焦化厂附近的门站，途中穿越铁路、公路19处，跨越河渠22处，而平地中又有一半是经过农田的，全长77公里。输气干线1984年5月破土动工，设计输气能力为每日40万立方米，由华北石油管理局承担铺设任务。

穿越京津铁路时，施工遇到了难题。京津铁路作为北京通往上海和东北各线的主干线，平均每隔几分钟就有一列火车通过。北京市政府明确提出，在输气管线施工中，不得影响铁路交通，不能破坏路基。超过10米的横穿铁路工程本来就很困难，而京津铁路的路基坚硬，又是双轨并行，跨越长度70多米，这就难上加难。长距离穿越，稍有疏忽极易造成弯曲，进而损伤路基。最后，施工方在推进管道过程中，每顶进1米，就抽回来清除管道里的土，然后再向前顶进，测量方位，及时校正。整个穿越铁路工程仅用了3天，路基没有受到丝毫破坏。

后来工程进展到永定河一带，又遇到了新的障碍。表面看去挺干燥的河床底下，流动着地下水，河床上全是流沙土，施工难度很大。为了能使管道固定在河底，大家采用两层管道的施工方法，在两层管道中间装入混凝土砂，防止汛期水涨时被河水浮起。由于吊车开不进去，工人们争先恐后地用肩膀把管道从河岸抬到河底。

经过艰苦努力，1986年，华北油田天然气进京工程全部建成，对北京燃气供应事业的发展起到了极大的促进作用。北京市政府把"为天然气进京作出贡献"的锦旗授予华北油田油建工人，以表彰他们为首都建设作出的贡献。

区域电网改造升级

随着"对外开放、对内搞活"政策的贯彻实施，全市工作重点逐步转移到经济建设上来，各项生产建设发展迅速，用电需求大大增加。1975年全年用电量为60.7亿千瓦时，1980年增至88.1亿千瓦时，较1975年增长45%。1985年增至111亿千瓦时，较1980年又增长26%。[1]

这一时期北京地区的发电设备容量基本没有变化，北京地区不得不由原来向外输送电力的单位变为受电单位。为了适应社会主义现代化建设需要，1978年，北京电业管理局专门成立电力生产建设指挥部，加强对京津唐电网电力生产和电力基本建设工作的领导，各个电厂和施工工地也相应成立指挥部。北京电业管理局派出工作组，到唐山发电厂陡河电站工地、天津大港电厂工地、北京第二热电站工地、滦河电厂工地和一些骨干电站参与具体工作，及时研究解决建设中出现的问题。当年，北京电业管理局就在京津唐电网新安装发电机组共计109万千瓦，其中67万千瓦实现并网发电，使全网可调出电力比1977年增加30%，是新中国成立几十年间新增发电能力最多的一年。[2]

北京电业管理局十分重视送变电工程建设。1978年下半年，前门110千伏变电站破土动工。北京供电局设计室、工程处，北京市建筑设计院，市政第一、二、四公司，市第一、三建筑公司等单位紧密配合，仅用两年时间，就完成主体建筑工程和电气设备安装。这座变电站安装3台主变压器，总容

---

[1] 张琪主编、北京供电志编辑委员会编：《北京供电志1888—1988》，水利水电出版社1993年版，第307页。

[2] 《京津唐电网新装机组并网发电》，《人民日报》1979年1月9日第1版。

量 9.45 万千伏安，还预留了第 4 台主变压器的位置。电能在传输过程中的损失比原来用 35 千伏电压供电，减少 80% 以上。同原有的市中心变电站相比，供电能力提高了两倍，输出的电压也更加稳定，对改善市中心区和南城一带的供电状况发挥了重要作用。1982 年 8 月 31 日党的十二大召开前夕全面建成，正式送电，成为当时我国城市中心区规模最大、电压等级最高的变电站。①

北京市还进行了第二热电厂至前门 110 千伏电力电缆的施工。担任此项工程的北京供电局工程处，自力更生制作了放缆机，并安装一套电信联络系统，用机械化设备敷设电缆，提高了施工效率和质量，解决了在隧道内用人工敷设大截面电缆的难题。北京地区逐渐形成了 110 千伏环网，并同天津、唐山形成 110 千伏大环网。

1979 年初，京津唐电网 220 千伏大型枢纽变电站在天津市北郊建成并投入运行。这座变电站通过一条 220 千伏高压线路同新建的北大港电厂相连接，使北大港电厂的强大电流源源不断地输送到京津唐地区。它的建成，有利于调节京津唐地区的电力供应，改进电网结构，进一步提高了电网安全运行水平。

在此基础上，山西大同—北京房山县 500 千伏超高压输电线路工程，被列入国家"六五"计划时期的重点建设项目，1981 年 7 月开始施工，由北京送变电公司和吉林送变电公司施工，张家口、保定供电局负责检查验收。线路西起山西省大同第二发电厂，途经河北省张家口地区的蔚县，保定地区涞源、易县、涞水、涿州等县（市），东抵北京市房山县 500 千伏变电站，双回路，全长 330.25 公里。由于沿线地形复杂，交通运输和施工十分不便。施工人员不怕艰苦，在保证工程质量的前提下争时间、抢速度，第一回线路（285.72 公里）施工用了 35 个月，1984 年 7 月 1 日建成；第二回线路（285.507 公里）仅用了 18 个月时间，1985 年 12 月 6 日建成。北京送变电公

---

① 《我国目前城市中心区规模最大的变电站 前门十一万伏变电站建成通电》，《北京日报》1982 年 9 月 29 日第 3 版。

司在施工中推广、应用张力放线等新工艺、新技术，取得了较好的技术经济效果。北京市经济委员会因此授予该公司超高压送电线路施工技术进步优秀项目奖。

从此，山西大同能源基地的强大电力，通过这条横跨山西、河北和北京的"空中走廊"，源源不断地送到房山变电站并入京津唐电网，对缓解北京电力紧缺局面产生了一定作用，对华北电网建设和发展具有重大战略意义。北京电网进入500千伏超高压电网的发展时期。

这期间，京郊农村电力建设也有了很大发展。1969年，各郊区县实现乡乡通电。1977年，继而实现村村通电。1978年，又实现户户通电。不过，当时北京缺电局面还比较严重，农村经常被拉闸限电，不能完全保证正常用电。随着农村各项改革政策落实，乡镇企业、村办工业发展较快，北京郊区县陆续建成一批农村专用变电站、供电线路以及配电设施。有小水电资源的北京边远郊区县农村积极发展小水电。根据国家对小水电实行的"补助资金，谁建谁管谁受益"等优惠政策，至1980年底，北京新建小水电站77座，装机137台，新增容量2.7426万千瓦。1981—1985年间，小水电开发利用得到更加全面发展。全市30多条河流（含引水渠和蓄水池），采用多级建站，多次利用水资源办法，共新建小水电站22座，装机57台，总容量为1.7488万千瓦。到1985年底，全市郊区共有小水电站109座，装机207台，总容量达4.7168万千瓦，成为农村用电的必要补充，缓解了农村严重缺电局面。[①]

五、邮政电信事业快速发展

北京是我国国内乃至国际通信枢纽，所处地位非常重要。改革开放初期，电话装不上、打不通，邮件收不进、发不出的矛盾很突出，各方面反响比较

[①]《北京市电力工业史》编委会编：《中华人民共和国电力工业史 北京卷》，中国电力出版社2004年版，第58页。

强烈。乘着党的十一届三中全会的东风，北京市邮电事业进入现代化发展的快车道。

邮政事业迈出现代化建设步伐

1979 年，北京市邮政局报刊、邮件的业务量与新中国成立初期相比增长了 11 倍，而市邮政局的内部处理场地 30 年间几乎没有增加。由于已有内部处理场地房屋狭小、拥挤不堪，新出版的报刊不能及时接办发行，成批印刷品不能及时收寄处理，致使报刊、邮件的内部处理要分散在几个地方进行，成千上万件进、出、转口的各类报刊、邮件往返搬运，重复作业，造成效率低、时限长，人力物力浪费严重。为了满足社会日益增长的用邮需要，亟须建设现代化办公用房。

其实，我国早在 1960 年就计划在北京建设一个大型现代化邮政通信枢纽工程。由于种种原因，直到 1977 年，北京邮政通信枢纽工程才正式上马，并被列为国家大中型重点建设项目。考虑到运输便利的需要，最终选址在北京火车站前西侧北。

建设大型现代化邮政通信枢纽，在我国尚属首次，国内没有经验可供借鉴。北京市邮政局等有关单位抽调干部组建北京邮政枢纽筹建处，同时加挂邮电部北京邮政通信枢纽工程处的牌子。工程技术人员赴美国、德国、意大利、日本等国邮政设施进行技术考察，邀请国内有经验的工程技术人员参与设计，进行了大量调查研究，共收集有关数据 12 万多条，先后提出 6 个枢纽工艺设计方案。在方案制订和修改过程中，召开各种论证会 90 余次，参加会议的各级领导、专家、工程技术人员和操作工人近千人次。

经过反复研究论证，1983 年 10 月，筹建处会同机械工业部设计研究院拿出了工艺和土建两个初步设计。按照设计方案，北京邮政通信枢纽分为 3 个作业区，南楼为报刊分发作业区，中楼为印刷品、包裹分拣和邮件转运作业区，北楼为信函分拣作业区和中心邮电局。枢纽内装备现代化的分拣和传输设备，采用自动控制、监视系统和电子计算机等先进管理设施。

1983 年 11 月，邮电部组织国家会审，国家计委、邮电部以及规划、设计、工程建设管理部门和北京、上海、天津、广东等省市邮电管理局共 31 个单位的领导专家参会。经过一周的审议，会议认为，设计方案的指导思想和原则正确，总体布局合理，工艺流程顺畅，设备选型可取，设计可行。

就这样，经过多年的前期设计准备，1984 年底，这项工程终于迎来了开工建设的日子。南楼、中楼、北楼以及变电站、热力站、煤气站等配套工程陆续建成，1993 年 7 月，北京邮政通信枢纽全面建成投产，总建筑面积近 8 万平方米，成为当时全国规模最大和技术水平最先进的邮件处理中心，被誉为中国邮政第一局，获得全国优秀工程设计银奖。它的建成，改变了传统手工操作的邮件处理方式，开始向机械化、自动化生产方式转变，圆了首都邮政人多年的梦想。

让人同样欣喜的是，为适应我国对外交往和国际商业贸易发展需要，一种新的邮件寄送方式——国际特快专递应运而生。1980 年 7 月 15 日，邮电部在北京、上海、天津、广州、福州、深圳六个城市同时开办国际特快专递邮件业务。邮件实行专人处理、专车专送，根据路程远近以最快的速度寄达。业务范围通达美国、加拿大、澳大利亚、英国、阿根廷、法国、日本等 18 个国家和香港、澳门地区。北京市邮政局积极开展服务上门，用户只要拨一个电话，邮局就会立即派人开车登门收寄，另外还开通了"185"速递业务综合服务台和信息系统，方便用户查询。虽然第一年每月收寄量不过 30—40 件，但很快受到用户欢迎。

自 1984 年 11 月 19 日起，市邮政局又在王府井局、西长安街局、阜成门局、海淀路局、天桥国际邮政营业处 5 个局开始办理国内特快专递邮件业务。北京市与哈尔滨、长春、沈阳、大连、秦皇岛、郑州、西安、广州、成都、青岛、南京、上海、福州、天津、武汉、杭州 16 个城市实现了特快业务往来。12 月 21 日，北京市在天桥国际邮政营业处基础上成立邮政特快专递公司，除办理国际特快专递业务外，还负责收发国内特快专递邮件（一般次日送到）和市内特快专递邮件（一般六个小时内送到）。在王府井大街、西长安街、阜成门、海淀路等邮电局和北京饭店、新侨饭店邮电所设立收取点，为各行业加快信息传递提供了方便。

邮政事业现代化发展的标志，还在于邮政编码制度的推行。长期以来，邮件处理基本上靠肩背人扛和手工分拣，分拣员每天用手将一封封信件，按照上面书写的邮寄地址分拣到代表各个地区的格子里，工作效率低，速度慢，劳动强度大，加上我国幅员辽阔，一封信从寄出到收到往往需要几十道程序，邮件的时效性很不适应信函业务量的发展需要。经过两年试点，邮电部决定从1980年7月1日起在全国范围内推行邮政编码制度，这是我国邮电部门为实现邮政通信现代化所采取的一项重大改革，是改变通信落后面貌，实现邮件内部处理机械化、自动化，提高通信效能的重要条件，也是涉及广大人民群众利益和改变通信习惯的一件大事。

按照邮电部要求，北京市深入调查研究，收集大量资料，着手制订邮政编码方案，并征求有关部门的意见。经报请邮电部批准，决定全市邮政编码采用六位阿拉伯数字，以行政区划为基础分四级编制。四级即省（自治区、直辖市）、邮区、县、投递点。六位数字中，前两位代表北京，前三位代表邮区，前四位代表区县，最后两位代表各邮政支局。北京只有一个邮区，邮区码为100。根据北京机关多、信件收发量大的特点，市邮政局为部分较大的机关单位设置了专号。如邮电部机关使用的专用码为100804。1980年6月10日，市政府办公厅转发市邮政局《关于推行邮政编码制度的报告》的通知，决定从当年7月1日起在全市正式实行邮政编码制度。

为了普及邮政编码和标准信封的使用知识，邮电部从6月中下旬向全国发布公告，《人民日报》、中央人民广播电台相继刊登、播送通讯报道，介绍实行邮政编码的意义和使用方法，使人民群众明白、会用，逐步养成在通信中书写邮政编码的习惯。市邮政局发动全体职工广泛宣传，特别编印《邮政编码宣传手册》《北京市邮政编码簿》，通过报纸、电台、用户座谈会、新闻发布会等多种形式广泛宣传，并在全市各街道、胡同口钉了两万多块邮政编码牌，让居民熟悉自己居住地的邮政编码。各级邮电局通过投送编码小条、致函形式，陆续向单位和用户提供邮政编码资料。北京日报社、北京人民广播电台、北京电视台、各区县广播站，积极支持配合，广泛宣传报道。北京电影公司于7月1日前后，安排各影院放映《邮政编码》科教电影片，取得

首都建设新风貌

了良好的宣传效果。

实行邮政编码后，市民寄信时使用标准信封，分别在左上角和右下角的六个方格内填写收信人、寄信人住地的邮政编码。市邮政局按照编码进行邮件分拣处理，大大简化了信件分拣手续。

在邮政事业迈出现代化发展步伐的同时，北京市采取调整营业时间、增加服务网点功能、搞好报刊订阅和楼房投递等措施，不断改善邮政服务质量。以东城、西城、崇文、宣武四个市区的主要干线为重点，调整和增设新型信筒，基本达到二环路内 0.5 公里（大致一站路）一个信筒，新建居民区也参照以上标准适当增加。替换下来的旧信筒，移装至二环路以外的非主要干线上。1979 年 2 月，国家建委和邮电部发出联合通知，明确指出信报箱是建筑物的组成部分，所需材料、资金应在基础建设计划内统一解决。市邮政局按照要求，定制统一规格的楼房信报箱，供住宅楼安装使用。1980 年，在团结湖、青年湖、中关村等小区及燕山区、昌平县安装信报箱 1700 多个。

由于大量楼房、宿舍陆续建成投入使用，邮件投递工作的压力越来越大。1983 年 8 月，北京市邮政局在城区主要街道和大专院校、科研机构集中的海淀区尝试设立了 28 个黄色顶盖的邮筒，实行专车收取，专人分拣。每天 11 点半以前投入的市内互寄信，当天下午就可送到；下午投入的，第二天上午可以送到；寄往外地的信件，也能提前到达，被市民亲切地称为"黄帽子"信筒。这一便民措施受到群众热烈欢迎，仅投放一个月就开取平信 15.8 万余封，其中市内互寄信占 33.4%。之后，"黄帽子"信筒投放范围不断扩大。北京电视设备厂一名职工写信反映说："开设'黄帽子'信筒真是大得人心，市邮政局又为首都人民办了一件好事"；北京铁路分局丰台机械保温车辆段的职工在信中写道："设立'黄帽子'信筒，群众无不拍手叫好。过去，同市区和近郊的亲戚朋友有事要联系，写封信得两三天才能收到。现在，写封信扔进'黄帽子'信筒，很快就把事办啦，令人满意。"[①] 有画家为此题词说：

[①]《群众欢迎市电信管理局市邮政局两项便民措施》，《北京日报》1983 年 9 月 12 日第 1 版。

"黄帽信筒，绿衣骑士，转运信息，迅速及时。"

电信事业取得突破性发展

1979年，北京市工业总产值比1949年增长了104倍，市区人口增加到480万，而市话设备总量只有8.934万门，比解放初期仅增长两倍多。统计资料显示，同其他大城市相比，华盛顿每百人平均拥有145.8部电话，东京66部，莫斯科30.5部，香港25.3部，新德里4.38部，而北京平均每百人只有3.5部。

伴随经济建设快速发展，北京市民安装电话的需求越来越强烈，供需矛盾愈加尖锐。1979年到1982年，平均每年用户增长近5000户，到1982年待装用户达到2.3万户，且呈逐年增长趋势，1984年北京市内电话待装用户突破10万户。与"装电话热"相对应的却是"装电话难"。《光明日报》曾为北京市粮食研究所安装不上电话的问题发表读者来信，提出"科研所连个电话都安不上，还谈什么科研？"画家李滨声为电话打不通而创作《愚公打电话》漫画，画面上怒气冲冲的老愚公拨着电话，后面站着横眉立目的儿子、孙子、重孙。配图文字大意是"电话再难通也不要紧，我死了还有儿子，儿子死了还有我孙子"。北京市内电信事业存在的突出矛盾，概括起来主要表现在：急需的电话装不上，装上的电话打不通，公用电话少。

出现这种矛盾的主要原因在于资金问题。为此，邮电部向国家经委、国家计委提交了《关于北京市内电话设备紧张状况及解决措施的报告》，建议收取电话初装费用于市内电话建设。1980年一二月间，全国总工会副主席朱学范带领调查组到北京市电信局蹲点，对首都市内电话紧张问题作了调查，并于3月向李先念、胡耀邦、邓颖超等报送了调查报告，认为"北京处于首都的重要地位，市内电话紧张问题确实严重，与工业和各项事业的发展，与首都机关和宿舍的建筑严重失调，近期如不重点解决一下，影响首都城市建设，影响中央和地方的通信联系，影响我国四化建设的效率。因此，建议中央考虑，对北京市话建设所缺资金予以支持，由国家专项安排解决；同时建议北京市把市话局房建设列为重点项目,予以优先安排"①。

为加快北京市话建设速度,筹集建设资金缓和市内电话紧张状况,国务院批转了邮电部关于收取电话初装费用于市内电话建设的报告,决定国家财政不再向市话投资,对其亏损也不再补贴。作为补偿,允许市话企业向用户征收初装费用,用于电话建设。1980年12月,市财政局、物价局、电信局联合发出通知,对新装机用户开始收取初装费。1981年1月,邮电部决定市话盈利不再上缴,全部用于市话建设。

市电话局还采取多种渠道集资,比如,利用国外低息贷款;先搞工程,边增容,边放号,共渡难关。这一时期,西苑饭店、北京图书馆等联合建设紫竹院电话局;中日友好医院出资扩建和平里电话局;北京唱针厂提供地皮建设电话支局;朝阳区劲松居委会挤出一间空房,凑够几万元,办起总机式电话站;通县一些乡镇由乡镇负责建设、电信部门安装设备,建成后电信方面为乡镇提供若干部电话。② 这些办法对缓解当时装电话难的局面起了一定作用。市话发展从此有了资金保障。

作为市内电话的重要组成部分,公用电话得到恢复发展。"文化大革命"期间,不少公用电话代办户被迫停业。到1976年全市公用电话用户下降到千户左右,平均3000多人才有一部。1978年后,公用电话数量每年以平均260多部的速度增长。在发展公用电话的大趋势下,北京市决定引进更加便民的公用电话亭。1980年,市电信局曾经搞过两台多性能投币式电话样机的试验,获得不少有用数据,但限于当时的条件,还难以普及。1982年2月,市电信局科研所开始设计新型投币式电话机,科技人员走街串户,测试线路传输情况,征询用户意见,很快设计出新性能样机。在邮电部的审定会上,全国有五六个省市拿出自己的设计,最终确定以北京市电信局科研所的电路为基础,由邮电部在天津的两个直属厂生产电话机,并决定在首都先行推广

---

① 中华全国总工会办公厅编:《中华全国总工会文件选编1980年》,工人出版社1982年版,第196页。

② 殷京生:《当代北京电信史话》,当代中国出版社2009年版,第57页。

使用。①

9月，全市第一座投币式公用电话亭亮相西单北大街。这种无人看守的电话亭，2米高、1米见方，苹果绿的顶盖，银灰色的底座，铝合金的框架，四面采用磨光玻璃墙板，造型新颖，美观大方，标志明显。话机周围附有使用说明板、小型书写板、书包挂钩，亭门打开后能够自动关闭，地板具备防雨、防风、防火、防滑的功能。关键是可以昼夜24小时拨打，有效解决了部分群众打电话难的问题，受到大家热烈欢迎，尤其是刚开始几天，成千上万的市民过来驻足街头，惊喜地观看。至第二年9月，近一年间，设在东、西长安街等繁华街道的22个投币式公用电话亭通话约42万次，平均每部使用次数比一般公用电话高三四倍。② 投币式公共电话走进了市民生活。

加快北京电信的现代化发展步伐，归根到底还要实现技术层面的突破。1978年，全市大部分电话交换机仍是步进制，甚至是更为落后的磁石制与共电制，这种状况必须改变。一方面，北京市大力发展纵横制式自动电话交换机。1977年至1984年8年间，全市共建设纵横制式自动电话分局10处，对原有的两处扩充装机容量6360门。至1984年底，装机容量由5180门增加到5.4万门，比1976年增长9倍以上，平均每年增长6170门。纵横制式电话交换机所占比重由6.87%提高到44.76%。③ 另一方面，开始引进程控式电子交换设备。当时，国外一些经济发达国家正大力发展程控式电子交换设备，这种交换机利用电子计算机预先编好的程序来控制接续动作，具有速度快、故障少、效率高、音质清晰，占用机房面积少的优点。过去一万门纵横制交换机需要占用很大一座机房，而一万门程控交换机只占有一排机柜的空间，大小相当于一般家庭用的衣柜。

1982年，市电信管理局与市旅游局合资兴建呼家楼50分局，从瑞典积极

---

① 《镶在长安街上的明珠》，《北京日报》1983年1月4日第3版。
② 《群众欢迎市电信管理局市邮政局两项便民措施》，《北京日报》1983年9月12日第1版。
③ 北京市地方志编纂委员会编著：《北京志·市政卷·电信志》，北京出版社2004年版，第73页。

首都建设新风貌

引进数字程控电话交换机，主要服务长城、建国、丽都等旅游饭店。具体由北京市建筑设计院设计，市第五建筑公司工程公司施工，市电信管理局和瑞典爱立信公司共同负责安装。1984年11月8日，该电话局建成投产，总建筑面积8000平方米，成为北京市第一个程控电话局。

有了程控电话交换机，程控电话从此走进了市民生活。与过去的普通电话相比，这种小巧玲珑的电话机没有了拨号盘，取而代之的是0、1、2、3、4、5、6、7、8、9、*、#12个键钮的一组键盘，拨动对方电话号码对应的键钮即可实现通话。它不仅具有通常的市内电话、国内长途通话性能，还为用户提供了缩位拨号、热线服务、闹钟服务、转移呼叫、呼叫等待、呼出限制、呼入限制、询问呼叫、遇忙记存呼叫、免打扰服务、截接服务、缺席服务、查找捣乱呼叫13种新业务功能[1]，用户感到既方便，又节省时间。当年，市话局装机量突破万门大关，首都电话事业进入一个崭新阶段。

随着国际交往日益增加，外事外贸、旅游事业发展迅速，中外合资企业不断涌现，长途电话特别是国际电信业务大幅度增长。坐落于北京复兴门内大街北侧的北京长途电话大楼1972年9月开工，1976年7月1日建成投入使用。这是我国国内和国际长途通信枢纽和自动交换通信网的转接中心，形成了以北京为中心连接各省市自治区、具有有线与无线多种传输手段的通信网。北京与上海、南京、杭州、天津、济南、合肥、石家庄等国内部分城市，开通了长途电话自动拨号业务。用户拨打国内长途电话如同拨叫市内电话一样，一般只需十几秒钟即可接通，节约了时间，方便了用户。

但是，截至1980年底，绝大部分国际电话电路仍是人工接续，挂号后要等待25分钟左右才能接通，退号率达13%—17%，显然不能满足日益增长的国际交往需求。为改变我国国际通信的落后被动局面，增强首都的国际通信技术和服务水平，经国家计委批准，北京市决定在使馆、旅游饭店、外贸机构集聚的朝阳区建设北京国际电信局。根据电信网络布局和国际电信业务用

---

[1] 《本市第一个现代化程控电话局呼家楼电话（50）局昨正式开业》，《北京日报》1984年11月9日第1版。

户的分布情况，经过多次协商及实地勘察，北京国际电信局最终选址在市区通往首都机场的要冲地段，即首都机场路与东三环路的交叉点、三元立交桥东南侧。

1983年12月，北京国际电信局在东郊牛王庙工地正式开工建设，由邮电部北京设计所负责设计，中国建筑一局四公司承担施工任务。1984年，该工程被列入国家重点工程建设项目，共投资3325万元。根据微波天线高度的要求，主楼体形采用高层塔式建筑，主楼地下3层、地上13层，总建筑面积1.5万多平方米。楼的立面主要用竖线条，外墙部分采用墨绿色面砖。外窗为双层实腹钢窗，安装蓝色吸热玻璃，楼顶装有各式各样的天线，楼的造型显得简洁明快、挺拔有力。1987年12月，北京国际电信局通过国家验收并正式开通使用，成为我国当时最大的一座专供国际通信使用的现代化通信枢纽。

建成后的北京国际电信局

首都建设新风貌

北京国际电信局终期装机容量为国际电话 2000 路，国际用户电报 1.2 万线，国内长途电话 4000 路。直拨电话可通往业务繁忙的日本、美国、意大利、法国等 19 个国家和地区，经转的半自动电话可通达世界各地，国际用户电报可直接通达 30 个国家和地区，并且通过微波通信手段，与北京近郊的两座卫星地面站联通，电信讯号可通过通信卫星传送至世界各地，成为通往世界的无形桥梁。它的建成开通，不仅提高了我国国际通信的业务水平和出入口能力，大大缓解了首都国际通信的紧张状况，而且为我国国际国内长途通信的发展创造了条件。

第三章
医疗卫生事业新发展

改革开放后,党和国家的工作重心转移到经济建设上来,北京医疗卫生事业也得到了恢复发展。随着首都人口数量的快速增长,全国各地群众来京就医的人员数量不断增加,原本脆弱的医药卫生系统承受了巨大压力。为解决广大人民群众"看病难""住院难"等各类问题,北京市贯彻落实中央各项决策部署和改革政策,通过深化医疗卫生系统改革,加大医疗卫生领域基本建设投资力度,新建、改扩建一大批各级各类医疗卫生机构,扎实推进地方病和传染病防治,不断改善农村医疗卫生工作,持续广泛开展爱国卫生运动,医疗卫生事业进入快速发展时期。全市平均每千人床位数、卫生技术人员数不断增长,城市医疗卫生服务质量不断提高,地方病和主要传染病得到有效控制,京郊农村医疗卫生事业不断改善,首都市容市貌和群众的卫生健康水平不断提升。

一、医疗卫生改革初步展开

北京市一直高度重视医疗卫生事业发展,把医疗卫生工作看作一项重大的政治任务。改革开放后,随着就医群众的不断增加,北京医疗卫生系统的服务压力陡增,出现了医疗卫生机构人员工作积极性不高、服务态度参差不齐,挂号、候诊、取药时间长,看病时间短,科室手术积压,医院病床紧张等突出问题,首都医疗卫生领域的改革迫在眉睫。

推进医疗经济管理改革

长期以来,医疗卫生事业存在医疗单位吃国家大锅饭,医务人员和职工吃单位大锅饭现象,医务人员的积极性得不到充分发挥。1979年初,卫生部、财政部、国家劳动总局三部门联合发布《关于加强医院经济管理试点工作的通知》,开始尝试对医院实行"定额补助、经济核算、考核奖惩"政策性改革。为贯彻通知精神,1979年7月24日,北京市卫生局决定试行全额包干,结余按比例分成,三年不变的改革办法。1980年5月15日,市卫生局又将市财政局颁发的《北京市行政机关、事业单位预算包干的试行办法》下达卫生系统各单位试行,拉开了医疗卫生机构管理改革的序幕。

1981年,昌平县卫生局率先在全县医疗卫生单位实行"医疗预防任务包干,收支定比,超比提成"的管理办法,基本做法是在国家定额补助前提下,根据各单位的实际情况,确定收入与支出比例,鼓励单位增收节支,超收部分单位可适当提成。改革一年多,昌平卫生系统就显示出新气象。新管理体制调动了广大医务人员的积极性,解除患者痛苦,使"看病难"问题得到缓解。1982年全县的门诊量比1981年增加31.6%,住院病人总数增加24%。医务人员不仅坐堂行医,还为一些不便到医院或卫生院就诊的患者出诊、巡诊,把医药送到患者家里。医疗质量有了很大提高,住院病人的治愈好转率提高了5.51%。过去医生看病是能看就看,不能看就转,很少考虑进修提高水平,改革后医生学习、提高的积极性显著高涨。下庄和老峪沟卫生院没有口腔科,要镶牙的社员只好翻山越岭到县、镇医院就诊,试行改革后下庄卫生院就专门派人到县医院学习镶牙,开设这项业务。

1982年昌平全县在没有增加病人负担的情况下,纯收入增加40%,支出下降11.57%,国家用于全县卫生系统补贴比1981年减少57万元。全县31个医疗单位中29个超额完成收支定比指标,提成部分不仅增加了人员收入,还兴建了职工宿舍,逐步解决了多年来职工住房严重不足的问题。① 医疗质量提高的同时,经济效益也大大提高。

继昌平县改革之后,其他郊区县和少数市、区属单位也开始进行改革试点。结合当地实际,陆续把原先按人头补助卫生事业经费的做法改为按工作量和任务完成情况进行补助,依据单位不同情况,实行医疗任务包干,结余留用,超支不补,初步改变了经费补助和奖金分配办法。

东四医院是一家集体所有制医院,口腔门诊部是该院一个科室,从1981年7月起,该门诊部试行独立核算改革,即将工资总额提取12%作为基本奖金,从每月盈余中提取10%作为超产奖金由门诊部自行分配。门诊部根据每个医务人员的技术职称、工作年限、技术水平、出勤、劳动纪律和服务态度情况,分别定出分数,实行"联系岗位定指标,综合评分计奖金"的办法。改革有效激发了医务人员的积极性,门诊量显著增加,1981年制作假牙5199件,比1980年增加了1倍还多,1982年增加到6026件,门诊质量也显著提高。②

这一时期还拉开了公费医疗改革的序幕。20世纪50年代,国家面向国家工作人员建立了公费医疗制度。北京市建立相应管理机构加强对公费医疗工作的领导。随着社会主义事业发展,全市享受公费医疗待遇的人员逐步扩大,医疗费用超支问题日益突出,与此同时出现了患者无病开药、多开药、开好药、开药不取等药品浪费现象。

1982年,北京市按照"保障职工基本医疗,克服浪费,有效地利用卫生资源,保护劳动力和促进生产发展"的原则,在北京医学院第一附属医院推行公费医疗改革试点工作。该院公费医疗合同单位64家,共计3.8万余人,西城区卫生局将公费医疗经费按人头拨给医院统一管理,如有结余部分则归医院和单位用于改善医疗条件和服务。医院与合同单位协商确定按照全包、

---

① 《昌平县卫生系统试行改革一年出现五大新气象》,《北京日报》1983年3月26日第1版。

② 《东四医院口腔门诊部实行单独核算改革奖金分配》,《北京日报》1983年3月8日第1版。

半包、医院代管三种管理办法试行改革。为促使职工注意节约公费医疗经费，三种管理办法都将公费医疗开支与个人经济利益挂钩，实行"门诊药费补贴和个人交费相结合"的办法。公费医疗职工享受每人每月门诊费补助1元，看病时药费自付20%，节余归己，超支部分由单位或医院报销。管理改革实施后，过去那种没病开药或点名开贵药的情况基本消失。病人看病时家里有药则不开药，开药时还要询问价钱多少。抓药不取或丢药现象不再发生。医院也采取措施，设专人审查处方，注意合理用药，减少浪费，节约开支，加强医疗管理，提高医疗质量。门诊人次显著减少，医药费开支明显下降。[1] 在取得改革试点经验的基础上，1983年全市逐步推行了"门诊药费补贴，个人少量交费"的改革办法，推动公费医疗改革顺利展开。

北京市医疗卫生单位在管理改革中，还进一步借鉴其他行业承包责任制的经验，在全系统建立起各种技术经济责任制，要求各承包单位以保证医疗、教学、科研、预防等各项工作质量为中心环节，以提高社会效益为最高准则。1983年2月9日上午，首都医院[2]召开职工大会，签订试行"定额包干，责、权、利相结合"的承包合同，对医院医疗、科研、教学等方面工作数量和质量提出明确要求。合同规定，医院以1982年的业务收入和国家补贴经费作为承包定额基数，如有增收，增收部分归医院掌握使用，其中60%用于补偿消耗、医院建设和改善条件，40%作为职工奖金。根据合同要求，医院各科室、部门，建立和实行了多种形式的责任制，专门制定了奖惩办法。[3] 同一时期，该院还在全国医院中率先设立党总支，为内科、外科、妇儿、五官、医技等大科（专科从大科独立出去始于20世纪90年代），选派专职党总支书记，党的基层组织建设得到大大加强，党建业务融合有了机制保障。[4]

到1984年底，全市卫生系统推行"国家补助、定额包干、结余提奖、超

---

[1] 北京市人民政府文教办公室：《北京医学院第一附属医院——公费医疗管理办法改革试点初见成效》，《卫生经济》1984年第4期。
[2] 1972年北京协和医院曾改称首都医院，1985年3月恢复北京协和医院名称。
[3] 吴亚芳：《首都医院试行承包责任制》，《北京日报》1983年2月12日第1版。
[4] 赵玉沛、姜玉新、张抒扬、吴沛新主编：《中国现代医院史话 北京协和医院》，人民卫生出版社2021年版，第81页。

额分成"的技术经济责任制，促使各单位充分调动人员积极性，发挥各自特长，在提高经济效益同时，医疗服务质量也不断提升。

改进医疗卫生服务

为了缓和长期以来存在的"看病难""住院难"的矛盾，全市各级医院通过开展出诊、建立家庭病床等服务形式，千方百计减轻病人、家属和单位负担。

早在1973年，北京积水潭医院就开始尝试建立家庭病床。由于该院针灸科治疗的病人多是住院治疗后处于功能恢复期的骨科病人，他们看病时行动困难，需要家属或单位人员陪同，十分不便。为方便病人治疗，该科便派出医生走出去，上门为病人送医送药。一次，有位女医生去为一位50多岁的脑血管病人治疗，路上遇到大雨，被淋得浑身透湿。病人家属拿干净衣服给她换，但这位大夫顾不得这些，治疗完毕后又冒雨去给其他病人治疗。西直门内马相胡同有一位74岁的老大爷，因半身不遂，长期卧病在床。针灸科医生每周去针灸3次，经过6个月的精心治疗，老人病情显著好转，能做到独立行走，生活自理。[①] 通过医生出诊，建立家庭病床的服务形式，有效缓解了医院病床紧张的难题。

自从1981年起，全市开设家庭病床的医院迅速增加，既有积水潭医院、友谊医院、朝阳医院等较大规模医院，也有鼓楼中医院、隆福医院等中等规模医院，还有东直门外医院、体育馆路医院等基层医院，科室范围则涵盖了中医、骨科、针灸、产科、内科、外科、眼科等科室，受到脑血栓后遗症、冠心病、高血压、严重关节炎、晚期癌症等众多慢性病人的普遍欢迎。

1978年至1984年，全市市属和区、街道医院累计开设家庭病床已达29506张，在京的一些中央和部队医院以及工矿单位医院也开设了许多家庭病床，开设家庭病床的医院达到100家。各医院普遍建立了巡诊制度，定期查床，许多医院还为家庭病床的病人建立了病历，为患者会诊，为缓和长期

[①] 王振民：《积水潭医院针灸科累计设家庭病床七百张》，《北京日报》1981年11月6日第2版。

以来存在的住院难问题发挥了良好作用。①

　　北京市还放宽办医政策，开展多种形式办医，允许和支持在职医生开办民办医院就是其中之一。李文祥和李文忠兄弟俩分别是前门医院和北京市皮件厂医务室的医生，他们的岳父、岳母相继因身患半身不遂给家庭带来了诸多痛苦和不便。他们查阅资料后发现，20世纪80年代初全市脑血管发病率为0.47%，平均每年脑血管病人超过1万人，其中相当多数会导致偏瘫，但由于医院床位紧张，许多偏瘫患者失去了康复机会。1983年2月，兄弟俩经过深思熟虑后决定离职开办偏瘫康复医院。亲朋好友听说后，纷纷劝说：扔掉"铁饭碗"，万一医院办不成，再想"捡回来"就难了。明白事理的妯娌俩说：干吧，没有了饭碗，我们养活你们。朝阳区平房公社黄杉木店四队决定与兄弟俩联合办院，协助筹款10余万元，担负全部土建任务，不到3个月时间就建成28间病房，盖起煎药房、洗衣室、厨房、锅炉房、厕所、污水处理池。1983年4月，卫生部副部长张之强收到兄弟俩建院申请报告后，立即给部长崔月犁建议：两个基层医生开创医疗卫生工作新局面，这个设想计划有可取之处，既可解决一部分偏瘫病人的病痛，亦可减少病人家属后顾之忧，是一个值得试验的办法。崔月犁很快将报告与建议信批转有关部门。社会各界也纷纷伸出友谊之手。积水潭医院、第四医院、前门医院、隆福医院、儿童医院、宣武医院、市结核病研究所等提供不少医疗器械、床、被褥、垫子……国防科工委一个工厂为医院制作了10条长条椅，许多名医也来担任医院顾问或欣然应聘。经过一年多的努力，1984年3月23日，全市第一家民办偏瘫康复医院正式开业。开业不久就住进50多位患者②。1984年底，北京市出台改革意见，允许和支持多种形式办医，缓解群众看病难、住院难问题。

　　医院服务态度不佳是医疗卫生领域的突出问题。当时北京医疗卫生领域也存在服务态度差、医疗质量参差不齐等弊端。

　　从1981年开始，全市开展了一场"为人民服务，对人民负责"的大讨

---

① 吴亚芳：《本市六年开设家庭病床近三万张》，《北京日报》1984年2月29日第1版。
② 王玉芳：《小小民办医院创新路》，《北京日报》1984年9月25日第1版。

论。北京医疗卫生系统也围绕提高服务质量,改进服务态度等展开讨论,推动了医院服务质量大大提升。

"我是 44 号还没叫,怎么 48 号倒先叫了?"一位病人不耐烦地问,"噢!你的病历还没到,请稍等"。医务人员平静、温和的语言,使病人意识到自己刚才问话的态度欠佳,马上说"没关系,没关系"。这是发生在友谊医院内科候诊室的一次对话。① 自从开展大讨论以来,医院总结出了一份"文明用语示范材料",对门诊、病房、急诊用语作了具体规定,取得良好效果。

医院原来实行每周三、六下午停诊学习制度,只留急诊部门接待少数急诊患者,多数门诊病人只能望门止步。西城区福绥境医院等 5 家医院讨论认为,停诊制度与全心全意为患者服务的要求不符,在全市率先摘掉了停诊牌,赢得了市民热情赞扬和媒体广泛报道。随后,北京市卫生局等部门多次召开会议,要求全市各医院向它们学习。从 1981 年 9 月开始,全市 106 所大、中、小医院和部分中央、部队医院摘掉了多年来一直实行的每星期三、六下午停诊的牌子。②

1982 年,中央发出开展"全民文明礼貌月"活动通知后,北京市卫生系统以此为契机,把开展"优质服务周"活动作为文明礼貌月活动的一项重要内容。1983 年 3 月 12 日,北京地区 153 所中央、市、区(县)属医院,揭开"优质服务周"活动序幕。活动重点是整治医院服务差,热情为患者服务。友谊医院的 90 多名科主任和主治大夫,一早就来到医院查房和会诊。北京市口腔医院释放更多号源,一上午增加两个小时门诊,1 天内共接待 403 名口腔病人,比以往增加一倍多。北京中医医院针灸科病房护士长在上了一个夜班之后,第二天上午还为一位住院病人去院外代取物品,直到 11 点多才回家。二龙路医院一些病房的大夫、护士在工作之余,还开展为病人补衣服、剪指甲、理发等活动。各医院无论是在挂号、收费处还是药房、诊室、病房,

---

① 吴亚芳:《友谊医院总结出文明语言示范材料》,《北京日报》1981 年 5 月 11 日第 1 版。
② 《首都一百多所医院摘掉周三、六下午停诊牌》,《北京日报》1982 年 2 月 10 日第 1 版。

首都建设新风貌

医务人员都注意使用"您好""再见""请""您"等文明礼貌用语。北京市卫生局的领导成员也分头到一些医院、市卫生防疫站等单位参加"优质服务周"活动,征求群众对卫生工作的意见。①

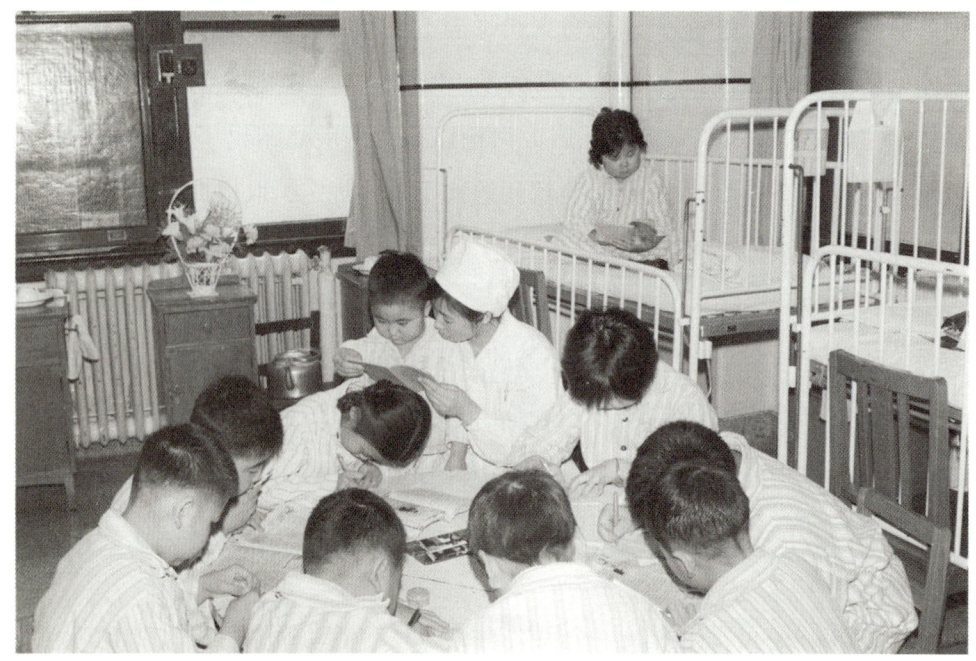

首都医院儿科病房的护理质量高,服务态度好,被评为卫生部1983年先进集体。这是医护人员在为患慢性病的孩子补习功课。

加强医疗队伍管理

1977年5月,中共北京市委在工人体育馆召开学大庆动员大会。会后市委领导要求全市各医院首先要建设好强有力的领导班子,抓紧培养技术优良的医疗护理队伍。为规范医务人员队伍建设,1978年上半年,国家卫生部、市卫生局印发《综合医院和专科医院人员编制(草案)》《综合医院组织编制原则(修改草案)》,对医院的机构设置、医务人员编制与配备等情况作出明确规定,以适应新时期医疗任务对医院组织与队伍建设的要求。

---

① 陈绪豪:《153所医院开展"优质服务周"活动》,《北京日报》1983年3月14日第2版。

为提高全市医疗卫生管理人员的领导水平，1979 年，市卫生局开办卫生管理干部进修班，首批培训市属医院、厂矿医院院长，区、县卫生局局长40人，聘请有关专家讲课，为期 2 个月，学习内容主要是管理科学与医学进展。到 1981 年共举办 4 期培训班，累计培训 160 多人。

在全市加强医疗卫生管理干部培训同时，崇文区还探索开展了院长考核机制。1981 年 10 月上旬，崇文区卫生局开展了"抓领导，考院长"的考核工作。他们制定了包括医院管理、医疗工作、防疫工作、人事工作、行政后勤等在内的考核提纲，先后对辖区第四医院、体育馆路医院、龙潭医院、永外医院等 12 家医院院长和防疫站站长进行考核。通过考核，一些原来领导水平较高、考核成绩较好的单位进一步找到了不足和差距，一些原来领导工作较差、考核成绩不理想的单位受到了震撼，对提高各医院领导干部的工作水平，改进领导作风和领导方法起到了促进作用。①

根据卫生部颁发的《卫生技术人员职称及晋升条例（试行）》《卫生技术人员进修教育的规定》要求，1980 年 9 月至 11 月，市卫生局组织近万名初、中级卫生技术人员参加专业考试。通过考试，全市共有 4087 名卫生技术人员获得晋升，绝大多数为青年医务工作者。其中，初级卫生技术人员晋升医士1615 名，中级卫生技术人员晋升医师 2472 名。② 1981 年 4 月，市卫生局按照卫生部关于技术职称晋升工作座谈会精神，明确把职称晋升作为卫生系统经常性工作之一，每两年进行一次初级晋升中级、中级晋升高级职称的评定工作，符合条件的住院医师晋升主治医师随时办理。同年 7 月，卫生系统落实市委《总结历史经验、团结起来向前看》的文件精神，全市各医院以实践作为检验真理的标准，开展了深入细致工作，落实党的知识分子政策和干部政策。

为充分发挥医疗卫生骨干人才的积极性，部分医院还解决了一批知识分子入党问题。北京市第六医院是一家拥有 800 多名职工、542 名医务人员的综合性医院。过去由于"左"的思想影响，一部分具备入党条件的医疗业务骨

---

① 《崇文区卫生局考核医院院长》，《北京日报》1981 年 11 月 23 日第 1 版。
② 晋办：《4087 名初级中级卫生技术人员晋升为医师和医士》，《北京晚报》1981 年 1 月 17 日第 1 版。

首都建设新风貌

干长期不能入党，医院贯彻党的知识分子政策，纠正对知识分子偏见，发展了一批知识分子党员。内科主任白津生是一位要求入党多年的老积极分子，过去一些党员认为他"清高""工作虽好，但不一定是为共产主义奋斗"。医院党委围绕"如何看待知识分子'清高'问题"组织开展讨论。讨论中大家摆出两件事：唐山地震波及北京时，白津生正在五楼值班，别人劝他赶快走，他却坚定地说：病人在哪儿，我就在哪儿，我不能走。有一段时间他眼睛出现"复视"症状，走路不方便，病情稍一好转，他就叫女儿接送他上下班。经过讨论，大家认为不能用老眼光看知识分子，关键要看在四化建设中的实际行动。白津生入党问题的解决，带动了全院其他科室党支部解决知识分子入党的工作。1983年至1984年，该医院共发展了25名党员，其中22名为知识分子。[①] 医院业务骨干知识分子入党，有力带动了各科室干事创业的积极性。

1982年3月，卫生部颁发《全国医院工作条例》《医院工作制度》《医院工作人员职责》，对医院的领导体制、医疗预防、教学科研、技术管理、经济管理、总务工作等方面都作了具体规定。北京市医疗卫生系统贯彻制度要求，总结改革开放以来的医院管理改革经验，于1984年底出台改革意见。意见在医疗卫生干部和人事管理方面进一步简政放权，扩大了市卫生局直属单位干部和人事自主权。规定根据工作需要和干部"四化"要求，市卫生局直属单位有权决定机构设置和任命中层干部。市卫生局直属单位、各区县卫生局和大型厂矿医院具有副主任医师以上职称人员可以组成考评委员会，对主治医师及以下人员的技术职称进行审批。意见还明确了干部管理权限，对违反组织纪律的职工，市卫生局直属单位可以按照有关政策规定，给予处分直至开除。意见还要求各级医院在定编定员基础上，建立健全各级人员岗位责任制和考核制度，实施按劳取酬、多劳多得的分配制度，奖优罚劣。这些改革制度的推行，有效激发了医院的内部活力，调动了医务人员的积极性，增强了卫生事业自我发展的能力。

[①] 沈祖光、万家齐：《市第六医院党组织学习党章克服偏见积极发展知识分子入党》，《北京日报》1984年6月29日第2版。

崇文区口腔医院是一家集体所有制医院，通过改革实行浮动工资制度，即医院对医务人员的医疗数量、医务质量、服务态度、特殊贡献4个方面进行日常考核，每半年在全院举行一次民意测验，成绩突出的向上浮动一级工资，成绩差的扣除奖金或向下浮动一级工资。该院口腔技师潘淑兰，多年来工作勤勤恳恳，她制作的假牙使用耐久，病人佩戴舒适，每个月完成的任务也是其他同志的2倍，在测验中她得票最多，医院按规定给她向上浮动一级工资。另一名口腔技师因违反规定，给熟人上牙不收费，被扣罚3个月奖金，并向下浮动一级工资。浮动工资措施的实施，有效调动了医务人员的积极性，促进了优质医务服务的开展。①

医疗科技不断创新

医疗技术水平的高低是衡量医疗卫生服务质量的最重要标准。1977年10月27日，全市召开卫生系统科技大会，表彰在医药卫生科技工作中作出优异成绩的先进集体、先进工作者和科技成果。大会动员全市医药卫生科技人员向科学技术现代化进军，提出要把医药卫生科技工作搞上去，为实现祖国四个现代化作出贡献。

按照会议精神，全市医药卫生人员奋发图强，加强科研攻关。北京市宣武医院神经外科编写的《急性颅脑损伤的诊断和治疗》《脑血管造影术》《神经外科学》等9种专著出版，受到医学界的重视。北京市神经外科研究所王忠诚教授等人完成"枕动脉—小脑后下动脉—大脑中动脉吻合术治疗脑缺血性疾患"手术，达到国际先进水平。北京积水潭医院创伤骨科成功进行游离移植大网膜覆盖创面手术，成为当时显微外科领域一项具有世界先进水平的新成就，填补国内医学空白。医疗卫生领域科研成果和杰出人才不断涌现出来。

1978年3月18日至31日，全国科学大会在北京隆重召开。邓小平提出"科学技术是生产力"的著名论断。大会表彰了优秀科研成果。其中，北京医疗机械所顾本广等研制成功的BJ-10医用直线加速器，作为北京市医疗卫

---

① 荣世卿：《崇文区口腔医院奖优罚劣》，《北京日报》1984年10月25日第2版。

生科技成果荣获大会一等奖。北京市医疗卫生系统迎来了科学的春天。1979年3月17日，北京市革委会召开大会，表彰医药卫生领域的先进集体和个人。会议提出，1979年全市卫生工作的重点要转移到防治疾病的业务工作上来，为尽快实现医疗卫生工作现代化而奋斗。此后，北京医药卫生界更加重视现代医疗技术的运用和提高。

20世纪70年代初，国际上已经开始使用现代超声显像技术诊断肿瘤和其他一些疾病。这种诊断方法对病人无损伤、无电离辐射、成本低，可以在特制电视屏幕上清晰地反映出脏器病变。当时北京乃至全国尚没有这种先进的医疗检测手段。1979年，北京市肿瘤防治研究所把开展这个项目的任务，交给了所里年轻的研究人员董宝玮和陈敏华。从此，董宝玮和陈敏华经常出现在手术台旁目不转睛地盯着病人的脏器，仔细记忆每个器官的特征和位置。离开手术台后，他们又回到B超仪器前紧盯反映病人脏器的电视屏幕，一坐就是半天，仔细寻找肿瘤的踪迹。下班后，两人想的仍是如何掌握好B超检测。他们准确掌握了在电视屏幕分辨人的脏器、软组织和周围血管的技术，闯过了超声显像的第一关。一个个病人通过B超检查，得到及时确诊和治疗。

一次，来了一位怀疑是胰头癌的患者，通过超声显像不好判断，他们征得病人同意，决定做细胞学检查。消息不胫而走，一些人说：国内还没有这样的先例，弄不好会引起癌细胞扩散，后果难以设想。做还是不做呢？正在他们举棋不定的时候，肿瘤所负责人对他们说："年轻人，你们想得好，路子对，干吧！"1980年12月，董宝玮他们成功地进行了我国第一例"超声波引导下的经皮肤穿刺细胞学检查"。病人由于得到了及时诊断，手术以后得救了。截至1983年，他们做了150多例这样的检查，其中80%确诊为肿瘤病人，都及时采取措施。这项新技术对腹部脏器的肿瘤和其他一些疾病的鉴别准确率达到80%左右，不易鉴别的肝外胆管疾病也达到70%，已接近或达到当时国际水平。①

---

① 吴亚芳：《刻苦攻关造福人类　记市肿瘤所医务人员掌握超声显像技术的事迹》，《北京日报》1983年1月14日第2版。

这一时期，传统中医与现代技术结合方面也有了新进展。北京中医医院医生关幼波，对各类复杂肝病诊治有独到研究。改革开放后，为将传统中医与现代技术相结合，提高中医治疗的现代化水平，1978年关幼波联合医院肝病科与电子计算机室，将治疗肝炎的多年临床经验"传授"给计算机，编制成"关幼波肝病诊疗程序"进行诊疗。根据关幼波多年临床经验，把慢性肝炎分为九型：即湿热型、脾虚型、肝郁脾虚型、肝肾阴虚型、脾肾两虚型、肝胃不和型、气血两虚型、气虚血滞型、气滞血瘀型。根据患者主证、主脉和舌象等对每一型进行严格判定，并配备相应的最佳药方。经过一年多的临床实践，发现计算机程序对所医治的80例慢性病毒性肝炎的总有效率达67.5%，临床实践初步证实计算机诊疗程序能够模拟中医辨证论治，具有一定实用价值。1980年，该项科研成果被评为北京市科技成果一等奖。

中医治肝病往往需要多个疗程，为更好地反映用药特点和辨证论治要求，解决各型主方用药和复诊时加减用药问题，1982年6月，关幼波在第一诊疗程序基础上协助完成第二诊疗程序的研制工作。至1984年3月，经过一年多的临床实践，用第二个程序共接诊病人15000余人次，总有效率提高到80%。[①] 传统中医与现代计算机技术的有机结合，为广大肝病患者治疗疾病带来福音。

二、新建、改扩建医疗卫生机构

改革开放初期，北京市人口已经超过800万，并持续快速增长。随着全国各地就医人员涌入北京，北京医疗卫生机构的门诊和住院压力与日俱增。为缓解就医压力，北京市先后制订国民经济发展三年计划（1978—1980年）和"六五"计划（1981—1985年），明确提出"适当新建、扩建一些市级医院"和"加强医院建设，改善门诊和病房紧张状况"的目标。"五五"时期，全市卫生系统基本建设投资达3268.6万元，比"四五"时期增加73.4%，

[①] 陈勇、陈增潭、谢敏、彭昌治，指导关幼波：《关幼波治疗肝炎电子计算机第二诊疗程序临床应用总结》，《辽宁中医杂志》1985年第2期。

首都建设新风貌

"六五"时期,卫生基本建设投资进一步达到1.8366亿元,医疗用房面积、床位数显著增加。全市医疗卫生机构建设进入快速发展时期。

新建大型医院

1978年8月12日,随着《中日和平友好条约》的正式签订,中日两国在政治、经济、文化、科技等各领域的交流不断加强。1979年12月5日,日本首相大平正芳对中国进行国事访问。访问期间,他提出"愿意用日本赠款在中国修建一座友谊医院"①。经过中日双方商定,中日友好医院作为两国经济科技文化交流的重要部分正式立项。

1981年2月18日,双方正式签订医院建设计划合同书,当年底举行奠基典礼。该医院由日本伊藤喜三郎建筑研究所和日建设计株式会社共同设计,并提供医院建设资金164.3亿日元(约合人民币1.1亿元),中国承担项目征地、配套工程及市政设施等建设投资。工程于1982年1月15日破土动工,由北京长城工程总公司承担总分包,北京市第三建筑公司等多家单位负责施工。

1983年7月,北京中日友好医院工程的主楼建筑和其他10余座楼房拔地而起。图为中日友好医院正在加紧施工。

---

① 刘天纯等:《日本对华政策与中日关系》,人民出版社2004年版,第399页。

施工过程中，北京市运输公司承担建筑材料和土方的运输任务。为确保医院施工进度，公司做到"工地啥时候要，汽车啥时候到"。一次，医院两座楼的一、二层完工后，需要升高脚手架。当时搭脚手架用的管卡子却在两百多里外的河北省，公司得知情况时已是当日下午4点多钟，第二天各场的运输计划已经调度完毕，公司当即联系有关部门，协调重新调整运输计划，安排车辆抢运。结果只用两天时间就将管卡子运到工地。

在医院庭院绿地建设阶段，江苏省武进县花木公司先于市内公司抢得商机。起初，医院计划将绿地建设工程委托给市内一个单位承建，经过双方商议，拟投资二三百万元。武进县花木公司闻讯后登门自荐，称只要75万元，一包到底。院领导将信将疑，对绿地建设规格和质量提出了一系列要求，对方都一一接受。更令同行吃惊的是，武进公司还承诺，所有承建绿地的花木保活2年，远超常规1年的保活期。为了验证对方是否是"真毛遂"，院方专程走访武进县，深入了解到太湖之滨的这块"风水宝地"，不仅花木品种多，而且价格低，具有得天独厚的条件。公司总经理说："我们小小武进县，这回就是要为国家重点工程出把力，在北京创创牌子！"中日友好医院招选武进县花木公司承包绿地工程的做法，得到了中央主管部门和北京市的支持。副市长张百发表态："谁要钱少，干得好，就让谁干。这不仅符合建筑业经济改革的要求，对我们北京的工作也是个促进。"① 在各方的大力支持下，医院绿地工程比原计划提前10天顺利完成。

1984年7月2日，位于朝阳区和平里樱花东街的中日友好医院项目工程竣工。该院占地9.7万平方米，建筑面积9.2万平方米，共有13栋建筑，由住院部、临床医学研究所、康复楼、护士学校和其他附属设施等五部分组成，设病床1300张。这年10月23日，医院正式开院接诊，每天接待大量来自全国的重病患者，医护人员对他们精心检查、治疗和护理。开诊仅仅2个月内，医院就成功进行各类手术370例，无一例感染发生。病人和家属普遍反映手

---

① 刘霁昭：《中日友好医院绿地承建权竞争逼人改革》，《北京日报》1984年6月3日第1版。

术时间短、出血和不良反应少,伤口愈合快。一位来自青藏高原的患者对医院领导说:你们这里设备好、服务态度好、技术水平也高,我们信得过。作为以中西医相结合、医教研相结合为特点,具有医疗、科研、教学、康复4项功能的现代化综合医院,中日友好医院用高超的医术赢得了人们的信赖。

心肺血管医院也是首都改革开放初期重点建设的医疗卫生机构。20世纪80年代,中国进行了首次全国人口死亡主要原因统计研究,结果显示:20世纪70年代中期,全国人口死亡率为0.736%,排在首位的死因则是心脏病。1979年至1980年全国近400万15岁以上成人高血压抽样调查显示,高血压的平均患病率为4.85%。在29个省、自治区、直辖市中,除西藏等地处高原情况特殊外,北京的患病率最高,达到9.53%。[1]

为加强心肺血管医院建设,1981年9月,北京市卫生局与中国首都医科大学[2]签署合作协议,将后者胸部及心血管外科教研室与北京朝阳医院的呼吸病研究室合并成立北京心肺血管医疗研究中心,简称北京心肺血管中心。该中心设在朝阳医院,旨在发挥两方面的力量,负责开展全市心血管病人群防治与监测工作,为首都心肺血管病防治研究服务。1983年6月,经市领导批准,市卫生局决定将北京心肺血管中心迁往北京结核病医院,结核病医院迁往北京西郊。1984年4月14日,又在位于安贞里小区的原北京结核病医院院址上,利用遗留的楼房园地、设备及部分工作人员组建以心肺血管为重点的综合医院——北京安贞医院。

安贞医院建院后,与北京心肺血管中心组成医疗科研联合体。根据市政府和市卫生局决定,北京心肺血管中心定为市属独立科研单位,以心肺血管病的专科研究为主。安贞医院以心肺血管医疗为重点。两者从组织领导、科室设置、重点科研、医疗及行政管理各方面形成一个完整的联合体,实行党委领导下的院长负责制,院长兼任中心主任。在院党委领导下,各方工作人员齐心协力,采取一切从实际出发和边改边建的方针,有步骤地调整用房、

---

[1] 周祖佑:《我国心血管病患病率北方高于南方》,《北京日报》1983年7月11日第4版。

[2] 今北京协和医学院。

安排新老业务骨干、添置医疗科研装备。

安贞医院和心肺血管中心占地 109 亩，工作区约占 3/4，生活区约占 1/4，环境优美，安静宽阔，交通方便，经过零星增建及整修，拥有病房 12 个，床位 519 张，新建 2 栋 4500 平方米宿舍楼，有工作人员 800 余人，其中包括具有多年专科工作经验的技术骨干人员在内的主治医生以上 60 余人，初步建成拥有 20 多个医疗科研科室的综合医院和心肺血管专科研究中心。

建院一年时间内，安贞医院先后在北京 70 万人口范围开展国际标准化的心血管病人群监测工作，成为世界卫生组织心血管病人群监测协作中心。开展了成人及小儿心脏外科体外循环心脏直视手术 500 例，进入国内先进行列。引进了美国心脏学会心肺复苏教材、教具和教法等先进经验，组建急诊复苏科，与中国红十字会总会及北京市红十字会合作，举办多期培训班，面向全市乃至全国推广普及心脏复苏技术。组织汇编了由 12 个国家 157 名知名专家撰写的《国际心胸外科实践》（英文版）由科学出版社出版，为国家争得了荣誉。建立了国际交流中心，多次举办国际知名学者参加的专题学术会议，与国外同行合作开展复杂心血管手术，引进了多件诊断治疗新仪器，有力促进了首都心肺血管病的医疗与科研工作。[①]

改扩建重点医院

为满足广大群众对神经外科、肿瘤科、口腔科、骨科等重点科室的就医需求，北京市着力加强了以重点科室为核心的综合医院建设。

新中国成立初期，全国的神经外科医生仅有几十人，远远不能满足病患的需要。1958 年北京市建成第一所以神经外科为重点的综合医院——北京宣武医院。为加快学科建设，随后又在宣武医院基础上建立北京市神经外科研究所。新中国首批神经外科专家王忠诚先后担任该所副所长、所长。神经外科医院的建立虽然使大量患者得到了治疗，但当时床位、设备和人员规模仍不能满足神经外科发展和患者就医需要。

---

① 《北京心肺血管中心——北京安贞医院》，《心肺血管杂志》1985 年第 4 期。

首都建设新风貌

1975年3月，经国家计委和北京市批准，计划在原天坛医院①院内建设以神经外科为主的综合性医院，定名为北京市颅脑外科医院，建筑面积8.9万平方米，列为北京市重点建设项目。在筹备建设阶段，项目进展十分缓慢。党的十一届三中全会以后，卫生事业发展迎来高速发展时期。北京市颅脑外科医院项目筹备建设进度提速。医院从1980年开始施工，到1982年初步建成。1982年4月，北京市颅脑外科医院恢复北京天坛医院名称。为进一步优化资源配置，加强神经外科建设水平，北京市又在1982年5月将宣武医院神经外科和北京市神经外科研究所的医疗科研设备、科研资料及技术骨干转移至北京天坛医院，由王忠诚担任院长兼所长。医疗条件的改善，让王忠诚感受到更大的责任和使命，也为医疗专家发挥作用提供了广阔空间。

1983年的一天，天坛医院收住一个患巨大颅后窝血管网组织细胞瘤的病人。这种满是血管的巨大肿瘤，手术极为困难，它又长满整个小脑，并连接着脑干，稍不小心就会碰着脑干神经，导致手术失败。人的大脑中心生长着一个拇指大小的组织称为脑干，负责掌管呼吸、心跳、运动、意识等关键功能，是名副其实的"生命中枢"。脑干手术稍有不慎就可能造成患者呼吸心跳停止、终身瘫痪、昏迷不醒等，一直是神经外科手术的禁区。是眼睁睁地看着病人被肿瘤夺去生命，还是冒险在禁区闯一闯？王忠诚陷入了焦急之中。正在这时，病人家属来恳求他说："你给做手术吧，成功了，病人有生的希望。万一失败了，也能为医学积累经验，你大胆做吧！"王忠诚终于下定决心，闯一闯禁区。这天清晨7点半，他和助手走进了手术室。病人的颅骨打开以后，他就吓出了一身冷汗——从来没有见过这样的肿瘤，居然有这么丰富的血管。手术中他经常碰到险情，仿佛自己在万丈深渊上走钢索，身上出了无数次冷汗。这个手术总共进行了26个小时，一直持续到第二天上午才成功做完。手术过程他没有离开手术台半步。术后他就病倒了，休息了整整一个月才缓过劲来。

---

① 天坛医院前身为原国民党陆军第31后方医院。新中国成立后，更名为北京天坛医院。"文化大革命"期间，1970年2月天坛医院奉命全部迁往甘肃。

1984年春,一家医院的医务人员给王忠诚打来电话,说有个病人患颅后窝血管性肿瘤,她所在的医院给病人开刀后,发现无法手术切除,只好把刀口重新缝合。医生告诉家属这种瘤是不治之症。一年后病人情况恶化,卧床不起。家属抱着最后一丝希望,把病人抬到北京天坛医院,请求王忠诚救救患者。王忠诚一口答应了。经过一系列检查后,王忠诚确认病人在颅后窝长了巨大的血管网组织细胞瘤。有了之前26个小时的手术经验,他这回集中全院力量支持这次手术,组织了三班人马,准备了6000毫升血液,计划再干24个小时,用接班的办法来抢救病人。手术开始后,王忠诚作为第一班的主刀医生,结果经过9个小时的紧张工作,肿瘤就被成功切除。术后康复半个月,病人终于健康出院。病人在回乡的时候,家属感动得痛哭流涕,高喊着"天坛万岁"走出医院。① 融合了市神经外科研究所、宣武医院神经外科的北京天坛医院,逐步发展成为亚洲最大的神经外科医疗、研究与培训中心。

肿瘤医院方面,这一时期经过迁址扩建也取得了新的发展。位于朝阳区雅宝路日坛公园附近的日坛医院,是新中国创办的第一家也是最大的肿瘤专科医院。该院建院以来,每年诊治上万名肿瘤病人,开展1000多例根治手术,并坚持与出院患者建立联系。截至1981年底,医院与2万多名患者保持联系。为满足更多肿瘤病人的就医需要,推动肿瘤医疗、教学、科研发展,1983年,医院迁至左安门外潘家园南滨河路新址,更名为中国医学科学院肿瘤医院肿瘤研究所。

新院区由北京设计院设计,国家建委二局一公司施工建设,占地135亩,建筑面积9.1万平方米,是原来医院面积的三倍。其中,门诊楼1.4万平方米,病房楼1.9万平方米,科研楼1.3万平方米,房床600张,日门诊量为1200人次。医院为满足病人看病需要,应用了诸多创新技术。当病人看病索取病案时,不必像过去那样跑来跑去,一台由钢丝绳牵引的自动卸货升降机,可以代替病人往返于病案库和门诊室之间。病人候诊时,在头颈科、胸科、

---

① 柳斌杰主编,李东东副主编:《中国名记者》(第十九卷),人民出版社2019年版,第233页。

首都建设新风貌

腹科等6个科室的门诊服务台上，各装有一台等离子体呼号显示器，可随时了解门诊进度。在12层高的病房楼中，第9层有14个手术间，可同时进行多台手术。其中有的手术台上方的无影灯下装有彩色摄像机，人们在外边就可以通过20英寸彩色接收机看到手术进行情况，为参观和教学提供了方便。病房楼的地下室，设有铯腔内治疗的病房。医院在国内首次使用自动搬运车，既能把上铯治疗的患者送到病床前，又能把食物、药品、卫生用具送到病人手中，减少了有害放射线对医护人员的伤害。医务人员可通过闭路电视和自动切换接收机，监护每个铯疗病房，指导病人治疗。医院的地下，备有两口深井和发电房，可以应急供水、供电，保证手术治疗能正常进行。新院区成为当时全国最大的肿瘤医疗、科研、教学中心。

这一时期，协和医院、口腔医院、积水潭医院也顺应广大群众的就医需求进行了大规模扩建工程。北京协和医院建成于1921年，位于东城区帅府园1号，原是美国洛克菲勒基金会创办的北京协和医学院附属医院。随着人民群众就医需求日益增加，协和医院也面临着扩容需要。协和医院附近的煤渣胡同栖身于京城最繁华的地段，这里寸土寸金，在仅有六七米宽的路面上，路边停车位的利用率却非常高，刚开走一辆车，马上就有另一辆车入位。在党和国家的大力支持下，20世纪80年代初，东西长约300米的煤渣胡同以南、东单北大街以西的民房被尽数拆迁，原地建起北京协和医院的新楼，占地面积达到6.7万平方米，新建成门诊大楼面积达1.2万平方米，几乎增长一倍，住院病床数由700张增加到1200张，大幅度扩大了门诊和病房面积。

始建于1945年12月的北京口腔医院，位于东城区王府井附近地区的锡拉胡同，原名"北平市立牙科医院"。建院之初，人员少、面积小、设备简陋，仅有2张床位。新中国成立后更名为北京市口腔医院。为满足广大群众看病需要，又在宣武区北纬路59号建成建筑面积为2360平方米的口腔医院分院，设牙科椅60余台，病床18张，面积有所扩大但仍不能满足患者需要。为满足市民就医需求，医院进一步扩建。1980年10月3日，新建北京口腔医院在天坛西南侧的天坛西里4号落成开诊。该院总建筑面积约8800多平方米，是之前的 2 倍有余，设有内、外、矫形、小儿、正畸、预防 6 个临床口腔科室和生化、细菌等 4 个医技科室。院内光线充足，空气清新，环境优美，牙科治疗椅 158 套，是原来的 2.5 倍，医疗设备 10% 是从国外进口的先进设备，90% 是国内最新产品。医院住院病床达 100 张，每天接待门诊量达到 2500 人左右。该院院长、口腔科专家柳步青说："这是一所新型的口腔病医疗、教学、科研综合机构，是全国最大的口腔专科医院之一。"[①] 原王府井地区锡拉胡同的医院旧址则改为正畸中心，医院的口腔医疗、教学、科研水平不断提升。

北京积水潭医院建成于 1956 年，是以治疗骨骼创伤和烧伤为重点的综合医院。建院初期，医疗设备简陋，医护人员治疗经验不足，但全体医护人员团结一致，勇于实践，边干边提高。1978 年，医院烧伤专业组发展为烧伤科，医疗技术能力不断提高。为适应医院发展需要，医疗用房建设加快。1980 年新建成面积为 2062 平方米的烧伤病房楼，内设大面积烧伤抢救室、中小面积烧伤病房、修复及整形病房，共设病床 56 张。1981 年 11 月，烧伤科接收一名严重烧伤患者。该患者臀、腰、会阴部全部烧焦，烧伤深度罕见，用常规的游离植皮手术已不能修复，医务人员就创造性地将患者下肢长 83 厘米、蒂宽 2.5 厘米、延展部宽 41 厘米的皮瓣返转覆盖在巨大创面上。经过半年多的治疗，生命垂危的患者恢复了双臀外形及功能，终于拄着拐杖步行出院了。据文献记录，该病例是国际上成功移植最大带蒂皮瓣且抢救成功的首例病人[②]，医院对大面积烧伤患者的治愈率达到全国最高水平并处于国际领先地位。到 1984 年，医院创伤骨科各专业组进一步发展，建成创伤、手外、矫形、肿瘤、显外和小儿 6 个科室，医疗用房面积进一步扩大。

郊区医疗机构建设

新建、改扩建城区医院同时，郊区医疗机构建设也得到稳步推进。1976

---

① 《新建北京口腔医院昨天开诊》，《北京日报》1980 年 10 月 4 日第 1 版。
② 钟卫宁、阎国峰：《积水潭医院烧伤治疗和临床科研达世界先进水平》，《北京日报》1984 年 9 月 15 日第 1 版。

首都建设新风貌

年至1979年，全市卫生管理部门、京郊各县区重点加强县区一级医疗卫生机构建设。截至1979年底，远郊各县共有医院、卫生防疫站等县级卫生机构60多个，比1976年增加近一倍。1980年初，卫生部在北京召开全国卫生厅局长会议，确定1980年卫生工作的主要任务和措施，首要一条是"继续加强农村卫生事业建设，着重抓好1/3县卫生事业的建设"①。从1980年开始，北京市选择通县、顺义、房山三个县作为第一批1/3重点建设县，不断完善三级医疗预防网建设，有计划地补充设备和安排基建。至1981年底，市卫生局共投资三个重点县医院基建和设备的经费380多万元。

始建于1903年的通县医院原名潞河医院，曾是一座教会医院，只有24张病床。新中国成立后，在党和政府关怀下医院进行两次扩建，病床增加到301张。随着工农业生产发展和地区人口增长，尤其是改革开放后，医院规模已不能满足病人看病需要，"看病难""住院难"问题比较突出，急需改扩建。1983年4月28日，通县医院扩建工程竣工。经过扩建，医疗总面积达1.8万平方米，拥有病床410张，比扩建前分别增加1.39万平方米和109张病床。医院的门诊大楼面积达1.2万平方米，设置内科、外科、妇科、中医科、儿科和耳鼻喉科，每天可接纳患者2000多人次。在扩建过程中，医院还添置了脑电图仪、B型超声诊断仪、血气分析仪、800毫安的X光机及一些常规诊断设备，使该院接诊能力大大增强。1985年，医院进一步扩建，总建筑面积达到2.18万平方米，医疗科室达到20个、病床441张，相当于5个旧的潞河医院。扩建后的通县医院，能进行开颅、开胸、心脏直视、断肢再植等高难度手术，在北京城区医疗专家的帮助和指导下，对一些疑难病症的研究也有新的突破，担负着通县地区及邻县的医疗任务，成为京郊最大的一所医院。②

海淀区是京郊人口规模较大的区县之一。仅1983年上半年，新出生婴儿数就达12800人，而该区各医院只有127张产科病床，远不能满足需要。在

---

① 《当代中国》卫生卷编委会编：《当代中国卫生事业大事记》（1949年—1990年），人民卫生出版社1993年版，第243页。

② 北京市社会科学院编：《今日北京 郊区卷》，北京燕山出版社1989年版，第192页。

党和政府的大力支持下，1983年9月27日，新建的海淀区妇幼保健院（海淀妇产医院）在海淀南路35号正式开诊。该院建筑面积达6500余平方米，分4个门诊和3个病区，共有120张产科病床，一年可接纳4800多位产妇，成为北京郊区第一个妇产医院，对提高海淀区妇女儿童的健康水平发挥了积极作用。[1]

20世纪80年代初，全市有数以万计的偏瘫患者，而专门的康复医院只有两所。1984年8月1日，一所新的康复医院——北郊康复医院在德胜门外西三旗以东3公里处建成迎诊。该院聘请中医研究院著名老医师王占玺担任技术顾问，医护人员都是由多年临床经验的老医师组成。患者住院期间，不用家属陪住，医院担负吃住等各种照料。医院可以为病人进行各种药物治疗、针灸、按摩等综合治疗，同时建设了游艺厅、练功房、大鱼池，提供垂钓、收看电视、棋牌等各种服务。医院开诊当天，就有第一批50名偏瘫、心脑血管病患者到该院进行治疗，有效缓解了偏瘫等患者的就医和看护压力。

1979年至1983年的五年间，北京市医疗卫生事业基本建设投资累计完成近7700万元，相当于1956年至1978年22年间完成基本建设投资的总和。尤其是全市进一步扩建一批区、县级医院和农村卫生院，城乡共增加病床1080余张。

截至1985年底，全市共有医疗卫生机构4248个，病床41603张，卫生技术人员90831人。全市每千人平均有床位数4.3张、医生4.4人、护士2.5人。[2] 北京城乡医疗卫生服务水平不断提高。

三、地方病与传染病防治

卫生防疫是医疗卫生事业的重要组成部分。新中国成立后，全市人民在党的领导下积极开展卫生防疫工作，取得积极成效。为进一步加强农村医疗

---

[1] 钟卫宁：《京郊建成第一个妇产医院》，《北京日报》1983年9月29日第1版。
[2] 北京市社会科学院编：《今日北京》，北京燕山出版社1986年版，第312页。

卫生,做好地方病防治工作,1977年11月,中共中央北方防治地方病领导小组①召开会议,明确提出"加强领导依靠群众为预防和消灭(北方)地方病提高人民健康水平而奋斗"的目标,推动全国地方病防治工作开展。1978年1月31日,北京市成立中共北京市委地方病防治领导小组,设立防病办公室,加强对全市地方病防治工作领导,同时扎实推进计划免疫,通过疫苗接种从根本上推进乙肝等传染病的防治工作。

防治地方性甲状腺肿

华北地区由于地质原因,水中含碘量普遍偏低,加之山区群众进食碘量不足,造成碘缺乏症,成为当时威胁首都人民健康的主要地方病之一。这种缺碘造成甲状腺肿等症状称为地方性甲状腺肿(以下简称地甲病),俗称大脖子病。患病群众往往脖根肿大,呼吸不畅,影响劳动能力。更为严重的是,在地甲病流行地区,经常发生由于胚胎发育期缺碘而引起的呆小症,称为克汀病。

地甲病主要分布在怀柔、延庆、密云、平谷、顺义、昌平、房山、门头沟、丰台、海淀、石景山11个郊区县的175个乡、2430个村。为了防治地甲病,1976年至1978年,北京市对11个郊区县进行全面普查,共检查183.6万人,筛查出病人17.9万人,平均患病率达9.74%②,病患呈现出女多于男,重度病人以老年人居多,患病率最高集中在10—20岁的青少年等特点。1978年5月31日,北京市召开第一次地方病防治工作会议,审定了全市地方病防治工作1978年至1985年八年规划,制定了在地甲病区开展两万分之一至五万分之一碘盐补碘、基本控制地甲病的防治目标。

在各郊区县中,西、北、东部三面环山(燕山、军都山)的昌平等远郊区县为地甲病高发区,一般患病率在10%以上。昌平县委、县政府成立领导

---

① 1960年,党中央批准成立中共中央北方防治地方病领导小组。1981年6月,更名为中共中央地方病防治领导小组。

② 张殿余主编:《北京卫生史料》(卫生防疫篇),北京科学技术出版社1993年版,第203页。

小组，设立专门机构，对地甲病进行普查和组织治疗。全县先后动员5000多名干部和专业人员，对县域20个公社病区共普查6万多人。针对普查结果，一方面坚持做好添加碘盐工作，保证每年供应碘盐数百万斤，另一方面想方设法实施治疗，为病人解除痛苦。广大医务人员不惧艰辛，深入病区，送药上门，宣传到户，累计治疗病患1万多人。

门头沟地处山区，地甲病患者较多，经过几年的食盐加碘和药物治疗，发病率由9.2%下降到7.5%。1982年2月1日，主管地方病防治工作的市领导深入门头沟区三个大队，走街串户来到永定公社栗园庄大队一名社员家里。家里总共9口人，其中有5口人得过地甲病，她说：我是解放前得的大脖子病，那时没有人过问，留下了病根。她指着一旁的女儿说：如今，他们可好了，领导上关心，无病早防，有病早治，还是共产党好，社会主义好！①

北京市以人工加碘的方式，对全市11个地甲病区开展了普及碘盐供应，先后拨款近百万元在各区县新建、扩建9个盐库。1980年以来，为落实国务院出台的《食盐加碘防治地甲病暂行办法》，北京市筹款30万余元，试制了较先进的自动化食盐加碘机，先后在密云、门头沟、房山、怀柔、顺义、平谷等区县安装应用，把食盐加碘工作推向机械化、标准化、集中化。从1979年到1982年，全市累计治愈地方病病人达8万余人，其中治愈地甲病人6万多人，地甲病发病率从1979年的8.7%下降到1982年的4%。②

为做好全市碘盐长期供应工作，1984年3月，市委地方病防治办公室与天津著名的汉沽盐厂签订合同，统一加工碘盐直接供应病区，并与湖北、四川、内蒙古、青海、新疆等地建立碘盐供应关系。市委地方病防治办公室又与市二商局、工商局、税务局、供销社、市盐业公司等5家单位联合发布《严禁私自运销原盐和加强盐务管理》的通知，加强病区食盐的管理，改进碘盐的进货、销售、储存、使用等各个环节，实行分级管理责任制，加强监

---

① 《抓紧抓好防治地方病为民造福，市负责同志到门头沟了解防治地方病情况》，《北京日报》1982年2月2日第1版。

② 刘国柱：《全市地方病患者减少，近四年治愈八万多人》，《北京日报》1982年11月19日第1版。

测，推动全市病区县形成一个较完整的监测管理系统，确保病区群众吃上合格的碘盐。

1985年6月，北京市第六次地方病防治工作会议召开，中央防治地方病领导小组办公室现场宣布：北京市地甲病患病率已下降到0.96%，达到国家控制指标。北京地甲病防治工作取得阶段性胜利，历史上长期威胁人民健康的大脖子病得到了有效控制和治疗，群众的体质健康水平不断提高。

控制地方性氟中毒

地方性氟中毒是长期威胁京郊群众的另一种地方病。由于长期受饮水、土壤等地区环境因素影响，郊区群众摄入过量的氟而引起氟骨症、氟斑牙等慢性全身性疾病，又称地方性氟病。1978年1月，北京市在研究制定的地方病防治八年规划（草案）中，明确将饮水型氟病区完成降氟改水工作纳入规划目标。1978年至1979年，全市对京郊14个区县272个公社和农场的4026个村（大队）进行饮水含氟检查，发现有370个大队饮水中氟超标，受威胁人口达30多万人。[①] 市委地病办组织积水潭医院、市口腔医院等专业医疗机构对氟斑牙和氟骨症进行调查研究，对氟中毒患者进行积极治疗，做了大量X光拍片及病理切片，为氟中毒的诊治提供了理论数据，并将研究成果制成幻灯片向全国各地发行。[②] 与此同时，大力推动开展病区改水工作。市水利局专门拨出改水费160万元，各区县社队也积极筹资改水。

地方性氟中毒是大兴县的主要地方病。由于该县东南部地区土壤和浅层地下水含氟量超标，当地百姓长期饮用高氟水导致氟中毒症状突出，轻者损害牙齿，形成牙根发黑、牙板发黄的"氟斑牙"，重者侵犯人体骨关节系统，造成腰腿疼痛、四肢活动受限或畸形的"氟骨症"。为解除病人痛苦，1978年，大兴县委成立地方病防治领导小组，县卫生防疫站成立地方病科。当年，

---

① 张殿余主编：《北京卫生史料》（卫生防疫篇），北京科学技术出版社1993年版，第209页。
② 陈绪豪、刘国柱：《积极开展地方病防治和科研工作 本市基本控制住地甲病和氟中毒》，《北京日报》1982年1月5日第1版。

对全县饮用水源进行采样测定，查出含氟量超过标准的有130个村，受危害群众达8.3万人，对高氟区8527人进行患病抽样检查，氟斑牙检出率占比85.65%，氟骨症检出率占比15.02%。① 从1979年开始，全县为重病区群众实施免费治疗。通过注射骨宁注射液，服用中药骨仙片，使用旋磁治疗机进行磁场治疗等方式，治疗总有效率达到50%至70%。

为开展对高氟区的降氟改水工作，全县成立由防治地方病办公室、水利局、自来水公司、财政局、卫生防疫站五个单位参加的协作组。他们在每个大队打一口或两口深水井，封闭水井中的浅表水层，汲取深层低氟水饮用。为了把低氟水送到每家每户，他们便设法安装农村自来水系统。由于传统的水塔式自来水系统，不仅投资高、建造工期长，而且对分散居住的农村实用性差。县自来水公司就赴北京农机学院、市政设计院等单位，学习引进了投资少、建设速度快的先进无塔压力罐自来水系统。②

1980年10月，大兴县开始推广应用无塔压力罐技术进行防氟改水。在改水降氟过程中，全县公社、大队、社员共自筹资金41万余元进行改水，约占改水投资总额的41%。为防止改水公款被挪用或外流，大兴县还加强各单位统筹协调，细化责任分工，明确防治地方病办公室负责全部规划、审批和召集开会研究；水利局负责打井和技术人员配备；自来水公司负责管道安装、铺管到户；财政局负责调查大队收入、资金保管支付；卫生防疫站负责改水前后的水质检查验收和后期水质检测工作。经过广大干部群众的共同努力，筹资改水工作取得明显成效。1981年4月，世界卫生组织专家专程到大兴县氟病区考察改水工作。经过考察认为，大兴县使用无塔压力罐自来水技术，使集中、封闭、受到保护的水源在2.5公斤以上的水压下能够方便地通到居民户家中，符合农村用自来水的国际标准③，受到世卫组织专家的肯定。1979

---

① 大兴县志编委会编：《大兴县志》，北京出版社2002年版，第566页。
② 刘国柱、陈绪豪：《大兴高氟区60%大队控制氟中毒》，《北京日报》1981年12月6日第2版。
③ 张殿余主编：《北京卫生史料》（卫生防疫篇），北京科学技术出版社1993年版，第210页。

年至 1983 年，全县采用打深井、封闭浅层地表水和无塔压力罐供水的办法，先后完成降氟改水工程 67 处，占高氟村的 51.5%，受益人口达 4.39 万人。[1] 由于大兴县改水成果显著，受中央北方地方病防治领导小组办公室委托，1983 年 7 月 11 日，北京市在大兴县组织开办了无塔压力罐供水技术培训班，面向全国各省、直辖市、自治区工程技术和管理人员推广改水技术与经验。

1979 年至 1983 年，全市查清共有饮水型氟超标大队 354 处，有 12 个区县进行了不同规模的改水降氟工程建设，累计完成改水 128 处，受益人口达 11 万余人，全市地方性氟中毒得到有效控制。从此，京郊百姓再也不受氟中毒的困扰。

乙肝等传染病防治

1949 年，全国人口死亡率高达 20‰ 以上，其中传染病在各类死因中居首位，死亡人数占总死亡人数的一半以上。新中国成立后，党领导人民大力开展卫生防疫工作，推行预防接种，很快消灭了鼠疫、霍乱、天花、回归热、黑热病等急性传染病。预防接种作为防治传染病的最有效手段，北京市从 1958 年开始尝试建立预防接种个人卡和登记簿制度。1972 年在城区及近郊城镇推行计划免疫门诊工作，针对 7 岁以下儿童和小学生建立起预防接种一人一卡制度，有力保障人民生命健康。

改革开放后，北京市贯彻卫生部《关于加强计划免疫工作的通知》精神，在进一步加强城镇地区计划免疫门诊和卡片互转工作的同时，全面推行农村地区预防接种卡和一人一针一管制度，先后制定扩大免疫规划（EPI）管理制度、学龄前儿童计划免疫卡片互转试行办法和计划免疫工作检查标准等一系列规章制度，不断提高全市计划免疫工作质量。进入 20 世纪 80 年代，北京出生的婴儿长到 14 岁，其间要打 19 针预防疫苗，吃 8 粒小儿麻痹糖丸。[2]

---

① 大兴县志编委会编：《大兴县志》，北京出版社 2002 年版，第 566 页。
② 《本市防疫工作成效显著》，《北京日报》1984 年 2 月 15 日第 1 版。

病毒性肝炎是北京市重点防治的传染病之一。其中乙型肝炎因传播范围大，患者数量多，部分乙肝患者因没有明显症状，逐步发展为肝硬化、肝癌，最终被遗憾夺去生命。早在 1973 年，北京人民医院年轻的生化检验专家陶其敏，在北京医学院副院长汉斯·米勒指导下，带领团队成功研制出中国第一套乙肝检测试剂盒而受到国际赞誉。米勒教授告诉她，乙肝缺乏有效的治疗方法，研制疫苗是减少乙肝人群发病率的主要办法。当医院将研制乙肝疫苗的重任交给她时，她毫不犹豫地挑起了研制重担。乙肝疫苗研制在当时作为一项新技术，即使在西方发达国家也处于探索阶段，国内既难以找到相关研究文献，也缺少设备条件。对于能否完成难度这么大的任务，陶其敏感到没有把握。院党委领导对她说："人民现在需要乙型肝炎疫苗，我们就要千方百计地把它制造出来，有什么困难你只管提，党委和你们一起想办法！"①

研制乙肝疫苗，需要重点补充相关知识。陶其敏每天 5 点起床，6 点半到达医院，简单吃过早点后就开始埋头学习，一直学到 8 点钟上班。她从"分子生物学""免疫学"等基础医学到专业外语和"遗传工程学"一一进行系统学习。平时她把所有零星时间都利用起来学习和思考，脑子里想的全是研制工作，容不下其他东西。一次，乘坐公交车上下班途中，她仍沉浸在工作思考中，突然司机一个急刹车导致她的四根肋骨被撞断。即便身体受到如此创伤，她也没有放下疫苗研制工作。在家休息不到一个月，就让家人用自行车天天把她推到公交站，再乘公交车上班。研制疫苗需要一套完善的工艺程序，她和同事们四处奔波，去有关单位登门求教和查阅文献。为了解决必需的设备，她就参照生物制品需要的设备模式，在医院实验室隔出一间 6 平方米的小屋做无菌室，没有密闭装置，就用盐水瓶、输液架代替，一时无法培养出实验用乙肝病毒，就用乙肝病毒携带者的血清提纯。功夫不负有心人，1975 年 7 月 1 日，国内首批乙肝疫苗研制成功，命名为"7571"疫苗。

在动物实验阶段，由于当时国内没有对肝炎易感的实验用大猩猩，制出

---

① 中共北京市委组织部、中共北京市委党史研究室编：《向榜样学习》，北京出版社 2016 年版，第 335 页。

的疫苗被锁进了冰箱。陶其敏望着克服重重困难研制出来的疫苗，因做不了安全试验而不能使用，内心十分着急。经过思想斗争，她作出一个勇敢的决定：在自己身上试验！1975年8月29日下午，陶其敏打开冰箱，取出一支疫苗，请值班护士把疫苗缓缓地推进自己体内。晚上，陶其敏跨进家门，对两个孩子说："妈妈今天打了我们研究的肝炎疫苗试验针，很可能得肝炎，为了不传染给你们，你们也暂时离妈妈远一些，注意观察妈妈情况……"第二天，陶其敏向医院领导汇报了注射疫苗情况，领导极为关心地要她马上住院观察。陶其敏却说："我还有许多工作要做，就一面工作一面观察吧！"这件事汇报到市里后，当时主管科研的副市长白介夫亲自打电话要求她住院，但陶其敏仍坚持工作。① 之后两个月内，她坚持每周抽血5毫升进行检测，第三个月转入定期检查。此时，她身体没有异常，体内疫苗诱导的保护性抗体也顺利产生，取得了证明乙肝疫苗安全可靠的第一手试验依据。

1978年，北京人民医院专门成立肝病研究室，陶其敏担任研究室主任。研究室配备了先进的仪器设备，其中，购置的一台超速离心机，大大改善了疫苗制备条件，得到高纯度的乙肝表面抗原。自1978年开始进行小量正常人群应用，共接种5000余人，除局部短暂痛感外，未发现不良反应，抗体阳转率达84.7%—92.3%。通过探索，陶其敏团队用溴化钾代替氯化铯进行超速离心，仅此一项就把费用降低到原来的1/2000，既提高了产量，又简化了程序。国内超速离心2次得到的高纯度乙肝表面抗原，国外一般需要超速离心3至4次以上。当时进口美国一支乙肝疫苗约60—70美元，而国内自制的乙肝疫苗只需3—4元人民币。这种乙肝疫苗既简便价廉、安全合格，免疫效果又获得肯定，经有关专家鉴定认为，属国内首创、国际先进水平。② 1980年11月，卫生部安排将全套技术工艺推广给长春生物制品研究所，进行中期试验投产。

---

① 汪铁铮、潘效本：《潜心研究打响乙肝阻击战——记我国乙肝疫苗之母陶其敏》，《中国卫生人才》2012年第1期。
② 刘元希：《我国乙型肝炎疫苗的研制——访北京医学院陶其敏副教授》，《世界科学》1983年第10期。

1980年12月，陶其敏研制的疫苗对乙肝阳性母亲的新生儿进行预防注射也收到一定效果。1981年，陶其敏团队又和中国医学科学院成都输血研究所协作，研制成功高效价的血液制品，对预防医务人员意外感染和母婴传播均产生良好疗效。1982年，陶其敏团队研制出纯度更高、诱导抗体效果更好的乙肝疫苗，先后在北京、江苏和广西等地进行少量人群注射观察实验，抗体阳转率达92.3%，为以后应用疫苗预防乙型肝炎的传播开辟了道路。① 随着疫苗接种实验推广，北京病毒性肝炎发病率在经历20世纪80年代初的上升期后，自1984年以后呈下降趋势。

截至1984年，随着计划免疫工作全面深入开展，广大群众卫生习惯的改善和防疫知识的提高，继20世纪五六十年代消灭鼠疫、霍乱、天花、回归热、黑热病五大传染病之后，全市白喉、小儿麻痹、麻疹、百日咳、流脑等主要传染病均得到十分有效的控制。

四、改善农村医疗卫生工作

20世纪60年代中期，全国城市地区建立起基本医疗保障制度，但是广大农村地区缺医少药的状况仍然比较突出。毛泽东非常关心农村卫生工作，指示卫生部要"把医疗卫生工作的重点放到农村去"②。在毛泽东的关心支持下，广大农村地区普遍建立起合作医疗制度和"赤脚医生"队伍，城市医务人员下沉农村一线，协助开展医疗卫生服务。北京市按照中央部署，通过调查研究，总结经验，在全市14个郊区县推广农村合作医疗制度，积极培养农村医疗卫生队伍，加强城市医务人员支援农村医疗卫生建设，京郊农村医疗卫生工作得到进一步改善。

---

① 孙敬尧：《我国乙型肝炎疫苗的研制者——陶其敏》，《医学与哲学》1984年第4期。
② 中共中央文献研究室编：《毛泽东年谱（一九四九—一九七六）》第五卷，中央文献出版社2013年版，第506页。

农村合作医疗制度改革

新中国成立初期，我国农村医疗卫生条件仍然十分落后，广大农民的防病、抗病能力普遍不足。随着农村互助合作运动的开展，许多地方自发地出现了以集体经济为基础、互助互济为特点的保健医疗站或合作医疗站。在毛泽东的大力支持下，全国开始推行农村合作医疗制度。

1969年12月，北京市革委会文教组召开14个郊区县主要领导参加的会议，正式决定在北京市郊区推行合作医疗制度。从此，北京市郊区农村创办合作医疗的工作全面展开。

北京农村合作医疗最初主要由人民公社的生产大队负责管理。1969年至1970年，农村年人均收入70元，个人投入合作医疗基金1元，生产队福利基金投入1元，年人均支出医疗费2.18元，人均亏损0.18元，亏损部分由生产大队统筹补偿。随着农村经济发展，为巩固发展合作医疗制度，1971年至1980年合作医疗改革为主要由生产队负责办理，人民公社统筹管理，农村年人均收入达到100元，人均福利基金投入2.56元，实际支出2.93元，人均亏损的0.37元则由人民公社补偿。京郊农村合作医疗长期入不敷出，不仅影响了合作医疗的长期稳定发展，也给农村经济带来较大负担。

改革开放后，随着京郊农村开始推行家庭联产承包责任制改革，合作医疗也发生了重大的变革。包产到户后的农民，经济收入掌握在自己手里，改变了原先生产队统一提取上缴"农民个人"合作医疗经费的缴费模式，农村集体经济组织对农村合作医疗的经费支持能力越来越弱。与此同时，农民的医疗保障需求也发生了较大变化。在缺医少药背景下建立起来的合作医疗主要是以预防为主，医疗技术水平较低。20世纪80年代后，随着农民收入增加，生活水平改善，对医疗健康的需求也有所提高，除日常保健需求外，对一些慢性病、老年病等的医治需求也增大了。传统合作医疗"一根针、一把草"的医治方式和对小伤小病的治疗已不能满足农民的健康需要，农民自己掏钱也看得起小伤小病，还可以自由择医看病。

1981年，卫生部部长钱信忠在一次全国会议上说："大队卫生所，要适应农村生产责任制以后的变化,形式多样,因地制宜,分类指导。医疗收费制度可以是多种形式的合作医疗,也可以看病收费。"京郊县(区)的大队合作医疗站开始出现医生搞承包,自负盈亏的做法,有的生产大队把合作医疗当成副业。1984年,房山县全县406个大队中,保持原有合作医疗形式的为82个,占20.2%。大队合作医疗站转由个人承包的有143个,达到35.2%。截至1985年底,全市由集体或个人承包的大队医务室已达2700多个,占大队总数的66%,保持原来合作医疗形式的只占18.4%。[①]

至1984年底,全国农村基本完成了政社分设,普遍建立了乡镇政府和村民委员会。随着人民公社的撤销和恢复乡镇建置,农村的生产大队成为村民委员会,农村合作医疗也改为村镇联办。从1981年至1986年,京郊农村年人均收入达到700元,合作医疗年人均基金投入4.3元,其中个人投入2元,年人均节余1.3元,实现了扭亏为盈。

"赤脚医生"向乡村医生转型

农村合作医疗离不开一支又红又专、一专多能的"赤脚医生"队伍。早在20世纪60年代中期,毛泽东指示:要有一大批农村养得起的医生在农村给农民看病。在农村合作医疗开展过程中,上海市川沙县农民把看病之余参加劳动的医生亲切称为"赤脚医生"。1968年9月14日,毛泽东在《人民日报》全文转载的文章《从"赤脚医生"的成长看医学教育革命的方向》上批示:"赤脚医生就是好。"从此,"赤脚医生"作为半农半医的农村卫生员的称谓迅速传遍全国。北京市在开展农村合作医疗过程中,从当地村医、社员、公社干部、知青和城市下放医疗卫生人员中选出一批表现好、热爱卫生医药工作的医护人员做"赤脚医生"。他们农忙时参加劳动,农闲时开展防病治病,行医不拿工资,而是通过记工分的形式实现劳动所得。这种"半农半医"的农村卫生员符合了当时农村发展实际。

---

① 曾雪兰:《乡村赤脚医生群体研究(1965~1985)——以北京市郊区为中心》,中共中央党校2018年博士学位论文,第44页。

首都建设新风貌

1976年底,全市约有15200多名"赤脚医生"活跃在农村一线,平均每约300人至少有一名"赤脚医生"。北京市规定"赤脚医生"坚持参加农业集体生产劳动要因地制宜,不能强求一刀切。京郊很多大队合作医疗站实行"三三轮换制"劳动管理制度,即:三分之一参加劳动,三分之一采药、制药、种药,三分之一防病治病。他们基本上装备有"三包两器"①,每年参加集体生产劳动250天以上,绝大部分"赤脚医生"会用中西疗法防治常见病、多发病,掌握"三防"②"四大技术"③;三分之一"赤脚医生"能及时处理较重疾病,会输液、给氧、拔牙和小外科手术等技术。全体"赤脚医生"都能指导除四害、讲卫生等卫生防病措施。

粉碎"四人帮"后,广大"赤脚医生"服务京郊农村社会主义建设的劲头更足了。密云县塘子公社前焦家务大队的30名"赤脚医生",坚持24小时门诊,做到送医送药到田间炕头。根据防病治病需要,他们不仅增设了化验、制药等项目,还为全村2000多名社员建立健康卡片和病历。牙病是农村一种常见多发病,过去合作医疗站难以治疗,农民看一次牙要跑10多公里路去县医院,既多花钱又影响生产。"赤脚医生"们于是急农民之所急,下定决心,攻坚克难,自己制作简易诊疗设备,开展牙病预防和治疗活动,受到农民欢迎。为了提高医疗服务本领,他们坚持在实践中锻炼学习,不仅学会了拔牙、外伤缝合、粉瘤切除手术,还掌握了农民急需的"新医正骨疗法"。农民由于常年劳作,身体的肌肉骨骼往往因劳损而忍受病痛的折磨,新的正骨疗法则有效缓解了农民的病痛。经过治疗的病人高兴地说:"不花钱,不用药,一双手,就见效。"④ 在一专多能的"赤脚医生"帮助下,京郊农村广大农民群众的健康水平大大提高了。

随着家庭联产承包责任制的推行和农村经济发展,农民收入有了大幅增

---

① 即红十字包、接生包、缝合包,听诊器、血压计。
② 即防原子、防化学、防细菌。
③ 即包扎、止血、固定、搬运。
④ 《卫生革命当先锋——前焦家务大队赤脚医生在农业学大寨中做好防病工作》,《北京日报》1977年2月5日第2版。

长,对自身的健康需求不断提高,对农村"赤脚医生"队伍的素质要求也越来越高。早在 1974 年,邓小平在一次同外宾谈话时说道:"赤脚医生总比没有医生好哇。赤脚,表示一方面劳动,一方面治病。赤脚医生刚开始知识少,只能治疗一些常见病,过几年就穿起草鞋了,就是知识增多了,再过几年就穿起布鞋了。"① 邓小平既肯定了"赤脚医生"的重大意义,又用穿鞋做比喻,说明"赤脚医生"的医疗水平必须不断提高,以适应群众对防病治病的要求。为提高"赤脚医生"业务水平,1979 年 5 月,北京市组织"赤脚医生"业务考试,由全市统一命题,在公社设考场,采取闭卷考试形式。当年参加考试的"赤脚医生"达 9743 人,占应考人数的 82.2%,及格者 9128 人,对每个及格者发给"赤脚医生"证书。

当年,平谷县全县有 902 名"赤脚医生"参加了全市统一考试,其中 90%的人领取了"赤脚医生"证书。平谷县卫生局和所属 21 个卫生院采取多种措施,加强教育培训。专门安排部分骨干"赤脚医生"到市、县医院和卫校离职学习 1—3 年。对各生产队的"赤脚医生"分期分批进行短期轮训,在实践中传、帮、带。公社和大队每周、每月安排固定时间组织在职学习,加强对水平较低"赤脚医生"的重点辅导。通过多种形式的培训,全县"赤脚医生"的医疗水平不断提高,不少人能用中西医结合的办法治疗农村一般常见病、多发病和传染病,部分人会做阑尾炎、痔疮、疝气等外科手术。②

长期以来,"赤脚医生"既要承担大量医疗卫生任务,又规定时间要求他们参加农业集体生产劳动,在待遇上一般只按甚至低于同等农业劳动力计酬。随着各地农村经济改革推开,许多农民从农副业生产中增加了收入,而"赤脚医生"却因为没有时间从事家庭农副业生产,得不到超产奖励,与很多农民的收入差距扩大。这使得一批有经验、懂技术的"赤脚医生"弃医务农或改就他业。如何巩固"赤脚医生"队伍成为一个紧迫的问题。时任卫生部部长钱信忠在接受新华社记者采访时指出:为巩固农村合作医疗制度,各

---

① 《从"赤脚"到"穿鞋"》,《北京日报》1978 年 7 月 7 日第 2 版。
② 常万济:《平谷县 90%赤脚医生领到行医证》,《北京日报》1981 年 7 月 30 日第 2 版。

地要结合实际合理解决好"赤脚医生"的补助问题。凡经考核合格、相当于中专水平的"赤脚医生",发给"乡村医生"证书,原则上给予相当于当地民办教师水平的待遇。对于暂时达不到相当中专水平的"赤脚医生",要加强培训,其报酬问题,除记工分外,也要根据当地实际情况给以适当补助。①

1981年2月27日,国务院转发卫生部《关于合理解决赤脚医生补助问题的报告》,要求各地区结合实际"凡经考核合格、相当中专水平的赤脚医生,发给'乡村医生'证书,原则上给予相当于当地民办教师水平的待遇"。为贯彻《报告》要求,北京市于当年11月5日发出通知,并于同年12月27日组织了全市乡村医生业务考核。考试由市卫生局统一命题,统一制定答案及评分标准,在各区、县设考场,实行密封闭卷考试。考试要求参加者一是持有"赤脚医生"证书或具有五年以上农村卫生工作实践经验的现任"赤脚医生",二是上调到卫生院和社办企业的卫生人员。最终共有8838人参加考试,由区、县组织判卷,共有2850名"赤脚医生"达到相当于中专水平的医疗资格,占参加考试人数的32.2%和"赤脚医生"总数的24.9%,成为第一批取得乡村医生证书的人员。随着农村"赤脚医生"向乡村医生转变,京郊农村卫生人员的医疗专业化水平不断提高。

"赤脚医生"转变为乡村医生后,医疗水平不断提高,对京郊农村防病治病发挥着越来越大的作用。"乡村医生作用大,防病治病一起抓;社员有病不再愁,群众拍手乐哈哈。"这是密云县卸甲山乡西康各庄村社员编的一个顺口溜。改革开放后,乡村医疗卫生事业有了大发展。村里设有一个5间大房的医疗室,医疗室里设有2张观察床,3套输液设备,备有中西药400多种,3名乡村医生不仅可以治疗一般常见病、多发病,就连一些外科小手术也能熟练地操作。1983年全村流行性脑脊髓膜炎、流行性乙型脑炎、麻疹、卡介苗等8项预防接种率有5项达到100%,总平均率达到90%以上。1984年5月,一名女社员长了一个纤维瘤,乡村医生成功地为她做了切除手术。不用

---

① 《巩固赤脚医生队伍,解决好赤脚医生补助问题》,《北京日报》1981年3月25日第4版。

去大医院就能做手术，这名女社员和村里群众都十分高兴。①

充实农村医疗卫生力量

20世纪50年代中期，北京市开始尝试建立分级分工医疗制度，京郊10个远郊县（区）分别与城区的综合医院建立挂钩关系。挂钩后，城市医院派遣医务人员定期下基层，协助县医院及公社卫生院开展组织和业务建设，支援基层卫生工作。此后，北京市中央、市属等医院定期向京郊各区、县基层医疗机构派医疗队，为此后开展巡回医疗奠定制度基础。

京郊农村广泛开展合作医疗后，积极响应毛泽东"把医疗卫生工作的重点放到农村去"的号召，全市组织大批城市医务人员下放远郊区县的生产大队，开展巡回医疗，深入农民家庭或田间地头为农民看病，帮助农村做好卫生防病工作，手把手培训农村"赤脚医生"，提高农村的医疗水平。1976年5月至1978年5月，全市各区、各城市医院先后派出卫生工作人员达2920人，有力支援了农村卫生工作的开展。

在此基础上，市卫生局继续坚持农村巡回医疗服务农村的政策，并着重加强了对巡回医疗队的纪律要求和管理制度。1978年6月23日，市卫生局转发《北京市内出差伙食补助费开支问题的几项规定的通知》，规定巡回医疗队的工作人员在农村工作期间与农民家搭伙的，每人每天补助1角，本人向农民交伙食费4角。各项伙食补助费，一律由原单位报销。出差的职工不得接受任何形式的补贴、宴请或礼品。1979年，市卫生局又发布《关于派遣农村医疗队的几点意见》，强调城市医院派出的医疗队，主要帮助县（区）医院进行业务技术建设，帮助挂钩区县有计划、有步骤地逐步实施业务建设规划，明确城市医院定期派出长年医疗队，组织经验丰富的老医药卫生人员短期到农村帮助区、县举办短训班或定期讲座、会诊，解决疑难问题，同时接受区县医院和中心公社卫生院的医务人员到城市医院进修。专科医院要帮助挂钩区、县培养专业医务人员，协助开展专科病的防治工作。意见规定长年

---

① 刘君祥：《山村小小医疗室》，《北京日报》1984年10月11日第2版。

医疗队每年轮换一次,统一于每年5月上旬出发,次年4月中旬撤回,少数暂时离不开的技术骨干可继续留在农村,待工作告一段落后再撤回。[①] 意见出台后,城市医院定期派出医护人员到农村地区进行短时间的体检、卫生宣传,并派出业务骨干到农村卫生院等地指导农村医疗,为山区人民义诊,有效改善了农村医疗卫生条件。

城市医疗队下到农村开展巡回医疗,也为农村公社卫生院下乡巡诊起到了示范带动作用。1981年7月,密云县卸甲山公社卫生院组成下乡巡诊小组,深入村队送医送药,方便群众防病治病。巡诊小组由2名医生、1名药剂员组成,在全公社方圆40里的14个大队开展巡回医疗,治疗的对象多数为老病号、老年人及婴幼儿。在巡回医疗过程中,他们宣传卫生知识,开展防病治病工作,帮助"赤脚医生"解决疑难病的治疗问题。这个小组巡诊60多天来,共诊疗病人570多人次,为"赤脚医生"讲课十几次。医务人员送医送药上门,大大方便了农村群众,有效减轻了对上级医院的就医压力。[②]

20世纪80年代,随着医疗卫生工作重点转向城市,城市派出的医务人员陆续回城或调到县医院或卫生院等卫生机构,北京农村地区卫生工作则重点推进了京郊县医院和中心卫生院等农村卫生机构的建设与改革。北京市从1980年开始,首先选择通县、顺义、房山3个县作为重点建设县,充实和发展了县医院的基建和设备。同时,按照中央对国民经济进行"调整、改革、整顿、提高"的工作方针,全市郊区各县根据地理特点、交通条件、病人流向,合理布局、相对集中设备和技术力量,重点建设1—2个中心卫生院,使之成为周围公社的医疗、预防、计划生育等工作中心。这些卫生院既分流了县医院的就医压力,又解决了一般公社卫生院难以解决的医疗问题。

郊区医疗机构建设过程,深化探索了城乡医疗机构直接挂钩,建立固定的业务技术指导关系,实行对口支援或组成医疗联合体等,形成京郊农村多

---

① 王红珠:《北京市农村巡回医疗考察(1965—1980年代初)》,中央党校2019年硕士学位论文,第40页。
② 《卸甲山公社卫生院人员深入村队送医送药方便群众》,《北京日报》1981年7月30日第2版。

层次、多形式办医新局面。

1981年3月初，友谊医院和房山县第一医院签订了大医院帮助基层医院提高技术水平和管理水平的合同。这种市内大医院帮助县医院提高技术的合同，在全市属于首例。根据合同约定，友谊医院外科、内科、小儿科确定了科主任和资深主治医师，每半月一次到房山县第一医院，不仅和当地医务人员一起看门诊、查房、研究疑难杂症、开展新的医疗技术和手术，还根据县医院的实际情况，进行讲学和学术交流。医院其他科室的医务人员也经常根据医疗需要，给予热情帮助。合同签订不久，房山县第一医院即遇到一位门脉高压症患者，需要进行脾切除加门腔静脉吻合手术。过去，遇到需要做这类手术的病人，只能转往友谊医院，既容易延误病情，又增加了友谊医院的压力。有了帮助合同，友谊医院派出副院长兼外科主任孙衍庆和麻醉科副主任李树人分别负责主刀和麻醉，与房山县第一医院医务人员共同手术。手术结束后，县医院的医务人员高兴地说："同台手术对我们帮助很大，我们一定好好向友谊医院的同志学习，提高技术水平，更好地为人民服务。"①

1983年，为充实各区县医务专业技术队伍，重点加强远郊区县医疗机构人员力量，北京市在医学毕业生分配上向郊区倾斜。当年，北京医学院分院、北京第二医学院分院、北京第二医学院二分院、北京中医学院分院涉及医疗、中医、公共卫生、妇产、口腔、耳鼻喉、传染、结核、眼科、精神10个专业的1300余名应届毕业生中，有1/3按照全市分配计划，被分配到顺义、通县、房山等远郊区县的医院。②

截至1983年底，北京市远郊9个县已建起13所具有一定规模的县医院，每县都建有防疫站、药物检验所、结核病防治所、输血站和卫生学校等县级卫生机构，共有卫生技术人员4072人，公社卫生院卫生技术人员发展到6793人，农村医疗卫生条件不断提高。

---

① 吴亚芳：《友谊医院、房山县第一医院昨成功合作一次大手术》，《北京日报》1981年4月22日第2版。
② 《本市千余名医科毕业生分到基层医院》，《北京日报》1983年12月12日第1版。

> 首都建设新风貌

五、爱国卫生运动广泛开展

北京的市容环境卫生状况与人民群众的身体健康密切相关。1977年，北京的大街上果皮、冰棍纸、汽车废票、"小广告"随处可见，路边到处是堆物堆料和摆摊售货留下的成堆烂菜，进城马车沿途遗撒马粪草料，工厂、商店、饭馆的苍蝇乱飞，公厕脏乱不堪，抗击唐山大地震的抗震棚遍及大街小巷，关厢地区有的垃圾堆积成山……①有中央领导同志在陪同外宾到外地参观后说："杭州、上海、乌鲁木齐都比北京清洁……清洁也反映一种精神面貌嘛。"②针对当时全国城市环境卫生变差的状况，国务院副总理李先念批示："在全国很有必要开展爱国卫生运动。"③ 1977年4月4日，国务院发出《关于大力开展爱国卫生运动的通知》（以下简称《通知》）。北京市立即在全市作出传达部署，带领全市广大干部群众积极行动，迅速掀起爱国卫生运动的热潮。

大力整顿市容环境卫生

为改善首都市容环境卫生，《通知》发出后，北京市立即在市委工作会议上作了传达部署，着重强调首都抓好爱国卫生工作的重大政治意义，要求各级党委要加强领导，认真学习毛泽东"清洁卫生，人人振奋，移风易俗，改造国家"的教导，克服"革命、生产忙，卫生顾不上"的错误思想。首都爱国卫生运动领导小组先后召开两次扩大会议，专门学习《通知》和李先念副总理的重要指示，研究制定了《1977年首都爱国卫生工作要点》。

在首都爱国卫生运动领导小组的统一部署下，全市很快形成一个声势浩

---

① ② 《北京市革命委员会关于印发王磊同志在整顿首都交通秩序和市容、环境卫生动员大会上的讲话的通知》（1977年10月6日），北京市档案馆、中共北京市委党史研究室编：《北京市重要文献选编（1977）》，中央文献出版社2014年版，第402—403、395—396页。
③ 《李先念传》编写组、鄂豫边区革命史编辑部编写：《李先念年谱（1970—1978）》（第五卷），中央文献出版社2011年版，第472页。

大的群众运动。丰台镇街道红旗居委会发动群众，连续奋战几天，挖出大量的蝇蛹，修挖渗水井 36 眼，修复下水道 663 米，清理大量堆物堆料和垃圾。广大中小学生把学习雷锋精神与开展爱国卫生运动结合起来，利用课余时间捕打蚊蝇，清扫街道，宣传卫生知识。海淀区 87 所中小学的 5 万多名师生，挖出蝇蛹 400 多斤。全市工交、财贸、饮（副）食等行业和集体食堂等把搞好爱国卫生运动列入学大庆的一项重要内容，大力发动职工群众清洁车间、环境、宿舍、食堂卫生。首钢石景山炼钢厂、北京重型电机厂等 12 个工厂，发动 3.5 万余职工清扫厂区和职工宿舍，清运垃圾和渣土 3800 多吨，回收废钢铁 1.1 万多吨，擦拭设备 5000 多台件，厂容为之一新。①

北京市在一年时间内连续组织大规模群众性爱国卫生突击活动，从工厂、学校、机关单位到家庭，男女老少齐上阵，积极参与清洁扫除活动，累计参加群众达 300 万人以上。全市各公园、车站、影剧院等公共场所被清扫一新。

1978 年 4 月 7 日，国务院向全国各省、自治区、直辖市发出《关于坚持开展爱国卫生运动的通知》，明确要求各地应迅速恢复和健全爱国卫生运动委员会及其办事机构，把爱国卫生运动坚持不懈地开展下去，每年春、夏、秋、冬四季都要掀起一次爱国卫生运动的高潮，消除"四害"，经常保持环境清洁，普及卫生知识，减少疾病发生。4 月 11 日，北京市委召开会议，部署开展爱国卫生运动。会议提出，北京是党中央所在地，首都卫生状况直接反映着中国人民的精神面貌，具有特殊的政治意义。要求各级党委把卫生工作纳入议事日程，抓紧抓好，持之以恒。与此同时，市委决定由市委书记毛联珏主抓爱国卫生运动，联合市容办公室等方面力量，组建北京市爱国卫生运动委员会办公室，作为市革委会常设机构。明确各区县由一位书记主抓，设置相应机构，在区设 15 人，县和街道 5—10 人，居委会 3—5 人，公社配专人

---

① 《北京市革命委员会关于大力开展爱国卫生运动情况向国务院的报告》（1977 年 6 月 18 日），北京市档案馆、中共北京市委党史研究室编：《北京市重要文献选编（1977）》，中央文献出版社 2014 年版，第 194—195 页。

负责日常工作。① 在中央和市委的号召下,全市广大干部群众迅速行动起来,讲究卫生、消灭蚊蝇、整治环境,掀起爱国卫生运动的新高潮。

5月的一天,一阵阵清脆的锣鼓声、掌声、欢笑声,使二龙路街道的家家户户沸腾起来。原来这是西城区二龙路街道干部、居委会负责人、民警和群众代表组成喜庆的队伍,给"卫生之家"和"清洁户"送发奖状和红旗。自从开展爱国卫生运动以来,街道组织开展了争做"卫生之家"的群众活动,辖区1万多户居民群众自觉行动起来,形成了人人爱清洁、家家讲卫生的大好局面。屯绢居委会支部书记孟子川是抗日战争时期参加革命的老战士,年近七旬,身体多病,老伴和子女都工作,过去家里卫生只保持中等水平。为了带头讲卫生,他每天坚持半天搞卫生,把里里外外收拾得干净利落。大家第一个查了他家的卫生,都说"孟大爷这儿够得上硬邦邦的'卫生之家'"。群防站站长关志琴,过去一直忙街道工作,顾不上管家,家里卫生不太好。为争当卫生表率,她发动爱人和孩子都动手,早起晚睡搞卫生,粉刷了墙壁,新糊了顶棚,用水冲洗了门窗,还把所有炊事用具清洗擦拭一遍,也被评为"卫生之家"。在她的带动下全院十户家庭,包括一对盲人夫妇家庭,都评上了"卫生之家"或"清洁户"。这个活动的开展,促进了市民良好卫生习惯的养成。

崇文区永外地区当时有公厕261处,因年久失修和长期无人管理,很多门窗丢失,卫生状况也很差。崇文区委建立由区委副书记挂帅的领导小组,专门抽调1000多人维修公厕。这支维修大军,不怕脏不怕累,把便坑里的大小便全部清理干净,又砸开地面,铺设好自来水管道。区环卫局四队一班的工作人员早来晚走,中午也不休息,要求6天半修完的厕所4天就修好了。前门房管所张秀清班在一次施工时,刚把粪池挖好,天就下起了大雨,池中积满了水。为了保证工程顺利完成,他们冒雨排水,连续战斗20多个小时,把粪池修好才下班。很多机关干部、街道居民也积极参加劳动。经过大家的

---

① 《北京市革命委员会关于执行关于城市卫生管理的试行规定的通知》(1978年11月28日),北京市档案馆、中共北京市委党史研究室编:《北京市重要文献选编(1978)》,中央文献出版社2014年版,第618页。

齐心努力，这个地区的公厕都改成了冲水式，全部安装了门窗，并选出了日常打扫的卫生员。

东城区朝阳门街道党委积极发动群众，采取多种措施消灭蚊蝇。1978年入夏后，他们先后组织12次卫生突击活动，出动十几万人次认真清理厕所、垃圾站、污水池等容易滋生蚊蝇的地方。各家各户也翻盆倒缸，清理卫生死角，消灭蚊蝇。街道党委还协助和督促副食、蔬菜、肉店等单位搞好卫生，设立防蝇措施。为有效消灭苍蝇，街道党委在居民院、机关、副食商店等地设置了500多个捕蝇笼，在各个学校建立300多个捕蝇队，组织到垃圾站、菜站等地捕打苍蝇。①

1980年入春后，全市共有210余万人次参与挖蝇蛹活动，共挖蛹5万多斤，参加活动的人员之广泛、挖蛹数量之多前所未有。市卫生防疫站统计资料显示，城近郊区（除石景山区）6月下旬和7月上旬的苍蝇密度分别比去年同期下降46%和64%。② 经过每年连续开展的大规模群众性爱国卫生运动，首都的蚊蝇数量显著下降，整体市容环境卫生状况也有了明显好转。

老鼠作为病毒和细菌的传播媒介，是传播包括鼠疫这种甲类传染病在内的50多种疾病的传染源，是爱国卫生运动重点消灭的"四害"之一。1983年3月12日上午，全市召开1982年爱国卫生运动表彰大会。大会提出，下一步继续抓好环境卫生工作同时，要采取措施，发动群众，消灭老鼠等"四害"。1983年11月初，中央爱国卫生运动委员会召开第六次扩大会议，国务院副总理万里在会上指出：当前，"四害"中老鼠危害最为严重，要把灭鼠作为重点来抓。③

11月16日，中央爱国卫生运动委员会发出通知，要求全国各省市自治区等立即行动起来，开展大规模冬季灭鼠运动。随后，北京市动员全市城乡

---

① 丁大华：《朝阳门街道党委连续组织活动充分发动群众积极灭蝇》，《北京日报》1978年8月20日第2版。

② 《积极开展爱国卫生运动初见成效城近郊区苍蝇减少》，《北京日报》1980年7月20日第1版。

③ 《中央爱卫会通知要求各地立即行动起来开展大规模冬季灭鼠活动》，《北京日报》1983年11月25日第4版。

地区开展了大规模的灭鼠活动。东城区朝阳门街道办事处先以辖区南竹竿居委会为试点，对投放"杀鼠灵"的药性和投放方式进行实验，取得居民灭鼠活动经验后，及时召开辖区24个居委会的主任会及本街道范围中央和市属单位有关负责人会议，进行灭鼠动员。他们打印了鼠情、鼠害、灭鼠方法等宣传材料，组织干部配合积极分子走门串户进行宣传。有的居民害怕小孩和猫接触诱饵中毒，他们就根据试点经验进行具体讲解，解除群众的顾虑。各居委会结合鼠情分片包户，先后投放诱饵2688块，居民群众还采取碗扣、鼠夹等办法积极捕鼠。由于工作细致，几天时间街道就捕杀老鼠几十只，灭鼠取得明显效果。① 由于各级领导重视和宣传到位，从城区到山区，从中央、市属单位到街道居委会都普遍开展了这一活动，参加灭鼠活动的人员之多，声势之大为几年来之最。经过近一个月的集中灭鼠活动，全市城乡共消灭老鼠227万只，在18个监测点上老鼠密度比开展灭鼠前降低了50%至95%。②

恢复健全环境卫生制度

全市大力开展爱国卫生运动过程中，还恢复和建立健全了各项卫生制度法规。1977年9月23日，全市召开整顿市容环境卫生大会，重申了多年来行之有效的规定、法令、制度，如1971年颁发的《市容管理办法》《垃圾粪便管理办法》和1973年颁发的《首都环境卫生管理暂行规定》。在爱国卫生运动实践中，各级党组织也联系本单位实际，逐步建立健全合理的卫生制度和爱国卫生公约。西城区新风饭馆学习大庆"三老四严"③ 工作作风，建立岗位责任制，改进服务态度，按照《饮食卫生条例》要求，建立五项食品卫生制度，坚持日日检查，件件落实，真正做到了食品清洁干净，受到群众的好评。宣武区白纸坊街道育人里居委会，放手发动群众，家家户户制定爱国卫

---

① 沈祖光：《朝阳门街道户户捕杀老鼠》，《北京日报》1983年12月12日第2版。
② 吴亚芳：《本市城乡灭鼠227万只》，《北京日报》1983年12月14日第1版。
③ "三老四严"指20世纪60年代大庆石油职工在石油会战实践中形成的一种优良传统和作风：对待革命事业，要当老实人，说老实话，办老实事；对待工作，要有严格的要求，严密的组织，严肃的态度，严明的纪律。

生公约。他们坚持每天小清扫,每周大清扫,每月检查评比,爱国卫生运动走向经常化。

机关干部带头参加周末义务劳动的制度也得到恢复和健全。1981年5月,北京市向全市机关发出通知,要求市委、市政府机关干部,除老弱病残者外,每月抽出半天时间参加一次体力劳动,不仅参加爱国卫生运动,以后逐步成为一项经常性制度,方便联系群众、改进作风。同年9月,又发出恢复干部周末打扫卫生制度搞好环境卫生的通知,明确干部参加周末清洁卫生劳动,既是恢复和发扬党的优良传统,建设社会主义精神文明的要求,也是落实中央书记处的四项指示,建设环境优美、清洁卫生的首都的具体体现,要求党员干部进一步树立全心全意为人民服务的思想,扫除官僚主义和轻视体力劳动的习气,振奋革命精神,改进工作作风,改善党群、干群关系,带动社会风气转变。

1982年1月初,中央爱国卫生运动委员会向全国发出开展1982年春季爱国卫生运动的通知。随后,北京市爱国卫生运动委员会召开会议落实通知要求,对首都开展春季爱国卫生运动作出具体部署。通知在明确1982年爱国卫生运动的重点要集中力量搞好城市环境卫生的同时,要求"尽快恢复和健全周末卫生清扫制度,逐步建立全民卫生日"。中央和北京市领导率先垂范,以身作则,同首都党政军民一道参加周末大扫除活动。

1982年10月30日上午,万里、习仲勋、张廷发、倪志福、秦基伟、邓力群、陈丕显、北京市委第一书记段君毅,有的肩扛扫把,有的推着手推车,依次走出中南海西苑门,上街同群众一起清扫马路。他们把落叶、纸屑等扫成堆,铲到手推车里推走,同群众一起把从西苑门到南长街的大段马路清扫得干干净净。这是党政军民参与"全民卫生日"活动的生动写照。

参加这次活动的有中央机关干部,解放军驻京部队人员,北京市机关、厂矿、商店工作人员、教师、学生、卫生防疫人员、街道居民等多达200万党政军民,分别在大街、公园、广场、车站和居民院等地开展讲卫生、防疫病、不随地吐痰宣传,积极参加垃圾、渣土清运和路面、绿地清扫。据不完全统计,全天清运垃圾渣土6万多吨,清扫绿地420多万平方米,清理卫生死角1.2万余处。①

在全市动员下,广大干部群众积极响应,自觉开展爱国卫生清洁运动。

连续几年的市容环境卫生整顿虽然取得了一定成效,但活动过后脏乱现象又出现了。东城区朝阳门街道在总结经验教训后,开始尝试建立和健全卫生岗位责任制,具体做法是:明确街道主管卫生工作的干部和城建科、居民科、居委会干部及街道保洁员各自的职责范围和具体要求,并据此制定严格的检查和奖罚制度。一次,城建科负责市容卫生的干部,发现南水关胡同有暴露垃圾,立即找到有关人员及时进行清理。为防止再发生类似情况,他们给这条胡同增设了4个垃圾桶。过去,一些居委会只有卫生主任抓卫生,建立卫生岗位责任制后,各居委会普遍实行主任管全面、委员包段、组长包院的制度,把卫生工作列入居委会工作的议事日程。卫生岗位责任制的实行,有效调动了街道各级干部和保洁员搞好卫生工作的积极性,街道卫生越来越好,连续几年被评为市卫生红旗单位。

为使首都市容和环境卫生清洁常态化,北京市在总结市容环境卫生整顿工作经验后,于1982年3月20日颁布《北京市市容环境卫生管理规定》,其中关键两条:一是设立市容环境卫生民警和卫生监察员;二是对妨害市容环境卫生行为处以警告、罚款,乃至追究法律责任等处罚。规定颁布后,全市立即掀起了一个学习、宣传、执行卫生法规的热潮。6月28日,仅宣武区就组织2000多人走上街头,宣传市容环境卫生法规。区委书记、区长和有关部门负责同志到场参加宣传活动。②

7月1日,《北京市市容环境卫生管理规定》正式实施。这一天,东城、西城、朝阳、海淀、丰台、石景山、门头沟等10个城近郊区的750名卫生民警经过培训后走上街头,开展卫生法规宣传、批评教育、劝阻或罚款工作。在崇文门大街、前门大街和永定门火车站执行任务的同志报告说:上午共纠正违章100余起,其中作罚款处理的仅有8起。在此协助执行任务的崇文区

---

① 《本市二百万军民参加"全民卫生日"活动》,《北京日报》1982年11月1日第1版。
② 王俊杰、张铭凯:《宣武区二千多人上街宣传卫生法规》,《北京日报》1982年6月29日第2版。

环卫局负责人表示，过去永定门火车站违章现象很多，要按现在的规定办，一天罚 100 人次也打不住，现在受罚款的人少是好现象，说明群众的自觉性提高了。许多市民反映"这是本市近几年来市容环境卫生最好的一天"①。

1982 年 10 月 30 日下午，在西单百货商场门前，活跃着一位头发花白、佩戴"检查员"胸章的老同志。他就是西城区区长吴佩申。自 9 月 11 日开始，他已是第七次以普通工作人员身份检查卫生，纠正违章。为贯彻执行市容卫生管理规定，支持卫生民警和卫生管理人员，西城区委、区人大、区政府、区政协的负责同志共同商定，建立领导干部每星期六下午检查卫生、纠正违章的制度，规定每人每月最少参加一次。截至 10 月底，已有 40 多人次参加，纠正违章近千件。②

1983 年，《中华人民共和国食品卫生法（试行）》颁布实施，对经营食品的生产、制作、管理等卫生要求作了相应规定。同年六七月间，海淀区有的个体工商户未经食品卫生监督机构审查批准，私自在店内及附近地区摆摊销售自制熟食，造成多人中毒而受到处罚。为进一步加强对食品卫生的监督管理，1984 年 6 月 27 日，北京市研究制定实施了《北京市城乡集市贸易食品卫生管理办法（试行）》，对全市城乡地区集市等重点地区的食品卫生工作，进一步加强管理和监督处罚。随着各项卫生制度法规的恢复和健全，首都市容环境和卫生质量不断提高。

加强卫生和防病宣传

在大力开展整顿市容环境卫生同时，卫生部门还加强了防病宣传工作。1978 年 8 月，全市组织城近郊区开展卫生互查工作，医疗卫生机构的医务人员，深入大街小巷，通过表演自编的文艺节目、举办图片展览、在显微镜下看细菌等活动，向群众进行捕打蚊蝇、讲究卫生的教育。朝阳区关厢医院、崇文区前门医院等，在门诊开展了预防肠道传染病的宣传。东城、西城、崇

---

① 《市容卫生法规首日施行见闻》，《北京日报》1982 年 7 月 2 日第 1 版。
② 底铭、王新国：《西城区领导人坚持周六上街检查卫生纠正违章近千件》，《北京日报》1982 年 10 月 31 日第 1 版。

文等区的医务人员，协同有关单位，分别在东风市场、王府井大街、前门大街以及电影院等地，设立了卫生宣传橱窗。

北京军区总医院小儿科医务人员热情关心少年儿童的健康成长，在做好门诊、病房工作同时，努力做好院外防治工作，到7所中小学宣传卫生防病知识。1981年3月，中共中央书记处两次召开儿童和少年工作座谈会，提出全党、全社会都要重视儿童和少年的健康成长。为贯彻中央指示精神，5月19日下午，该医院小儿科医生任彩文邀请东城区东门仓、南门仓小学1000多名师生到医院礼堂，讲解夏季卫生防疫课，现场播放预防痢疾的卫生科教电影，使学生们了解了传染病的致病原因和防病知识，帮助学生自觉克服不良卫生习惯，做到无病早防，有病早治。

1982年3月5日下午，由市卫生局团委组织的13个医疗卫生防疫单位的近300名医务人员走上街头，分别到天安门、王府井、西单、颐和园、小汤山、永定门火车站等地，宣传卫生防疫知识，为群众查血型、量血压，测握力，医治小伤小病。

进入炎热的夏季，宣传预防肠道传染病知识是卫生部门开展的一项重要工作。1982年7月4日上午，首都5000多名医务人员走上街头，开展预防肠道传染病、不随地吐痰和认真执行卫生法规的宣传。全市布置了200多个宣传点，吸引了成千上万的群众，广大群众在显微镜下看到了肠道传染病菌，从幻灯片、电影和挂图中看到了肠道传染病对人体健康的危害。一些群众还从快板、相声、山东快书等喜闻乐见的文艺宣传中，了解"病从口入"的知识。在东城区卫生防疫站的宣传站点附近，一位听了预防食物中毒宣传的老太太说："我过去嫌麻烦，有剩米饭不加热就吃，今后可得改改这个不良习惯。"①

为贯彻实施首都"文明礼貌月"工作部署，1983年3月13日，北京地区卫生系统153所各级各类医院拉开了"优质服务周"的序幕，广大医务人员走出医院，走街串巷宣传卫生、防病知识。积水潭医院组织5位领导分成5

---

① 《首都医务人员上街宣传卫生知识》，《北京日报》1982年7月5日第1版。

组，带领 30 多名医务人员深入群众，讲解卫生知识。北京医院预防保健科大夫董宽，带着《怎样预防流行性感冒》《怎样预防肝炎》等卫生宣传材料，来到东城区治国胡同 49 号，为居民讲解增强抵抗力、预防感冒的常识。儿童医院的医务人员，先后向 90 多户居民宣传春季预防儿童常见病的知识。北京中医医院出动 50 多名医务人员，当街诊治 60 多名患者，向 300 多名群众进行防病知识宣传。海淀区卫生防疫站的工作人员，深入海淀、东升、北下关、紫竹院等 4 个街道的 300 多户居民家中发放灭鼠药，宣传灭鼠知识。

北京市西城区卫生防疫站的医务人员，在首都街头展出挂图和实物，宣传防疫知识和讲卫生的文明习惯，受到广大群众的欢迎。

《北京市城乡集市贸易食品卫生管理办法（试行）》颁布实施后，1984 年 7 月 29 日上午，市卫生局组织全市 500 多名食品卫生监督、检查人员和医务人员来到各大农贸市场以及一些饮（副）食商店，主动宣传集市贸易食品卫生管理办法及食品卫生知识，加强对全市食品卫生的宣传监督。和平里农贸市场是东城区最大的农贸市场，东城区卫生防疫站在此设置了一个宣传点，不断广播集市贸易食品卫生管理办法，宣传人员热情地向群众散发宣传材料，

首都建设新风貌

许多售卖蔬菜、水果、鸡鸭的摊贩拿到宣传材料后，有空就认真阅读起来，他们表示要自觉按照市政府的规定去做。崇文区卫生防疫站工作人员在红桥农贸市场门前宣传管理办法时，吸引了不少过往群众。一位常到这里购物的老顾客听后说：我从来不会辨别死牲畜肉和活牲畜肉，鉴别鱼新鲜程度的方法也不多，今天长了见识。我要把这些知识告诉同院的邻居，大家来监督农贸市场的食品卫生。①

通过持续广泛开展爱国卫生运动，北京市容市貌和环境卫生质量显著改善，卫生健康法规不断健全，群众的日常卫生和防病意识不断提高，地方病和传染病的发病率大大降低，人民的健康水平不断提升。

---

① 吴钟：《集市贸易食品卫生管理办法八一开始执行》，《北京日报》1984年7月30日第1版。

第四章
国际旅游城市建设

20世纪60年代末70年代初，我国调整外交政策，同世界上各类国家的交往日益密切，来京的海外旅游者逐年增多。改革开放后，为适应旅游业发展需要，更好地服务首都经济建设，北京不断加强旅游业统一管理，成立了旅行游览事业管理局，从此全市有了包括吃、住、行、游、购、娱等六要素的综合旅游行业管理机构。全市各有关部门积极协同，通过不断加强文物古迹保护修缮和风景区建设，改扩建、新建旅游饭店，加强旅游交通建设，筹建北京旅游学院，加强人才培养等措施，推进北京旅游业快速有序发展，着力打造国际化旅游城市。

一、加强旅游业统一管理

改革开放后，北京各项事业迎来了春天。伴随经济的发展和对外开放的深入，旅游业迅速发展壮大，逐渐成为一个重要的经济门类和创汇产业，这对加强行业自身统一管理提出了新的更高要求。

加强旅游管理机构建设

新中国成立初期，北京市并没有旅游管理机构。直至20世纪60年代初，为保障日益繁重的外事和旅游接待任务，市人民委员会批准成立市饭店工作办公室，主要负责对涉外饭店的领导和管理工作。1969年，市饭店工作办公室与市服务事业管理局、市修理局合并，成立北京市服务局，统一领导大饭店、饮食服务及修理业。这算是北京旅游管理机构的前身，但职能单一，管理范围相对有限。

1978年对外开放政策的实行，给旅游事业的发展带来了生机。北京作为首都，是我国国际旅游的中心城市和主要客源集散地，接待人数和外汇收入均位居全国前列。北京旅游业不仅促进了首都经济建设和社会发展，还对全国旅游业发展产生了重大影响。在这种情况下，原有的管理模式越来越无法适应旅游业的快速发展，建立全市旅游业统一管理机构成为迫切需求。

1978年3月，中共中央批转了外交部《关于发展旅游事业的请示报告》，提出将中国旅行游览事业管理局改为直属国务院的管理总局，各有关省、自治区、直辖市成立旅游局和旅游事业领导小组等意见。同年7月，国务院对此作出批复。这样，中国旅行游览事业管理总局从隶属外交部的外事接待部门转变成了旅游经济的管理部门，拉开了我国旅游管理体制改革的序幕。

7月，市委决定成立北京市旅行游览事业管理局，直属市革委会，日常工作由市外办联系代管，从北京市第一服务局、中国旅行社、北京华侨旅行社等单位选派张忠实、侯锡九等5人组成领导小组，统一管理北京地区的旅游接待服务、旅游资源开发、旅游业的发展规划，统筹协调与旅游业有关部门的工作。市旅行游览事业管理局成立当年，北京市接待旅游人数迅速增加到18.7万人次，几乎是过去20多年接待人数的总和。

旅行游览事业管理局的职责范围主要是制定市旅游事业规划，配合有关单位做好旅游参观点的建设和开放，组织好外宾区域性旅游和华侨旅行团的全国旅游，办理外宾、华侨火车票、飞机票代售和其他委托代办事项，办好旅游学校，加强职工队伍培训和建设等10项工作。

为探索发展中国式旅游事业的道路，1981年7月，国务院在北京召开全国旅游工作会议，指出我国旅游要积极发展，稳步前进，量力而行；旅游事业管理体制改革要贯彻"统一领导，分散经营"的原则，各地区办旅游的积极性可以转到加强本地区旅游事业的建设、开发旅游资源、改善旅游设施、提高服务质量上来。根据这次会议精神，同年，经市政府批准，北京市成立旅游公司，与旅行游览事业管理局同属一套班子，北京市旅行游览事业管理局对外以北京市旅游公司名义进行工作。

1983年5月，按照国务院统一要求，经市政府批准，北京市旅行游览事业管理局改名为北京市旅游局。[①] 随着旅游管理机构的名称、人员的变更和行业管理的逐步完善，北京市有了包括吃、住、行、游、购、娱等在内的综合旅游行业管理机构；旅游企业由过去的外事接待型转变为经营型，既授权进行旅游行业管理，又同时开展旅游经营活动。旅游局的旅行社、饭店、汽车公司等直属企业，实行自主经营，自收自支，自负盈亏。改革开放初期北京旅游业完成了初步转型调整，开始进入产业发展新阶段。

增强旅游供给管理

当时，长城是很多外国游客来京游览的重要景点之一，可是旅游配套设施却饱受诟病。曾有香港报纸批评说，八达岭长城游览区的服务接待工作还处于笨拙落伍的原始阶段。《北京日报》记者林为民随同欧美旅游团游览长城，耳闻目睹后发现香港媒体的批评并不过分。随后，他在1979年4月2日《北京日报》上刊发了长篇研究性报道《醒醒吧，长城！》。

在这篇报道中，林为民从四个角度分析了北京利用文化遗产发展旅游事业需要改善的地方。从交通便利程度看，旅游列车从北京站开到八达岭要用两个多小时，比乘飞机去上海还多半小时。由于旅途时间长，游览长城的时间被压得很短，只有一个小时左右。从旅游纪念品经营服务看，卖纪念品的商亭"起"得很晚，游客都到门口了，它还锁着门。而那枚好不容易才买到的长城纪念章，模样又大又蠢。从旅游用品的提供看，登长城的平底鞋这里都见不到，一位穿高跟鞋的法国游客在登长城时扭了脚，只好一步一瘸地走下来。从旅游设施的配套情况看，八达岭站没有候车室，游完长城的游客没

---

① 《北京市人民政府办公厅关于"北京市旅行游览事业管理局"改称"北京市旅游局"的通知》，北京市档案馆藏，档案号269-003-02468。

首都建设新风貌

有地方歇脚,就坐在路边的石头或铁轨上休息,既不雅观,又有风险。卖茶水的商亭只有露天石桌、石凳,漫天风沙给茶水撒了一层"胡椒面"。于是,林为民呼吁,要唤醒沉睡了千百年的长城为四个现代化服务,首先要唤醒那些至今还不重视发展旅游事业的人们。① 北京旅游业商品经营和旅游服务状况,由此可见一斑。

这篇文章的发表,引起了北京市领导的高度重视。市革委会负责同志专门召集市属各有关单位,对这篇稿子涉及的问题逐项研究,思考改进措施,决定充实加强市旅游商品供应领导小组,要求各有关局、厂相应成立旅游产品领导机构。在市领导和有关部门的重视和推动下,北京旅游供应管理开始向规范有序发展。

针对北京市旅游商品存在的"三低一少",即设计、质量和包装装潢水平低、产品花色品种少的问题,北京市组织轻纺工业系统、北京特种工艺工业公司开展调查研究,改进旅游商品生产和包装设计,使旅游商品生产成为北京工业生产的重要组成部分。北京市纺织工业局试制了一批旅游产品,如绣花、提花、剪花、烂花、印花等手帕,真丝头巾、工艺条带等,在八达岭列车上进行流动售货。后来又与延庆县在八达岭合办了一个旅游产品商店,专门经销各公司生产的高中档旅游产品。为了办好八达岭旅游商店,各公司和工厂发动设计人员琢磨旅游产品设计,在民族传统特点、首都风景特点、设计工艺创新和产品成套、包装装潢等方面下功夫。设计人员就根据八达岭历史七十二景线索到处查档案找材料,设计出一部分反映八达岭风景的产品,深受外宾欢迎,既适应外宾的需要,又为国家增加了旅游收入。

对于旅游食品供应,除了发展本地餐饮外,1983年,北京以市政府名义向全国发出邀请信,欢迎各地来京创办风味餐馆,活跃首都市场。各省、市纷纷来京洽谈,上千种佳肴美馔荟萃京都,杭州在京开业的知味观餐馆,店堂内有竹桌、竹椅、竹宫灯、竹屏风,环境典雅别致;前门东大街的花竹餐厅,让人领略正宗川菜的精妙;台基厂大街的松鹤楼,令人难舍姑苏水乡的

---

① 林为民:《醒醒吧,长城!》,《北京日报》1979年4月2日第3版。

鱼虾之鲜；……国内外游客在北京就能尝到中国各地风味名点佳肴。

旅游价格方面，市有关部门按照中国旅行游览事业管理总局"薄利多销"的要求，落实对华侨、港澳同胞、台湾同胞等的价格优惠政策，总结经验，改进工作，不断优化旅游价格，使北京旅游业在具有强大的吸引力的同时，为加速"四化"建设积累了更多资金。① 英国《金融时报》1980年1月曾发表一份调查材料，对头等旅馆居住三天的费用进行调查，结果发现全世界66个大城市中，北京的旅行费用最低。② 在此基础上，北京市旅行游览事业管理局所属的华侨大厦、华侨饭店、燕翔饭店和旅游汽车公司，从1980年12月1日至1981年1月31日开始实行旅游淡季收费标准。华侨大厦、华侨饭店客房收费，在淡季期间给予旅行团九折优待，燕翔饭店给予旅行团八折优待。华侨大厦和华侨饭店餐费价格也同时降低。旅游汽车公司将解放车和没有暖气的日野车对旅行团给予八折优待；将丰田车和带暖气的日野车对旅行团给予九折优待。寒假学生联运团按暑假办法一律八折。③

为整体提高服务质量，按照全市要求，许多旅游接待单位增设旅游商品服务部、文娱活动场所、旅游餐厅、咖啡馆等，同时有计划地对接待、翻译、陪同、厨师、司机等工作人员进行轮训，组织学习外语及专业知识，不断提高服务水平。八达岭管理处自己设计、自筹资金，在原有咖啡店的前面扩建一间餐厅，扩建餐厅与咖啡店相连，供应中西餐份饭和多种饮料，可容纳120余人同时就餐；④ 和平宾馆利用改建停业的时机，抓紧对职工进行业务培训，由本馆有一定外语水平的员工讲课，根据餐厅和客房的不同需求，自编教材，办起基础知识、会话等英语学习班；市总工会利用接待香港工人旅游参观团之机，邀请文华、百乐、格兰等几家酒店的名厨，向北京饭店同行传授首都大虾、炒瑞士牛仔片、巧克力饼曲士、核桃条等西餐和西式糕点的烹饪技艺。

---

① 《卢绪章强调要提高旅游业服务质量》，《北京日报》1980年2月27日第4版。
② 《北京的旅行费用在世界大城市中最低》，《北京日报》1980年1月28日第4版。
③ 《北京市旅游局在旅游淡季将降低收费标准》，《新华社新闻稿》1980年第3957期。
④ 王慧荣：《八达岭管理处扩建旅游餐厅》，《北京日报》1980年6月10日第2版。

此外,旅游资源开发和设施建设迈开新步伐。市出租汽车公司、首都汽车公司和长途汽车公司先后开辟八达岭、十三陵、卧佛寺、香山、颐和园、八大处、清东陵、上方山云水洞、卢沟桥、密云水库、盘山、潭柘寺、承德避暑山庄、北戴河和秦皇岛等多条旅游专线,为游客出行观光提供便利。

首都增设游览专车受到欢迎

住宿难问题也逐步得以缓解。北京市旅游管理部门根据国务院和北京市政府的要求,利用国家投资、外资、贷款和集资等办法,组织施工力量兴建和改扩建旅游饭店,同时大力挖掘内部潜力,增加全市旅游用房,提高接待能力。据统计,当时北京饭店客房年平均增长率超过18%,饭店如雨后春笋般涌现。

制定旅游发展规划

中央书记处在对北京市工作方针作出的四项指示中,明确指出要"大力发展旅游事业",这极大鼓舞了全市旅游战线干部职工。大家认真学习讨论,就旅游发展现实问题和长远问题积极献计献策,提出了一系列好的建议。比如，要提高认识，加强领导，把旅游工作摆到重要议事日程，负责制定统一规划和相关政策；保证旅游者能进得来、住得下、出得去，促进民航业发展，开设各种航班和航线，扩大客房规模，配备相当数量的轿车；加紧名胜古迹保护和建设，增加新的游览网点，将全市名胜古迹按照所在地区划分游览区；发展饮食行业，体现地方风味，改进服务态度，提高服务质量，搞好文化生活；扩大旅游商品和纪念品生产，满足旅游者购物需求等。

根据中央书记处的指示精神，北京市积极制定城市总体规划，特别明确北京的城市建设，首先要保证党中央、国务院领导全国工作和开展国际交往的需要，满足各省、自治区、直辖市来京工作的需要，并为全市人民的工作和生活，创造日益良好的条件。

1983年，为促进北京市旅游业持续发展，在广泛调查研究基础上，市计划委员会编制出全市第一个旅游发展规划——《北京市1983—1990年旅游发展规划》（以下简称《规划》），该《规划》提出在提高接待质量前提下，1990年完成北京市国际旅游接待任务比1980年翻两番的战略目标。1990年，北京市规划接待国外自费来京的各方人士及旅游者148万人，其他人员14万人，合计162万人。比1980年增加133.4万人，翻两番多，平均每年增长19%。其中，旅游部门接待100万人，比1980年增长5.3倍；全市旅游外汇收入达6.5亿美元，为1980年的6.5倍，1985—1990年间平均每年增长8.2%。

具体举措上，重点抓紧旅游饭店建设、旅游资源规划和开发，努力解决交通、食品供应、文化设施配套，提高综合能力，加强旅游人才培养训练等任务。旅游住房方面，重点建设中档饭店，适当发展经济型饭店，使北京市高、中、低档饭店相配套，满足各类旅游者需要；游览区（点）方面，开发建设要与全市总体规划相结合，与文物保护相结合，与宣传我国社会主义建设成就相结合，着眼于国内游人，照顾外国旅游者的要求；交通运输方面，兼顾民航、铁路、公路交通发展，改革"直来直去"的旧线路为"四通八达"；同时，做好旅游商品、食品供应，加强文化娱乐活动场所建设，提高旅游从业人员素质，等等。①

《规划》发布后，北京市旅游业发展进入有章可循的新阶段。全市有关部门根据旅游发展规划，主动协调，密切合作，积极为发展北京市旅游事业贡献力量。旅游区、旅游饭店、旅游交通、附属设施等旅游业投资进一步加大，旅游教育不断发展完善，从业人员队伍素质有了较大提高，综合收益明显。

1979年至1984年，北京市共接待外国旅游者和港、澳、台同胞256万人次，是1978年前接待总量的6.4倍。旅游业的快速发展不仅为北京市经济建设积累了更多外汇资金，更增进了市民同世界各国人民的信任和了解。

二、文物古迹保护修缮和风景区建设

古都北京历史悠久，地上地下文物资源极为丰富。经历"文化大革命"和唐山大地震，许多古建筑因年久失修而遭到严重损坏。党的十一届三中全会以后，北京市按照中央要求，加强对文物古迹的保护，同步推进风景区建设，让古都重新焕发生机，为恢复发展旅游业奠定了良好基础。

多措并举加强文物古迹保护

坐落于北京建国门立交桥西侧的古观象台，古城堡式的灰色高台十分显眼，是世界上现存最古老的天文台之一，也是明清两代的皇家天文台。1979年8月17日凌晨，经历连日暴雨的古观象台东壁突然坍塌，台上的古天文仪器处于危险状态。这次坍塌事故引起相关部门的高度重视，国务院、国家文物局和北京市政府采取紧急措施，拨款100多万元，由基建工程兵和古建队联合施工，抢修古天文台。北京的文物古迹保护修缮工作，也由此拉开了帷幕。

---

① 《北京市计划委员会关于征求修改〈北京市1983—1990年旅游发展规划（草案）〉意见给北京市水产局的通知》，北京市档案馆藏，档案号013-004-00254-00084。

1980年6月，市政府转发《国务院关于加强历史文物保护工作的通知》及《国务院批转国家文物事业管理局、国家基本建设委员会关于加强古建筑和文物古迹保护管理工作的请示报告》，要求立即刹住对古建筑和文物古迹的破坏，所有使用部门和单位要切实负责维修保养，不得任意拆除或拆改，修缮时必须按规定履行报批手续，在保护范围内不得随意建设其他工程，不得在建筑物内及其附近存放易燃易爆物品，以确保古建筑及其附属文物的完整、安全。

根据国务院的统一部署，从1981年开始，市文物事业管理局会同各区县文物管理部门对本地区1966年后文物破坏和当下古建筑使用的情况，做一次全面的调查了解。① 这次普查历经3年，共对18个区330个乡进行第二次文物普查。1958年第一次文物普查时，北京共登记8060项，此时还剩下2529项，此外又新登记4780项，共计7309项。② 此次普查的广度、深度以及收获之丰富都超过首次。

为进一步加强文物古迹的保护工作，1981年6月，北京市文物古迹保护管理委员会成立，其主要职责是负责全市文物古迹保护管理工作，成员大都为文物、古建、规划专家，历史地理学家、北京大学教授侯仁之任主任委员。与此同时，各区县建立文物保管所，并设置主管文物、博物馆事业的文化文物局，集中力量整修一批重点文物古迹。11月5日至7日，北京市第七届人大常委会举行第十六次会议，审议批准了《北京市文物保护管理办法》，指出保护文物古迹，人人有责。各级政府部门和各个单位都要积极采取多种形式，提高思想认识，使保护文物变成群众的自觉行动。

《北京市文物保护管理办法》共18条，涵盖文物的具体范围、保护管理、考古挖掘、调查等多方面内容。它的公布实施，对做好首都文物工作，起到

---

① 《北京市人民政府转发国务院关于加强历史文物、古建筑和文物古迹保护的两个文件的通知》（1980年6月24日），北京市档案馆、中共北京市委党史研究室编：《北京市重要文献选编（1980）》，中央文献出版社2018年版，第172页。

② 北京市地方志编纂委员会编著：《北京志·文物卷·文物志》，北京出版社2006年版，第648页。

了十分重要的作用。

从20世纪70年代末到80年代初,先后有89家机关、厂矿、学校、部队等单位,从所占用的文物保护单位中迁出。① 一大批文物建筑从杂乱状态中解脱,恢复了本来面目。

恭王府位于什刹海前海三座桥西北,是清代规模最大的一座王府。由于种种原因,先后被5家单位占用,并且乱拆乱建情况严重。其中,北京市空调器厂1967年搬进恭王府东北角戏楼内,占地2800平方米,约占全部面积的2%。② 随着国内外人士不断呼吁恢复和开放恭王府,有关部门要求北京市空调器厂限期迁出,该厂于1981年11月26日完成迁出任务。

11月30日,国务院将中央文史研究馆和国务院参事室使用30多年的静心斋,交还给北海公园。静心斋位于北海北岸,建于清乾隆二十二年(1757年),被称为乾隆"小花园",是专供清朝皇室游乐的地方。北平解放初期,中央文史研究馆成立,馆员们一直在这里办公,之后国务院参事室也迁到这里。两家单位非常重视保护园内的文物古迹,曾经组织力量对古建筑进行精心修缮,全部油饰一新,并对园内的道路和一些地方破损的山石进行整修,使这一园林艺术珍品得以完整地保存下来。这次搬迁工作,也得到了馆员、参事们的支持和理解,他们认识到搬迁是为了使这些古迹得到更好的保护,因此他们克服困难,很快腾出全部办公用房,让静心斋回归本来面貌,为首都人民提供了一个新的游览场所。

专项拨款精心修缮古代建筑

从1979年到1982年,国家在财政有困难的情况下,先后拨款3000多万元,用于古建筑的维修。北京在这三年期间,也连续拨款对40多处文物古迹进行精心修缮,许多地方已经焕然一新,向公众开放。其中白塔寺、古观象台、潭柘寺、戒台寺、牛街礼拜寺、法源寺、皇史宬等10多处建筑是新中国

---

① 当代北京编辑部编:《当代北京古建筑保护史话》,当代中国出版社2014年版,第61页。

② 窦清峰:《空调器厂全部从恭王府迁出》,《北京晚报》1981年11月28日第1版。

成立以来首次进行全面整修。

这一时期,有着悠久历史的潭柘寺与戒台寺,开始了新中国成立后的第一次全面整修工程;雍和宫作为北京最大的喇嘛寺院,占地6.6万多平方米,主要建筑已修缮完毕;整修的寺庙和古建筑还有五塔寺、大钟寺、西黄寺、广化寺、孔庙、国子监、大觉寺、西山实胜寺碑亭、辛亥革命滦州起义纪念塔等。有着1200多年历史的古建筑——白云观,也在进行全面整修。①

潭柘寺的整修历时7年,颇具代表性。作为北京地区历史最久远的寺庙,潭柘寺距今已有1700多年历史,素有"先有潭柘寺,后有北京城"的民谚。寺院规模宏大,建筑保持明清时期风貌,是北京郊区最大的一处寺庙古建筑群。新中国成立后没有大修过,内乱期间遭到严重破坏。1977年潭柘寺公园管理处开始先期修复,利用少量专款和拆房的旧料,用一年时间修复了居高临下的大悲寺一组古建筑。在取得修缮经验后,次年增加修缮投资,展开建寺以来最大规模修缮工程,只用了两年多时间,就将5座大殿、400多间殿房全部进行了整修,并恢复部分佛像,于1980年8月正式对外开放,每日游人云集。

由于潭柘寺龙潭内的龙亭仍旧破旧不堪,潭内源断水枯,大煞风景。公园管理处决定开始对龙亭进行整修,他们请来工匠,用12块大青石雕刻成一条青龙,并接通水源,让水从青龙嘴里喷出。当游人走进潭柘寺,就能看到龙潭内一条青龙昂首盘绕于池内,形态威猛,栩栩如生,不由得联想到古人所云:"水不在深,有龙则灵。"

此后,潭柘寺的文物整修工作越来越细致和全面。从1981年开始,管理处会同相关文物部门,着手修复潭柘寺各殿的石、木、泥质塑像,匾额,楹联和各类文物。同时,修复龙潭景区的水池、泉眼、山路,并新建半山亭一座。还经过深入调查,搜集古籍资料,对潭柘寺周边景区广泛开展修复工作,不仅修复了东观音洞古建180平方米和石雕佛像,还"随旧作旧"修复了各

---

① 黄华昌、梁渭铃:《首都四十多处文物古迹整修一新》,《北京日报》1982年11月9日第1版。

型古塔 72 座。

　　古塔整修中，最突出的是修整元代初年建造的妙严大师灵塔。该塔为六角五层密檐式砖塔，由于塔曾被盗，又多年失修，塔体向北倾斜 80 多厘米，仅用毛石墙顶着塔身，第五层塔檐和塔刹早已无踪影。这样一座著名古塔，如果拆了重建，它的历史价值就会大打折扣。但如何扶正又无先例可借鉴，管理处深入调查，经反复计算，决定扶正。施工中，在经验丰富师傅的认真操作下，通过千斤顶、紧线器等工具，把 11.2 米高、250 吨重，有着 600 多年塔龄的古塔安全扶正，随后又开展彻底整修，成为我国古建修复中的一项创举。

　　塔林还增建了毛石扶手墙、甬路，并绿化塔院，使绿荫下的塔群更加古雅肃穆。随后，管理处修复了护国明王殿 200 平方米，按景区格局，在西观音洞疏挖泉水两处，重建敞厅、抱厦、配房，将泉水引入院内莲花池中，并设置茶馆，于 1984 年国庆 35 周年前夕开放，潭柘寺重新恢复了宏伟壮观、金碧辉煌的原貌。

　　位于阜成门内大街路北的妙应寺，因寺内有通体白色的塔，故俗称"白塔寺"，是中国现存最早、最大的喇嘛寺，被公布为第一批全国重点文物保护单位。该寺建于元至元八年（1271 年），是元大都时期文物古建保存至今的重要标志，由尼泊尔工艺家阿尼哥参加设计和修建，也是中尼两国人民友谊和文化交流的历史见证。妙应寺曾遭火焚，仅白塔幸免，寺内的其他建筑大都为清代所建。受 1976 年唐山大地震波及，白塔多处砖石被震塌，塔刹（塔脖子）部位用于固定宝顶的铁链被震断数条，出现明显倾斜，白塔处境十分危险。

　　1978 年秋，市房修二公司协同文管部门开始对白塔进行大规模修缮。当修缮工人打开高约 4 米、重约 5 吨的顶部铜塔刹，检查内部主心木情况时，意外发现塔刹内装满文物。根据一些文物上铭刻的标记，得知是清代乾隆十八年（1753 年）修塔时放入的塔葬品，都是佛教文物，共有六大类，即清代《龙藏》佛经一套、黄檀木整雕观音像、楠木佛经函、五佛冠与补花袈裟、铜三世佛、五彩线密封册。它们按照佛、法、僧三宝的类别奉置，所以又称

"镇塔三宝",其中《龙藏》佛经的价值最为突出。

《龙藏》佛经是清代唯一也是中国最后一次官刻汉文大藏经,涉及佛学、哲学、历史、民族、语言、文学、天文、历算、医药、建筑等诸多领域,卷帙浩繁,堪称佛教文化的"百科全书"。妙应寺白塔内的这套《龙藏》佛经,因其为乾隆初刻版所印藏经,存世已寥寥无几,所以它的重现,不仅带给了人们惊喜和新奇,也对研究清代初刻版的大藏经内容有着重要意义。

这次修缮,还意外发现了一份署名为"罗德俊"的手稿。这张泛黄的手写《感文》,是这位名为罗德俊的北平市民写于1937年11月对沦亡于日军铁蹄下北平的见闻感受,他悄悄将手稿放入白塔顶端的塔刹夹缝之中。41年后,因为白塔寺的重修,这张手稿得以重现,唤醒了人们对那段尘封历史的苦难记忆。这百余字《感文》,客观记录了1937年卢沟桥事变后沦陷于日军炮火下北平人民的悲惨遭遇,字里行间充满了作者的拳拳赤子之心和浓烈的爱国情怀,也彰显着中华民族不屈不挠的民族之魂。

遗址修整加快风景区建设

1980年4月,中央书记处对首都建设方针提出四项指示,随后北京市城市规划委员会重新编制《北京城市建设总体规划方案》,提出加强风景游览区的建设,要把西北郊八达岭、关沟、十三陵地区,西郊的颐和园、圆明园、卧佛寺、碧云寺、香山、八大处、妙峰山等地区,西南郊的潭柘寺、戒台寺、周口店北京猿人遗址、上方山、云居寺、十渡等地区,开辟成为重点风景游览区。

八达岭长城游览区作为全国首批重点文物保护单位,也像其他文物一样遭到破坏,有20多华里情况尤为严重。仅1980年二三月,延庆县西拨子公社生产队、东沟生产队、青龙桥的三铺和石佛寺生产队,就发生社队干部、社员群众拆城墙盖房屋的事件15起,拆走石条300余条,城砖近3000块。长城的石佛寺口一段,东沟的桦木梁口一段几乎被拆平。问题出现后,延庆县文化主管部门及时派人实地调查,并会同当地公社、大队到现场摸底,还到当事人家中逐户核实拆毁城砖、石条的数字。随后,三铺、石佛寺、西拨子等有关队召开专门会议，宣传文物政策、法令，对当事人进行严肃批评和教育，并责令当事人将拆回的砖、石，如数归还原地封存，以待处理。市文物局会同延庆县文物管理人员到现场进行核查、拍照，本着"过去从宽，今后从严"的原则，提出相关处理意见，刹住了这股拆城墙之风。

1980年5月22日，北京市政府在延庆县西拨子公社召开有关区、县参加的长城保护现场会。会后，及时研究建立了延庆县文物管理委员会。与此同时，县文化主管部门在长城沿路协同公社、大队建立"保护长城联防小组"，开展保护工作。由于反复宣传文物保护的政策和法令，开展耐心细致的思想工作，让拆毁长城的人真正认识到拆毁长城有罪。他们在主动承认错误的同时，还尽力将拆毁的砖、石送回原处或指定地点。

西拨子公社三堡生产队6户社员，将拆下的近2000块城砖，陆续送回了原处，有的照原样垒上，有的垛在原拆地点封存，并写上名字做了标记。西拨子大队的两名社员将拆毁的140块石条，送到公社指定地点封存。这些人还承担了赔偿损失的罚款。已将砖石使用的社员，承担了3500多元的罚款。[①]

1981年，北京市政府成立八达岭长城特区，赋予特区办事处具有保护长城、管理长城的政府职能和开发资源、发展经济的企业职能。特区在"保护第一"的原则下，充分开发利用长城的文化、旅游和经济资源。1984年7月5日，《北京晚报》等新闻媒体联合八达岭特区办事处等单位，发起了"爱我中华，修我长城"社会赞助活动，号召各单位和个人热情赞助这一具有历史意义的活动。9月1日，邓小平为此次活动题词"爱我中华，修我长城"。题词发表后，激发了公众对长城修复工作的热情。赞助活动参与广泛，全国30个省、自治区、直辖市及港、澳地区数千万人踊跃赞助，参加赞助单位达650个，其中，贵州省以全省3000万人民的名义赞助这项活动。30多个国家和地区的国际友人热情地参加赞助活动。至11月中旬，各地赞助款源源而

[①]《北京市文物工作会议文件之八：延庆县文化科关于落实长城现场会议精神，加强长城保护工作汇报材料》，北京市档案馆藏，档案号288-001-00018-00084。

来，赞助总额达 320 万元，仅八达岭特区 20 天内就收到赞助款 70 万元。① 特区先后修复敌楼 19 座，垛口 1252 座，城墙 3757 米，游览面积扩大了两倍，②古老雄关焕发新颜。

改革开放后的 3 年里，北京市对各大公园主要游览区的古建筑进行了修葺，主要有北海公园的团城、琼岛、天王殿、永安桥、宝积楼；天坛公园的长廊、神厨、神库和斋宫；中山公园的神厨、神库；陶然亭公园的慈悲庵；香山公园的昭庙、香山寺遗址、见心斋、碧云寺的金刚塔；八大处公园的一、二、三、四、七、八处；卧佛寺的龙王堂、卧佛殿、三世佛殿等。③

被誉为"园中之园"的圆明园，位于北京西郊，是一座举世闻名的皇家园林，曾经是清朝皇帝的避暑山庄和政治中心。它占地 350 多公顷，其中水面面积约 140 公顷，由圆明园、绮春园、长春园组成，以圆明园最大，故统称圆明园（亦称圆明三园）。1860 年英法联军入侵，将这座宏伟的宫殿洗劫一空，并付之一炬，成为一段令人痛心的历史。新中国成立后，人民政府十分重视对圆明园遗址的保护工作。为加强对圆明园遗址的管理，海淀区于 1976 年底正式成立圆明园管理处。此后连续 4 年，管理处每年植树 6000 株以上，先后绿化了 70 余处小块荒山空场，改善了三园遗址的绿化状况。职工们还利用每年的绿化淡季，先后清理和初步整理了西洋楼的方外观、观水法、远瀛观、大水法、线法山 5 处园林建筑基址。观水法的 5 块石雕围屏和 2 块汉白玉石鼎，长期弃置于湖滨荒草中。在北京大学的积极支持下，十几名职工绞动一架绞盘，把 7 块各重 2—5 吨的石屏、石鼎，从百米长的羊肠曲径拉出，然后吊运回圆明园，归放到原来位置，这是首次将失散遗物运回园内安放原位，成为圆明园遗址修复的重要转折。

---

① 中共北京市委党史研究室编：《社会主义时期中共北京党史纪事》第九辑，人民出版社 2012 年版，第 79 页。
② 当代北京编辑部编：《当代北京古建筑保护史话》，当代中国出版社 2014 年版，第 77 页。
③ 黄华昌、梁渭铃：《首都四十多处文物古迹整修一新》，《北京日报》1982 年 11 月 9 日第 1 版。

1979年，由北京市投资，以管理处职工为主，首次在圆明园遗址修筑了3.6公里长的园林道路和几座桥涵，改善了长春园和万春园的交通条件。随后，在游人比较集中的西洋楼遗址，举办圆明园园史展览，展览内容分为圆明园的"兴建及盛时情况""惨遭掠焚""遗址的现状和未来"三大部分，并展出由管理处制作的反映圆明园原始全貌的沙盘模型。虽然展室较简陋，实物也较少，却引起了各方面的强烈关注。展览6年间，共接待国内外观众140万人次，其中有14万名中小学生集体参观，圆明园遗址成为对青少年进行爱国主义教育的重要基地之一。海淀区教育局和团区委在西洋楼遗址举行少先队大队联合会活动，全区108所小学的6万多名少年儿童，把平日积攒的零用钱合计2460余元，捐献给圆明园建设事业。全国有26个省、自治区、直辖市的学生、工人、农民、干部和解放军战士，先后自愿向圆明园捐款4万元。

1980年是圆明园罹劫120周年。8月间，中国建筑学会建筑历史委员会召开全国性的圆明园学术讨论会，并发起"保护、整修及利用圆明园遗址倡议"的签名活动。截至10月12日，宋庆龄、习仲勋、沈雁冰、许德珩、张爱萍等领导及各界专家、学者和群众1360多人在倡议书上签字。①

倡议书分析了整修圆明园的必要性，指出圆明园虽遭破坏，但现在山形、水系大部分完整，建筑遗址依然存在，园林总体布局仍可辨认。圆明园管理处成立后，加强了整理工作，但限于人少地广难以控制，破坏现象仍不断发生。圆明园遗址只靠消极保护是保不住的，只有积极地加以整修、利用，才能达到为子孙后代长久保存的目的。

各新闻媒体相继发布相关消息，形成保护圆明园遗址的强大社会舆论。1981年8月，北京市人大常委会部分委员视察圆明园，建议迅速采取措施，开辟圆明园遗址公园。之后，成立圆明园遗址公园筹建委员会，市政府为遗址整修拨专款40万元。

---

① 黄华昌：《倡议保护整修和利用圆明园遗址》，《北京日报》1980年10月18日第1版。

圆明园遗址的保护、整修和利用，长期难以解决的关键问题是如何安置园内农民。圆明三园遗址内，有7个生产队耕种着130多公顷农田，共涉及3000多名农业人口和1600多名劳动力，并有数百户农民居住在园内。长期以来，圆明园的园林建设与农民生产、遗址保护与农民建房的矛盾，一年比一年突出，造成圆明园遗址公园的开发与建设步履维艰。

1984年10月，圆明园管理处与振海农工商总公司（原海淀人民公社）达成协议，双方组建圆明园联合开发公司，共同建设圆明园。开发中涉及的农户劳力，由联合开发公司安置，从事种养、花木及旅游服务事业，根据统一规划，建设遗址公园。12月1日，联合开发的第一期工程——福海景区整修工程正式破土动工，沉睡百余年的圆明园遗址开始苏醒。

北京市公园风景区维修投资逐年增加，1977年至1985年，共修缮大型园林古建8.88万平方米，一般建筑5.06万平方米，新建园林建筑1.70万平方米，各项工程总投资达7000多万元。在保护和修缮的同时，建设并开发一些风景游览区，吸引更多游客参观和游玩，不仅让文物古迹得到了新生，也为旅游业注入新活力。

三、改扩建、新建旅游饭店

改革开放后，我国的对外交往日趋频繁，国外和港澳台地区游客急剧增加，旅游事业迎来快速发展。1978年8月，国务院批转《关于改变全国高级饭店管理体制的建议》，提出挖潜各种适宜接待海外游客的设施，以适应旅游业发展和对外交往的需要。自此，北京市加快旅游设施的建设步伐，改扩建、新建一批饭店，大大增强了北京的旅游接待能力。

挖掘潜力缓解住店难

进入70年代下半期后，来北京的海外游客日渐增多，1977年接待境外来京的人数比1976年增加了3倍多，达4.5万人次。改革开放后，国门初开，1978年北京接待的海外游客又比1977年翻了两番，猛增至18.7万人（次）；

首都建设新风貌

1979年在限制来京人数的情况下仍增长迅猛，达到25.2万人。[①] 但当时北京接待外宾的饭店仅有11家、客房3858间。[②] 这些饭店大部分都是新中国成立初期盖的，老化问题比较严重，旅游饭店可谓严重供不应求，远远不能适应旅游业快速发展的需求。

为在短时期内增加床位，提高接待能力，北京市大力挖潜一批非营业用房，发动各行各业，采取多种办法，提供旅游房源。

北京体育学院利用留学生宿舍楼做招待所，接待旅游客人。其留学生宿舍楼建于1963年，条件比较好，有140多个床位，但使用率不高。该院学习外国一些学校利用假期接待旅游者的经验，主动与旅游部门联系，提出将留学生宿舍楼作为外宾招待所对外开放，接待游客。这个建议得到旅游部门和国家体委的热情支持。为了赶上春季旅游旺季使用，北京体育学院抓紧在一个多月的时间内，粉刷油饰房间、改造卫生间等，使客房焕然一新。学院注重对服务员进行服务态度和礼貌教育，请兄弟单位有经验的服务员到招待所传、帮、带，建立服务岗位责任制和评比制度；增设小卖部、医务室、兑换外币等服务项目，为客人提供方便；抽调技术水平比较高的厨师到餐厅，以老带新，做到膳食花样多，突出北京风味，给客人留下深刻印象。客人们反映，这里虽然离市区比较远，交通不太方便，但空气新鲜，幽静整洁，招待主动热情，经济实惠。新加坡、泰国的两位客人几次到北京，都主动要求到这里居住。招待所自1979年4月开业，仅半年就接待旅游客人近3000人，共收入18万多元，盈利近4万元，为国家赚取了外汇。[③]

北京工人体育场也积极挖掘潜力。1979年，工人体育场开展群众性增收节约活动，给各部门下达了收入和节约指标，超过指标的可以获得提成奖励。游泳场的职工想到冬季游泳群众少，更衣室、淋浴室闲置，人员工作量不足，

---

① 北京市统计局、国家统计局北京调查总队编：《数说北京70年》，中国统计出版社2019年版，第427页。
② 北京市旅游事业管理局编：《加快旅游产业发展，促进社会经济繁荣》，企业管理出版社1997年版，第54—55页。
③ 《体育学院利用空房接待旅游客人》，《北京日报》1979年11月9日第2版。

造成浪费，便建议利用这些设备开办冬季旅馆，既可增加收入，又有助于缓和旅馆的紧张。体育场领导非常支持这个建议，经市、区有关部门同意后，迅速展开筹备工作。床及床上用品、茶杯等，都是职工用平板车从体育场服务科库房拉过来的；有些地方要打隔断墙、装门，瓦、木、油漆工主动加班干；因缺乏接待经验，体育场的职工还到建外旅馆学习业务。不到10天时间，一切筹备就绪。11月6日开张当天，106个床位很快住满了。这项挖潜措施，使体育场每天可以增加200元左右的收入。①

海淀区八里庄街道地下人防指挥部有18间房，共300多平方米，长期闲置，街道党委贯彻"平战结合"的原则，决定把地下人防指挥部充分利用起来，开办旅馆。这一想法得到上级的大力支持，有关部门为他们批物资、拨贷款，市旅店公司也积极赞助，派一名老师傅作业务指导。街道党委书记和办事处主任亲自带头，动员办事处全体人员和街道上的待业青年，自己动手制作140张铁床、200套被褥，还安装暖气、通风照明、洗漱等设施，经过近4个月的筹备，旅馆正式营业，服务人员主要是待业青年，开业几天接待100多名旅客。该旅馆虽然在地下，但设备较齐全，室内干燥，冬暖夏凉。大家高兴地说："这里挺清洁、无蚊蝇、很安静，离公共汽车站又较近，真是落脚的好地方。"②

1979年下半年，全市一些区、街联社和机关单位利用地下人防工事开办旅馆（招待所）78所，设固定床位7190张，相当于国营旅馆床位的一半，等于新建70多个中型旅馆。这些旅馆的出现，缓解了全市住店难的矛盾。③

新建和改扩建旅游饭店

旅游饭店的缺口太大，严重卡了北京旅游业的脖子，也不利于对外交往和现代化建设。尽管财政非常困难，国家、地方和部门仍然投资兴建、改扩

---

① 宇新：《工人体育场利用闲空设备开设冬季旅店增收入》，《北京日报》1979年11月22日第2版。

② 吕会民、于淑辰：《八里庄街道利用地下人防工事办旅馆》，《北京日报》1979年8月10日第1版。

③ 陈本荣：《本市利用人防工事开办旅馆78所》，《北京日报》1981年8月20日第1版。

建了一批旅游饭店，主要有崇文门饭店、燕京饭店、香山饭店、华侨旅游饭店（今华都饭店）、燕春饭店（今燕翔饭店）等。同时，对友谊宾馆、和平宾馆、民族饭店、北京饭店等一批老饭店进行了改造和扩建。

燕京饭店是北京市筹集资金建造的第一家向社会开放的涉外饭店，也是第一家楼层最多的饭店，地上22层，高近70米，位于西城区复兴门外大街路北，是20世纪80年代初长安街上著名建筑之一。该建筑由北京市建筑设计院设计，建设单位为北京市第二服务局，1978年12月开工，1980年12月30日竣工。初定名"复外会议旅馆"，主要为解决北京市及国内各省市会议用房，按照会议楼设计，后改为涉外饭店，从设备、使用功能等方面均做较大变动，尽可能地弥补硬件设施上的先天不足。特别是在内部的装潢设计上，突出展现中华民族的悠久历史和灿烂文化，以吸引八方来客。饭店内装饰着中央工艺美术学院绘制的600余幅国画、漆画、油画、陶瓷画，具有鲜明民族特色。其中宽敞的中餐厅里，有一幅大型壁画《智慧之光》占据了整整一面墙，壁画展示了6000年前仰韶文化时期的彩陶器、夏商的青铜器、春秋时期的《水陆攻战图》、秦朝的兵马俑、魏晋的云冈石窟、唐代的敦煌壁画、宋代陶瓷、元代的白马寺、明代的天坛、清代的杨柳青年画。这些中华民族文明的精华，汇聚成一幅中国历史文化艺术的集锦。许多外国旅游者就是为了欣赏这里的一批壁画而特意入住于此。至1983年底，共接待中外宾客10万余人次。

具有中国园林庭院特色的现代化建筑——香山饭店，是由美籍华裔建筑师贝聿铭主持设计的一座四星级旅游假日饭店。1979年邓小平应邀赴美访问期间，贝聿铭提出，愿为祖国做贡献，为首都北京设计一所大型现代化高级饭店。他的建议得到邓小平的首肯，随后开始在北京开展选址工作，最终选中风景秀丽、林木丰茂、幽静宜人的香山公园旧香山饭店处。经北京市委、市建委、市规划局批准，当年正式开工。1982年10月17日竣工开业，饭店建筑面积3.6万多平方米，由5个部分连成一体，楼高3至4层，高低错落、蜿蜒曲折，和香山的自然景色浑然一体。饭店外墙饰面呈素雅明快的白色，镶嵌有中国古老的青砖筒瓦和花岗石墙裙。大小庭院中精巧地设计了十几个小花园，点缀假山瀑布、湖泊岛屿、小桥流水、奇花异草和各种盆景等。饭店共有293套客房，室内安装有呼唤系统、空调系统、消防报警系统等现代化设备,还备有供游客休息娱乐的各种康乐设施。香山饭店是改革开放后外国建筑师在中国的第一件作品,开业后很快就接待了100多个国家和地区的宾客。

这一时期新建的饭店——华都饭店是北京市积极争取、国家计委安排低息贷款建造而成的。饭店坐落在北京东郊亮马河畔,由北京市建筑设计院设计,北京市第五建筑公司施工。由于采用多层和单层结合,施工只用了24个月便部分投入使用。1982年4月初试营业,到7月31日正式开业,3个多月就接待宾客2.5万多人次,[①] 产生了较好的经济效益。

始建于1954年的友谊宾馆,前身是西郊专家招待所,1973年3月开始接待旅游外宾。由于年久失修,客房条件比较差。为适应旅游事业发展的需要,宾馆从多方面入手进行改造,提高接待水平。1979年下半年,宾馆从所属各单位抽调技术人员、服务员和科室干部80余人,组建一支施工队伍,对南、北配楼进行维修,使客房焕然一新。为压缩非营业用房,挖掘客房潜力,友谊宾馆组织了由一名副经理带队的检查组,逐楼逐层地进行检查,很快就腾出非营业用房50余间用于接待旅客。同时,对餐厅和一些会议场所安装空调,为客人就餐和开会提供舒适环境。宾馆东北管区院内道路长期失修,每逢雨季道路泥泞不堪,宾客意见很大。友谊宾馆组织30人的施工队伍,20多天完成铺路任务。针对宾馆地处交通要道、服务网点比较少的状况,友谊宾馆把职工二食堂改修成友谊餐厅,实行对外营业,供应美味可口的中餐和西餐,欢迎国内外宾客来此就餐。有一位客人特地从东郊赶来用餐,他对服务员说:"我去过不少饭店进餐,你们这里的饭菜味道很好,给我留下深刻印象。"[②]

位于西长安街的民族饭店1959年开业,是新中国成立10周年时兴建的国庆十大建筑之一,专门招待来京参加重要会议的国内各少数民族代表和亚

[①] 王金波:《本市又一家大型旅游饭店——华都饭店开业》,《北京日报》1982年8月1日第2版。

[②] 陈耀西:《友谊宾馆为适应旅游事业发展需要,腾出一批非营业用房接待旅游客人》,《北京日报》1979年10月27日第2版。

非各国友人，是当时首都设备最齐全的大型旅馆之一。1980年7月，民族饭店开始扩建工程，主要扩建首层宴会厅、接建东翼客房楼、增加空调设施和部分室内装修，扩建的建筑面积约为1.19万平方米，1983年工程竣工，饭店重新开业。

这些新建和改扩建饭店，在提供优质服务、提高管理水平方面做了大量工作，特别是为适应日益增多的外国游客的需要，积极开展业务培训，把组织服务人员学习外语作为提高服务质量的一个重要方面来抓。华都饭店的服务人员都经过旅游职业学校训练，具有一定外语知识。开业前又对职工进行业务技术培训，严格规章制度，因而开业后服务人员热情周到的服务，受到了宾客的普遍称赞。

从1979年开始，北京饭店在接待任务重的情况下，坚持举办脱产和业务英语专修班10多期，每期学习半年左右，同时还选拔部分服务员到大专院校和兄弟单位进修外语。截至1981年4月，参加培训和学习的服务人员达500多人，占第一线服务人员的70%以上，初步培养了一批能用外语进行日常服务的服务员，餐厅和客房服务员能用英语讲服务敬语，使客人感到亲切、礼貌。西德波佩旅行社经理波佩先生来华访问期间，住在北京饭店，服务员熟练地用英语与他交流。他高兴地说："这是过去没有见过的事情，这是中国旅游事业的良好开端，值得赞扬。"①

吸引外资建造合资饭店

改革开放初期，在国家财政十分困难、各方面建设都急需资金的情况下，中央和北京市挤出几千万元资金建设饭店是非常不容易的，但即便如此，新建和改扩建的这些饭店建成之后也只能增加2000多间房，远远不能满足需要。因此，国家在1978年就成立了由谷牧副总理、陈慕华副总理和全国人大廖承志副委员长为组长的利用侨资、外资建设饭店领导小组。北京市也成立

---

① 《北京饭店服务人员努力学习，多数人能用英语进行日常服务》，《北京日报》1981年4月13日第1版。

了以市革命委员会副主任赵鹏飞为组长的建设饭店领导小组，旅游行业开始尝试通过吸引外资，建造了一批合资饭店。北京市旅行游览事业管理局先后与香港中美旅馆发展有限公司、美国联翔旅运有限公司、美国伊沈公司、香港益和有限公司，签订了合作建造与经营建国饭店、燕翔饭店、长城饭店、丽都饭店的合同。

1982年4月28日开业的建国饭店，是北京市第一家中外合资饭店，也是全国首家中外合资旅游饭店，由香港半岛集团管理。饭店占地面积1.1万平方米，建筑面积3万平方米，共有客房528间。

建国饭店不仅在吸收国外资金方面开风气之先，还在引进国外先进经营管理方法方面取得较好经验。他们大胆聘请外国专业饭店管理公司，将国外先进的管理经验、方法与中国国情、建国饭店实际相结合，最早实现现代企业制度，形成了一整套北京建国饭店的经营管理方法，并在企业中建立党、团、工会组织，以持之以恒的思想政治工作铸造了"创新求实"的建国饭店精神。一位来自菲律宾在建国饭店工作了多年的管理人员，离职时真情流露地说："经过与中国人3年的共同工作，我要大声地说：'我爱北京，爱北京的一草一木；我爱中国，爱中国友好的人民。'"[①]

燕翔饭店是从美国引进客房成套设备、与国内配套工程相结合的一座国际中等标准的旅游饭店。它位于北京东北郊酒仙桥将台路，距机场路约600米，占地2.14公顷，总建筑面积为28123平方米，客房371间，庭院内设施齐全，还设有水上餐厅、网球场、假山和绿地等。该工程于1979年9月开始筹建，由北京市建筑设计院配合设计，基建工程兵北京指挥部某部施工，提前于1980年11月3日接待了首批旅客。[②]

利用外资兴建旅游饭店不仅扩大了接待能力，而且还引进了一些先进的材料、设备和技术。位于东三环北路的长城饭店1983年建成，是中外合营企

[①] 北京市政协文史和学习委员会、中共北京市委党史研究室、北京市老干部局编：《改革开放话北京》，北京出版社2008年版，第96页。

[②] 徐应坤：《北京燕翔饭店工程安装与施工》，《建筑技术》1981年第6期；肖玉：《燕翔饭店》，《建筑知识》1985年第6期。

业，主要服务对象为外宾。该工程由美国贝克特设计公司负责设计，采用国外的规范和标准进行设计和施工。其中，具备抵抗8级地震能力的抗震设计，是长城饭店建筑特点之一。饭店外墙为玻璃幕墙，内墙为石膏板墙。这种以玻璃幕墙和石膏板墙的构造设计的延性框架抗震结构，在国内比较少见。玻璃幕墙不仅外观雄伟，而且富于美感。由于内外墙结构重量很轻，大大低于一般结构的自重，提高了整个结构的抗震性。这种延性框架抗震体系墙体的构造做法，为中国抗震结构设计增加了新内容。

兆龙饭店是中国自行设计、自行施工、自行管理的第一家境外华人捐赠的饭店。1981年7月6日，邓小平和王震在人民大会堂接见香港环球航运集团主席包玉刚及其父亲包兆龙一行。邓小平从包玉刚手中接过了1000万美元的支票，这一举动成就了日后的兆龙饭店。

原来，改革开放后不久，身居香港近30年的宁波籍"世界船王"包玉刚先生那颗爱国爱乡的心也开始萌动了。他提笔写了一封信给内地有关部门，表示要回来探亲。邓小平看到包玉刚的信后，立即授意主持侨务工作的廖承志出面给包玉刚发了邀请电报。1978年11月，包玉刚先生如愿登上了北上的飞机，开始了被有关人士称之为"世界船王的破冰之旅"。在时任国家旅游局局长、包玉刚表亲卢绪章的牵线下，邓小平亲切接见了包玉刚先生。虽然这是一次不公开的会见，但邓小平与包玉刚却一见如故，他俩热情地握手，亲切地问候，交谈了很多问题。北京之行，包玉刚满载而归，他对内地的改革开放政策和香港的前途充满了信心。

与邓小平见面后不久，为了表达自己的赤子之心，包玉刚通过卢绪章表示：打算以其父亲包兆龙的名义向祖国内地捐款2000万美元，其中1000万美元在北京建一座现代化的旅游饭店——兆龙饭店，另1000万美元在上海交大建一所现代化的图书馆。这可难住了卢绪章，因为中华人民共和国成立后我们国家只有"援外"，一般不接受"外援"。更何况包玉刚是一位香港的"大资本家"，他的钱该不该接受？卢绪章打报告向邓小平请示后，邓小平相当干脆地说:"别人怕'接'出麻烦,我出面接受这笔捐款。"①

1983年2月13日,位于朝阳区工体北路与东三环交叉处的西南角、北邻三里屯使馆区的兆龙饭店破土动工,饭店占地面积2931平方米,建筑面积30129平方米,由北京市建筑设计院设计,总包单位为北京市第五建筑工程公司。1985年10月25日,这座由邓小平亲笔题名的兆龙饭店举行开幕典礼,邓小平、万里、习仲勋、杨尚昆、谷牧和首都各界人士100多人应邀出席。饭店造型别致,装饰高雅,质量一流,主楼地上19层,地下两层,除主要经营的273间客房外,还包括四季咖啡厅、酒吧、多功能厅、翠竹、翠园、大小贵宾厅共9个餐厅720个餐位的餐饮部分,经营菜肴以淮扬菜和山东菜为主。兆龙饭店的建设,展现了邓小平解放思想、打破常规、推动改革开放的决心和魄力,成为中国改革开放的标志性产物之一。

1984年,随着中央提出"国家、地方、部门,集体、个人一起上,自力更生与利用外资一起上"政策的落实,北京饭店业的建设进一步发展,改扩建、新建的旅游饭店如雨后春笋,林立于北京城区街巷。截至1984年底,北京市有涉外饭店55家,客房1.72万间;社会旅馆734家;加上全部招待所,总共床位22万张,② 为北京旅游业的发展提供了良好的接待条件。

四、旅游交通设施建设

改革开放政策打开了国门,古都北京吸引着越来越多海外游客的涌入,这对北京的旅游业配套设施建设提出了更高要求。1979年1月,邓小平在与余秋里、方毅、谷牧等人谈经济建设方针问题时曾指出:"发展旅游必须考虑城市建设的配套……公路搞立体交叉,可以搞两层、三层的。北京到十三陵、

---

① 徐忠友:《"我出面接受这笔捐款"》,《人民日报》2004年8月21日第6版。
② 首都社会经济发展研究所编:《北京旅游发展战略》,北京燕山出版社1989年版,第210页。

首都建设新风貌

长城可以修高速公路,也可以用直升机,还可以安排几个专列,边走边看。"① 这些指示精神,为北京旅游业指明了发展方向,北京的旅游交通设施迎来了建设热潮。

连接国内外的空中走廊

1971 年,中国在联合国的合法席位得以恢复,随后中美关系解冻、中日邦交正常化,中外交流的增加、国内外游客的增多,为北京民航业的发展带来了历史机遇。

北京首都国际机场(以下简称首都机场)是中国的空中门户和对外交流的重要窗口。1974 年,民航北京管理局的两架波音 707 型客机由北京分东、西两个方向环球飞行 1 周,同时试飞纽约成功。随后,北京—莫斯科、北京—卡拉奇—巴黎、北京—上海—大阪—东京、北京—德黑兰—布加勒斯特—地拉那 4 条国际航线接连开辟,标志着北京民航进入国际航空运输市场的新阶段。至 1978 年,北京民航已有通往东欧、西欧、非洲、东南亚地区的国际航线 12 条,通航里程总长为 5.5 万公里以上。

同时,民航部门决定开辟定期旅游航线。自 1978 年广州—香港地区航线开通后,中国民航、香港中国旅行社有限公司和北京市中国旅行社达成协议,从 1979 年 12 月 22 日始,至 1980 年 4 月 5 日止,每隔 8 天由中国民航飞机从香港载旅行团来京,每次 100 至 150 人。协议规定,旅行团由香港中国旅行社有限公司组织,乘中国民航飞机来京,由北京市中国旅行社接待,参观游览天安门、故宫博物院、长城、天坛、颐和园等名胜古迹。② 后来,由于来京游客不断增多,民航北京管理局使用波音 707 型飞机首航北京—香港航线,每周飞行 5 班,提高了飞行频次。

承德避暑山庄群山环抱,景色秀丽幽美,是避暑和游览胜地。经国务院

---

① 中共中央文献研究室编:《邓小平年谱(一九七五—一九九七)》(上),中央文献出版社 2004 年版,第 465 页。
② 金波、张茂新:《香港—北京达成旅游包机协议》,《北京日报》1979 年 12 月 12 日第 1 版。

1980年11月，北京—香港直达航线开航。这是在首都机场即将飞往香港的飞机。

批准，民航北京管理局积极筹备开辟北京至承德的飞行旅游航班，并于1979年8月8日正式通航。从北京去承德，需北行250多公里，当时坐火车需要七八个小时。为了方便旅客，北京与河北省开辟了飞行专线，并新建了承德航站。游客从北京乘上飞机，可以鸟瞰碧绿的密云水库、雄壮的万里长城、层峦叠翠的燕山山脉和犹如天然画屏的承德山城。下飞机后，只需半个多小时车程即可到达承德避暑山庄。根据游客情况，旅游班机不定期往返于北京、承德之间。同期，还开辟了北京至海滨旅游胜地北戴河的航班。

到1979年底，中国民航有国内航线23条，连接全国21个省会城市、自治区首府、直辖市以及其他25个城市，形成以北京为中心的航空网。[1]

随着改革开放的不断深入和国内外交往的逐渐增多，为满足航线进一步发展和大型飞机日益增多、客货运量急剧增长的需要，首都机场扩建工程同步进行，工程包括20多个单项工程，建筑面积达20万平方米。1980年1月1

---

[1] 北京市地方志编纂委员会编著：《北京志·旅游卷·旅游志》，北京出版社2006年版，第179页。

首都建设新风貌

日，首都机场新候机楼及配套工程建成并正式投入使用。

新落成的候机楼是扩建工程的主体建筑，建筑面积为6万平方米，包括地下室4层，比原候机楼大5倍。雄伟、别致、独具匠心的设计，倾注着北京市建筑设计院技术人员的心血。为了调查旅客下飞机后拿到行李的时间，他们亲自当搬运工，抬行李，体验劳动强度，制订出上百个候机楼的设计方案。方案确定后，迅速进入施工图设计阶段。白天，工作人员顶着30多摄氏度的高温，伏案精心绘制图纸；深夜，设计室依旧灯火通明，很多人通宵达旦地工作。1700多张图纸，原计划半年完成，他们3个月就完成了。[1] 机场扩建后，高峰时段每小时旅客吞吐量达1500人，可接纳世界上最大最新的各种类型飞机。[2]

中美航线通航是中美建交后的重要举措之一。1978年10月，美国泛美航空公司董事会苏威尔先生访华时，提出中美民航通航的建议，得到了邓小平的肯定。1979年2月，邓小平访美时，出席美国联合航空公司总经理艾德华·卡尔森和波音飞机公司董事长桑顿·威尔逊举行的午宴，在致答词中指出：太平洋再也不应该是隔开我们的障碍，而应该是联系我们的纽带。中国人民在争取本世纪末实现四个现代化的努力中，有许多方面要向创造先进的工业文明的美国人民请教。这也是我们这次访问的目的之一。我们亲自来看了看，感到很有收获。中美两国在经济、文化、科技等领域里存在着广泛交流和合作的余地。[3]

随后，中美双方开始进行航空谈判。经过一番博弈，1979年8月26日，中国民航局局长沈图和美国助理国务卿霍尔布鲁克在北京达成终止"美台航空协定"的协议。1980年9月17日，中美双方在华盛顿签订《中美民用航空运输协定》，规定中美双方可各有两家空运企业，在规定航线上经营协议航

---

[1] 《精心绘蓝图》，《北京日报》1979年8月26日第4版。
[2] 朱丹赤、邱飒：《首都国际机场候机楼及配套工程竣工》，《北京日报》1979年9月28日第1版。
[3] 中共中央文献研究室编：《邓小平年谱（一九七五——一九九七）》（上），中央文献出版社2004年版，第485页。

班。这些企业可经营混合航班、全货运航班，或同时经营这两类航班。

1981年1月7日上午，首都机场彩旗飘扬，候机楼大厅正面悬挂着"热烈庆祝中国民航北京—上海—旧金山—纽约航线开航"的大幅标语。原来，按照中美两国航空协定，中国民航的首航班机率先从北京飞往纽约。庆祝中美通航的酒会也在机场同时举行。承担这次首航任务的中国民航第一飞行总队认真研究了航线特点和安全措施，做好了充分准备。11点20分，一架载着120多名旅客的波音747SP型宽体客机，在首都机场跑道上缓缓滑动，腾空而起，开启北京至纽约国际航线上的首次飞行。首航机停经上海接载部分旅客后，直接飞越太平洋到达旧金山，再横跨美国中部，抵达纽约。空中飞行时间约17小时，全程15800多公里。28日，美国泛美航空公司班机也从纽约飞往中国。[①]

此后，北京民航业进入快速发展时期，开通了北京至洛杉矶、法兰克福、马尼拉、曼谷、悉尼等国际航线，方便世界五大洲四大洋的客人乘坐中国民航的客机来京旅游；港澳台同胞、华侨和外籍旅客乘坐中国民航飞机日益增多，自费旅游、探亲的旅客也在逐步增加，为北京发展国际旅游事业创造了有利条件。

打开城市"大门"的陆路交通

铁路是首都通往全国各省、自治区、直辖市的重要途径，也是京津及华北地区的主要经济动脉，部分沿线为山区铁路，风景秀丽，文物古迹广，旅游景点多。

改革开放后，群众旅游需求增加，铁路客运量逐年递增。每年暑期是旅游高峰，去往北戴河、秦皇岛、青岛等地避暑度假的游客很多，列车经常严重超员，买票难成为群众旅游出行的首要问题。北京铁路局为了更好地服务国内外旅游者，将北京至唐山的列车延长并改为旅游列车。1980年6月2日，北京至秦皇岛的旅游列车正式通车，这次列车每天早晨从北京站始发，当天

---

① 刘霆昭：《北京—纽约航线昨日正式通航》，《北京日报》1981年1月8日第1版。

中午到达秦皇岛市，全程 398 公里。一般短途列车不设餐车，而这次列车为满足旅游者需要，专门增设餐车。北京列车段还特意从承担国内各线的服务人员中抽调一批服务质量好、业务水平高的乘务人员，担任这次列车的服务工作。列车广播室还录制了精彩的文艺节目，在列车行进时播放，为人们的旅途生活带来了欢乐和笑声。

有些旅客去青岛旅游，买不到火车票，只得改乘北京开往烟台的列车，然后再换乘其他列车去青岛，造成铁路资源的多重占用，乘客也很不方便。为此，铁道部决定从 1981 年 8 月 7 日开始，将北京开往烟台的列车临时改为一天开往青岛，一天开往烟台，缓解了去往青岛的乘车压力。

为适应暑期旅客需要，北京铁路局采取增开临时旅游列车、预售火车票等一系列便民措施，先后增开北京火车站经丰润、北戴河、秦皇岛至龙家营，西直门火车站至八达岭等多趟旅游列车。国庆期间，北京火车站和永定门火车站分别加开至天津、密云、保定、松林店的临时客车，有效改善了群众旅游出行难问题。

针对旅客候车难、上车难的问题，北京铁路局进一步完善设施建设，提出在北京站二楼东、西候车室两端新建进站天桥各一座，1983 年 12 月获铁道部批准，由北京铁路局设计、施工。两座天桥采用密封式钢结构，旅客进站、候车、检票、上车顺向贯通，避免绕行，大大改善了候车条件。

在积极扩大以铁路为主的外部客运能力，保证热点旅游城市之间客运需要的同时，北京加快修建旅游公路专线，沟通市内外游览区的联系。公路建设首先向市区靠拢，打开城市"大门"，解决"出城"难的问题。同时新建扩建一批一二级公路，修建一批旅游公路，大力发展山区农村公路。

八达岭公路（旧线）是京城通往八达岭长城一条重要的旅游公路。起自昌平西关环岛，经南口、居庸关、延庆、青龙桥、石佛寺通过八达岭，在京张（家口）公路莲花池处相交，全长 44.2 公里。自古以来，这条公路就是北京通往中国北部的重要通道，沿途悬崖峭壁，乱石荒沙，人马通行非常困难。民国期间经整修后成为简易公路。新中国成立后，公路部门对八达岭公路进行多次整修，险峻狭窄状况未得到根本改善。特别是在居庸关、八达岭两处，三次穿过洞门，有的洞宽仅 3 米。路窄、坡陡、弯多，视线差，并且与铁路平交四次。车辆拥挤混杂，交通秩序乱，经常发生堵塞，影响安全。

1980 年，北京市政府确定先建八达岭公路新线、后改旧线的总体建设方针，于同年 2 月动工兴建。施工过程中，建设者们高度重视对周边文物古迹的保护。德胜沟口是石方集中的地方，两岸悬崖陡壁，公路拉槽通过，在 100 米路段内要开挖坚石 3 万多方，中心挖深 34 米，工程十分艰巨。此处又与十三陵游览区的定陵、昭陵相距很近，距九龙泉只有 200 米。为了保障文物古迹的绝对安全，不能采用一般性大爆破施工。设计施工人员周密调查分析地质条件，与有关部门协作，采用多层、多次、多面临空爆破技术，一炮成型，爆破断面与路基断面基本吻合，既达到快速施工的目的，又使文物古迹免遭损坏、得以完整保护。

建设者们艰苦努力，奋战在荒山野岭，吃住在简陋工棚，战酷暑、斗严寒，仅一年零八个月就初步建成八达岭公路新线，这是北京市也是全国第一条高标准山区二级公路。它起于昌平，由十三陵道口经德胜口、黄土嘴至延庆莲花池，止于妫水河桥，与京张公路相接，曲线舒展，坡度缓和，弯道少，全长 38.4 公里。公路位于关沟之中，东邻京包铁路，西邻八达岭旧路，沿途风景颇为壮观，名胜数不胜数，其中有"仙人桥""六郎神影""穆桂英点将台""乌龟石""金鱼池"等，俗称"关沟七十二景"。

公路设施力求造型美观，与自然人文景观相得益彰。如弹琴峡隧道洞门是关隘式的，洞口上方有象征长城的汉白玉石雕龙头，出洞口是净跨 40 米的空腹式石拱桥，公路两侧护栏采用的是垛口式，与古长城浑然一体，为旅游区增添了一抹亮色。当游客驱车至此，犹如行驶在八达岭长城上，让人心旷神怡，美不胜收。

修建这条过境公路的同时，还建成了两条联络线。一条是昭陵—定陵联络线，它使十三陵游览区有了一条不走回头路的环行公路；另一条是从莲花池北面到八达岭旅游点，使八达岭地区的交通更加方便。过境公路建成后，大大缓和了旧线的压力，也为旧线改建创造了有利条件。

之后，又相继扩建密云至溪翁庄公路，翻修密云水库环湖南路，新建德胜口至定陵公路,以及去上方山、云水洞、妙峰山、银山、石花洞等处的旅游公路,共长59.9公里。

为适应山区经济发展的需要,市公路部门将开发建设山区农村公路作为一项重要的工作来抓,并从养路费收入中拨出专款用于此项建设。他们充分依靠山区县(区)、社(乡)力量,广泛发动群众,采取了民办公助、先易后难、先通后畅的原则,收到了实效。1982年,全市郊区263个公社,除门头沟区北岭公社因路面太窄无法通车外,其他各公社都通了长途汽车,长途汽车线路由1976年的113条增加到203条。怀柔县北湾子大队的两位社员清晨登上去怀柔县城的长途汽车,当天中午就到了北京城,他俩高兴地说:"我们打早就想亲眼瞧瞧天安门,只是交通太不方便。今年长途车开到咱村,咱山区群众可乐呵哩。"[1] 山区农村公路建设不仅为群众出行、旅游提供了便利,还有力促进了经济发展。

通往景点的众多交通方式

20世纪80年代初,公共交通部门为满足群众节假日旅游出行需求,围绕最受人们欢迎的动物园、明十三陵、颐和园等旅游胜地,先后增开北京站、红庙、东直门至动物园,德胜门至长陵,丰台、前门、东大桥至颐和园等多条节日专线。为方便去香山公园看红叶的游人,在观赏期内,每周日为游人增开30部由动物园至香山公园的直达快车,同时运营香山至卧佛寺的旅游专线车。

由于暑期前往门头沟区龙门涧游览的群众不断增多,从1981年7月1日起,市长途汽车公司特意增开展览路至燕家台的长途班车,每天早上7点从展览路发车,下午3点由燕家台返回,提前一天在展览路长途汽车站售票。随后陆续恢复开往潭柘寺、密云水库、上方山云水洞等多条旅游路线,并承办去八达岭、十三陵、密云水库、十渡、东陵、西陵、盘山、蓟县独乐寺、承德避暑山庄、北戴河等地的集体包车业务。

---

[1] 《本市长途汽车线路增至203条》,《北京晚报》1982年10月10日第1版。

出租汽车是城市旅游公共交通的重要补充。从 1979 年起，北京市出租汽车公司以前门为起始点，先后开辟至香山颐和园、十三陵八达岭、东陵、八大处、西陵、密云水库、承德、北戴河、潭柘寺、周口店 10 条旅游专线。为方便游客到承德游览，承办北京至避暑山庄旅游专线业务，路程往返 560 公里，游览期为三日。早 6 点半从前门出发，当天中午到达承德，每隔三天发车一次。游人们可饱览避暑山庄的自然风景，还可畅游普宁寺、行宫、小布达拉宫等外八庙，旅行中的吃喝住行玩均由公司负责安排，还专门为旅行结婚的游客备有房间。随后又开始经营一日五游业务，其游览景点为定陵、长陵、神路、十三陵水库、八达岭，日平均发车 60 辆。[①]

景区规划游览线路，为旅游者提供了更加便利的游览工具。位于昌平区的十三陵水库，四周群山矗立，特别是北岸巍峨的蟒山拔地而起，宽阔的水面，倒映群山，给人以"高峡出平湖"之感。山脚与水面的衔接，形成多处水湾港汊，景色幽静宜人。1981 年 9 月，十三陵水库管理处为方便群众游览水库周围的风景区，开辟了一条库区游览专线，线路从昌平发车，直达十三陵水库大坝，然后环湖行驶，经过长陵到达定陵后返回，每天安排 6 次往返。

胡同是古都北京的一张金名片，北京的许多人文景观、名人故居、各色会馆，大都遗存于狭窄的街巷胡同里。于是，人力三轮车作为一种游览通行工具，重新出现在世人面前。这种在胡同中穿行自如、停行便捷的人力三轮车，受到国内外游客的青睐，成为北京一道独特的人文风景线。

古老的街巷，悠长的胡同，时有这样的情形出现：一辆辆载着游客的人力三轮车，伴随着清脆的铃声穿梭而行。师傅们一边蹬着车，一边用熟悉的京腔，向客人介绍着京城的风土人情。而此时坐在车中的游客，往往都会在一饱眼福的同时，以这种特有的方式感受着北京的古都文化。

随着北京各种交通设施的改善，旅游交通建设更加安全便捷。全市主要游览参观点大多开通旅游汽车，旅游专用车辆从 1978 年的 2000 辆增加到

---

① 北京市地方志编纂委员会编著：《北京志·旅游卷·旅游志》，北京出版社 2006 年版，第 192 页。

1984年的4700辆。① 这些不仅为国内外旅游者提供了较好的交通条件，也促进了北京旅游业的快速发展。

五、旅游学院的筹建与人才培养

随着国家"对外开放，对内搞活"政策的实施，以及旅游业的兴起，北京旅游业对旅游从业人才的需求也越来越迫切。为缓解旅游人才紧缺的状况，北京市积极推动筹建北京旅游学院，建立了中国第一所培养旅游专业人才的高等学府，被誉为中国旅游本科教育的先行者。在这里，诞生了中国第一个旅游管理系，编撰了中国第一批旅游高等教育教材，培养了中国第一代旅游本科毕业生。

从二外分院到旅游学院

北京旅游学院的筹建，还要从北京第二外国语学院分院说起。

1978年，北京市委市政府决定建立36所大学分校，扩大招收一批考生入学，北京第二外国语学院也受命筹建分院。北京市委从北京市有关企业、事业单位抽调领导干部，组成分院党的领导小组负责分院的日常工作。教学业务由北京市高教局指导，日常教学工作由北京第二外国语学院派干部和教师担任，使用北京第二外国语学院教学计划和教材。日常行政、后勤工作则由原北京73中留下的部分人员及新调入人员负责。

为解决师资和教学设备问题，二外本院抽调18名英语教师、9名法语教师、8名日语教师、2名政治课教师、5名体育教师和6名汉语教师到分院任教，并派了8名教学管理干部和4名电化教学管理人员到分院工作。此外，市委又批准分院从国外聘请15名外籍教师和专家。北京市高教局给分院配备了两套32个座位的语言实验室设备、音像设备。二外总院给分院调拨了录音

---

① 北京市社会科学院编：《今日北京》，北京燕山出版社1986年版，第432页。

机、放映机和一批图书资料、办公设备等。①

经过精心筹备,1978年12月,二外分院诞生了,4000平方米的小楼,半个篮球场大小的活动场地,竟浓缩了从院长办公室到教室、教务处、图书馆、医务室等若干办学机构,而工会、团委、总务部等部门只好立锥于低矮潮湿的活动房内。12日,二外分院开始启动招生工作,计划设置英语、法语、日语三个专业,培养方向为外语口译、笔译和部分大、中学外语教师,学制四年。

二外分院的招生录取工作按照市委要求紧张有序开展,首批共录取新生497人。其中,英语专业10个班275人;法语专业6个班117人;日语专业5个班105人。

1979年2月5日,正值正月初九,浓浓的年味还未褪去,二外分院迎来了建院第一次开学典礼。一大早,北京工人体育场彩旗飘扬,料峭春寒,师生怀着喜悦的心情,参加隆重的开学典礼。北京市高教局领导、有关专家和北京第二外国语学院领导、分院中外教师、首批新生,共同见证了这一隆重时刻。

二外分院的教学生活条件比较艰苦,面临的困难很多,学院没有餐厅和宿舍,学生走读,教师"走教"。但这些都不能浇灭师生的热情,他们信心满满,克服了一个又一个难关,推动学校正常教学工作开展起来了。

学院的任课教师大部分是"文化大革命"期间毕业的"工农兵"大学生,虽然年轻,但他们耐心细致、责任心强,为搞好教学,他们起早贪黑,不辞辛苦,有的甚至就住到分院的办公室里。黄昏时分,老旧的教学楼办公室里总会透出点点灯光,那是教师们正在灯下备课或是辅导学生。他们把对教育事业的无限忠诚融在自己的心血和汗水里,含辛茹苦,夜以继日,迈着艰难的步伐,开创着学校的美好未来。

1980年初,我国旅游事业发展迅速,北京旅游业也焕发出新的生机,新建旅游饭店如雨后春笋般不断涌现,对高质量旅游饭店管理人才的需求强烈,

---

① 本书编委会编:《北京市普通高等学校招生年鉴1977—1991》,教育科学出版社1992年版,第1313页。

而当时北京高校并没有开设这样的专业,只是在旅游经济等相关方面有所涉及。考虑到旅游和外语专业的相关性,北京市决定原北京第二外国语学院分院转型为培养旅游专门人才的学院。王洪滨参与了中国本科旅游专业的创建,是早期从事旅游教育科研的学者之一。他回忆,1979年末,北京第二外国语学院副院长兼分院院长的李越然找到他说:"改革开放后,旅游业在中国要有巨大的发展,急需一大批懂旅游管理的外语人才,李先念副总理指示要办一所旅游学院,国家旅游局和北京市旅游局正在着手准备,我院领导小组讨论决定,二外分院应该争取办成一所具有旅游特色的外语学院。"①

当时,对于高等旅游教育,没有先例可循。他们经过一番认真的讨论,决定先写一份申办报告。其后,由王洪滨起草了一份《申办旅游学院及旅游管理专业》的报告,李越然分别呈交给时任全国人大常委会副委员长、国务院旅游工作领导小组副组长廖承志及国家旅游局、北京市旅游局。在得到国家旅游局、北京市旅游局的支持和肯定后,1980年5月,设立旅游学院及旅游管理专业的筹备工作拉开了帷幕。

首先,遇到的问题是旅游专业建设方针、教学计划。那时,因为没有现成的经验可供参考,他们就积极与业界商讨,时任北京市旅游局局长、北京饭店第一任总经理的张忠实,经常提出一些建设性的意见。王洪滨等又南下上海、杭州考察,拜见时任上海市机关事务管理局副局长、锦江饭店总经理,认为"从事现代旅游业的人,最主要的是职业素质、服务意识与管理企业的实际能力"。他们又去上海旅游高等专科学校、杭州大学经济系,与相关人员交流意见。随后,他们根据考察所得,并研读美国、瑞士、德国和日本等国的资料,终于写成教学计划、专业课程,"第一个旅游管理专业本科教学计划初步形成"。

其次,是关于师资问题。由于旅游管理专业在中国是首次开设,缺乏该专业的教师,他们就从高校的相关专业、从业界聘请人来上课。比如,旅游

---

① 王洪滨:《在旅游高等教育发展的最初日子里》,张广瑞、刘德谦主编:《旅游绿皮书:2008年中国旅游发展分析与预测》,社会科学文献出版社2008年版,第83—85页。

地理课，请中国科学院地理所的专家来讲授；旅游资源观赏和规划课，请北京大学的专家来讲授等；至于其他一些实操性强的课程，则请业界的人士来讲课，如饭店总体管理、餐饮管理、客房管理和人力资源开发等，请建国饭店的4位高层管理人员分别讲授；导游课，则请中国国际旅行社的著名导游讲授。同时，招聘了一些关心旅游事业的专家学者，分别担任各门课程的专业教师。

北京第二外国语学院分院（北京旅游学院筹备处）

1980年9月，经国家教育部批准，北京第二外国语学院分院成立北京旅游学院筹备处。北京旅游学院（筹）将"为北京培养旅游业的应用人才"作为办学目标，学制4年。旅游管理专业的设立，立即得到北京市旅游局领导和有关企业的积极支持，也受到有志于从事旅游饭店经营管理青年学生的欢迎，150名78级英、日、法语专业的学生，自愿改学饭店管理专业。9月3日，北京旅游学院（筹）在北京工人体育场举行开学典礼，廖承志亲自为学院题写了"北京旅游学院"的校名①。就这样,我国第一个大学旅游管理专业正式建立。

人才培养目标初见成效

当时,全国高校对开设旅游管理专业可以说是毫无经验,既没有专业对口教材,也没有可供借鉴的教学计划。社会上对旅游学科的认识也十分肤浅,许多人认为旅游只是吃喝玩乐、游山玩水的事情,没什么学问,登不了大雅之堂,怎么可以在大学里办这样的专业?旅游学到底是不是一门科学,它的研究对象和任务是什么?

但是,旅游学院(筹)师生却清楚认识到现代旅游不仅仅是单纯的经济活动,而是涉及政治、经济、文化各个方面的社会活动,是一门新兴的交叉学科。他们认为,旅游教育应当同北京旅游事业的发展相适应,确信这个专业必定能在实践中发展起来。大家抱定边学习边实践的精神,终于在国内探索出一个相对成熟的旅游本科专业。

北京旅游学院(筹)陆续编写出一批具有一定水准的讲义和教材,很多填补了中国旅游学研究和教材建设的空白。其中《旅游概论》《旅游市场》《饭店管理》《旅游管理》《旅游经济》《管理基础》《旅游心理学》《旅游工作者的礼貌礼仪》等几十本教材公开出版,有的被列入全国旅游院校的统编教材。在课程设置方面,为了加强学生的综合素质和技能培养,学院开设了包括饭店服务、餐厅服务、形体训练、北京导游、导游规程、中西餐工艺、成本核算等在内的近50门专业和实践课程。同时,学院把实习活动作为教学的重要环节,增加学生的实习时间,加强学生实践能力的培养和锻炼。学生毕业前至少要经过三次实习,即入校第一学年到饭店参加劳务实习,使他们对饭店有一个初步了解;第二学年,到饭店进行专业实习,夯实专业基础;毕业前夕,到饭店进行毕业实习,检验学习成果。学生们在三次实习中充分

---

① 至1983年前,北京旅游学院无独立法人地位,其学员仍由北京第二外国语学院颁发毕业文凭。

了解了饭店管理的全过程，毕业后到工作岗位开展工作更加顺畅。

对于旅游专业人才来说，外语是他们工作的重要工具。因此，学院在不断加强专业知识培养和实习锻炼的同时，高度重视学生的外语学习。由于旅游学院（筹）不是单一的外语学院，要用二分之一甚至更多的时间学习专业基础课和旅游专业课，外语课时不可能与一般外语院校相同。为了解决外语课时不足的矛盾，学院除课堂教学外，一方面充分利用电化教学设备和开展课外活动，创造语言环境，在尽量短的时间内使学生外语过关；另一方面利用外籍专家和教师优势，对一部分专业课程采用外语讲授。学院要求一、二年级打牢外语基础，突出语法和听说训练，三、四年级攻破专业外语，有目的地扩大阅读范围，增加专业词汇，加强写作及外语文章的翻译训练。同时，学院尽量多地用外语讲授包括旅游市场学、营销学、公共关系学、对象国概况、语言技巧等在内的专业课程，使专业课和外语课融为一体。

1983年，北京旅游学院（筹）的首批毕业生顺利毕业，被分配到北京建国饭店、北京长城饭店等新中国第一批合资饭店，成为旅游业的一支生力军，缓解了北京旅游饭店业人才短缺的燃眉之急。这是我国第一批旅游饭店管理专业高等教育本科生，其大部分成长为中国旅游事业的骨干力量。旅游学院1979级饭店管理专业一名毕业生，是恢复高考后的第二届毕业生，也是最早走向社会、支援国家建设和发展需要的有志青年。在大学期间，她学习勤奋刻苦，成绩优异，还充分利用各种条件广泛涉猎，丰富各方面的知识，是旅游学院首位学生会主席。她毕业后专注于酒店事业，成为中国第一代饭店管理人才，曾担任中国大饭店副总经理、国贸饭店总经理、北京市旅游行业协会监事长、饭店专家委员会常务理事、饭店业国家级星级评定员等，被评为饭店业年度十大风云人物。[①]

同时，学校又积极动员，让其中一部分优秀毕业生留校，充实到教师和管理队伍当中，使学校的教职工队伍保持生机和活力。

---

① 全国服务科技信息中心编：《2006中国饭店业年度十大人物》，《饭店现代化》2007年第2期，第18—29页。

然而，相对于旅游业的快速发展，北京市旅游专业人才数量不足、素质参差不齐的问题仍较为突出，特别是旅游行业管理干部、中高级管理人员十分紧缺，旅游业的服务质量和企业水平仍低于国内多数行业。以当时的华都饭店为例，共有各级管理人员95人，其中无学历者49人，占52%。[①] 专业管理人才的严重缺乏，很大程度上制约了企业的发展和服务水平。而首都北京在中国国际旅游业中，自然应该具备更高的行业标准。改变现状的当务之急，就是培养大批既懂外语又懂旅游专业的管理人才。

不断调整优化办学方向

为了满足社会对旅游管理等各类人才的急切需求，北京旅游学院（筹）不断加快旅游教育的发展步伐。1983年新设旅游英语、旅游日语专业，饭店管理本科专业也扩大招生，共招收新生110名。[②] 同年，经北京市批准，开始在旅游系统科级以上在职干部中，招收二年制的饭店管理干部专修科学生，经过成人高考选拔，共录取学生44人，组织脱产学习，颁发大学专科文凭。这一办学层次，受到许多旅游企业的欢迎和支持。例如北京京伦饭店，每年有计划地派出5名干部，通过入学考试，进入干部专修科学习，几年后该饭店从副总经理到部门经理，大部分都完成了专修科培训，取得大专学历，大大提高了企业管理人员的专业素质。

北京旅游学院（筹）根据社会需求及时调整专业，多层次办学的做法不仅受到了国内旅游行业的肯定和欢迎，同时也得到了外国旅游专家的赞扬。夏威夷大学旅游学院院长朱卓仁在访问北京旅游学院（筹）时说："我参观了中国几所旅游院系，你们的路子比较对头。像个旅游学院的样子……旅游学院千万不要办得太大，要小巧玲珑，小则应变力强，可以根据社会需求，

---

① 北京旅游学院调研小组：《旅游经济管理人员的知识结构与学历层次剖析》，《旅游论坛》1986年第2期。
② 本书编委会编：《北京市普通高等学校招生年鉴 1977—1991》，教育科学出版社1992年版，第1314页。

及时调整，收到快出人才的效果。"① 尽管当时北京旅游学院（筹）的师资力量、办学条件相对较弱，但正是因为学院的专业适应了旅游业发展的需要，培养出了应用型人才，在社会上站住了脚，得到社会的承认并快速发展。

为不断优化旅游教育，加速旅游人才培养，北京旅游学院（筹）对毕业生工作状况和用人单位满意度做了一次比较全面的调查研究。学院采取到用人单位座谈、个别询问、向用人单位发调查表和对每个毕业生发调查表等方式，分别从毕业生本人和旅游企业两个方面开展调查。

北京旅游学院（筹）向毕业生发送的信件，从外语教学、讲座课和实习课等三个方面收集学生反馈，共收到回信48封，从反馈内容看，毕业生对在学校学到的知识技能基本满意。外语方面，由于在校受到任课老师严格训练，语音、语调、语法等基本功掌握扎实，为他们日后在实际工作中灵活运用创造了必要条件。也有毕业生在回信中建议学校重视口语教学的同时，希望加强在校学生外文写作，特别是外语应用文体写作的能力。讲座课方面，绝大部分毕业生认为，学院讲座课办得很好，有特色，很适合毕业后工作的需要。他们切身感到学院开设的园林、建筑、文学、音乐、美术欣赏、中外风土人情、礼貌礼仪、宗教、时事政治等系列讲座使他们开阔了视野，增长了知识，受益匪浅。毕业生建议母校继续举办包括现代管理、旅游知识、电脑技术、现代科技以及著名饭店、旅行社的历史等知识在内的讲座课，使学院讲座课系统化、规模化，成为学院教学的一个特色。实习课方面，毕业生反映学院组织的实习课程针对性很强，使书本知识能够在实践中得以消化和吸收，既锻炼了专业知识的运用能力，又锻炼了工作能力。

学校认真收集了毕业生的意见建议，决定进一步改进学生的实习课程。一方面，逐步开设更多层次的实习课，使实习与课堂教学紧密结合起来，学用相长，以巩固和掌握所学内容；另一方面，学校计划在饭店实习中增加更多场景和环节，使学生从最基础的服务员岗位开始锻炼，以达到真正熟悉、了解、精通旅游相关业务，培养出能力素质更为全面的旅游管理人才。

---

① 魏庆芳：《适应社会发展，培养应用型人才》，《旅游学刊》1991年第1期。

> 首都建设新风貌

在向用人单位发放的调查表中，共设计了责任感、分析解决问题能力、组织能力、外语水平、身体状况、外事纪律、风度修养、知识面等八项评价指标。此次调查共收回调查表 137 份，从统计结果可以看出，用人单位对北京旅游学院（筹）毕业生的各项素质评价基本在"满意"和"很满意"区间内。依据加权平均分值，可以看出用人单位对学院毕业生的责任感、分析解决问题能力、组织能力和外语水平这四项素质评价尤为认可。

1985 年，为了增强各学院的学科优势和扩大规模效益，北京市对部分高等院校作出整合调整。3 月，经国家教委批准，市政府下发通知决定正式建立一所市属多学科综合性大学，定名为北京联合大学。北京旅游学院（筹）等 12 所学院并入联合大学。由此，北京旅游学院（筹）正式定名为"北京联合大学旅游学院"。旅游学院在北京联合大学领导下，继续开展多层次办学，既办四年制本科，同时积极发展多种形式的二年制、三年制专科，为北京旅游行业培养和输送人才。旅游专业人才培养的目标初见成效。

从二外分院、北京旅游学院筹备处，到北京联合大学旅游学院，旅游学院历经创办、转型、合并等阶段，不断发展，应时而变，在旅游高等教育战线上做过不少开创性工作，留下了拓荒者的足迹。其培养的专业人才不断被输送到旅游行业的各个岗位。

除了北京旅游学院外，全市有关高校、职业学校和部分饭店也加大旅游行业人才培养和培训力度。改革开放后，根据旅游事业发展需要，国务院批准将第二外国语学院划归国家旅游局领导。学院根据旅游事业需求，不断进行教学改革，增设朝鲜语、对外汉语专业和旅游管理、饭店管理、市场营销、国际贸易专业，成立了旅游科学研究所、旅游教育出版社和旅行社。北京市旅游局于 1981 年 3 月开办一所为旅游宾馆培养服务人员的职业学校，当年从高中毕业生中择优录选 500 多名学生，设餐厅和客房服务两个专业，建立了 13 个班，主要学习英语、餐厅和客房服务等有关基础知识。① 中国旅游总局旅游饭店学校也于 1981 年 10 月在东城、西城、崇文、宣武、朝阳、海淀 6

---

① 《市旅游局职业学校昨开学》，《北京日报》1981 年 3 月 25 日第 2 版。

个城近郊区招收841名学生，为丽都饭店、国际饭店、兆龙饭店培训服务专业、中餐和西餐烹饪专业人才。[①]

通过多方面的培养和培训，北京旅游行业形成了一支初具规模的接待和服务人才队伍。他们熟悉旅游工作，热爱旅游事业，服务态度热情友好，受到了中外游客的广泛好评。

[①]《中国旅游总局旅游饭店学校将在本市招生》，《北京日报》1981年10月7日第2版。

第五章
首都绿化美化

党的十一届三中全会后,首都生态环境建设进入历史发展新时期。五届全国人大四次会议作出全民义务植树运动的战略部署,北京城市绿化美化工作迎来新的发展机遇。北京市委、市政府以开展全民义务植树运动为契机,深入贯彻落实中央书记处四项指示和党中央、国务院十条批复精神,大力推进以公共建筑绿化、庭院绿化、道路及立交桥绿化为重点的城区绿化工作,不断加快郊区绿化步伐。南口、康庄、永定河等五大风沙区治理一期目标基本实现,荒山绿化造林取得明显进展,"门前三包"责任制的探索和建立取得实践成果,首都绿化美化工作迈出坚实步伐。

一、全民义务植树运动的开展

新中国成立后,北京市按照党中央指示要求,认真搞好荒山绿化,营造防风固沙林、开展小西山地区造林等,首都绿化建设有了新的发展,但首都绿化率低等生态环境问题,直至20世纪80年代依然存在。这与党中央要求、首都所处地位很不相称。植树造林、绿化首都势在必行。在党中央、国务院的统一部署下,北京市深入推动了全民义务植树运动,提高了首都生态绿化建设水平。

从植树节到全民义务植树运动

改革开放后,邓小平等中央领导十分重视植树造林工作。在邓小平的提议下,1979年2月,第五届全国人民代表大会常务委员会第六次会议决定每年的3月12日为我国的植树节①,号召全国各地广泛开展植树造林活动。

1979年3月12日,新中国成立后的第一个植树节,邓小平等党和国家领导人,来到永定河畔的大兴县庞各庄公社薛营大队,与1000多名干部群众一起参加植树造林活动。下午4时,邓小平一下车就从少先队员手中接过铁锹,扛在肩头,兴致勃勃地走向植树造林场地。植树过程中,他意味深长地说:"要让娃娃们从小养成种树、爱树的好习惯。"② 植树后,在市委第一书记林乎加的陪同下,饶有兴趣地观看了由机器进行的挖树坑表演。

当天,北京市各区县和部分工厂的领导干部带领群众,积极参加植树绿化活动。东城区委书记带领区委机关、区属各局、办事处干部共790多人,参加了新兴里小区的绿化植树活动。西城区委书记带领区委、区团委400多名干部,参加了月坛北街的植树绿化活动,挖了一条几百米长的绿篱沟,种下一批毛白杨树苗。宣武区委组织了300多名干部,在虎坊路小区和附近区域开展植树活动。市园林局领导带领机关干部60多人在西郊西颐路参加植树活动,首都钢铁公司、北京永定机械厂等单位也积极组织了植树活动。

大兴县大辛庄公社贺北大队,利用植树节广泛发动群众,积极开展植树造林活动。自3月12日起,大队和生产队两级干部妥善安排工作。许多社员抓紧时间,争分夺秒,提前完成任务。3天时间,共植杨树2.1万棵,果树1200棵、占地40亩。③ 平谷县委组织近千名干部、工人到王辛庄公社上营大队北山,与社员群众一起挖树坑。到3月17日,县直机关的同志共挖树坑

---

① 1985年3月,北京市第八届人民代表大会第四次会议决定每年4月的第一个星期日为全市的义务植树日。

② 中共中央文献研究室编:《邓小平年谱(一九七五——一九九七)》(上),中央文献出版社2004年版,第492页。

③ 《大搞春季造林 绿化美化首都》,《北京日报》1979年3月24日第1版。

首都建设新风貌

1900多个。大家你追我赶，争先为绿化祖国多做贡献，受到干部、群众的称赞。行动较快的通县，截至3月20日，共植树34万多株。

1979年，全市植树造林取得不小成绩，8个城区及近郊区共植树92万多株，超过计划任务的84%。1980年10月，共青团市委、市林业局、市园林局、市教育局联合召开青少年植树造林美化环境先进集体和先进个人表彰大会，50名植树造林美化环境的先进集体和100名先进个人获得表彰。①

1981年夏天，四川、陕西等地发生特大水灾，给国家和人民生命财产造成重大损失。无情的水灾引起邓小平的密切关注。9月16日，他特地找到中共中央书记处书记、国务院副总理万里："最近发生的洪灾问题涉及林业，涉及木材的过量采伐。中国的林业要上去，不采取一些有力措施不行。"他接着说："是否可以规定每人每年都要种几棵树，比如种三棵或五棵树，要包种包活，多种者受奖，无故不履行此项义务者受罚。可否提出个文件，由全国人民代表大会通过，或者由人大常委会通过，使它成为法律，及时施行。总之，要有进一步的办法。"②

他的建议很快得到了落实。10月19日和11月9日，中央书记处连续两次召开会议，讨论贯彻邓小平关于植树造林的谈话精神，一致同意邓小平的意见，并由国务院向全国人大常委会提交了决议（草案）。12月13日，五届全国人大四次会议通过《关于开展全民义务植树运动的决议》，规定每个适龄公民每年植树3—5棵的义务。③次年，国务院颁布《关于开展全民义务植树运动的实施办法》，规定："凡中华人民共和国公民，男11岁至60岁，女11岁至55岁，除丧失劳动能力者外，均应承担义务植树任务。"由此，一项绿化祖国、改善环境的重大战略措施开始实施。

1981年12月16日，首都绿化委员会成立，统一领导全市的全民义务植树运动和城乡绿化工作。12月23日，北京市第七届人民代表大会常委会第

---

① 《争当绿化美化首都的突击队》，《北京日报》1980年10月28日第1版。
② 中共中央文献研究室编：《邓小平年谱（一九七五—一九九七）》（下），中央文献出版社2004年版，第771页。
③ 曹应旺主编：《邓小平的智慧》，中央文献出版社2004年版，第165页。

十七次会议，通过《关于响应全国人民代表大会号召积极开展全民义务植树运动的决议》，号召全市人民积极行动起来，指出植树造林"是振兴中华、造福子孙后代的大事，是落实中央书记处关于首都建设方针四项指示的重要内容，是每个公民应尽的光荣义务"，要求"人人懂得植树造林的科学常识，懂得怎样植树，怎样管护；人人养成爱树护林的良好习惯"。

根据首都城市特点，北京市确定西起房山云居寺，东到平谷海子水库，绵延230公里半月形的前山脸区域，为全市全民义务植树的主要目标，并采取分片包干的形式划分义务植树责任区，由中央、北京市各有关单位承担。驻城区、近郊区的中央、中央直属单位，20%的人员负责本单位和城区绿化工作，其他都由北京市统一安排参加郊区义务植树活动。凡有植树义务的公民，都据实上报当地绿化委员会，作为分配任务的依据。

全市各级职能部门，着力做好苗木供应，为全民义务植树运动的开展创造有利条件。全市各级苗圃林场大力开展育苗工作，荆子峪苗圃结合自身生产，开展不同播种期、浇水量、施肥量和遮阴方式实验，摸索培育壮苗的方法。大东流苗圃为了提高育苗质量，制定了不同树种育苗的用工定额。为提高育苗成效，全市推广了营养钵育苗技术。北京郊区多为石质山区，营养钵育苗技术不占耕地，还可以缩短育苗时间，而且钵体能储存一定水肥，提高成活率的同时，促进树苗更好更快生长。以油松为例，通过营养钵育苗，保苗率从50%提高到80%以上，造林成活率从60%提高到90%。平谷县最早开始推广营养钵育苗技术，在石质山区用营养钵育苗造林4万亩，成活率达到80%—90%。

为促进树苗成活，市、县业务部门在实践过程中大力推广了一些简单易行的好做法，如：海淀区绿化办在义务植树初期，最早提出树苗栽植后要埋草盖土、镇石，这样可以保持土壤水分，草沤烂后又可以增加土壤有机质的含量，提高土壤肥力；中国科学院在怀柔县荒山，利用浇灌设备实行了侧柏大苗裸根栽植技术；有的单位栽植幼苗时，采用套塑料袋或用塑料薄膜覆盖穴面，达到蓄水保墒、促进林木生长的目的。此外，铁道部、外交部等单位采取的混交栽种技术，也得到大力推广，即在责任区内营造混交林，火炬、黄栌、元宝枫等与柏树混交种植，增添了绿化美化效果，还起到预防病虫害的作用。

"要一代一代干下去"

邓小平倡导了全民义务植树运动，在实践中更是率先垂范、身体力行，每年的植树节他都积极参加植树活动。从北京的西山到昌平十三陵，都留下他拿着工具、俯身植树的身影。

1982年的植树节，他在前几天就对身边的工作人员说："植树节快到了，我们家今年每人至少要栽3棵树，要包栽包活。"植树节当天，邓小平一行来到西山，同部队指战员一起挥锹铲土，栽下一棵棵翠绿的油松。他精神饱满，一锹接一锹地把土培进树坑。工作人员劝他休息一下，他说："不累。一人栽三棵到五棵，我们要完成任务。"① 植完树后，邓小平观看了附近不同品种的树木，强调："植树要选好树的品种，要选那些长得快、能成材的品种。栽下后要有人管理，保证成活。植树不要占用好地。"② 1982年底，他在林业部关于开展全民义务植树运动情况的报告上作出批示："这个报告令人高兴。这件事，要坚持二十年，一年比一年好，一年比一年扎实。"

1983年的植树节，上午9点多钟，在早春三月略带寒意的晨风里，邓小平等中央领导同志乘坐几辆面包车，来到昌平十三陵水库附近的蟒山，中直机关造林基地参加义务植树劳动。他们走下车，有说有笑地来到植树场地。邓小平接过首都绿化委员会常务副主任单昭祥递上来的铁锹，笑着说："其实，靠我们这些人干不了多少活，植不了几棵树！主要是起个带头作用，倡导这么种精神。"他与胡耀邦一起来到一个树坑前，挥锹给树苗培土，不大一会儿就栽好一棵油松。邓小平扶着铁锹放眼远望，感慨地说："这个地方我还是二十多年前修十三陵水库时来过，好久没有来了，这里变化真大啊！"

对于当时的场景，时任十三陵林场副场长兼水库造林队队长的何志勇，

---

① 《邓小平到西山种松树》，《北京日报》1982年3月13日第1版。
② 中共中央文献研究室编：《邓小平年谱（一九七五——一九九七）》（下），中央文献出版社2004年版，第804页。

时隔多年仍是记忆犹新："咫尺之间，我看到神采奕奕的小平同志，挥锹填土，栽植一株大松树的情景。我还聆听到了小平同志的讲话：'植树造林，绿化祖国，是建设社会主义、造福子孙后代的伟大事业，要坚持 20 年、坚持 100 年……要一代一代干下去！'"①

1984 年的植树节，依然是上午 9 点多钟，邓小平等中央领导同志再次来到蟒山植树。去年的植树节，他们种下的一棵棵白皮松、桧柏，长势良好。邓小平一走下车，就拿起铁锹。旁边的人对他说："您前不久在福州植了树，今天又来这里带头植树。"邓小平说："植树是件大好事啊！"说着，他来到树坑前，挥锹栽下了两棵桧柏、一棵油松、一棵黄刺梅和一棵日本赠送的樱花，并给这些树苗都浇上水。同志们劝他休息一下，他摆摆手说："劳动嘛，就得出点力气。"他指着身边的小树说："十年总能看到它们成材吧！"

邓小平边劳动边问身边的北京市领导："这几年我们年年栽树，成活率怎么样？"当听到十三陵栽树的成活率达到 80%—90% 时，他很高兴。有人说北方连年干旱，影响树苗的成活率。邓小平挥着手说："老天不帮忙，就靠自己！"他望着远山近水说："十三陵风景区建成了，是非常漂亮的，你们一定要把这里搞好。"劳动结束时，北京市有位领导说："中央机关在植树中给北京市带了头，小平同志给全国人民带了头。"邓小平诙谐地说："我哪里带什么头噢，我担心当了尾巴！"一句话，逗得在场的人都笑了起来。②

邓小平身体力行参加义务植树的同时，特别重视军队在植树造林方面的带头作用。1982 年 1 月 5 日，他向中国人民解放军全军指战员发出指示："军队在植树造林中，要积极地多做工作，除搞好营区植树造林外，营区外十公里范围内，要与地方共同协商搞好植树造林。"③ 2 月 3 日至 11 日，解放军总后勤部召开绿化工作座谈会。会议传达了邓小平的指示，强调 1982 年是开展

---

① 《北京林业回顾》编委会编：《北京林业回顾》，中国林业出版社 2011 年版，第 157 页。
② 《胡耀邦邓小平等在十三陵植树》，《北京日报》1984 年 3 月 13 日第 1 版。
③ 中共中央文献研究室编：《邓小平年谱（一九七五—一九九七）》（下），中央文献出版社 2004 年版，第 796 页。

首都建设新风貌

全民义务植树运动的第一年,全军要按照邓小平的指示,在植树造林中带个好头。2月中旬,国务院、中央军委发出指示,要求解放军各部队认真贯彻邓小平提出的具体要求,除搞好营区绿化外,还要积极参加营区外十公里范围内的义务植树。

驻京各部队投入到全民义务植树运动中,为首都绿化造林作出积极贡献。司令员、政委等军官将领,带领广大战士植树种草。参加过长征的老红军、空军顾问石忠汉虽然年老多病,也主动参加植树活动。北京部队总医院政委和院长带领470多名干部战士,在团结湖地区参加义务植树,中午不回单位休息,午饭在现场解决。1982年,北京卫戍区部队超额完成营区内植树40万棵、新建400多个花池和花坛的任务,还积极与地方有关部门联系,主动承担了营区外的公路、公园等100多处绿化美化任务。有的部队还利用业余时间,帮助附近公园、机关、街道管理树木花草。1982年11月,全军植树造林总结经验表彰先进大会召开,邓小平题词:"植树造林,绿化祖国,造福后代。"[①]

首都各方面力量踊跃参与

邓小平等中央领导同志的率先垂范,对首都全民义务植树运动起到极大的推动作用。首都的全民义务植树日,成为首都各行各业参与绿化、美化首都的重要活动。

中央国家机关各部门及在京单位的各级领导,十分重视全民义务植树活动,他们克服实际困难积极承担植树任务,在北京郊区县积极建立义务植树责任区和绿化基地。许多领导同志主持召开相关会议,研究部署义务植树活动,亲自上山选点,带头参加植树劳动。1982年春天,一支白发苍苍的植树队伍在龙潭湖公园开展植树活动。他们是全国人大常委会和全国政协常委会的一些负责人,其中全国政协副主席包尔汉已达89岁高龄。政协副主席刘澜涛栽了一棵白皮松和一棵桧柏,每栽一棵他都仔细地把树的围堰拍打扎实。

[①] 中共中央文献研究室编:《邓小平年谱(一九七五—一九九七)》(下),中央文献出版社2004年版,第872页。

大家劝他歇一歇，他说："每人要种三至五棵树，我才种了两棵，不能休息。"① 他又接连种了好几棵。

林业部作为全国林业部门，把义务植树列入党组重要议事日程，每年多次召开会议研究部署，明确工作要求。部领导强调，一定要当好义务植树的排头兵，持之以恒，走在国家机关前列。部长多次带领司局级干部上山植树，主管副部长亲自挑选绿化办公室人员，组成得力的绿化班子。每年至少有一名副部长带队上山劳动，并形成制度。妙峰山林场大觉寺后山为林业部的绿化基地，为全力做好造林绿化工作，1984年修建了10间砖瓦房，作为劳动基地。②

原石油部勘察院的造林区，位于大觉寺海拔1000多米的高山上，单程就要3个小时的时间，而且山路崎岖，坡陡沟深，山上山下温差好几度。③勘察院的职工，面对这样的艰苦条件，没有被困难吓倒。他们为了减少上山次数，增加劳动时间，天不亮就启程，带上干粮，一干就是一天，有的同志连下山的劲儿几乎都没有了。石油情报所的造林点在昌平山区，植树造林的现实条件较差，为达到种一棵、活一棵，栽一片、活一片的要求，他们精心栽植、养护，让多年光秃秃的荒山也披上了绿装，还为山里的徐各庄村无偿打了一口水井，彻底解决了当地农民吃水问题。当村民喝上甘甜的井水，总念叨石油部给予的支持。

文化部外文印刷厂的义务植树区，臭椿、荆条、酸枣等乔灌木遍布整个沟坡，最初没有引起足够重视，有的还被除掉了。尤其在全民义务植树开始之际，大家对植树知识了解还不够，总是想着多挖树坑、多栽树。后来，他们认真查看了整个植树区域内野生树的分布情况，制定了抚育规划。经过3—4年的精心抚育，野生树都"蹿了个"，普遍高度达1.5—3米，远远超过

---

① 《白发老人挥锹种树造福后人》，《北京日报》1982年3月18日第1版。
②③ 北京林业志编委会编：《北京林业志》（上卷），中国林业出版社1993年版，第72、71页。

之前不足1米的高度。有的山沟的臭椿树已开始成林,被群众称为"臭椿沟"。①

市委、市政府各机关单位,主要领导带头上山植树,各部门积极派人参加义务植树劳动。市委办公厅和市委机关每周一轮换,有的部门由于临时工作任务紧急,不能按期组织人员上山,就在下一期增派人员,保证了义务植树任务的完成。主管全市自来水、燃气等公用事业的市公用局,先是在昌平区的流村乡开展义务植树活动,后来到该区的下庄乡义务植树。该乡有南北两座大山,山高坡陡,土薄石头多。为了保证树苗成活,公用局绿化队先后在山坡的不同高度,修了3个大型蓄水池,安装水泵、铺设引水管道等,使海拔500米以上高处栽的树也能浇上水,做到当年栽的树可以浇水七八遍,隔年栽的树浇水五六遍,3年下来,新栽植的柏树就长到4米多高。②

市计委系统共有市计委、物资局、地质局、劳动局、统计局、物价局6个单位,包括部分局所属的公司、工厂等9000多人承担义务植树任务。怀柔水库西侧500余亩山坡地,为全系统的义务植树责任区。为保证任务顺利完成,市计委系统多次组织相关人员上山选点。最初,有的单位担心生产任务重,参加义务植树会加重负担,积极性不高。市计委系统绿化领导小组反复开展思想工作,使他们转变了对义务植树的态度,开始踊跃报名。在实际工作中,市计委系统采取定期突击和常年绿化相结合的办法,即定期组织人力上山挖坑造林,还成立了绿化队长期驻扎在责任区造林,有力保证了全系统义务植树任务的完成。

市科委的义务植树责任区,在海淀区北安河乡狼窝村、大宫村一带的山上。针对石头多、土层薄、极度缺水的特点,市科委在义务植树过程中着力抓好两个关键因素,力求做到科学实效。首先是土,植树之前平整土地要做好,按照相关技术操作要求,层层进行技术培训,环环搞好严格把关。逐个山头、逐个单位进行检查,不合格的坚决返工,有的返工好几次。其次是水,

---

① ② 北京林业志编委会编:《北京林业志》(上卷),中国林业出版社1993年版,第72、73页。

针对责任区春天引水困难的问题，将栽树时间改为秋天，利用夏季水库能积水，采用移动式消防泵和水龙带等多级连续引水上山。市科委种植效果明显，"六五"期间，义务植树保存率达到95%以上。①

全市各区（县）扎扎实实开展植树造林。顺义县常年重视育苗，掌握了造林主动权，超额完成植树任务。平谷、昌平县积极开展植树造林，配备专人管护。有的公社积极组织植树劳动，早晨4点就到工地开始劳动；有的公社充分发挥妇女同志的力量，在公路两侧植树上千棵，搞出一条"三八"林带。朝阳区酒仙桥街道办事处从调查研究入手，先后组织10多人用两周时间，摸清楼房之间和居民院还未绿化的空地情况，对一些地方因缺株、死树需要补植的地方也做了详细了解，把植树任务具体落实到各单位。

全市广大干部群众、各条战线的劳动者，积极参加义务植树，不断掀起城乡义务植树运动的高潮。有位超过了义务植树规定年龄的老人，带领全家老小赶到植树工地。永外办事处李村东里居委会主任聂淑泉行动不便，也积极参加植树，别人劝她不要参加了，她却说："中央领导同志那么大年纪了还带头植树，我这点病不算什么。"②

首都青年学生积极植树，有的营造"青少年林"，有的绿化"青年路"等。60多所高等院校在郊区建立了责任区，1982年，北京建工学院、北京师范大学、中国人民大学等6所院校在密云水库造林区域内建起造林基地4000多平方米。③ 1982年3月21日，全市绿化重点地区之一、石景山区的老山，开始了一场营造青少年林的劳动。8所中小学的3000多名学生，在老山脚下参加植树活动，他们把树苗一棵棵地栽种在树坑中，端来清水细心地浇在树苗根上，又细心地培土、踩实。看着一棵棵栽好的树苗，同学们脸上乐开了花，纷纷表示，"不但要种好，还要管好，让每一棵小树都快快长大"。

---

① 北京林业志编委会编：《北京林业志》（上卷），中国林业出版社1993年版，第73页。
② 《城乡义务植树运动掀起高潮》，《北京日报》1982年3月22日第1版。
③ 北京市地方志编纂委员会编著：《北京志·农业卷·林业志》，北京出版社2003年版，第192页。

首都全民义务植树运动取得显著成效，城乡绿化面积不断增大。1982年至1985年，中央、市、县共计1071个单位120多万人，在18万亩义务植树责任区内植树3000多万株，成活保存率达80%以上，平均每人栽活树21棵。十三陵、八达岭、妙峰山、潭柘寺、怀柔水库、密云水库等重点地区绿化面貌一新，耸立的群峰、绵延的山坡、静卧的土地穿上靓丽的绿色新装。

二、首都绿化委员会成立

为深入推动首都全民义务植树运动开展，动员社会各方面力量把首都绿化工作搞好，改善和美化首都环境，国务院决定成立由北京市市长、中央有关部门负责同志参加的首都绿化委员会，统一领导首都地区绿化工作。

组建各级绿化组织协调指挥系统

1981年，全民参加义务植树作为一项法律在全国实施。同年12月16日，国务院办公厅向北京市政府、国务院各部委、各直属机构发出《关于成立首都绿化委员会的通知》。[①] 通知明确，首都绿化委员会的具体办事机构设在北京市人民政府。北京市市长焦若愚兼任主任委员。6位副主任委员、18位委员，分别由国务院有关部委、中央国家机关、部队系统，北京市委、市政府的主要领导以及北京市有关委、办、局主要负责同志组成。

对此，万里表示，"应当特别强调，这个绿化委员会并非虚设，对上它是参谋，对林业、园林部门它发挥着指导协调的功能，它可以在一个义务植树日调动上百万的人马，浩浩荡荡。各位副主任来开会，回去以后才可能对所辖单位下行政命令，而并非通过绿化委员会直接分派什么任务"。

万里还特别点将单昭祥，担任首都绿化委员会常务副主任。1921年出

---

① 北京市园林绿化局编纂：《北京园林绿化大事记（1949—2019）》，北京林业出版社2019年版，第55页。

生的单昭祥，山东蒙阴人，新中国成立前从事革命工作，新中国成立后，曾任朝阳区委第一书记，北京市政法、农机、农村工作部等部门领导。在北京工作多年、熟悉情况的万里眼里，单昭祥是个能干事的人。1982年初，已经61岁的单昭祥，本该离休在家、颐养天年，面对新的使命，他毅然走马上任，投身到首都绿化建设事业中，一干就是15年，被称为首都的绿化功臣，获"绿化老人"荣誉称号。杨尚昆称赞说："单昭祥搞绿化是终身制。"迟浩田为他题词："蒙山高，沂水长，年年植树见昭祥。"

1982年1月18日，首都绿化委员会首次会议在市政府召开，听取关于首都绿化工作情况和开展全民义务植树运动初步意见的汇报，并进行讨论。这次会议的召开，标志着首都绿化委员会正式成立。

1月20日，首都绿化委员会召开第一次全体会议，单昭祥作《关于首都绿化工作情况和开展全民义务植树运动的初步意见》报告，就全民义务植树运动开展提出10条意见[①]，对义务植树运动的组织领导、办事机构，义务植树的任务重点，承担义务植树的人员范围，义务植树的地点安排，义务植树的管护，义务植树的苗木，义务植树的各项费用，检查评比和奖励、惩罚等，作出具体部署。

1月28日，经市委、市政府批准，首都绿化委员会办公室随即成立，负责首都绿化委员会的日常工作。据时任市农林局副局长逯庆选回忆，"受常浦同志指示，我向时任市长焦若愚、常务副市长白介夫及主管干部工作的市委书记和市委组织部部长手写了关于组建首都绿化委员会办公室的请示报告并获批准"。

首都绿化委员会办公室主任最初由市政府副秘书长、市农林办公室主任常浦担任，1983年5月单昭祥兼办公室主任。逯庆选主持首都绿化委员会办公室日常工作。办公室设秘书组、城区组、郊区组和部队组。秘书组设在市政府，负责宣传动员、组织协调，掌握动态、反映情况，以及承办

---

① 北京市园林绿化局编纂：《北京园林绿化大事记（1949—2019）》，北京林业出版社2019年版，第56页。

绿化委员会交办的任务等事项；城区组、郊区组分别设在市园林局、市林业局，承担城区、远郊区县植树造林的规划设计，任务划分、技术指导、人员培训、苗木培育以及检查验收等项工作；部队组最初由解放军总政治部群众工作部负责，后来改为北京卫戍区政治部群工处负责。

各区、县相应成立绿化委员会，并设立办公室。中直机关、中央国家机关以及市委、市政府各部委办18个系统，分别成立绿化领导小组，设立具体办事机构。[①] 各义务植树重点地区也设立了绿化施工指挥部，具体负责其范围内义务植树的各项工作。这样，从中央机关到市属各单位，再到各区县，初步形成了一个条块结合、统筹各方力量的绿化领导指挥系统，对全民义务植树运动的开展起到强有力的组织保障作用。

召开万人动员大会

首都绿化委员会成立的次月，即1982年2月，中央绿化委员会成立。万里为委员会主任，委员会副主任由林业部部长雍文涛、中国人民解放军总后勤部部长洪学智、国务院秘书长杜星垣、国家建设委员会主任韩光担任。2月27日，万里主持召开中央绿化委员会第一次全体会议，要求各地绿化委员会通过各种形式，广泛深入宣传全民义务植树的决议和国务院实施办法。强调各地在开展义务植树运动时，要与加快造林绿化结合起来，既要搞好义务植树，又要完成年度造林绿化计划。

1982年3月11日，全国植树节的前一天，首都绿化委员会在人民大会堂召开首都全民义务植树绿化动员大会，近1万人参加会议。万里到会作重要讲话，指出："中央绿化委员会已经成立，开始工作。目前全国已有27个省、市、自治区和370多个地区、县（旗）成立了绿化委员会，而且由主要领导同志担任委员。尚未成立绿化委员会的省、市、自治区和地、县，要尽快把绿化委员会成立起来，统一领导本地区的义务植树和整个造

[①] 北京市园林绿化局编纂：《北京园林绿化大事记（1949—2019）》，北京林业出版社2019年版，第57页。

林绿化工作。"①

1982年3月12日，《人民日报》头版刊登北京召开万人动员大会迎接植树节新闻。

针对北京的绿化工作，万里在讲话中强调："希望北京带个头，在绿化首都、改善环境等方面，做出更大成绩。在京的中央党政军民机关、团体、事企业单位和驻京部队，要在首都绿化委员会的统一领导和部署下，积极行动，成为表率。通过全市人民的努力，尽快把我们的首都建设成为绿树成荫，百花盛开，绿草铺地的优美、清洁、具有第一流水平的现代文明城市。"

焦若愚主持大会并讲话，要求大力宣传五届全国人大四次会议关于开展全民义务植树运动的决议，做到家喻户晓、深入人心，把各行各业、男女老少都动员起来，人人动手，坚持不懈，为绿化首都作贡献。

会上，北京军区、市总工会等5个单位代表发言。北京部队副政委吴岱说，"中央军委主席邓小平同志最近指示我们，军队在植树造林中要积极地多

---

① 《尽快让首都绿树成荫百花盛开绿草铺地》，《北京日报》1982年3月12日第1版。

做工作，除搞好营区植树造林外，营区外十公里范围内，要与地方共同协商搞好植树造林"。北京市总工会主席代表全市广大职工发言说：参加全民义务植树运动是每一个工人义不容辞的责任。工人阶级是国家的主人，是伟大祖国的建设者和美化师，在这次全市开展的义务植树运动中，我们首都职工一定要当先锋，做表率。

首都农民代表、房山区十渡公社社员表示，要发动广大社员群众完成或超额完成每年义务植树任务，通过义务植树开展推动社队集体造林和社员个人植树造林，把郊区林业建设推向一个新阶段。同时热烈欢迎首都各行各业的同志们，到郊区义务植树，保证做好各项准备工作。

共青团北京市委书记代表全市共青团员和青少年在大会上表示，要把开展义务植树，绿化、美化首都作为学雷锋、树新风，深入开展"五讲四美"活动的一个重要内容。1982年要努力做到，山区青年每人育苗一分地，绿化半亩山；平原农村青年每人育苗十五棵，栽活十棵树。城镇青年重点把所在的工厂、学校、机关、商店、街道和庭院绿化好、美化好。少先队员要每人养活一盆花，有条件的团组织和少先队还要组织青少年因地制宜营造"青年林""青年绿地"等。

市妇联主任代表各级妇联组织发言说，广大妇女是植树造林的一支重要力量，要充分发挥这支力量的作用，动员妇女努力完成或超额完成国家规定的任务，有条件的地方，要组织妇女营造"三八"林、"妇女"林等，组织妇女成立植树专业队。人人争当义务植树的积极分子，家家争当义务植树的模范。①

首都万人动员大会之后，3月19日，首都绿化委员会组成人员，在大兴县半壁店公社西沙窝大队开展集体植树活动。植树过程中，天空飘着小雨，委员们干劲十足。焦若愚说："过去植树造林，只重栽不重管，成活率很低，造成人力物力的浪费。搞全民义务植树，一定要做扎扎实实的工作，不搞形

---

① 《在全民义务植树绿化首都动员大会上万里同志的讲话》，《北京日报》1982年3月12日第1版。

式主义,不能靠大轰大嗡,要保证种一棵活一棵。"①

为进一步做好组织发动工作,3月31日,首都绿化委员会又召开专门会议进行部署。焦若愚在会上指出:"义务植树是对全体公民的要求,只有年龄上的区别,没有职业上的区别,全市公民都要积极参加义务植树。"② 会议强调,要把任务落实到单位和人头,每年全市要有100万人上山。各系统要做出植树、管护的长远规划,都要树立样板,一年检查评比几次,开总结大会进行表彰,通过奖励先进、带动后进,全力搞好植树造林。自此,在首都绿化委员会的统筹领导下,一场轰轰烈烈的全民义务植树运动开展起来。

全力推动首都绿化造林工作

首都绿化委员会积极做好全民义务植树的宣传发动工作,利用报纸、广播等宣传媒介进行宣传报道,提高全民的绿化意识和生态意识。1982年4月29日,委员会在中直机关义务植树造林责任区召开机关分片义务植树现场会,听取中直机关造林站的负责同志汇报工作经验。国家机关、驻京部队和全市13个系统及所属局级单位、郊区各区县、区主管绿化工作的负责同志,近300人参加会议。③

中直机关在十三陵设了2个造林站,共3000亩地。机关全体人员克服困难,每周轮换1次,每期约300人到责任区植树。4月12日,第一批造林队280人开赴十三陵,两周内挖坑7400多个,每人每天平均挖2.8个。焦若愚在现场交流会上强调,植树造林可以发挥多种效益,而义务植树本身既是物质文明建设,又是精神文明建设,通过开展植树造林起到锻炼人的作用。各单位都要建立健全组织,像中直机关那样把这项工作放到重要议程上来,扎扎实实搞好1982年的全民义务植树的起步工作。

针对绿化造林中的重点难点问题,首都绿化委员会推出首都绿化建设五年发展规划、年度计划和专项规划等一系列政策措施。制定绿化考核检查制

---

① 《首都绿化委员会部分成员到大兴县植树》,《北京日报》1982年3月21日第2版。
②③ 北京市园林绿化局编纂:《北京园林绿化大事记(1949—2019)》,北京林业出版社2019年版,第58页。

度，每年春秋两季，委员会组织开展城区、近郊区和远郊区县的绿化检查，由市委、市政府主要领导和市人大、市政协相关领导带队，区县委书记、区县长，以及市委、市政府有关委办局的主要负责人参加。

为抓好全民义务植树任务的落实，经市政府批准，4月12日，首都绿化委员会发布《关于印发〈全民义务植树考核证书〉的通知》[①]，对发放范围、任务核定办法、考核办法等作出规定。如关于义务植树任务的核定，证书规定：区县绿化委员会和中央、市属各系统每年对其所属单位进行核定；每个单位每年要对其应当义务植树的公民考核一次；国家单位、城市居民庭院和城镇公共绿化，由所在区县绿化委员会检查；到郊区义务植树的，由各系统逐级考核，当地区县绿化委员会监督检查；农民义务植树由公社考核等。

制定绿化先进表彰制度，委员会每年在人民大会堂召开首都绿化表彰大会，表彰为首都绿化作出贡献的先进单位和积极分子。1982年7月，首都绿化委员会发布《关于评选城市绿化先进单位和绿化先进分子的通知》，对评选条件等作出明确规定。[②] 如关于绿化专业队的先进评选标准，通知提出四项要求：植树、铺草计划完成任务好；植树绿化平均成活率高，不低于95%，草坪覆盖率高，不低于90%；绿化工程质量好，符合设计要求和施工规范标准；合理使用投资，降低工程造价有成效等。经过层层评选和严格把关，10月18日表彰大会在北展剧场召开，空军机关大院、公安部、首都钢铁公司、北京电子管厂、北京积水潭医院等20个绿化红旗单位，林业部、北京部队总医院、朝阳门街道办事处、北京市第五十五中学等119个绿化先进单位，西南郊苗圃工人王大明等绿化模范和先进个人获得表彰。

首都绿化委员会的成立，一改过去绿化造林工作条块分割、力量分散的局面，城乡一起抓，以市带区县、区县促乡镇的新局面开始形成，首都绿化造林工作进入一个全面发展的新时期。成立当年，植树造林工作取得显著成

---

① 《首都绿化委员会关于印发〈全民义务植树考核证书〉的通知》，北京市档案馆藏，档案号010-003-00174-00050。
② 《首都绿化委员会关于评选城市绿化先进单位和绿化先进分子的通知》，北京市档案馆藏，档案号088-003-00190-00071。

绩，全市参加植树人数达400万人次，为历史罕见。

三、城区绿化结硕果

北京的城市绿化工作，在新中国成立后的几十年里取得了很大发展，但总体水平还比较低。1980年北京市人均占有公用绿地只有3.9平方米，城市绿化覆盖率20%，远低于世界上一些国家首都的绿化水平，与国内不少大中城市相比也有不小差距。为尽快改善首都城市环境，市委、市政府采取一系列有力措施，广泛发动群众，着力推动了以公共建筑绿化、庭院绿化、道路立交桥及河湖绿化为重点的城区绿化工作。

公共建筑绿化

公共建筑绿化，包括广场及干道两旁的大型建筑，纪念堂、博物馆、宾馆（饭店）等及其附近区域内绿化。新中国成立后，市园林部门根据建筑物的规模、性质以及所处位置，对公共建筑进行了不同程度的绿化。改革开放后，市园林部门在绿化过程中注意把握公共建筑性质和特点的同时，进一步提升绿化品质，取得较好的绿化效果。

1977年建成的毛主席纪念堂是重点绿化工程，总面积5.72公顷，绿化面积2.14公顷。[1] 绿化工程于1978年5月开始施工，当月完工。纪念堂建设指挥部负责整个绿化工程，下设绿化和花卉两个分指挥部。

整个纪念堂的绿化主要包括两部分：紧靠墙基的基础栽植和建筑外围的绿化带。基础栽植有6米宽，呈整齐排列，种植52个修建成形的黄杨球，南北入口两侧各栽云杉4株，云杉和黄杨球之间栽植花卉。外围绿化带有30米宽，与天安门广场的绿化相协调，以常绿树为主，疏密高低相配。[2] 南北两侧

---

[1] 中共北京市委城市建设工作委员会编：《北京市城建系统党史资料纪事汇编（1949—2000）》（上），中国工商出版社2004年版，第732页。
[2] 北京市地方志编纂委员会编著：《北京志·市政卷·园林绿化志》，北京出版社2000年版，第290页。

首都建设新风貌

绿化带因相邻环境不同，布置手法各异。东西两侧绿化带，分别为草坪、雪松等不同层次的绿化布置。

纪念堂绿化所用苗木，主要来自北京园林系统各单位，还有一部分来自全国各地。湖南韶山人民敬献了 20 株盆栽蜜橘，延安人民精选了 13 株枝繁叶茂、长势良好的油松，以此纪念毛泽东在延安"光辉的十三年"。① 陕西临潼人民送来 130 株盆栽石榴，广州市园林局送来 60 多株盆栽南洋杉，青岛市人民送来 40 株雪松，云南白族自治州人民送来 2 株盆栽山茶花，台湾旅日民会人士送来 40 株台湾绯樱，新疆石河子、东北虎林县林业局、小兴安岭林区、中央党校、空军司令部、总后勤部、清华大学、北京林学院等数十个机关单位送来精选苗木。③

市园林局广大职工克服重重困难，为纪念堂精心培育各种花木。由于工程要求提前竣工，布置花坛任务的时间由 8 月提前到 5 月。这个时间恰好是花卉的淡季，800 多平方米的花坛栽植任务充满挑战。广大花卉职工，满怀对毛主席的无限深情，集思广益，群策群力，采取新的技术，延长了春季花期，又提前了夏季花卉的开放时间。房山县南尚乐公社下滩大队，选派 10 名社员，带着精心挑选的 45 棵红果树，来到纪念堂绿化工地。他们小心翼翼地栽好一棵棵红果树。红果树栽好后，社员们仰望着毛主席纪念堂，心情十分激动，有人当场作诗："今日劳动很幸福，栽下棵棵红果树；毛主席恩情永不忘，红色果实映千秋。"

天安门广场及附近区域也进行了绿化建设。1977 年重新布置了革命历史博物馆、人民英雄纪念碑，以及正阳门两侧，共植 1000 多棵树、1 万多株绿篱，铺种 1.6 万平方米草坪。在革命历史博物馆的绿地外围种植灌木丛，绿地中间种植松、柏、杨、柳等树木，并装置园椅，提升了绿化效果，也方便游人休息。1983 年，拆除了天安门前金水桥两侧的观礼台，改建成 4 个花坛，总面积 5100 平方米，种植近 1 万株桧柏和黄杨，摆放鲜花 5000 多盆。

---

①③ 中共北京市委城市建设工作委员会编：《北京市城建系统党史资料纪事汇编（1949—2000）》（上），中国工商出版社 2004 年版，第 733 页。

1983年4月27日，金水桥整修绿化工程的最后一项工作，施工队拆除了设置在天安门城楼前的木板墙，天安门前呈现出全新面貌。雄伟的红墙和金水桥汉白玉栏杆，衬映着绿树、草坪、鲜花，使天安门显得更加金碧辉煌。花坛内草坪上涌起一个个球形的黄杨树丛，苍翠的桧柏和黄杨树维护着盛开的串红、月季。绿色的桧柏、火红的花朵、青葱的黄杨由天安门城楼向广场次第变矮，层次分明。新修的金水桥栏古色古香，桥下碧波荡漾。晚9点前后，花坛前围了很多观赏的群众，人们兴高采烈地指点着，谈论着。穿着工作服的几个小伙相约天气好时过来留影。两位外地的同志坐在桥栏旁小憩。岁数大的一位说，他们20世纪五六十年代都曾来过北京，每一次都赶上天安门修建，天安门广场越来越美丽了。

1983年天安门金水桥桥前绿化

宾馆（饭店）绿化也取得明显成效，一些宾馆（饭店）在原有基础上改造设施，拓展绿色空间。香山饭店、长城饭店等新建酒店的绿化建设，既美化了周围环境，也提升了酒店品质。贝聿铭先生设计的香山饭店，其绿化工程由市园林局负责设计，1983年夏季开始建设，10月完工。整个饭店的绿化由13个大小不等的景区组成。其中，主庭院景区占地7000余平方米，院内有百年树龄的银杏树及松柏树，1400平方米的人工水池，水池西面为9米高的假山，引水而下形成人工瀑布,取名清音泉。① 水池南岸有从南京石林运来的"飞云石",重13.4吨,巨大完整。除清音泉、飞云石外,主庭院还有烟霞浩渺、海棠花坞、流华池等景点。香山饭店的绿化建设继承和发展了中国传统的造园艺术,突出了北方园林特点,受到社会各界好评,1984年被评为全国优秀设计。

北京长城饭店的镜园绿化也是搞得比较好的一个典型。饭店绿化于1983年建设完成,镜园为主景区,位于饭店东侧,占地约1.4万平方米。镜园中心是面积为2400平方米的水池,称为"龙池",龙池的中心是一组喷泉,称为"百花喷泉"。镜园绿化以油松、白皮松为常绿基调树种,配以银杏、玉兰、元宝枫、柳树等,丰富了园林内容,增加了季节变化。园内还种植了垂盆草、蛇莓等地被植物,以及二月兰、龙头花等宿根花卉,起到装饰美化作用。饭店其他建筑小品的绿化,与环境主题一致,如在待月茶座周围种植翠竹,在听琴峡栽植青松,起到烘托作用。

庭院绿化

20世纪70年代后期,在绿化祖国、美化首都的号召下,市园林部门加快推进工厂、机关、学校、住宅区等庭院绿化建设。各区街道办事处普遍配备绿化专业指导人员,对绿化经费比较困难的集体或单位,在费用上给予一定补助。大量工厂、机关、学校的大院实现了三季有花、四季常青。

1977年以后,工厂绿化引起各方面重视,"文明生产、美化厂容"逐渐成为工业企业的评比标准之一,工厂绿化进入一个新的发展时期。北京电子管厂恢复了"文化大革命"期间几乎被解散的绿化专业队伍。仅1979—1980年的两年间,厂区就种植了侧柏、油松、黄杨、丁香、榆叶梅等各种乔灌木12万多株。到1982年,厂区绿化面积占全厂总面积的47%,占应绿化面积的95%以上,建有一个200平方米的花房和一个简易花棚,培育了大量的盆花和草花。

首都钢铁公司是一家大型钢铁联合企业,1977年以前,厂区内建设凌

---

① 北京市地方志编纂委员会编著:《北京志·市政卷·园林绿化志》,北京出版社2000年版,第303页。

乱，绿化水平很低。1978年以后，首钢公司党委结合企业整顿和环境治理，开始花大气力整顿厂容。公司首先成立了厂容办公室，对全厂绿化美化工作进行规划，并成立了一支近600人的厂容绿化队伍。经过数年努力，首钢绿化美化工作效果明显，到1982年绿化面积由4年前的5%增加到20.61%。厂区内道路绿树成荫，还因陋就简建起了19个大型花坛。厂容绿化专业队结合公司发展规划，拆迁了一个污染较大的预制品构件厂，利用空地建起一座占地5公顷的大型月季园，种植了近4万株花木，品种达110多个。月季园内小桥流水、曲径通幽、景色优美，被工人誉为"小昆明湖"。

全市机关、学校绿化自"文化大革命"结束后逐步恢复，在充分利用自身条件的基础上加大改造力度，着力搞好绿化美化工作，并不断向花园式发展。

航天部机关大院在绿化建设中结合自身实际，广泛发动群众大搞庭院绿化。自1981年起用两三年时间，清理院内废渣土1500立方米，更换新土拓展绿化条件，栽种乔木、花灌木，架设绿篱，铺设草坪，穿插建设小花池几十处，全院绿化面积占应绿化面积的93.7%，平均每人占有绿地6.7平方米，成了绿树成行、处处花香的花园式机关。

紫竹院小学占地5000多平方米，在校学生1000多人，绿化条件较好。学校在抓教学工作的同时，动员广大师生开展校园绿化建设。师生自己动手在校园四周建起围墙，在学校入口处堆砌了假山，修建了喷泉、水池，种植各种花草、树木，并在操场四周种植了高大挺拔的毛白杨和一丛丛黄刺玫，使校园景观发生明显变化。师生们从实际出发，利用平房校舍的特点，修建了具有苏州园林特点的月亮门、八角门、花瓶门、古钱门。学校还为种植的各种树木都挂上有关树种、科属、特点、习性、用途的木牌，既增长了学生的科普知识也很好保护了树木。20世纪80年代，紫竹院小学曾3次被评为北京市绿化红旗单位和首都绿化美化花园式单位。[①]

居住区绿化直接关系到首都人民的生活环境和生活质量。20世纪80年

---

① 北京市地方志编纂委员会编著：《北京志·市政卷·园林绿化志》，北京出版社2000年版，第319页。

代,全市楼房居住区建设开始迅速发展,居住区绿化迎来建设高潮。

西城区苇坑住宅区,由3条小胡同组成,胡同比较狭窄,院内挤满了住户,环境比较凌乱。改革开放后,为了让小区尽快美起来,居委会的工作人员坚持勤俭节约,办公费用能省则省,把节约下来的钱购买花种、树苗,还发动群众做好树木、花草的管理和养护。街道居民利用一切可以利用的空地搞绿化,铺栽了320多平方米草坪,还自己动手垒起4个花坛和30多个花池。苇坑居委会的绿化行动大大改善了社区环境,1981年、1983年,两次被评为全市绿化红旗单位。①

以古城公园为中心的石景山古城住宅区,东到八角大桥,西至占城大街,居民3万多人。为尽快给住宅区穿上彩衣,居委会依靠专业绿化队伍的同时,广泛发动群众植树、栽花、种草。1983年春、夏两季,先后有6万多人次参加义务劳动,沿住宅区的干道两侧种植花草树木。居民们还开辟了楼间空地的小块绿地,建设花坛、花池,有的地方还建了月季园。在多方的共同"打扮"下,古城住宅区除了水平较高的一个古城公园,还有多处较大的街头绿地,街道两侧绿树成荫、繁花朵朵,小块的绿地、花坛星罗棋布,从春到秋都有鲜花开放,俨然成了一个大花园。

道路、立交桥及河湖沿岸绿化

改革开放后,道路、立交桥及河湖沿岸绿化建设取得很大进展,新建的二环路北半环、前三门大街、复兴门外大街等大量道路和一批立交桥,以及北护城河、亮马河等河湖沿岸,都进行了绿化建设。尤其是1980年以后,新型道路布局三块板式②在城市道路建设中大批出现,以及新建道路的绿化建设纳入基本建设投资,为全市道路绿化提供了新的发展机遇。一批优美的园林化街道相继出现,成行的绿树伴随错落有致的花坛,别致的小亭、花池,

---

① 北京市地方志编纂委员会编著:《北京志·市政卷·园林绿化志》,北京出版社2000年版,第306页。
② 城市道路断面形式之一,有两条分隔带,把车行道分成三部分,中间为机动车道,两旁为非机动车道。

与两侧林立的高层建筑相映生辉。

三里河道路全长 3.7 公里，两侧钓鱼台国宾馆、建设部、国家计委等机关林立，是市区的一条主要干道。① 这里新中国成立前为一条臭水河，1949 年填平河道形成道路。1975 年，市园林部门对道路南段进行改造。1978 年道路北段的改造工程开始实施，建成 2 块街头绿地，进一步提升了整个道路的绿化效果。经过改造后的三里河路，两侧建筑间距约为 80 米，有相当宽的绿化带。分车带内种植了大规格的油松，配合连翘、丁香、玫瑰和紫薇花等，可以保持春、夏两季花期不断。道路东侧建设小游园，园内有自然式小径，小径两侧疏密有致地种植了自然树丛。道路西侧的钓鱼台国宾馆外种植了银杏树，秋季银杏叶金黄闪耀，成为一道迷人的风景。三里河道路的绿化获得社会各方面的高度肯定，在 1984 年全国道路绿化设计评比中获得优秀奖。

复兴门外大街是长安街的延长线，也是迎宾干线，它的美化对于首都而言有着重要意义。自 1981 年以后，街道两侧的楼房陆续竣工，楼前施工的木板墙和工棚迟迟没有拆除，"好像一个漂亮的姑娘穿着破裙子"。1983 年 5 月 7 日，市委市政府在复兴门外大街召开现场办公会，决定修建一条花园式林荫道，限期拆掉"破裙子"。很快，相关部门按要求拆除了工棚和木板墙。6 月 12 日，街道绿化美化工程开始进行，市园林绿化一、二、三大队和西南郊苗圃的工人负责施工。烈日当头，他们冒着高温在绿化带内忙碌，精心栽种、管护花草、树木。7 月 18 日，绿化美化工程完工，复兴门外大街成为北京市第一条花园式林荫道。林荫道内有高大的遮阴乔木和树姿优雅的常绿树，大片草坪穿插美丽的花带、花台、花坛，既美化了街道，又减轻了临街大楼的交通噪声。道路两旁的一栋栋新楼在绿树、鲜花的映衬下，显得格外的挺拔、靓丽。

伴随北京城市道路的不断建设发展，一批立交桥相继建立，立体交叉绿化开始以崭新面貌出现在北京街头，成为城市绿化新的特色，为首都增添了一道美丽风景。

---

① 北京市地方志编纂委员会编著：《北京志·市政卷·园林绿化志》，北京出版社 2000 年版，第 246 页。

| 首都建设新风貌

1983年复兴门外花园式林荫道

复兴门外立交桥，于1974年落成，是北京二环路上的第一座立交桥。1976年，市园林部门开始进行绿化建设。一期工程于1976年秋季开工，完成桥体上部的4块绿岛建设，铺栽草坪，栽植油松、桧柏等树木，并安装喷灌装置72个。二期工程于1977年雨季进行，铺栽草坪、种植油松等树木。三期工程于1978年春季进行，种植黄杨球、金银树等树木，并摆放桶栽云杉58株，提高绿化美化效果。此后又多次对部分植物进行更换。1983年，桥体上部又修筑了花池，1984年换掉部分生长弱、形态差的树木，新植黄刺梅、丁香，桥外的空地也进行了绿化改造。经过持续绿化美化，复兴门外立交桥的绿化景观，成为市区中的一处优美绿色空间。

位于二环路上的阜成门立交桥和建国门立交桥，分别在1979年和1980年进行绿化建设。阜成门立交桥绿化由干道和匝道围成的8块绿岛组成，其中4个三角形绿岛，外围环绕低矮的黄杨绿篱，中间种植桧柏树丛和油松树丛，层次分明，冬夏常青；4个长圆形绿岛，馒头柳、白皮松、桧柏等乔木相间种植，并配以春天开花的碧桃、夏天开花的紫薇、秋天结果的金银木，让一年四季的色彩更加丰富。建国门立交桥绿化也是由干道和匝道围成的8块绿岛组成，由于桥是三层互通式，靠近桥体的4个绿岛下面还有地下构筑物，不宜种植深根乔木，在绿化设计上主要是大面积草坪，少量根浅的刺槐作为背景树，点缀白皮松和黄杨球；另外4个三角形绿岛，同样以草坪为主，中间种植雪松，草坪边缘种植黄杨球，总体绿化开朗明快，层次丰富。

全市河湖沿岸绿化，在市委市政府绿化美化首都的部署下得到逐步推进。北护城河等经过集中整治、绿化美化建设后，呈现碧水荡漾、花红柳绿的怡人景象。

北护城河，西通昆明湖、京密引水渠，南连什刹海、北海、中南海，北连人定湖、青年湖，东连亮马河、运河，全长6.75公里。河岸原有绿化带较窄，结合河道全面整治工程，市园林部门开始对河道两岸进行绿化美化。1984年2月27日，上午9时，北护城河青年绿带建设动工仪式，在河畔北小街豁口东侧举行。首都各界青年代表聚集在这里，现场红旗招展，一片欢腾。仪式结束后，党中央、国务院和北京市的领导同志挥动铁锹，挖下一个又一个树坑。广大青年群情振奋，在长长的北护城河两岸参加义务劳动，除了平整场地，还清运渣土近2000方，运送好土800方，挖树坑2500多个。

整治绿化后的北护城河，呈现一片全新面貌，河水碧水荡漾，70万平方米的两岸绿化带，栽种垂柳、红花洋槐、花灌木和常绿树等进一步丰富了绿化层次，还开辟了一些临河街头花园，成为市民喜欢的休闲场所。有人曾这样动情写道："北护城河的碧水，正充溢了人们关注的眼波，极目骋怀，我耳边有桨声、歌声、笑声，眼底是帆影、灯影、舞影。北护城河涌起大地的心潮，扩散着绿，传播着美，蕴含着过去，拍击着未来。"

经过几年努力，首都城区绿化成效明显，城市面貌发生很大变化。1984年10月，中央绿化委员会组织北京、天津、上海三地对口绿化检查，检查团对北京开展5天绿化检查，代表们纷纷表示："北京变了，它整洁、美丽、大方，看了叫人振奋，这是首都人民，也是全国人民的骄傲。"[1]

---

[1] 《京津沪三市检查团评议本市绿化工作》，《北京日报》1984年10月28日第1版。

四、郊区绿化步伐加快

1977年在肯尼亚召开的世界防治沙漠化会议上,北京被列为受荒漠化威胁的城市之一。该消息于1979年3月6日被《人民日报》以"风沙紧逼北京城"为题披露出来,引起社会各界的广泛关注和强烈反响。绿化造林、改善首都生态环境成为一件迫在眉睫的事情,郊区绿化落后、森林覆盖率低也是不争的事实。党的十一届三中全会召开和中央书记处对首都建设的四项指示,对首都绿化建设提出新的更高要求,北京郊区林业建设迫切需要一个大发展。

国营林场改革发展

"文化大革命"期间,北京市国营林场建设受到很大冲击,很多市属国营林场被层层下放,有的林场被解散或转移挪用,很多国营林场经营的土地和林地遭到分割。据统计,十年间北京市国营林场经营总面积减少40%,职工人数减少55%。粉碎"四人帮"后,北京市的国营林场建设得到恢复和发展。1976年后,北京市开始恢复国营林场体制,先后将西山试验林场(以下简称西山林场)、潮白河林场、八达岭林场和十三陵林场收归市属。1980年7月,市林业局成立,下设造林处、林场处等16个处室,统筹全市林业发展[①],全市国营林场建设步入正轨,造林绿化进度加快,骨干示范作用和辐射带动作用进一步发挥。

全市国营林场在经营管理方面进行改革探索,实现经营方针转变,确定了绿化风景区、改善生态环境、为首都人民提供文化娱乐场所和直接为城市服务的经营方向。各级国营林场推进承包经营,将造林、抚育等生产任务承包给林场职工,极大调动了林场职工的生产积极性、逐步打破过去单一搞林

---

① 北京市园林绿化局编纂:《北京园林绿化大事记(1949—2019)》,中国林业出版社2019年版,第52页。

业生产的旧框框，通过多种经营，为搞活经济开创了新路。全市国营造林面积不断增加，据统计，1983年全市国营造林总面积达35.8万亩，其中保存成林面积为25.3万亩。

西山林场位于北京西郊海淀、石景山、门头沟三区交界处，境内有香山、八大处、碧云寺、卧佛寺等名胜古迹，建于1953年，是新中国成立后北京市最早的国营林场。"文化大革命"中，西山林场受到冲击，被分为3块分属海淀、石景山、门头沟三区管理。1979年收归市属后，林场坚持"以林为主、多种经营、以副业养林、以短养长"的林业发展方针，大胆创新，发展多种经营项目。在经营管理方面，实行分级管理，积极推行承包制，调动了基层单位的积极性和广大职工的劳动热情。加强森林管理，在森林病虫害防治方面大胆创新，利用塑料本身的光滑性能，用塑料圆环缠绕树身，防止越冬松毛幼虫上树，取得明显效果。加强森林养护，积极扩大绿化成果，1978—1983年的6年间，林场每年幼林抚育1600亩。每年抚育下来的小径级林木和枝柴可达1000多立方米，为林场增加了一定收入。到1983年底，林场经营总面积约9.4万亩，绿化造林形成规模，连绵不断的绿色林海中，掩映着一处处名胜古迹，吸引着越来越多的游客。

1979年西山林场职工植树造林活动

十三陵林场位于昌平县境内，场内名胜古迹众多，有明十三陵及地下宫殿、沟崖庙、清凉洞、十三陵水库等。1958年十三陵水库建成后，国家机关

首都建设新风貌

多次在山前地区进行造林绿化。改革开放后，林场在经营管理方面进行改革，开始集中精力进行植树造林，林场经营面积不断扩大。到1980年，林场经营总面积达86000多亩，除场部外，还设有水库、南口、定陵、长陵4个造林队。多年来，林场的荒山绿化主要依靠聘请民工，存在管理混乱、职责不清、投资大、收效低等问题，造林任务完成率低，荒山绿化进展很慢。据统计，1981年和1982年林场投资营林费65.4万多元，实际造林3840多亩，每亩造林成本170多元，比规定高出2倍多①。针对这种情况，1983年林场在全市率先试行承包责任制，林场职工刘国生就是第一个"吃螃蟹"的人。

1983年初，刘国生向林场提出承包2000亩荒山的造林任务，林场领导最初有点犹豫，同意让他先承包500亩试试。后来，考虑到刘国生有着多年带领民工造林经验，林场又让他承包了1000亩，并与他签订了承包合同。②合同规定，荒山造林由林场负责设计，刘国生按照设计要求和质量标准组织施工，经林场验收合格后发放施工费。林场对民工的请退、劳动和生活管理、报酬奖惩等不干预。在执行合同期间，林场只发给刘国生80%的工资，另外20%作为浮动，全面完成合同后补发。合同签订后，刘国生从北京郊区和河北怀来县等地招请了一批民工。他把200多民工组织得有条不紊，允许先试工，愿留则留，愿去则去。有意留下的民工，刘国生与其签订合同，把责权利落实到每个民工头上，为他们置办了蚊帐、水壶、衣服、鞋子等生活用品，还购买了象棋、军棋等文娱用品，订了《人民日报》《北京日报》等报刊，丰富民工的业余文化生活。

由于经营管理得法，民工造林积极性很高。当年超额完成任务957亩。据统计，刘国生搞承包经营，仅整地一项，就比林场之前的费用节约一半左右。1983年底，刘国生从林场领取施工费、营林费，扣除民工工资等费用外，结余3500多元。刘国生的承包造林显示出了强大生命力，引起了林场职工的强烈反响。1984年，林场开始普遍实行个人承包造林，将9800多亩荒山

---

① ② 《刘国生承包1500亩荒山造林》，《北京日报》1984年3月2日第1版。

承包给 14 名林场职工。① 胡耀邦就刘国生承包荒山造林一事作出批语："如果全国有 100 万户这样的承包者，就可搞 15 亿亩，也就是可绿化一个十万平方公里的等于江苏省那样大的林海。这是加快绿化祖国的一条极好的办法"。②

五大风沙区治理一期工程

北京地区处于古北口和狼山风口要冲，在风口的下风地带，形成康庄至南口、潮白河谷和永定河谷三条风廊。风廊控制范围内形成了若干风沙危害区，其中风沙严重的五个地区——康庄、南口、永定河沿岸、潮白河沿岸和大沙河沿岸，被称为五大风沙危害区（以下简称五大风沙区）。

20 世纪五六十年代，这些地区开展了防护林建设，一定程度上减轻了风沙危害。1980 年，为进一步控制风沙危害，北京市对风沙危害地区进行全面调查分析，确定上述五个风沙区为治理重点，大力营造防护林。1981 年 8 月 13 日，国家计委批准北京市 11 个远郊县（区）纳入国家三北防护林工程建设范围，又把五大风沙区列为三北防护林建设一期工程重点，拨专款营造防护林，为全面建设五大风沙区防护林体系创造了有利条件。

南口风沙危害区，位于昌平县境内，是来自康庄方向的强风进入市区的主要通道，范围包括南口、桃洼、流村三个公社及南口农场，总面积 8900 公顷，是风沙侵袭首都及郊区平原的一个主要地区。③从 1958 年起，该区域开展植树造林、风沙治理，缺乏统一发展规划，风沙危害未得到有效治理。

1980 年，昌平县成立了由县委、当地驻军部队和当地厂矿企业负责同志组成的南口绿化指挥部，对该地区进行全面规划并开展植树活动。指挥部组织技术人员开展普查，本着因地制宜、因害设防的原则，结合沟、路、渠建

---

① 《十三陵林场 14 名工人承包荒山造林》，《人民日报》1984 年 3 月 3 日第 1 版。
② 《胡耀邦批语肯定并提倡刘国生承包荒山造林做法》，《北京日报》1984 年 3 月 2 日第 1 版。
③ 北京市地方志编纂委员会编著：《北京志·农业卷·林业志》，北京出版社 2003 年版，第 120 页。

设，制订了"一沟两路四行树，乔灌结合两层楼"的绿化方案。荒滩内营造小网格，网格内宜林则林、宜粮则粮、宜果则果、宜草则草，并结合沟、路、渠的整修营造农业防护林。1980年雨、秋两季，县直机关、工厂、学校和驻南口地区机关、部队等87个单位2万余人参加植树，共植树10万余株。1982年，南口地区划分为中央国家机关、中国人民银行等国家机关单位的全民义务植树区，年年完成植树任务。1985年，南口地区防护林建设完成规划任务，林木覆盖率由1980年的17.5%提高到27.6%。①

康庄风沙危害区，位于延庆县城西南部，北临妫水河，西靠官厅水库，面对狼山风口，包括康庄、下屯、八达岭三个公社，总面积8000多公顷。②该地区风多风大，多年因受风蚀、沙埋形成大面积荒滩。解放以后，当地群众多次在这一地区植树造林。但由于管理长期薄弱，加上片面强调粮食生产，始终没有建成一个完整的防护林体系。

1980年7月，延庆县成立康庄绿化专门规划班子，在了解历史、查清现状的基础上统一规划、统一要求，进行绿化造林工作。延庆县林业部门先是在八达岭至康庄公路南侧营造小网格防护林，林带长30多公里，并在格内种植桑、紫穗槐和牧草等。③1982年全民义务植树运动后，延庆县每年有市属单位和本县机关、企事业单位及当地驻军，在荒滩挖大坑，营造防风固沙片林。到1985年完成绿化植树任务，共植树2000多公顷，林木覆盖率由1980年的7.6%提高到26.2%。④在条件最差的大片荒滩建成的小网格内，种植了牧草、桑树、果树等，开始起到防风固沙作用。

永定河风沙危害区，涉及丰台、房山、大兴三个县（区）24个公社（农场），7.2万公顷。⑤该区域多为大面积以粗细沙、沙壤质为主的沙荒地，风沙危害十分严重。新中国成立后，永定河沿岸群众在进行农田基本建设的同时，

---

① 《北京林业志》编委会编：《北京林业志》（上卷），中国林业出版社1993年版，第30页。
②③ 北京市地方志编纂委员会编著：《北京志·农业卷·林业志》，北京出版社2003年版，第121页。
④⑤ 《北京林业志》编委会编：《北京林业志》（上卷），中国林业出版社1993年版，第30、31页。

植树造林也取得一定成绩。但也有不少社队只看到防护林占地，没有认识到保护农田的作用，防护林建设弱化，农田林网中缺株断带，不能有效发挥抵御风沙、保护农田的作用。

针对这种情况，1981年，上述三县（区）先后制定建设规划，开始以农田防护林为重点，因地制宜、因害设防，从实际出发进行网、带、片相结合的综合治理。广大群众利用沙荒、河滩建设果园，营造速生丰产用材林，取得初步成效。到1985年，共造林0.4万公顷，林木覆盖率由1980年的14.66%提高到20%。[1] 不少乡村在防护林建设中见到了实效。如大兴县半壁店乡于1982年统一组织施工，营造了横贯全乡东西向的8条骨干林带，完成小龙河重点造林工程，起到了保护农业作用。从1983年开始，又利用开发性贷款，采取多种形式合作造林，把多年风害严重的沙丘、沙荒地改造成林地，风沙危害大大减轻。其中，李场、孙场和王场3村的河岸沙地片林，1985年市政府决定建设森林公园，也就是后来的半壁店森林公园。

潮白河风沙危害区，包括潮白河两岸顺义县、通县境内的13个乡镇及部分林场、农场，总面积3.7万公顷，地势较平坦、水资源丰富。由于潮白河历史上多次泛滥改道，两岸淤积了大面积沙地，加上常年由古北口南下的强风吹袭，从而形成风沙危害。为了农业生产需要，这一地区防护林建设比较早，但总的防护林体系建设很不完善，1980年全地区仅有林木7.56万亩，覆盖率13.6%。

1981年，市农林部门制定了潮白河风沙危害区防护林建设五年规划，在原有基础上加密补缺，提高防护效果。潮白河地区加大造林力度，大力营造防风固沙林和农田防护林，到1984年林木覆盖率达16.1%，防风固沙取得成效。风沙区内的通县西集乡，位于潮白河和北运河之间，80%的土地为沙质地。[2] 1977年，该乡根据"南部洼、北部沙"的自然条件，制定了"南治洼、

---

[1] 《北京林业志》编委会编：《北京林业志》（上卷），中国林业出版社1993年版，第31页。

[2] 北京市地方志编纂委员会编著：《北京志·农业卷·林业志》，北京出版社2003年版，第120页。

北治沙，渠、路、沟、林综合治理"规划。1978年开始组织实施，注重集中力量打歼灭战，先建农田林网，然后营造片林，林木覆盖率得到逐年提升。1985年该乡被评为首都绿化美化红旗单位。

大沙河风沙危害区，位于潮白河与雁栖河之间，跨怀柔、密云两县，总面积2.5万公顷。① 该河两岸多为沙地，又是古北口强风南下的要冲，风沙危害比较明显。1964年、1965年潮白河林场在潮白河河滩及沿岸营造的几千亩洋槐林，刚开始发挥防风固沙、改良土壤的作用时，20世纪70年代初期被砍伐殆尽。1981年两县风沙危害严重的公社，开始按照规划有计划地进行防风林建设。按照规划任务，1985年的林木覆盖率由9.3%提高到14.3%。由于当地自然条件差，造林相当困难，规划任务没有达到预期目标。这一时期，防护林建设大多以完善农田林网及小面积片林为主。广大群众充分利用条件好的沙荒、河滩营造用材林。

1985年，全市五大风沙区治理一期工程治理任务完成，共植树1823万株，林木覆盖率由1980年的12.6%提高到18.6%。经过绿化造林后的五大风沙区，一改过去乱石沙丘的旧貌，绿草如茵，树木葱葱，起到防风御沙作用。②

荒山造林绿化

为尽快改变郊区落后面貌，加快荒山绿化步伐，北京市采取多种形式造林育林、不断放宽林业政策，鼓励承包经营，大力扶持造林专业户，广泛支持群众造林育林。1980年北京市第一个宜林荒山人工造林补助政策出台。政策规定，全市宜林荒山造林，每年计划完成40万亩，补助费每亩10元，全市投入共计400万元。同年12月，市政府批转市农林办公室《关于加强郊区林业建设的报告》，提出要因地制宜采取多种方式加快绿化步伐，能封山育林的就封山，有条件直播的就直播，封山育林工作再度引起重视。

---

①② 《北京林业志》编委会编：《北京林业志》（上卷），中国林业出版社1993年版，第31、30页。

各郊区县把林业建设摆到重要议事日程，认真落实党的林业政策，着力搞好封山育林，推进林业经营管理制度改革。北京山区广大干部群众积极开展封山育林工作，制定乡规民约，建立护林组织，有效促进了封山育林工作开展。各区（县）林业部门在试点基础上总结经验，组织技术人员深入到乡、村，落实到具体地块指导封山育林工作。

延庆县四海乡，地处延庆县东部深山区，总面积10.6万亩，其中山场82万亩。历史上这里森林茂密，后来遭受毁林开荒等破坏，荒山面积不断增加，水土流失日趋严重。1977年底，公社党委结合当地实际，明确"高山封，低山造，封造并举绿化荒山"的方针，以封山育林为主，配合人工造林，动员广大群众绿化荒山。按类型实施封育措施，对划定的封山区，插设标牌，标明四至、封育年限和有关规定等告示乡民。封禁区分为活封和死封：新营造的人工幼林，飞播造林区和易于水土流失的高山、远山天然次生林区，实行死封，一封5年，严禁砍伐、放牧等；划分的放牧区则实行活封，"封树不封柴，轮封轮牧"，实行年度封禁。① 通过多年坚持不懈努力，全乡生态环境明显改善，出现了"小雨不下山，中雨流清泉，大雨不成灾"的好现象。

怀柔县积极推进承包经营改革，本着"近得利，远有盼"的原则，采取"肥瘦搭配，远近结合"的办法承包荒山。全县有荒山128万亩，除去岩石裸露、缺乏造林条件的25万亩，可以封山育林的43万多亩，需要人工造林的60万亩。当时社员造林积极性不高，全县荒山人工造林任务没有真正落实。1984年初，县委、县政府进一步解放思想，开始放手发展造林大户。在给社员划分承包荒山时，山场面积尽量大些，把一面坡、一条沟、一架山或一个小流域，划给一户社员，其中的零散果树和林木等也一起包给社员经营，基本做到"肥山"和"瘦山"搭配，远山和近山结合。这样，社员在承包荒山造林中就能做到"以肥养瘦，以短补长，长短结合"，积极性很快被调动起来。半年多时间，全县60万亩的宜林荒山全部承包到户，百亩以上的造林户

---

① 《北京林业志》编委会编：《北京林业志》（上卷），中国林业出版社1993年版，第527页。

所承包的荒山，占宜林荒山面积的70%。①

该县西庄公社河防口大队社员李士兴，承包了720亩的一条大沟，除520亩属于比较“瘦”的荒坡外，还有200亩是有果树和材树的“肥沟”。当年夏天，李士兴管理的杏树收入500元，秋后梨树收入六七百元，两项加起来与李士兴外出做木匠活收入差不多。再加上荒山造林补助款，一家全年收入达到2200多元，超过往年500多元。李士兴说：“现在这样划山好，年年有收入，收入年年增，我不外出耍手艺了，一定好好干。”②

广大党员和知识青年为荒山绿化作出贡献，涌现出很多绿化荒山、造林护林典型。

密云县大城子公社张泉大队农民赵肸妩，1977年高中毕业回到家乡，一直在大队担任林业技术员。1983年，为了绿化家乡荒山，他直接给林业部写信，要求承包荒山办林场。林业部复信表示支持，“你写给杨钟部长的信已收到了。杨部长和部里其他领导同志对你申请承领荒山办林场，为绿化祖国，绿化家乡作贡献这一很有胆识的行动表示支持”③。林业部在给赵肸妩复信的同时，函告密云县林业局，请他们协助当地社队解决有关具体问题，尽快实现这个山区回乡知识青年的愿望。谈起承包荒山的初衷，赵肸妩说：“我当过队里的林业技术员，看到山林遭毁，心里难受。我想，不能让祖祖辈辈留下来的山林遗产毁灭在我们这一代人的手里！”

1983年4月初，赵肸妩与生产队签订了670亩的绿化荒山承包合同。最初，承包合同关于收益分成的规定对承包者不利，但赵肸妩还是同意了。他说：“我承包山场不是为了个人赚钱，有了合同我就能上任，管山管树，要是讨价还价地拖下去，就误了时节了。”④ 赵肸妩说服家人卖掉了猪，又东凑西

---

①② 《怀柔县60万亩宜造林荒山全包到户》，《北京日报》1984年10月15日第1版。

③ 《密云回乡知青赵肸妩致信林业部长　要求承包荒山办林场绿化家乡》，《北京日报》1983年3月31日第1版。

④ 《立志开拓荒山　创业不畏艰险　进取其乐无穷》，《北京日报》1983年8月20日第1版。

借筹集到 410 元钱，购买了苗木种子、生产用具、肥料等，日夜吃住在山上。他怀揣干粮，走遍了林场的坡岭沟谷。为了完成造林任务，他还自己搞起了营养钵育苗。赵胚妩艰苦创业的行动，震动了小山村，也让很多人行动起来。截至 1983 年 9 月，密云县大城子公社 32 个生产队有 155 户社员承包荒山 3487 亩，公社掀起了造林护林的热潮。①

平谷县夏各庄乡安固大队，是一个有 1100 多户 4000 多人口的大村。大队有近 1 万亩荒山，多年集体造林投入不少的人力物力，但效果甚微，被社员称为"年年造林不见林"的秃山。1984 年 11 月，大队在市、县林业部门的支持下，决定对万亩荒山造林实行公开招标。招标启事公布后，在全大队十几个生产队引起反响，不少社员踊跃报名。具有一定造林经验的熊宝田、张银和张广义 3 人，经过反复合计，决定联合起来承包荒山，办家庭林场。为此，他们还制定了一套绿化家乡、营林致富的规划和措施。由于他们懂得一定的造林技术，大队最后决定把万亩荒山承包给他们。熊宝田等三人联合夺标承包荒山造林，得到市、县林业部门的支持，平谷县公证处及时给予了公证。县林业局还派技术人员帮助规划设计，并和他们签订了造管护技术服务合同。

大兴县庞各庄公社幸福大队共产党员王守森，一心扑在护林事业上，坚决同一切毁坏林木的行为做斗争，被人们誉为铁面无私的护林员。以前，这个大队没有护林员，树木经常遭受毁坏。王守森当上护林员以后，谁毁坏林木也不放过。一次，队里的一个大车把式没有看管好牲口，啃了几棵树。他发现后按照制度罚了这个大车把式。还有一次，一个女社员趁着下雨，到树林里打下一部分树叶带回家。被冒雨护林的王守森发现了，他赶到这个社员家里进行批评教育，还让她写了检查。自打这以后，人们都说："老护林员王守森真是铁面无私呀！"王守森铁面无私守护树木，还像爱护眼睛一样管护树木。春天，他补种树苗、嫁接树木；夏天，他给树枝打药，到河沟里挑水浇树，给小树捋树芽；秋天，他给树剪枝；冬天，他给树干刷白灰，一年四季

---

① 《学习赵胚妩，掀起造林热》，《北京日报》1983 年 9 月 2 日第 2 版。

没有闲着的时候。王守森经常在村里宣传造林护林的重要意义。一次,一个小学生用小刀刮树皮,王守森和家长一起对这个孩子进行了教育,这个孩子承认了错误,表示以后要帮助队里看护树林。

经过数年努力,北京郊区林业实现新发展。1980—1985 年,山区累计造林 230 万亩,比上一个五年增长 85%,1985 年林木覆盖率达 14%,比 1980 年提高了 6.1%。[①] 南口、康庄、永定河等五个风沙危害区的绿化治理工程基本完成,环境面貌有了很大改观。

五、"门前三包"责任制的探索和建立

中央书记处关于首都建设方针四项指示,其中"把北京变成全国环境最清洁、最卫生、最优美的第一流的城市,也是世界上比较好的城市",对首都城市建设和管理提出新要求。为适应首都建设新发展需要,在总结崇文区探索经验的基础上,北京市推动建立了"门前三包"责任制,有效促进了全市城市环境改善和美化。

"门前三包"责任制的探索

20 世纪 80 年代初,市场不断发展、社会日益活跃,人民生活不断改善,但城市环境"脏乱差"现象十分突出,成为一个亟须解决的问题。前门大街作为崇文区乃至全市最为热闹的商业街之一,问题尤为突出。尤其"四多一少"现象,即车多、人多、乱停乱放多、无照商贩多而管理人员少,严重影响市容市貌。

针对"脏乱差"现象,前门街道总结过去经验,开始在管理形式上寻求突破。1972 年美国总统尼克松访华前夕,为搞好大街的社会秩序和市容卫生,街道成立了由驻街单位 10 余人组成的前门大街管理委员会,负责大街秩

---

① 《北京林业志》编委会编:《北京林业志》(上卷),中国林业出版社 1993 年版,第 7 页。

序的检查、协调和管理工作。1976年,又抽调14人组成大街专职保洁队,负责大街两侧便道的日常保洁。通过总结以往专人负责搞卫生秩序的工作经验,为解决管理人员少与工作难度大的矛盾,街道管委会本着"大街的事大家办,大家的事大家管"的原则,把前门大街119个单位每7户编为一组,每组设1名监督员,共同管理大街的市容卫生和交通秩序。该办法被称为"七户一岗",有效改善了前门大街的环境卫生秩序。1982年2月,在第一个全民文明礼貌月来临之际,前门街道在实行"七户一岗"的基础上,又责成每个单位设1名监督员,包管本单位门前的卫生、治安、树木养护等工作,至此形成前门大街的"门前三包":"包卫生",看到自家门前有垃圾,包括痰迹等要及时清扫,下雪天的时候还要尽快清除各自门前的积雪;"包绿化",各单位要保护好自家门前的花草树木,有破坏行为的时候要及时制止,有条件的要种植一些花草树木;"包秩序",各单位不要在自己门前乱堆放物品,当出现乱设摊车以及有碍交通和市容观瞻的现象时,要及时制止。从"七户一岗"过渡到"门前三包",进一步体现了人民城市人民建、人民城市人民管的精神。

1982年10月9日,《北京日报》第1版刊出《推行"七户一岗""门前三包"责任制 崇文区20条大街环境整洁秩序好》。

首都建设新风貌

前门街道"门前三包"的做法取得了良好效果,1982年底街道共清理堆物堆料2854处,清运渣土废物1400吨,清理卫生死角1859处,刷洗垃圾桶457个,清洗残标504处,清理绿地6721平方米,有效改善了"脏乱差"面貌。

同年5月,前门大街"门前三包"的做法开始在崇文全区一类、二类大街推广。大街各单位配合文明礼貌月的开展,突出治理"脏乱差",沿街90%的单位签订了"门前三包"责任书,做到专人负责落实、地段任务落实、规章制度落实。崇文区委、区政府为保证"门前三包"实行,坚持定期检查,发现问题及时解决。

崇文区永定门外大桥到沙子口大街的便道,脏乱情况比较突出。实行"门前三包"以后,23个相关单位都确定了专人负责本单位门前的卫生,对乱扔瓜果皮核、乱放自行车和乱摆摊的情况及时劝阻。为促进更好落实,23个单位组成3个小组,每组每天都有一个单位值班,巡回检查本组各单位门前的卫生秩序。① 前三门大街和体育馆路大街的绿地比较多,由于缺乏管理,绿地中的杂物很多,原本美化环境的绿地成了"垃圾场"。按照"门前三包"要求,这条大街的绿地维护,都分段由沿街单位负责,绿地中的杂物明显减少,开始摆脱了"垃圾场"形象。

"门前三包"让崇文区主要大街便道的环境卫生实现明显好转。群众高兴地说:"门前三包"使咱们大街旧貌换新颜。负责环境卫生的相关部门也感受到实实在在的变化。区爱国卫生运动委员会的同志说,过去靠突击活动维护便道卫生的做法结束了,现在实行责任制,卫生天天有人管;绿化部门的同志说,我们管不过来的绿地有人管了;交通部门的同志说,多年解决不了的乱放自行车的问题,现在基本解决了。

全市"门前三包"责任制的普遍推行

崇文区"门前三包"的做法,得到市委市政府的肯定,认为这是依靠群

---

① 《崇文区20条大街环境整洁秩序好》,《北京日报》1982年10月9日第1版。

众、组织群众管理城市的一条好经验。1983年3月，伴随第二个全民文明礼貌月的进行，市政府办公厅转发了由市政管理办公室等单位拟定的《关于在全市推行"门前三包"责任制，加强"脏乱差"治理的若干规定》（以下简称《规定》），要求在全市普遍推行这一责任制，强调完成"门前三包"任务是全市公民应尽的责任和义务，全市所有机关、部队、企业、事业等单位及居民住户都应积极搞好"门前三包"，任何单位和个人不得以任何借口拒绝承担。

《规定》明确指出，所谓"门前三包"指沿街两侧的单位和居民住户负责搞好各自门前的卫生、绿化和秩序，并对其具体内容进行了明确，也即崇文区前门街道的包卫生、包绿化、包秩序相关内容。其中，《规定》对包秩序的内容进行了拓展，针对在单位门前发生有碍交通和影响市容观瞻的现象以及打架闹事等影响社会秩序的事件，《规定》除要求各单位及时制止外，还"应及时向有关部门汇报，协助有关部门处理"。

与《规定》一同转发的，还有《一九八三年重点治理一百条大街和十个地区的规划》（以下简称《重点治理》）。《重点治理》在过去一年综合治理工作的基础上，对1983年的重点治理工作提出要发动依靠群众等5项总要求、适当进行绿化美化等10条标准。并依据街道（区域）各自的基础、现状等，将100条大街和10个地区划分为三个类别，按照不同要求和标准进行治理。政治活动较多、位置冲要、道路及便道较宽、人流量大、现有市政设施比较完善的，属于第一类大街，治理后要做到"黄土不露天"，三季有花，四季常青，交通井然有序等。道路一般较窄、人车通行量较大为第二类大街，由于受客观条件的限制，在环境建设、市政设施等方面，不要求全面达到一类大街标准，需要加强堆物堆料及摊点管理，维护好现有街道和步道，管理好治安交通秩序等。道路狭窄或道路虽宽但距市区较远、人流量少的为第三类大街，根据实际情况加强治理，力争在清洁整齐、绿化和治安交通等方面有明显改进。

伴随两个文件的出台落实，"门前三包"责任制在全市大规模地开展起来。市委、市政府领导十分重视这项工作，深入基层开展调研。各区迅速行动,抓紧落实"门前三包"责任制,加快编制分类分街(地区)治理方案。进展比较快的崇文、宣武、东城、西城、朝阳等区,组建了强有力的领导班子,以点带面推动"门前三包"深入开展。市、区、街(地区)三级有关部门组成指挥班子,对"门前三包"责任制的推行实行统一指挥。各条大街(地区)内的单位和群众都行动起来,采取专业队伍和广大群众相结合、条条块块相结合的方式,不断巩固和扩大"脏乱差"治理效果。坚持做好三级检查评比,基层单位每天早、晚检查两次,大街管委会每月检查一次,街道办事处每季度检查一次,对执行任务好的单位和个人给予表扬,对执行不好的则给予批评等。

北京市各级领导机关、单位迅速行动起来,争当"门前三包"责任制的表率。到11月底,有11000多个单位承担了"门前三包"责任,不仅在155条重点大街上落实了相关责任,还在一些中、小街巷推广了"门前三包"。①各区县涌现出许多"门前三包"的先进基层单位。开始推行之初,有的单位认为是"额外负担",不够重视。伴随着工作的推进和认识的提高,越来越多的单位自觉履行义务,愿意为搞好首都卫生、绿化、秩序出力。有些单位并不临街,也踊跃承担了"三包"责任。相关单位、部门采取有效的措施,切实把责任落到实处,有的抽出专人负责,有的把任务分给科室或班组。北京饭店每天都抽出3人切实做好所负责的1500平方米绿地的清扫工作;北京五十九中初三(3)班的同学,在班主任的带领下,坚持按时清扫1000多平方米绿地;朝阳区酒仙桥街道内的59个单位,组织起五个大承包组,每个大承包组下分若干小组,每个小组都挂起标明责任区范围的牌子。

中央机关、国家机关、驻京部队等也积极行动起来,带头承担"门前三包"责任。各单位领导高度重视、亲自参加劳动、及时调查研究解决问题,推动"门前三包"工作不断向前发展,涌现出一大批先进单位。公安部机关成立了卫生领导小组,由一名处长和一名医务所长负责,对责任地段做到平时随脏随扫、每周一次大扫。北京空军机关把承包的绿篱、绿地划分给各部

---

① 《本市"门前三包"向广度深度发展》,《北京日报》1983年12月19日第1版。

管理，指战员们精心培植花草，绿地里一有杂物就随时清扫，还支援附近居委会栽树苗、种草坪、建花园，受到当地群众的称赞。对外经济贸易部所属18个司、局单位的领导以身作则，带领广大干部参加责任地段的各种公益劳动，大家还动脑筋、想办法，制作了小钩子，把树丛中的烂纸和脏物清扫得干干净净。商业部机关部长带头、大家动手，专人负责，把商业部大楼门前的环境搞得既卫生又美观。为了完成商业部门前600多平方米露天土地的绿化工作，在炎热夏天组织干部职工1100多人次参加绿化劳动，种植花草，美化了周边环境。①

"门前三包"责任制带来可喜变化

"门前三包"责任制得到首都广大人民群众的积极响应，首都城市面貌发生可喜变化，创造了"人民城市人民建，人民城市人民管"的佳话。

宣武区大栅栏是全国闻名的繁华商业街，平均每天客流量达15万人次，最多时达50万人次。以前，沿街30多个单位的汽车、自行车随便放在大街上；施工单位乱堆物料，商店摆摊售货，广告乱贴；行人乱扔纸屑、果皮，随地吐痰等，让整条大街乱糟糟。实行"门前三包"以后，区委、区政府同街道办事处一起对这里进行综合治理，管委会办公室每天有人沿街检查，对不卫生、不文明的现象进行劝阻。各商店不得出摊售货，施工单位不能乱堆物料，并在公安交通部门的协助下，将大街西口存车处迁到别处，解决了西口交通经常阻塞、秩序混乱的问题。

很多单位充分调动广大职工积极性，以主人翁姿态，认真担负起搞好首都市容卫生、绿化、秩序的光荣责任。多年被评为市卫生红旗单位的北新桥菜市场，认真做好店外责任地段的卫生保洁，对门前和人行便道随时清扫，随时保洁，并形成制度。保洁员除负责清扫任务外，还主动维持门前的秩序，向群众宣传不要随地吐痰，不要乱扔果皮纸屑等。对门前摆摊的小商贩也敢于管理，既保持了门前的卫生，又维护了门前秩序。西单元昌厚茶庄职工，

---

① 《商业部"门前三包"好，环境卫生美观》，《北京日报》1983年9月21日第1版。

克服人手少的困难，一丝不苟落实责任制。全店 14 名职工轮流值日，每天营业前冲刷责任地段的路面，还派出巡视员随时查看，发现有脏物、纸屑等立即清扫，店门前从早到晚保持清洁面貌。北京长途电话局、北京带钢厂、市化学试剂批发商店等单位，不仅搞好责任地段的市容卫生，还自己出钱在门前修花坛、种花种草，绿化美化环境。

商业繁华的王府井大街，地处市中心，是著名的旅游景点，每天客流量很大，1982 年被评为"文明卫生街"。全市普遍推行"门前三包"之后，瓜皮果核、冰棍纸等在这条街上很少看到了。沿街单位不但随时清扫门前，而且派设保洁员，如果有人在这条街上随地吐痰或乱扔废纸，马上会被叫住纠正。在狠抓卫生的同时，有的单位还抓了大街的环境美化。根据这条大街便道窄、不宜增加永久性绿地的特点，在东城区园林部门的协助下，用在各单位门前摆放桶树盆花的方式进行绿化。沿街的中国印刷物资公司服务部最早在门前摆放了无花果和榕树，东风市场、百货大楼等相继摆放各类花木。700多桶（盆）花木各展姿容，王府井大街更加整洁、美观。

一些卫生后进单位迅速改变了面貌，解决了一些长期没有解决的"老大难"问题。北京京剧院过去门前垃圾成堆，院内宿舍脏乱，有关部门多次批评，面貌总是得不到根本改观。实行"门前三包"后，院领导表示，搞好卫生人人有责，演出任务再忙，也得把卫生搞好。他们出动了 90 多名演员和后勤人员，把院内、院外彻底清扫一遍，还上大街刷洗了果皮箱、汽车站牌和宣传橱窗，整个大院里里外外焕然一新。市汽车灯厂等原来的卫生后进单位，通过落实"门前三包"，跨入了卫生先进行列。一些来这些单位订货的人说：你们把环境搞得这样好，产品质量次不了。一些单位尝到了"门前三包"与生产互相促进的甜头，搞好"门前三包"的积极性更高了。

市造纸五厂的变化也让人意料不到。这个厂所用原料是废纸，遇到雨天，厂内、厂外到处都是烂纸浆，脏乱不堪。实行"门前三包"以后，厂门口的卫生状况明显好转。这个变化引起了厂领导和广大职工的深思：厂门口的卫生可以搞好，厂内的卫生状况为什么不能改变？生产车间的职工一马当先，认真清理车间里的废物，车间支部书记带头爬上高梯，和职工一起把几十块已有十几年没擦的玻璃擦得干干净净。其他车间也积极行动，搞了各自车间的环境卫生。行政科的同志集中人力把散落在院内各角落和房顶上的废纸集中起来，对原来在院内堆放的建筑材料也进行了清理。一位不久前调离这个厂的职工回来办事，竟然不敢相信这就是自己工作了多年的工厂。一位退休的老工人听说工厂变干净了，高兴地拄着拐棍回到厂里转了一圈。

首都人民，来自全国各地、世界各地的人们，真切感受到北京的变化，变得越来越干净，越来越整洁，越来越可爱。干部、群众高兴地说：社会主义城市就该这么管，就该这么建。五讲四美三热爱活动委员会在印发北京市的一个报告时指出：北京市普遍推行的以"包卫生、包绿化、包秩序"为内容的"门前三包"责任制，"是群众在治理'脏、乱、差'中创造的成功经验"。①

北京市委、市政府不断巩固和完善"门前三包"责任制，推动人民群众所创造的成功经验走向规范化、制度化。全市普遍建立卫生检查机制，把街道办事处、爱委会、市容卫生监察队和居民委员会的有关人员组织起来，通过推选负责人，专门负责检查责任区内的卫生状况，在更大范围内进行督促，便于问题解决。1985年底，通过总结几年来的推行经验，北京市政府颁布了《北京市"门前三包"责任制管理办法》，要求凡城区和郊区城镇内的机关、团体、部队、企事业单位、个体工商业户，均应与街道办事处签订"门前三包"任务书。② 从规定到办法，北京市"门前三包"用行政规章的形式予以规范，执行力更强，要求也更为严格。

北京市"门前三包"责任制的探索和实践，充分调动了广大群众参与环境保护的积极性，极大改善了首都城市面貌，走出了一条适合自己的城市管理新路，为提高新时期首都城市管理水平积累了宝贵经验。

---

① 《"门前三包"责任制是群众创造的成功经验》，《北京日报》1983年8月10日第1版。
② 《北京市人民政府发布〈北京市"门前三包"责任制管理办法〉的通知》，北京市档案馆藏，档案号088-003-00434-00156。

第六章
社会治安和社会秩序治理整顿

党的十一届三中全会后，北京市根据党中央关于重点搞好治安、交通、卫生，尽快改变首都城市面貌的要求，贯彻执行专门机关和广大群众相结合的方针，动员各方面力量，大力开展社会治安和交通秩序整顿，加强社会治安综合治理，依法从重从快打击了一批严重危害社会安全的犯罪分子，教育、感化和挽救了一批失足青少年。同时，按照全国统一要求，打击经济领域和其他领域严重犯罪活动，推动社会治安和社会秩序逐步走上正轨。

一、打击经济领域严重犯罪活动

党的十一届三中全会实现了党和国家工作中心的转移。在实行对外开放和对内搞活经济政策的同时，由于思想政治工作和必要的管理制度、管理措施没有及时跟上，以及"文化大革命"煽动的无政府主义、极端个人主义思潮影响，走私贩私、贪污受贿、投机诈骗、盗窃国家和集体财产等严重经济犯罪活动明显增加，损害了党和政府的声誉，污染了社会风气，破坏了经济建设。

加强组织领导充实办案力量

1981年12月，邓小平针对广东、福建两省一些单位和干部继续从事走私贩私活动的情况，致函胡耀邦："这类事为什么总处理不下去，值得深思！我建议由中纪委派一专门小组进行彻底追究，越是大人物、大机关，处理越要严、要重。"① 1982年1月初，中央政治局常委收到中纪委送来的一份简报，反映广东省的一些干部甚至担负一定领导职务的干部严重走私贩私的犯罪行为。陈云对此作出批示："对严重的经济犯罪分子，我主张要严办几个，判刑几个，以至杀几个罪大恶极的，并且登报，否则党风无法整顿。"邓小平在批语中增加了"雷厉风行，抓住不放"八个字。

1982年1月11日，中央书记处召开会议，传达中央政治局常委批示精神，当天即发出《中共中央紧急通知》，指出走私贩私等犯罪行为，严重毁坏党的威信，是关系党的生死存亡的重大问题，要求各省、自治区、直辖市党委高度重视这方面的问题，并采取相应措施。

北京市委对此积极响应。1月11日晚，市委第一书记段君毅就第一时间向市委常委传达了中央政治局常委对广东一些地区走私活动猖獗的批示和中央书记处讨论这个问题的意见。第二天，向正在参加市委工作会议的300多名局级以上干部进行传达，对如何贯彻中央紧急通知，坚决打击走私贩私、投机倒把、贪污盗窃、行贿受贿等违法犯罪活动作了动员部署。

2月6日，全市纪律检查工作会议召开，决定由市委纪委筹备组牵头，市委政法委、组织部、财贸部、公检法、海关、工商、财政、银行等部门的负责同志联合办公，对全市相关情况进行摸底，集中查处一批大案要案。各级党委先后建立以纪委为主的办事机构。

经过摸底调查，截至2月底，全市共发现经济犯罪案件840起，其中万元以上的117起；非法获利最多的达1300万元。万元以上的案件中，投机诈骗82起，贪污盗窃11起，走私贩私8起，行贿受贿4起，偷税、截利、私分回扣等12起。在840起案件中，共涉及党员和党员干部264人，其中局级干部4人，基层党委和处级干部14人，基层党支部书记和科级干部70人。

---

① 中共中央文献研究室编：《邓小平年谱（一九七五——一九九七）》（下），中央文献出版社2004年版，第791页。

首都建设新风貌

市委认为，北京市在这方面的问题是相当严重的，必须从严处理。为推动案件有效解决，市委及时召开书记办公会或常委会研究解决重要问题和重大案件。

各级党委领导干部亲自抓大案要案，市委常委主要抓涉及局级领导干部、查处难度大的案件，市委第一书记段君毅带头负责两个案件，一是市物资局生产资料服务公司，购买外汇770万美元，通过中国机械进出口总公司进口汽车1536辆、摩托车5800辆以及生活用品，非法获利600万元；另一个是市外贸局化工进出口分公司，1981年通过港澳商人将我国出口的高压聚乙烯和聚丙烯在国内倒卖9400吨，使国家损失59万余美元。市委、市政府各部委办和区县局级单位的主要领导也相应明确分工，确定了办案重点。

分工包案的领导干部亲自组织力量，制订计划，分析案情，研究处理，大大加快了办案进度。在查处案件的威慑之下，一些违法分子受"坦白从宽，抗拒从严"政策的感召，开始主动坦白交代问题。朝阳区和平街街道基建队负责人常某，主动到区委纪委交代了非法所得2000元的问题，并退出现款。《北京日报》3月7日将此事公开报道。北京市某厂武装部干事谭某看到该报道后，第二天即向厂纪委坦白交代了倒卖汽车135辆，获利1.6万多元的违法行为。北京市打击经济违法犯罪活动斗争的局面初步打开。

3月8日，全国人大常委会第二十二次会议通过《关于严惩严重破坏经济的罪犯的决定》，对《刑法》有关条款作了相应补充和修改，对其中部分经济犯罪的量刑幅度作出最高可判处死刑的调整，使得坚决打击严重破坏经济的犯罪活动有了强有力的法律武器。4月13日，中共中央、国务院进一步作出《关于打击经济领域中严重犯罪活动的决定》。邓小平对此深刻地指出，"打击经济犯罪活动的斗争，是坚持社会主义道路和实现四个现代化的一个保证"，"如果我们党不严重注意，不坚决刹住这股风，那么，我们的党和国家确实要发生'会不会改变面貌'的问题。这不是危言耸听"，"没有打击经济犯罪活动这一手，不但对外开放政策肯定要失败，对内搞活经济的政策也肯定要失败"。①

---

① 《邓小平文选》第二卷，人民出版社1994年版，第404页。

对于这两个《决定》的出台，广大干部群众热烈拥护，觉得"中央这一招儿，抓得对，抓得好，合党心顺民意，再不抓不得了。抓好了，党风的根本好转就大有希望"。同年 5 月至 10 月，北京市先后召开三次全市纪律检查工作会议，组织各级党委认真学习两个《决定》，总结前一阶段工作。针对有的领导干部存在的"中央文件宣传了，案件检查了，该松口气了"的松劲情绪，要求对照中央的指示，从领导是否重视、态度是否坚决、措施是否得力、是否集中力量抓了大案要案等方面进行检查，找出差距，提出改进措施，把斗争引向深入。

经过实践，各级党委领导干部在亲自抓大案要案中逐渐形成了"四定一包"责任制，即定案件、定领导干部、定办案人员、定完成时间，包查处到底。党委主要领导干部层层分工负责，查处大案要案，既排除了阻力，也鼓舞了士气，使有些老大难问题得到解决。一个街道工厂几名厂长私分公款 1 万多元，处理过程中由于办案人员认识不一致，拖了半年之久也没有解决，区委领导亲自抓后，很快查清事实，作了处理。不少干部和群众说："领导决心大，我们就不怕；领导带头抓，我们就敢揭发；领导继续抓下去，斗争一定能胜利。""这回我们更放心了！"办案人员也认为领导干部直接查处大案要案，"这样办，打心眼儿里高兴，今后案子好办了"。

截至 1982 年 10 月底，市委书记和其他市委常委直接抓的 10 起大案要案，有 6 起已经查清。市委、市政府各部委办和区县局领导干部分工查处的 352 起重大案件，已结案和查清的占 81%。郊区县基层党委领导干部中，有 436 人分工查处 439 起比较重要的案件，已结案和查清的占 80%。

办案力量同时得到增强。1982 年 10 月，全市办案人员达到 1.4 万余人，分别组成 21 个检查小组，到有关单位检查处理案件，比当年第一季度增加近 5000 人。其中，经委系统由第一季度的 1000 人增加到 3000 人；财贸系统由第一季度的 200 人发展到 600 人。不少单位还对办案人员开展培训，增长业务知识，提高办案水平。

在市委统一领导下，公检法部门集中精力查处了一批重大案件。1982 年 8 月，市检察院侦查起诉的经济犯罪案件，比前 7 个月平均增长 1.5 倍。市法院及一些区县法院判处一批严重经济犯罪分子，判刑 108 人，逮捕 47 人，拘留审查 68 人。此外，对一些经济违法犯罪人员，进行了党纪政纪处理，开除党籍 14 人，留党察看 14 人，撤销职务 24 人，开除公职 26 人。

开展反腐蚀教育筑牢思想防线

在打击经济领域犯罪中，北京市发现全市大案要案中，党员约占 30%，县处级以上干部占有一定比例。一部分案件与党员干部革命意志薄弱，经不起资产阶级思想腐蚀有很大关系。

有的利用职权，投机诈骗，贪污受贿。北京无线电元件六厂原党总支书记、顾问汪某是 1937 年参加革命的老同志，由于贪图安逸，逐步堕落成为经济犯罪分子。1981 年伙同他人盗窃、倒卖大量化工原料，分得赃款 3800 余元。

有的存在占便宜心理，对能给自己利益的人加以重用，甚至发现他们有严重问题时，还千方百计袒护、包庇，使犯罪分子的胆子越来越大，犯罪活动越来越猖狂。北京铁路局一个工务段的刘某经常请领导吃喝，违规送礼，因而得到赏识和信任。群众反映刘某有经济问题，有的领导仍不以为意，照常吃请、受礼，以致刘某长期采取伪造单据、重复报销等手段贪污公款 9442 元。

有的利用与外商谈判贸易的机会，接受贿赂，索要礼品。原市特艺总公司副经理赵某，1979 年与女港商、人称跳脱衣舞"明星"的梁某开始业务往来。赵某在和她的交往中，丧失原则，违反外事纪律，给国家造成严重经济损失和不良政治影响。

还有一些违法犯罪活动打着"为国家""为集体""为活跃经济"的招牌进行，或搞违法经营活动，或非法倒卖国家统配物资，或转包工程、出卖账号、发货票等，从中获利。有的单位领导错误地认为，"只要为集体，咋干都有理"，公然支持和纵容一些犯罪活动。一些地方和单位一度出现"工农兵学商，一起来经商"，"各行各业，争奔广东"抢购外货的情况。市一轻局物资供销公司与中国机械进出口总公司非法经营进口汽车、手表、收录机等，偷税漏税，获利1000余元。市物资局生产资料服务公司违反国家规定，高价购买700多万元外汇，经营进口汽车，获利600余万元。西城、宣武、石景山3个区11个街道建筑队，转包工程、出卖账号非法获利81万余元。朝阳区3个生产队非法组装销售汽车55辆，获利9万余元。

针对这些情况，北京市决定将打击经济犯罪活动的斗争与开展反腐蚀教育结合起来。自1982年6月起，在全市党员中集中开展反对资本主义思想腐蚀、坚持共产主义思想的教育活动，加大社会宣传，提高党员和群众的觉悟。活动中，采取举办党员脱产轮训班和集中上党课、分散讨论等办法，共轮训党员60多万人。5600多名各级领导干部带头讲党课。从市委常委到各区县局党委普遍召开组织生活会，检查对子女的教育问题。各级纪律检查部门和宣传部门配合，开展了查禁、收缴反动下流的录音录像制品和淫秽书刊的工作。

1982年10月，北京市电子仪表工业局开展反腐蚀教育。

全市二十几个区县先后举办反腐蚀教育展览，运用正反两方面的典型，向党内外群众进行生动具体的反腐蚀教育，批驳"经济犯罪活动的增多是对外开放搞活经济的必然结果""打击经济犯罪活动不利于搞活经济""来路不正用途正""违法案件多、法不责众"等为经济犯罪活动辩护的不当言论。

《北京日报》还分批公布了9起判处徒刑的案件，震慑了犯罪分子，整顿了党风。

全市同时培养了一大批宣传队伍，采取多种形式，对广大党员、干部进行党的方针政策和法制教育，宣传禁止非商业单位违法经商的政策，教育党员、干部正确理解和执行党的对外开放、对内搞活经济的方针。据19个区县的不完全统计，受到宣传教育的职工群众达420多万人。

通过这些活动，广大党员干部进一步提高了政治觉悟和抵制腐蚀的能力。敢于同不良倾向做斗争、积极检举揭发经济违法犯罪问题的人越来越多。大兴县有23人在参观反腐蚀教育展览后揭发经济案件线索17起，一些有经济问题的党员干部主动交代了自己的问题。冶金局第二铜管厂一名业务员，在为社队承揽业务中受贿1700多元，曾4次订立攻守同盟，拒不交代，在反腐蚀教育中终于交代了问题，主动退还赃款赃物。

建立企业规章制度堵塞管理漏洞

之所以出现经济领域犯罪行为，一个重要原因在于企业经营管理混乱，规章制度不健全，给经济犯罪分子造成了可乘之机。比如，财务收支、物资调拨、合同签订，缺乏严格的审批手续；物资仓库账目不清，没有严格的出入库制度；物资出门不验证；财会、供销人员身兼数职，没有专人专责，不能互相监督、制约；公章无专人管理随便使用；劳动纪律松弛，职工旷工无人追查；领导干部存在官僚主义，不负责任，等等，都给违法犯罪活动提供了可能。

北京市地质局供应处一名工作人员把两枚公章交给一名诈骗犯孟某，孟某用公章盖了41张空白合同单，行骗十多个单位，签订110万元假合同，获得非法收入1.5万元。北京第三轧钢厂的重油和煤炭，从采购、进厂、入库到出库、记账、做报表，全由供应科业务员张某一人管理，张某利用工作之便，弄虚作假，贪污、受贿、盗窃、诈骗共计2.6万多元。北京市千斤顶厂，签订合同没有审批制度，加盖公章的空白合同纸，既无编号，也无专人管理，致使社会上一名刑满释放犯采取腐蚀拉拢手段，通过该厂内部人员张某等人，拿到合同纸，冒充千斤顶厂"技术顾问"和"业务员"，同河北、河南、北京、天津等地社队企业签订合同40多份，从中牟取5万多元私利。

还有一些企业的领导和有关人员存在着"家大业大，丢点没啥"和怕得罪人的思想，在坏人坏事和错误行为面前，不坚持原则，有章不循，助长了犯罪活动的发生。王府井百货大楼售货员王某，一直有贪污公款的行为，早就被人发觉，但未引起有关人员的重视，几经周折，才被揭发出来，最后查清王某共计贪污1万余元。

北京市要求全市有关企业将打击经济犯罪活动同整顿企业结合起来，积极开展"查账、查库、查业务"的"三查"活动，努力发现线索，深挖违法犯罪分子。燕山石油化学总公司所属胜利化工厂，从"三查"中发现19起经济违法犯罪案件，占全厂立案总数的76%。冶金局通过查20个外部协作单位，发现17个有经济问题，6个基建单位全部有经济违法犯罪问题，并查出拖欠公款2300多万元。针对存在的问题，各企业借整顿之机，建立健全各种规章制度，加强和改进企业管理，有力堵塞了引发经济犯罪的制度漏洞。

1983年3月，党的十二届二中全会通过《关于整党的决定》，要求整顿党风，纠正以权谋私，反对官僚主义，加强组织纪律，惩治腐败分子。将打击经济犯罪工作逐渐转移到整党上来。截至该年3月，北京市共查处经济违法案件6326起，其中大案要案232起。处理的案件中，判刑371人，受党纪政纪处分837人，追回赃款、赃物及罚没款约1125万元。

这场斗争有力打击了严重破坏经济的犯罪分子，使全市经济领域违法犯罪活动大为收敛，基本保证了对外开放和对内搞活经济政策的正确执行，对促进党风和社会风气好转，推动生产发展起到了积极作用。

二、开展严厉打击严重刑事犯罪斗争

"文化大革命"以前，首都的治安和社会风尚相对较好，群众比较满意，也受到国际友人的赞扬。全市年平均发案率为常住人口的0.8‰。1965年的发案率最低，仅为0.25‰。"文化大革命"期间，这一局面遭到严重破坏，受"打人有理""法制无用"等错误思想诱导，社会发案率曾高达1.6‰。[①]加上转型时期观念的变化、外来思想的影响，改革开放初期北京市刑事犯罪特别是青少年违法犯罪情况比较严重，一大批"打砸抢"犯罪分子，抢劫、杀人、盗窃和流氓犯罪团伙活动猖獗，严重危害人民群众的生命财产安全，成为影响社会安定的突出问题。严厉打击刑事犯罪活动，尽快实现社会治安的根本好转，成为人民群众的普遍呼声。

"严打"斗争的缘起

1978年底，中央领导同志就首都治安状况作出专门批示，指出首都社会治安存在许多严重问题，必须高度重视，下决心解决，务求在短期内取得成效。

为了落实这一重要批示，北京市委主要领导多次召集专门会议，听取市公安局和各区县委的汇报，深入开展调查研究，认为摆在北京市面前的一项重要任务，就是要全党动员、全民参与，共同努力，大力整顿首都社会治安，使治安面貌恢复到历史最好水平。全市各区县迅速成立了以区县主要领导为组长的整顿治安秩序领导小组，设立专门办事机构，统一领导和组织整顿治安工作，重点打击严重危害首都社会治安的犯罪分子。

市中级人民法院和东城、西城、朝阳、海淀、门头沟、石景山、丰台、大兴、密云、平谷、顺义、昌平、怀柔等区、县法院，分别召开打击刑事犯罪、整顿治安的群众动员大会和审判大会，集中宣判处理了一批反革命分子和刑事犯罪分子。1978年12月22日下午，市中级人民法院公开审判一起盗窃案，500多人冒着严寒前去旁听，大家欣喜地发现，"十多年没见到公开审判，现在人民法庭回到群众中来了"[②]！在京的中央机关和国家机关也先后召开会议，建立整顿治安领导小组。这些行动得到了广大群众一致拥护。有的说："过去公安局对坏人打击不力，现在公安局的拳头伸出来了！"有的说：

---

① 《去年首都社会治安是1966年以来最好一年》，《北京日报》1985年2月3日第1版。
② 毕靖：《人民法庭回到群众中来了》，《人民日报》1979年1月9日第4版。

"专政机关为人民群众办了一件大好事。这次行动给群众撑了腰,出了气,我们的腰板硬了。过去我们不敢捅'马蜂窝',怕坏人报复。现在,我们就是要捅这个'马蜂窝'!"①

经过社会治安初步整顿,至1979年9月,与整顿以前的9个月相比,流氓、抢劫、强奸和偷窃自行车等案件下降了50%以上,重大刑事案件下降近50%,发案率降到十多年来的最低水平。②刑事案件发案率1979年比1978年下降23.1%,破案率也有所提高。③一些繁华地区、公共场所、影剧院、楼群宿舍、公共电汽车和内部单位的治安秩序,有了明显好转。

然而,冰冻三尺,非一日之寒。影响北京社会治安的一些因素,譬如青少年违法犯罪、外地流窜犯大量来京犯案等问题,一时无法完全解决,社会秩序仍然面临严峻挑战,有些犯罪活动又有回升的趋势。1980年全市共发生各类刑事案件7981起,比1979年上升2.4%,其中,凶杀、抢劫、强奸、撬锁案件增加18.28%,重新犯罪者占查获总数22.6%,比1979年增加6.9%。

1981年4月,在北京发生了震惊全国的北海公园事件,阎某、马某伙同其他犯罪分子,光天化日之下围追、威胁正在北海公园划船的三名女中学生,调戏达两小时之久。上岸之后,二人用暴力各挟持一名女学生,在同伙的住处实施强奸。当年7月18日,北京市中级人民法院召开宣判大会,宣布了北京市高级人民法院下达的对流氓、强奸犯阎某等五名罪犯执行死刑的命令;判处流氓、强奸犯马某死刑缓期两年执行,剥夺政治权利终身。

1983年上半年,北京市大案、要案、恶性案件比1982年同期增长17.3%。有的犯罪分子白天公然闯入居民住户,强奸妇女;有的拦路和入户抢劫,杀害事主;有的进行重大偷窃;有的投毒放火、爆炸、偷窃枪支弹药;连新中国早已绝迹的贩卖人口、贩毒和强迫、引诱、容留妇女卖淫等犯罪行

---

① 《加强无产阶级专政 维护首都社会治安 本市政法机关集中打击一批刑事犯罪分子》,《北京日报》1978年10月6日第1版。
② 《本市整顿社会治安工作成效显著》,《北京日报》1979年9月23日第1版。
③ 《努力使首都社会治安成为全国的模范 本市广大公安干警认真学习讨论中央建议,提出落实措施》,《北京日报》1980年5月25日第1版。

为，也死灰复燃。据公安部统计，全国其他地方的刑事犯罪发案率也大幅度上升。

针对这种状况，1983年7月19日，正在北戴河疗养的邓小平找来彭真和公安部部长刘复之，谈起全国严厉打击严重刑事犯罪的规模、步骤、要求和劳改场所的数量、资金等一系列问题。指出上述情况的出现，主要是因为对犯罪分子的打击不够严格，不够快，处罚太轻。"现在是非常状态，必须依法从重从快集中打击，严才能治住。搞得不疼不痒，不得人心。""严厉打击刑事犯罪活动是一件大快人心的事。先从北京开始，然后上海、天津，以至其他城市。只要坚持这么干，情况一定能好转。"①

根据这一指示，8月2日，中共中央在北京召开全国政法工作会议，决定三年时间内组织三个战役，按照"依法从重从快、一网打尽"的精神，对严重刑事犯罪分子予以坚决打击。随后，党中央正式发布《中共中央关于严厉打击刑事犯罪活动的决定》，全国性的严打斗争拉开了序幕。

北京市委立即作出《关于严厉打击严重刑事犯罪分子活动的决定》，决定从1983年8月开始至1985年冬，连续组织三次大的战役，对其中罪行严重、不杀不足以平民愤的，坚决杀掉；对其余严重犯罪分子坚持从重、从快、从严惩处。

北京市公安局与市法院、检察院、司法局联合制订《关于贯彻中央决策，严厉打击严重刑事犯罪活动的工作方案》。结合北京市实际情况，确定重点打击对象为：流氓团伙分子；流窜作案分子；杀人犯、放火犯、爆炸犯、投毒犯、强奸犯、抢劫犯和重大盗窃犯；为非作歹，横行霸道，欺压群众，为害一方，新的"东霸天""西霸天"②等10类。

"严打"第一战役

1983年8月1日，严厉打击严重刑事犯罪活动的第一战役正式开始，主

---

① 《邓小平文选》第三卷，人民出版社1993年版，第34页。
② 泛指罪大恶极、人民仇恨的称霸一方的恶霸反革命分子。

要是清理线索、调查摸底，对查证属实的违法犯罪人员，采取统一行动、集中搜捕的办法进行打击。

北京市犯罪活动的一个突出特点就是团伙作案，少则三五人，多则十几人、几十人。他们内外勾结、城乡流窜、连续作案，教唆犯罪，腐蚀毒害青少年。有的团伙欺压群众，为害一方，成为新的恶霸，对人民群众生命财产安全和首都社会治安构成极大威胁，造成严重破坏。为此，市公安局调动数万民警连续打击一批为非作歹、残害人民群众的流氓团伙，将那些民愤极大的犯有重大盗窃、杀人、强奸等罪行的团伙主犯、惯犯逮捕归案。

1983年8月23日，市政府在工人体育场召开全市严厉打击严重刑事犯罪分子公判大会，约8万名群众参加。市中级人民法院院长刘云峰在会上阐述刑事犯罪活动的严重危害性，宣布了30名罪犯的犯罪事实。这些罪犯多数是惯犯、累犯、流窜犯以及犯罪团伙的首恶分子，杀害群众16人，杀伤11人，强奸妇女14人。大会对罪行严重的17名杀人犯、10名强奸犯、3名抢劫犯处以死刑，动员全市人民同刑事犯罪做坚决斗争，有力震慑了犯罪分子，大大鼓舞了人民群众，受到各界人士称赞。

为了做好"严打"中的审判工作，1983年10月，北京市委政法委员会与市高级人民法院联合召开案例讨论会，对"严打"中的刑事审判工作进行阶段性总结，讨论分析了28起刑事案例。在此基础上，市高级人民法院先后印发《刑事审判案例选编》（一）、（二）、（三）、（四）、（五），共搜集强奸案件8例、抢劫案件10例、流氓案件12例、盗窃案件9例、体现从宽政策的案件8例、定性不当的案件13例，并将最高人民法院下发的《刑事犯罪案例选编》（一）、（二）、（三）合订成册，供全市各级人民法院进行审判参考。

同时，根据全国政法工作会议和全国法院工作会议精神，11月，市高级人民法院召开区、县人民法院院长会议，着重研究"严打"以来判处的严重刑事案件的问题，决定对判处5年以下有期徒刑的案件进行复查。截至1984年2月15日，除海淀、平谷两个基层人民法院外，全市各级人民法院对本院1983年8月至11月25日判处的全部刑事罪犯的复查工作基本结束。经过复查，认为原判定性不当或量刑过轻需要改判的罪犯229名，市高级人民法院反复要求全市各级人民法院精心审判，更好地执行依法"从重从快"的方针，有力打击严重刑事罪犯。

1984年1月3日至4月30日，市公安局按照公安部和北京市委要求，在中国人民革命博物馆举办了一场规模较大的"北京市打击刑事犯罪展览"，通过近百幅照片、绘画、图表、大量赃物以及打击刑事犯罪分子的实况录像，集中反映了这一阶段"严打"的主要成果。除接待北京市民外，这场展览还先后迎来来自全国28个省、自治区、直辖市的政法、公安部门的干部群众前往参观。

7月31日，全市严厉打击刑事犯罪活动第一战役结束，其间共摧毁犯罪团伙1314个，破获一大批重大刑事案件，沉重打击了犯罪分子的嚣张气焰。全市刑事案件和治安案件大幅度下降，首都社会治安发生了许多可喜的变化，群众的安全感普遍增强，维护社会治安的积极性大为提高，对物质文明和精神文明建设产生了积极影响。过去，北京展览馆餐厅常常被一些流氓分子搞得乌烟瘴气，酗酒划拳、打架斗殴的事时有发生。有的流氓分子还调戏女服务员，寻衅闹事。餐厅负责人常常为解决治安问题忙到深夜。实行"严打"后，经理感慨道："这里再也没有发生这类事件。餐厅比以前安静多了。顾客们高兴而来，满意而去。"① 不过，全市社会治安的非正常状况尚未发生根本性改变。

"严打"第二战役

市委紧接着部署开展严厉打击刑事犯罪活动第二战役，从1984年8月1日至1985年12月31日，在继续打击面上的犯罪分子的同时，重点深挖隐藏的犯罪分子，着力打击流窜犯和侦破积案。全市抽调1000多名公安干警，专门负责深挖工作。

第二战役期间，正好赶上庆祝新中国成立35周年。为保卫国庆安全，北京市公安局及早制订并部署了关于国庆保卫工作的工作方案，要求把35周年

---

① 《可喜的变化——首都社会治安见闻》，《新华社新闻稿》1983年第5064期。

国庆保卫工作放在首位，确保绝对安全，做到万无一失。眼看距离庆祝的时间越来越近，可曾轰动京城的东城区体委军事学校特大盗枪案"206"案一直未破获，流失在外的枪支犹如一颗不定时炸弹，对首都安全构成极大威胁，给首都公安机关带来了巨大压力。

东城区体委军事学校位于地坛体育场的东南角。1984年2月6日，是春节后上班第一天，上午8点40分，该校一名临时工和学员到更衣室换衣服，无意中看到墙上有一个大洞，他们立即向领导报告。北京市公安局治安处和东城分局的侦查技术员随后对现场进行了细致勘察。原来被盗枪库是一间南平房，位于地坛军事体校院内。库房西面是办公室，东面与更衣室隔墙相连，南面有一后窗，门、窗均装有报警器。经勘察，门、窗完好，与更衣室相连的墙上，在距地面约200厘米处被挖了一个半圆形洞口。洞口四周墙壁上留有案犯擦蹭和戴手套攀爬留下的痕迹。库房内的一个枪柜被破坏，4支"东风三型"小口径手枪、3支"双菱"牌气手枪、2600发子弹和1个射击观测镜丢失。

经现场调查得知，该校1月30日下午曾进行一次训练，31日封库。春节放假期间有人在办公室值班，还配有流动值班员。2月5日凌晨三四点钟，值班员曾听到"咕咚"的响声，因声音不大没有引起注意。

北京市公安局为此成立"206"专案领导小组，各业务处和分、县局成立了"206"专案小组，发动全市干警对嫌疑人员展开搜捕。为了不排除外省市人员流窜作案的可能性，公安部向全国公安系统发出"206"盗枪案的通报，要求全国各地公安系统协同作战，注意提供可疑线索。专案组在各级党组织的支持下，对体校周围9个派出所，288个中央、市属单位，分别召开各种宣传会394场，到会1万余人，"206"案件很快成了市民街头巷尾议论的话题。

群众发动起来后，一条条线索接踵而来。专案组先后列出几千名符合作案年龄的男性青年，并将有违法行为、有家不归、有学不上、有工不做，以及到过东城区体委军事学校又爱玩枪的144人，作为审查重点。可是，随着时间推移，200多个线索、144个重点对象被一一排除。直至1984年8月8日，案情才终于有了转机。当天早晨，朝阳分局治安科接到报案，称亮马河中发现了一具小女孩的尸体。干警很快锁定嫌疑人，在调查过程中，发现嫌疑人一伙曾带着手枪到西山打鸟。北京市公安局敏锐意识到问题的严重性，于是顺藤摸瓜追问枪支的来历，最终认定枪支就是涉案人员董某、文某、包某等人从东城区体委军事学校偷来的。

8月14日，该案犯罪分子全部被依法逮捕，董某被判处死刑缓期两年执行，剥夺政治权利终身；文某被判处有期徒刑16年，剥夺政治权利2年；包某被判处有期徒刑13年，剥夺政治权利2年。"206"案件同时告破。

为了深挖隐藏的犯罪分子，北京市还针对劳改、劳教场所的犯人与教养人员，开展了检举和坦白交代罪行活动。1985年4月，市中级人民法院在清河农场先后三次向5000余名劳改、劳教人员宣讲关于鼓励检举立功、坦白交代罪行的联合通告。仅一个月就接到检举揭发和坦白交代犯罪线索6000多条，大部分得到证实。6月12日，市劳改局召开有1500名劳改、劳教人员参加的立功受奖、坦白从宽的政策兑现大会。市政府劳动教养管理委员会宣布对6名有立功表现的劳教人员提前解除劳动教养的决定，市人民检察院分院宣布对8名交代罪行的人员免予起诉的决定。市中级人民法院宣布对3名坦白罪行的劳教人员免予刑事处分的判决和对7名有立功表现的劳改人员予以减刑或假释的裁定。

经过严厉打击严重刑事犯罪分子，1984年首都社会治安成为1966年后18年间最好的一年。刑事案件比1983年下降46.6%，社会发案率下降到0.7‰以下，比十年内乱犯罪活动猖獗时下降了56%，破案率也有较大提高。社会治安工作的加强，为国庆35周年等重大政治活动和大型群众活动创造了安全环境。

"严打"第三战役

1986年1月至12月31日，第三战役接续进行。在摸底调查基础上，市高级人民法院、市人民检察院、市公安局联合发出通告，要求犯罪分子限期投案自首，对逾期不投案自首的，给予严厉打击处理，并集中打击流窜犯。

1986年4月6日，西城公安分局在侦查中发现，某商场托儿所职工李某手上戴的一枚金戒指与此前北京市工艺美术品公司贵重金属材料加工厂金戒指被盗案的戒指特征相同。他们想到，1985年8月29日，贵金属材料加工厂（原北京花丝镶嵌厂）金库被盗1546枚24K金戒指，共9435.5克，价值51万余元。案发后，北京市公安局组织刑侦处与通县公安局联合开展侦破工作，却一直没有线索。西城公安分局经与李某谈话，得知这枚戒指是由李某的外甥张某所赠，进而对张某进行全面审查，很快查获此案确系张某所为。

张某原是北京市西城区二龙路街道某汽车配件门市部的临时工，因盗窃被判刑4年，劳改期间与原北京花丝镶嵌厂工人洪某结识，在聊天中得知该厂加工黄金首饰，厂内管理不严，就起意作案，并多次向洪某了解该厂的地址、周围环境、金库位置、厂休日等具体情况。张某刑满释放后，立即购置作案工具，潜入厂内盗窃，偷走十几包金戒指。作案后，先后多次前往广州、汕头销赃，所得赃款除购买高档商品外，其余交给其父母和亲友窝藏。

破案后，共缴获黄金戒指514枚，赃款11万余元及用赃款购买的价值5万余元的摩托车、彩电、录像机等物品。7名包庇、窝赃、销赃犯均被抓获，张某于1986年11月8日被判处死刑。

经过三个战役的连续斗争，北京市严厉打击严重刑事犯罪斗争，共破获各类刑事案件2万多起，其中重大案件4115起，特大案件248起。收捕犯罪分子4万余人，其中逮捕2.4万余人，劳动教养9751人，少年管教1162人，其他处理1万余人。经法院审判，依法处决了罪大恶极的犯罪分子528名。注销犯罪分子城市户口3455人，遣送新疆、青海、双河农场等边疆改造的9355人。打掉流氓、强奸、盗窃、抢劫及其他犯罪团伙2000多个，涉及犯罪成员9000余人；缴获各种枪支860支、子弹4.6万多发，凶器2.5万多件和一批爆炸物品、毒品等物，缴获赃款和赃物折合共计人民币1500余万元。查获利用淫秽物品进行犯罪的2034人，卖淫嫖娼分子451人，收缴淫秽物品共6.8万余件。查破治安案件5.9万余起，查处作案人员15万余人，治安收容5万余人。[①]

[①] 中共北京市委党史研究室编：《社会主义时期中共北京党史纪事》第九辑，人民出版社2012年版，第63—64页。

"严打"中,全市共召开公开判决会221场,到会人数104余万人次;广泛召开群众大会,宣传发动群众,召开群众大会38万余场,参加群众3920余万人次,[1] 极大激发了首都人民群众同违法犯罪做斗争的积极性,增加了预防犯罪的能力,有效遏制了一部分恶性案件的发生。据不完全统计,3年多来,全市各级公安机关共收到群众检举犯罪线索4万多件,群众扭送的违法犯罪人员6000多人,联防队员协助抓获5000余人。有3万余名群众向公安机关检举揭发犯罪材料3.6万余件。

受到政策教育、感化,9000余名犯罪人员(不含轻微违法人员)向公安机关和保卫部门投案自首。在押人员中有1万余人交代犯罪问题2.8万余件,揭发检举犯罪线索3.7万余件。在社会上的违法人员中,有2万余人交代违法等问题3万多件,7000多人揭发检举材料1万余件。通过对坦白检举的线索查证,从中破获一般案件2万起,重大案件2000多起,抓获违法犯罪人员1万余人。[2]

全市刑事案件大幅度下降,社会治安秩序明显好转。实行"严打"后41个月的刑事发案总数与"严打"前41个月相比下降了37.7%,同时治安案件下降了34.6%。拦路抢劫和拦路强奸案下降了51.3%,持刀行凶案件下降了41.5%,流氓集团打架斗殴、聚众闹事、欺行霸市的现象明显减少。[3] 从重从快严厉打击严重刑事犯罪活动的斗争,有力巩固和发展了安定团结的政治局面,为首都社会主义现代化建设创造了良好的社会环境。

三、实行社会治安综合治理

社会治安问题,是由多种社会问题造成的,必须齐抓共管,采取综合举

---

[1] 中共北京市委党史研究室编:《社会主义时期中共北京党史纪事》第九辑,人民出版社2012年版,第63页。
[2] 北京市地方志编纂委员会编著:《北京志·政法卷·公安志》,北京出版社2003年版,第147页。
[3] 何伟、毛磊:《北京公安机关严厉打击刑事犯罪 三年来发案率下降百分之三十七》,《人民日报》1987年3月19日第4版。

措。北京市在整顿社会治安中,一直注重发动全社会各方面群众参与,坚持打击犯罪同预防犯罪相结合,惩办与教育相结合,治标与治本相结合,全面运用政治、思想、教育、行政、法律等各种手段,综合治理取得了积极成效。

创办工读学校

全市违法犯罪活动中,青少年犯罪问题非常严重。1978年北京查获各类刑事犯罪分子6083名,其中青少年达4803人,占查获总数的79%,在校学生占47.3%。各类恶性案件中,青少年作案达93.7%。这引起了市委的高度重视。

1978年底,市委向党中央报送了"文化大革命"前北京工读学校上千名毕业生表现的调查报告,建议结合以往工作经验,重新恢复创办工读学校,以便更好挽救这些"失足"青年。党中央很快同意这个建议,并要求全国大中城市统一建立工读学校,将其作为综合整治社会治安的一项措施。按照中央部署,北京市革委会要求两年内每个城近郊区至少办一所工读学校,将那些有扰乱社会治安行为,学校难以管理但不够法律处分的学生送到工读学校学习,等他们经过教育改造后,再送到原有学校继续学习,不影响就业和升学。

1978年11月29日,位于安定门外立水桥的朝阳区工读学校首先开学,该校以"挽救孩子、造就人才、立足教育、科学育人"为办学目的,开设思想政治教育、法制教育、中学文化课教学,以及木工班、电器开关班、家用电器修理班等,面向全区有违法行为的13—16岁中学生招生。

12月6日,石景山区工读学校在区计委、建委、物资局、建设局、文教局、房管局等几十家单位的大力支持下,利用原金顶第三小学的校址,仅用40天时间就筹建起来,第一批招生200多名学生。针对一些家长的思想顾虑,石景山区委专门组织家长参观工读学校,进行座谈,宣传办校目的和方针。不少家长感动地说:"政府办工读学校太好了,完全符合我们的心愿。"有的家长给派出所、公安局写信,要求把自己的孩子送到工读学校。有的学生不在北京,家长专门发电报,让他们赶快回来上工读学校。

首都建设新风貌

截至1979年底，东城、西城、崇文、宣武、石景山、朝阳、丰台等9个区县办起10所工读学校，分别由区委书记或副书记担任校长。负责教学、政治和行政管理工作的老师大多是从教育局等部门选调的具有一定教学经验、善于做思想工作的职工。这里的老师耐心细致地进行思想教育，有针对性开展课程学习，不歧视、不打骂学生，受到学生欢迎。有人称赞说："工读学校一开办，人民群众笑开颜。整顿治安作贡献，挽救教育青少年。"① 朝阳区工读学校的一名学生写下《立新志》的诗句，表达接受教育后的心情："含愧立志进工读，身心操行要重修，昔日糊涂上帮当，新程明非批帮毒。"②

工读学校的教学起到了润物细无声的良好效果。1981年秋，朝阳区工读学校在开展学雷锋的活动中，初一（1）班的17名同学把自己打晒的上千斤干草送给生产队做饲料，得到30元奖励。在班主任的引导下，他们一致赞同把报酬捐赠给中国儿童和少年基金会，并附上一封《请收下十七名工读生的汗水钱》的信。信中热情真挚地写道："进了工读学校，祖国人民的关怀，党的阳光，驱散了我们心底中的寒冷，融化了我们心灵上的冰霜；尊敬的老师，点燃了我们自尊心的火种。对新的生活，我们充满了热情和希望。"③ 同年12月6日，《人民日报》发表了这封信。中共中央书记处书记胡乔木看到信后，心情非常激动，欣然写了一首题为《金子》的诗，"人性的奇珍，埋没到如今，发亮了，像迷途的飞鸟投林；别了，黑暗的一切招引，我们还贫穷，又富有千金"。1982年4月9日，胡乔木抽出时间带着这篇诗作特意来到朝阳区工读学校，将它赠给全体师生，极大鼓舞了全校师生。他同时建议，不仅要让学生转变思想，还要让他们学会一门技术，将来能够自立于社会，救人要救到底，工读学校将来可考虑增办职业教育班，学生从工读班毕业升

---

① 《一切为了教育青少年——记石景山区委筹建工读学校的事迹》，《北京日报》1978年12月7日第1版。
② 《整顿社会治安 挽救教育受毒较深的青少年 本市已有七个区办起工读学校》，《北京日报》1979年2月26日第2版。
③ 《请收下十七名工读生的汗水钱》，《人民日报》1981年12月6日第3版。

入职业班，再从职业班进入社会，这样就业问题就好解决了。①

按照这个要求，朝阳区工读学校着力进行教学改革，把学校分为工读学校、初级职业中学、普通中学预备三个层次，学生进校时是工读生，出校时是职业中学毕业生或普通中学预备生。这种办学模式，受到学生、家长的热烈欢迎和市教育局的肯定，1986年开始在全市推广。北京市工读学校的办学宗旨由"挽救孩子"为主逐渐向兼顾职业教育转变。

针对"失足"青少年，北京市还通过建立帮教小组、发警告书等不同形式，展开艰苦细致的教育挽救工作。不少地区和单位按照工厂企业包职工、学校帮学生、街道包社会青年、家长包子女的办法，制订教育挽救工作计划，把责任落实到人，特别是选择有一定政策水平和教育能力的人来做帮教工作，坚持正面教育，动之以情，晓之以理，启发诱导。有的采取一帮一、结对子形式；有的纳入师徒合同或师生公约；有的建立单位、街道、家庭、公安、派出所等相结合的帮教小组，经常研究帮教方法，掌握帮教对象情况，帮教效果十分显著。

实行安全保卫责任制

北京市在社会治安综合治理中发现，不少单位组织纪律涣散，思想麻痹，工作漏洞较多，给犯罪分子提供了可乘之机。据1981年上半年统计，发生在单位内部的重大盗窃案件占全市此类案件总数的80%，损失占92%。民航北京管理局连续破获的3起重大盗窃案件，均与仓库值班员夜间看守不严有关。一起是该局3名工人先后从仓库偷窃7台录像机、录音机、彩色电视机，40盘录像带、录音带，3台电子计算器，2箱茅台酒，价值1.7万元。另外2起是机场附近的农村社员夜间结伙潜入机场，从仓库偷走11吨铁锭和价值1.2万元的400米通信电缆，甚至连续偷了60多次。还有一些部门丢失大量黄金、白银、珠宝、玉器、古玩字画后，竟长期没有发现，直至公安机关查获

---

① 高宁、王娜梅：《胡乔木同志看望北京市朝阳区工读学校学生 勉励工读学生充满信心跟党走到底 要求学校让学生学会一门技术，使他们将来能自立于社会》，《人民日报》1982年4月10日第1版。

归案后才大吃一惊。

针对这种情况,北京市要求企业单位在党委领导下组建专门办事机构,认真落实安全保卫责任制,做到"三包",即包对内部人员的了解和思想教育工作,确保不发生或少发生犯罪问题;包各项安全防范措施的落实,确保不发生或少发生案件、事故;包内部治安秩序良好。

厂矿企业在经济体制改革中,加强保卫处、保卫科建设,充实和加强内部的守护、值班、消防、巡逻等力量,将责任自上而下分解到科室、车间、班组干部职工身上,把安全防范的好坏与集体和个人的政治荣誉、经济利益挂钩,实行安全保卫责任制与生产工作责任制相结合,建立健全金库、仓库、货场、财会等要害部位的安全防范措施和制度,堵塞漏洞,严防失火、失盗。北京第一棉纺织厂把安全保卫责任制工作纳入"十面红旗百分赛";北京焦化厂把治安工作纳入经济责任制,进行计分评比;北京重型电机厂实行"治安保卫工作一条龙百分赛";首都钢铁公司把安全保卫工作的任务和要求纳入承包制,任务层层分解,落实到每一个基层单位的领导和职工身上,重点抓组织领导、抓规划措施制定、抓违法青年工人教育、抓发动群众、抓安全管理制度,形成了"五抓"经验,后来在全市得到推广。1980年、1982年,市公安局先后两次总结企业单位实行安全保卫责任制的经验,进一步推动这项工作开展。至1985年底,北京市厂矿企业建立安全保卫责任制的达80%以上。

城市街道大力推行治保主任包片、委员包段、积极分子包院的做法。城市每五百户由一名街道干部、一名派出所民警共同负责,包安全防范、包教育违法犯罪青少年、包宣传发动群众、包发现提供可疑线索,配合公安机关严密社会面的管理和控制。

郊区农村治安保护会根据实行联产承包责任制的新情况,采取治安承包责任制的办法,加强安全保卫工作。治安承包合同的内容,包括维护治安秩序,协助搞好公安基础工作,加强巡逻守护、执行乡规民约、调解群众纠纷等方面。主要有三种形式:一是常年承包,治安保卫委员会承包全村的治安工作,每年签订一次承包合同;二是季节承包,治安保卫委员会承包收获季节的安全保卫工作；三是单项承包，治安保卫委员会与村办企业、专业户签订治安承包合同。

全市各区经过整顿、充实治安组织，发展城乡治保积极分子十几万名，仅1980年新增近万名治保积极分子，初步形成了群众性的治安防范网，对维护首都社会治安，打击各种刑事犯罪活动，发挥了积极作用。1980年10月的一天晚上，在门头沟区大峪下八石附近，有一对谈恋爱的青年遭到两名歹徒行凶抢劫，男青年被扎成重伤。案件发生后，当地治安保护会干部立即组织治保积极分子开展调查，很快向公安机关提供了可疑线索，使两名犯罪分子不到24小时就落网。

运用社会力量预防犯罪

对于待业青年、青年临时工群体，街道、居民委员会、村民委员会、人民调解委员会、青年团、妇联以及学生会等基层组织，积极配合做好教育、挽救、疏导和防范控制工作。他们想方设法组织开展各种形式的职业技术教育、文化教育，组织参加有益的社会活动以及文娱体育活动，帮助解决和正确对待工作、生活中遇到的困难，引导待业青年等群体看到前途，增强信心，防止待业青年精神空虚、无所寄托而误入歧途。西城区工青妇组织还把不够就业年龄的初中毕业生组织起来学文化、学技术、学政治，为将来就业打好基础。

对于各类民事纠纷，调解委员会积极发挥作用。1982年，全市人民调解委员会发展到1万多个，调解人员达7万多人。他们深入居民、社员家庭调查摸底，发现纠纷苗头及时解决，共调解民事纠纷7.7万多件，占全年受理民事纠纷总数的95%。其中，昌平县调解委员会通过排队摸底，共查出纠纷苗头172件，就地解决的就有134件。[①] 顺义县调解组织当年1月至11月解决民事纠纷5700余件，相当于该县法院同期受理的一审民事案件的18.2倍。

---

① 刘用亚：《调解民事纠纷 促进安定团结 北京市总结人民调解工作，表彰95个先进集体、136个先进个人》，《人民日报》1983年4月21日第4版。

大量纠纷由于及时解决在基层，大大减少了法院的收案量和审判工作的压力，有利于提高办案质量，而且预防了矛盾激化，及时防止了一些凶杀、爆炸等恶性案件的发生。

失足青年出狱后如何继续教育帮扶，也是一个不容忽视的问题。据有关部门统计，失足青年的重新犯罪率为15%至20%。石景山区1981年1月至10月破获的181起刑事案件中，就有105起是失足青年重新作案，占这一时期该区刑事案件总数的58%。[①] 由于单靠国家劳资部门来组织安排就业相对困难，一些单位对失足青年存在偏见，不大愿意吸收他们就业，不少失足青年对此消极悲观，感到前途无望，有的就破罐破摔，走上了重新犯罪的道路。面对这种情况，为了让失足青年既能受到教育，又有固定的生活来源，北京市一些区县和街道，尝试把挽救教育与安置就业结合起来，从公安分局和派出所抽调干警，组建了各种类型的劳动服务公司和建筑工程队，组织失足青年参加社会劳动，促使他们彻底改邪归正。考虑到失足青年的顾虑情绪，所有参加公司管理工作的公安干警，一律不穿警服，并同公司其他成员一起参加生产劳动。失足青年李某参加石景山区综合服务公司后，积极肯干，表现很好，被选为班长。当他在恋爱问题上遇到挫折时，公司领导主动关心，向女方介绍李某改过自新、努力工作的情况，逐步消除了女方的思想顾虑。二人举行婚礼时，李某所在公司特地赠送礼物祝贺。这件事使该公司的其他失足青年都受到莫大鼓舞。

加强法制宣传教育

法制观念淡薄是改革开放初期违法犯罪活动的重要原因和突出表现，加强法制宣传教育的任务十分迫切。各级政法机关除了召开宣判大会，印发材料外，还积极协同新闻、广播、电视、出版等宣传部门，通过电影、墙报等灵活多样、生动活泼的形式，向广大市民普及法律知识。

---

① 宗合：《防止失足青年重新犯罪的一条有效途径——北京市组建劳动服务公司安排失足青年就业的经验》，《北京政法学院学报》1983年第1期。

《北京日报》《北京晚报》《北京日报郊区版》《北京青年报》《支部生活》《宣传手册》《北京妇女》等报刊，利用一定版面开设法制宣传专栏，大力宣传整顿社会治安、巩固和发展安定团结形势的重要意义，通报运用法律武器打击和制止犯罪活动的典型事例，表扬广大军民和政法干警同犯罪分子做斗争的模范事迹，介绍综合治理的好做法。《学习与研究》杂志社针对市民需要开辟法律知识讲座。北京人民广播电台、北京电视台积极举办法制宣传专题节目。仅1981年6月至9月，北京的报纸、电台、电视台，就刊登播发有关整顿首都治安、打击犯罪分子、教育青少年的文章和消息230余件（条）。

1982年宪法通过后，为了更广泛开展法制宣传教育，1983年1月30日，北京市首次开展"法制宣传日"活动。在王府井百货大楼、北京站、前门、北海公园南门、菜市口、三里屯等繁华街道、广场和公园，设立28个法制宣传站，法律专家、教授、律师、公证员和司法机关干部共1000多人在现场进行宣传和提供咨询。各宣传站共接待群众来访4400多人次，解答各种民事纠纷和刑事案件的法律询问3800多件，散发宣传材料78万余份，展出宪法、刑法、婚姻法及典型案例的图片335套，一天到站受教育人数达200万人。一位外地来京的老大爷，听了宣传站的律师解答后，满意地说："过去遇到事情，一提去法院，思想上总有顾虑。这次能在街上直接找律师谈谈，这样的宣传真好！"并建议今后多开展这样的活动。[①]

当年5月23日至29日，全市又开展了一次以宣传1982年宪法为中心的"法制宣传周"活动，设立30多个法制宣传站，法学界专家、教授、律师等面对面接待群众，宣传解答了大量法律问题。

工厂、农村、机关、学校、街道等基层单位，则普遍开设法制课或法制讲座，设置法制宣传橱窗或法制宣传栏。从1983年下学期开始，全市中学开设宪法课程。高等学校和各类职工学校在新生入学时，用一定课时讲授宪法

[①] 石太有、吴恒权：《普及法律知识　解答法律询问　北京市开展"法制宣传日"活动》，《人民日报》1983年1月31日第3版。

和法律知识。

通过各种宣传方式,广大群众学习了法律知识,增强了法制观念,送子投案、自动归案,将所窃物品送还事主或交给公安机关的事例不断涌现。有的失足青年重新走上工作岗位,诚恳地检讨自己因一时失足而抢夺别人财物的错误,并购买崭新物品送给被抢的同志。市公安局曾收到一封署名"罪过人"的来信,来信人承认自己犯有偷窃错误,随信寄来偷窃的现金和票证,希望通过公安局归还原主。市公安局给"罪过人"回信,连同来信一并刊登在《北京日报》上。信中说,"你是害人者,又是受害者","改了就好,而且改正得越迅速、越彻底越好"[1]。有的群众为了挽救失足子女,四处奔波寻找,苦口婆心地做思想工作,然后把孩子送交公安机关;有的检举各类问题线索,协助政法部门破获大量案件。

北京市广泛动员各方面力量,在打击刑事犯罪的同时,加强预防和改造工作,形成了社会治安综合治理的良好局面,预防和减少了社会矛盾的激化,促进了社会风气和社会治安好转。

四、整顿交通秩序

改革开放初期,全市车辆和交通流量急剧增长,特别是城区一些主要大街和交叉路口,车流量较大。受北京古都路网稀、干线少的制约,交通拥堵现象日趋严重。北京市1979年发生交通事故11226次,首次超过万次;1980年发生交通事故10247次,[2] 作为首都主要街道的长安街,1980年上半年就发生交通事故206起,伤151人,死4人。[3] 为扭转交通秩序乱、事故多、伤亡严重的局面,北京市加强道路交通管理,开展交通秩序整顿,交通秩序有

---

[1] 《市公安局给"罪过人"的公开信》,《北京日报》1978年11月27日第2版。
[2] 北京市地方志编纂委员会编著:《北京志·市政卷·道路交通管理志》,北京出版社2000年版,第139页。
[3] 《市人民政府召开动员大会要求 把长安街搞成交通秩序良好的先进街》,《北京日报》1980年7月16日第1版。

了明显改变。

开展交通安全宣传教育

对于发生的交通事故，交通管理部门发现，绝大多数是由于人们违反交通规则造成的。有的机动车司机不按规定路线行驶，开快车、强行超车；有的人骑自行车走快车道，骑快车；有的行人不走人行道，过马路不走人行横道，乱走乱闯。因此，很有必要开展交通宣传教育。

1979年1月，北京市革命委员会发布《关于执行解决当前首都交通秩序问题的几项措施的通知》，明确提出"全党动员，群众动员，广泛深入地开展交通安全宣传"。[①] 全市各级党组织利用现场会、演讲、报刊、文艺、影视、广播、板报、展览等多种形式，对驾驶员、行人特别是中小学生等重点群体，有针对性地开展宣传教育，提高市民遵守交通秩序的自觉性。

车轮一动，关乎安全；宣传教育，驾驶员是重中之重。1980年11月，《北京日报》刊登《一个车祸受害者家属致全市青年司机的公开信》（后改编成电视剧《车祸》），希望广大驾驶员站在车祸受害者的立场上，时刻把安全放在首位，在广大市民中引起强烈反响。北京市公共汽车9路车队105名驾驶员，纷纷表示要切实遵守交通规则，消灭违章行驶，出车前认真检修车辆，杜绝机件故障，拐弯倒车时与售票员密切协作。市电车公司二场驾驶员们含着热泪读完这封信，动情地说："我们应该把这些行人当成自己的父母兄弟姐妹，做到每打一把轮，每踩一脚刹车，每加一次油门，都要想想对他们的安全有没有危险。"[②] 同年，通县武窑村拍摄了一女青年在母亲被撞身亡后痛不欲生的场景，收入交通事故录像集，作为宣传资料，教育广大驾驶员和群众。

中国人民解放军装甲兵司令部管理处组织汽车队全体人员分期分批前往

[①]《北京市革命委员会关于执行解决当前首都交通秩序问题的几项措施的通知》（1979年1月9日），北京市档案馆、中共北京市委党史研究室编：《北京市重要文献选编（1979）》，中央文献出版社2017年版，第2页。

[②]《车轮一动 想到群众》，《北京日报》1980年11月28日第1版。

宣武医院，对因车祸造成的伤残人员进行调查访问，联系实际进行现场教育。大家亲眼看到由于车祸造成的巨大痛苦和损失，深刻认识到不注意安全行车的危害。他们还现场参观易发生交通事故的五棵松路口，围绕"为什么交叉路口事故多"开展讨论，从交通事故中吸取教训。针对一名同志开车闯红灯却不承认错误的问题，开展一事一议，做好思想工作，引导大家分析讨论。同志们一致认为，驾驶员必须自觉服从指挥，决不能乱冲乱撞。

崇文区安全行车指导组针对有的驾驶员盲目开快车、开"英雄车"、开"斗气车"、强行超车等交通事故隐患，制定通俗易懂的《机动车驾驶员守则》，可折叠夹入驾驶执照，便于随身携带。从1981年6月中旬开始，组织全区6000多名驾驶员认真学习守则。全区驾驶员联系实际，逐条深挖各种重大事故隐患，受到了生动的自我法制教育。龙潭、东花市地区的许多青年驾驶员表示，一定自觉遵守守则，从现在做起，从自己做起，文明驾驶，中速礼让，尊警爱民，做维护和遵守交通规则的模范。

自行车行人也是交通安全教育的重点对象。北京第一师范学校附近的交通安全，过去无人过问，交通事故时有发生。后来，在公安局交通队的帮助下，有7个单位组织了一个非机动车片组，涉及10000多名师生、近千辆自行车。这个片组把加强交通安全宣传，提高广大师生认识水平，作为一项经常性的工作。1978年上半年，修改绘编了24幅宣传画，印了130份，分发给崇文区各中小学和兄弟单位。群众反映，用宣传画形式对学生进行宣传教育，形象、生动、效果好。各单位基本做到校有治保会，年级有安全小组，班组有安全员，建立了交通安全宣传制度、自行车安全检查制度、总结评比制度等。如重大节日前，北京第一师范学校除了经常对自行车检查外，还组织交通安全检查组进行检查，发现失修的自行车就记录下来，对车主进行教育，及时修理。全片组自行车的完好率达95%以上，有的单位达到100%。经过各种形式的宣传教育，这个片组的广大师生初步建立了以遵守交通规则为荣，违反交通规则为耻的新风尚。

中小学生的交通安全尤其牵动人心。崇文区河泊厂小学各科教师，根据学科特点，自觉把交通安全教育融入教学计划。音乐老师编写《交通安全要记牢》等歌曲，教全校学生唱；美术老师教学生画"模范遵守交通规则"等宣传漫画，每学期末搞一次宣传交通安全的美术展览；语文老师利用作文课指导学生写有关交通安全的作文。北京师范大学附属中学、海淀区羊坊店第二小学将交通法规常识印成教材，纳入学生思想品德课，并将交通安全作为"三好学生"的评比条件。1983年7月，北京市公安局交通安全文艺宣传队编排相声《小球迷》《白塔寺》《歌曲漫谈》等适合学生特点的文艺节目，利用学生放暑假时间到中国儿童少年活动中心、城区中小学校和各区少年文化宫等学生文化娱乐场所进行宣传表演。

在对重点人群进行教育的同时，北京市在全社会积极营造遵守交通秩序的良好氛围。1983年，全市各区、县普遍组织交通安全演讲团，从本地区的实际情况出发，深入机关、厂矿、农村、学校和街道等单位，形式多样宣讲交通管理的重要意义和有关法规，组织交通肇事受害者以现身说法等形式，向广大群众开展面对面的宣传教育。到1984年底，全市14个区、县共组织起324人参加的76个演讲团（组）[①]，取得良好效果。

制定实施交通法规制度

在人口和交通流量不断增长，而道路的建设速度一时无法满足需求的情况下，制定权威的交通规则，成为整顿交通秩序的先决条件。

1981年11月7日，北京市第七届人民代表大会常务委员会第十六次全体会议通过《北京市道路交通管理暂行规则》，共计10章，确立了道路必须保持畅通的原则，规定道路原则上不准占用，凡掘路占路，必须经公安交通管理部门批准；确立了"行人、车辆必须各行其道"的原则；增加了拖拉机不准改轮调速，机件损坏的机动车必须停车修复后方准行驶，轻便摩托车按机动车管理以及自行车不准安装发动机等规定。为减少交通噪声污染，还对机动车喇叭音量、鸣喇叭的时间、次数等作了规定。

---

① 北京市地方志编纂委员会编著：《北京志·市政卷·道路交通管理志》，北京出版社2000年版，第84页。

首都建设新风貌

11月10日，北京市政府发布《北京市道路交通管理暂行处罚规则》，明确规定违反《北京市道路交通管理暂行规则》的行为，情节轻微的，予以批评教育；不听劝阻或情节较重的，予以处罚；屡教不改或情节严重的，从重或加重处罚；应追究刑事责任的，依法办理。这是北京市第一个专门对交通违法行为实施处罚的规则，使道路交通管理步入"有法可依，有法必依，执法必严，违法必纠"的轨道。

这两个地方性交通法规规章于1982年3月1日起同时实施。实施当天，全市出动干警6500多人次，巡逻车146车次，宣传广播车138车次，各区县组织6300多人上街协助民警维持交通秩序，确保新交通法规顺利实施。[①] 从清晨到下午，在全市主要干线上，绝大多数群众行车走路做到了各行其道，秩序井然，极少发现交通违章行为。前门大街过去一小时乱停乱放自行车有300多辆，实施当天一小时内发现并纠正不到10辆。过去，乱停的汽车平均每天达30多辆次，实施当天没有发现乱停的现象。交通干警和群众反映，这是近些年来交通秩序最好的一天。在违章大大减少的情况下，交通干警还针对自行车等灯越线、载物超宽、车号牌安装不当、行人不走便道等违章情况进行纠正。这一天，全市共纠正各种违章43234起，处罚675人，处罚面只占纠正违章总数的1.5%。

实施新交通法规一个月后，交通秩序明显好转，交通事故大幅下降。1982年全市共发生交通事故8394起，做到了从1980年以来连续3年全面下降，是1974年以来死亡人数最少的一年。[②]

北京市同时加强了轻便摩托车的管理。1981年7月底，北京市轻便摩托车达到1.7万多辆，而且每月仍以700至800辆的数字增长。由于轻便摩托车稳定性差，再加上有的人开起车来乱钻乱闯，任意跑快车，强行超车，使这方面的交通事故时有发生，严重影响交通秩序和交通安全。据统计，仅

[①] 《实施新交通法规带来新气象 本市昨天交通秩序良好违章现象锐减》，《北京日报》1982年3月2日第1版。

[②] 北京市地方志编纂委员会编著：《北京志·市政卷·道路交通管理志》，北京出版社2000年版，第139页。

北京市实施新交通法规后,行人过马路时须走人行横道线。

1981年1月至6月就发生有关交通事故165次,伤150人,死12人。[①] 1981年8月1日,市公安局发布《关于对轻便摩托车及其驾驶员的暂行管理办法》,对轻便摩托车的检验、异动登记、安全设施和轻便摩托车驾驶员的身体条件作出明确规定,要求市民私有的轻便摩托车必须向保险公司投保第三者责任险或综合险,并规定未经保险的车辆不准上路。[②]

此外,北京市还制定发布《关于加强对行人和骑车人交通管理的通告》《关于维护乘车秩序的通告》《关于禁止在街巷、广场滑旱冰的通告》《北京市人力客运三轮车业管理暂行办法》等。这些交通管理法规制度的实施,为城市道路交通管理提供了有效的法规依据。

---

① 《市府批准发布轻便摩托车及驾驶员管理办法》,《北京日报》1981年7月31日第1版。
② 北京市地方志编纂委员会编著:《北京志·市政卷·道路交通管理志》,北京出版社2000年版,第57页。

首都建设新风貌

交通管理改革和集中整顿

在深入开展宣传教育、健全完善法规制度的同时,北京市围绕道路、指挥、客流量、集中整顿等方面,加强综合管理,不断提升科学化工作水平。

路不够分时,时不够分路,是疏导交通流量的一般道理。过去,北京市货运卡车都在白天行驶,造成路面车辆拥挤,交叉路口停车时间过长,车辆行驶效率低,行车事故多。为了合理使用已有道路,保障交通畅通与安全,经市革委会批准,自1978年1月10日起,北京市白天行驶的货运卡车改为夜间行驶。这样就把道路上每天集中在12小时的车辆流量分散到24小时,既提高了白天车辆行驶效率,又使夜间路面充分利用。这项措施实行后,首都的交通拥挤状况初步缓和,交通事故有所减少,运输效率明显提高。

指挥管理也是交通管理的重要组成部分。以前,民警指挥是眼观四个路口,手不离电钮开关,不论外面发生什么事情,都离不开岗楼。为了提高路口通行能力,逐步实现交通指挥现代化,自1979年3月20日起,北京市首先在北新桥至红桥一线的9个路口试行"交通自动指挥仪"信号灯指挥交通。试行路口,一律不再使用绿黄灯放行左转弯车辆。

试行后,在东单路口的红绿灯下,自动指挥仪有规律地变换着灯光信号,车辆按照路面上的指向线标顺序行驶,车流畅通、迅速、安全。那种路口堵塞,自行车、机动车排长队的现象基本不见了。民警感慨地说:过去,这里高峰时间最多要等十分钟,一般也要等五分钟左右;现在高峰时间最长才等七十至八十秒,一般只等四十至六十秒。经常发生交通堵塞的崇文门路口,也变了样,车辆通行迅速,停车线外很少有车辆停留。原来经常被阻滞在马路上的111路电车,进站出站也顺畅很多。采用自动指挥仪指挥的路口,途经电车正点率普遍提高,使群众等车时间大幅减少。有的人高兴地说:过去等车车不来,一来一大串。现在车能按时来,上下车方便多了。骑自行车的同志和司机师傅们说,过去一到路口就发愁,不知要等多长时间。现在自动指挥仪定时变灯,很容易掌握它的规律,只要稍等一会儿或不用等就顺利通过了,再不用担心上班迟到或车辆误点了。各个路口都这样搞起来就更好了。

从 1979 年 3 月起，全市的交通路口逐步使用交通自动指挥信号。这项改革，提高了车辆在交通路口的通过能力，城市交通指挥现代化迈出新步伐。同时，经过科学研究论证，1983 年，北京现代化交通管理信号设施得以应用，微型计算机交通信号控制系统在部分路口试运行。1984 年 12 月，北京市交通指挥中心开始兴建，这是我国兴建的第一个城市交通管理中心。

客流量和交通流量大是造成乘车拥挤、影响交通秩序的重要原因。据调查，三环路以内较大的工厂、企业共有职工大约三四十万人，市、区所属机关多数集中在早上 7 点半至 8 点上班，致使市区从早上 7 点到 7 点 40 分形成交通高峰，早高峰一小时的客运量达到 85 万人次，占全天总运量的 14.2%，[①]交通拥挤情况很突出。早高峰过去以后，却有一部分车辆闲置起来，运输效率得不到充分发挥。

为此，北京市决定从 1979 年 11 月 1 日起，全市工厂、机关单位实行错峰上下班。市级机关、城近郊八个区、市属各局（包括公司、总厂）机关改为 8 点 30 分上班，将城区和三环路附近的 240 多个工厂企业的上班时间错开，一部分单位提前到早上 7 点和 7 点半上班，一部分单位推迟到 8 点半和 9 点上班。下班时间也相应地作了调整。这样，全市有大约 20 万人错开上下班时间，[②]将集中在早、晚高峰 1 个小时内的交通量，分散到 2 个小时里通过，公共交通高峰小时的客运量和主要路口的交通量有所减少，乘车拥挤的现象有所缓和。

针对重点路段交通秩序，北京市集中力量加以整顿。1980 年 7 月，北京市召开整顿长安街交通秩序动员大会，决定把长安街整顿为北京市交通秩序最好、违章事故最少、车辆行人各行其道、秩序井然的先进街道，并提出了先进街的主要标准。会议要求各有关地区、部门，特别沿街各单位加强领导，制定措施，实行"四包"，即包宣传教育、包安全检查、包各自门前秩序、包本单位不出违章事故。

[①][②]《本市从十一月一日起错开职工上下班时间》，《北京日报》1979 年 10 月 28 日第 1 版。

首都建设新风貌

  会后，交通民警和沿途各单位，采取各种有效措施，整顿交通秩序。交通管理部门改划示意线，安装隔离设施，调整路口停车线，改进受老弱病残者欢迎的安全岛，早晚加勤并增岗40处，保证高峰和低峰时间都有相当数量的民警整顿秩序，为搞好长安街交通秩序创造良好条件。1路公共汽车682车组在原有交通安全宣传用语的基础上，及时编了4套交通安全宣传用语，行至长安街时反复宣传："乘客同志们，为了保证交通安全，下车后，请您走便道；横过马路时，请您走人行横道，注意两边来往的车辆……"① 受到有关部门和乘客们的赞扬。沿街许多单位主动向群众宣传，积极协助整顿交通秩序。西城区银行办事处每天派专人在早晚时间参加长安街交通秩序的整顿工作，教育内部职工和过路群众自觉遵守交通规则。

  经过一个多月的整顿，长安街交通秩序呈现可喜变化。在红色信号灯下，人们自觉站在停车线以外等候通行信号，路口秩序明显好转；在实行物体隔离的路段，快慢车辆各行其道，车辆按顺序行驶，乱超现象大大减少；过马路的行人走人行横道的日益增多。一些过路群众，主动协助民警纠正违章。

  通过以上措施，北京市交通拥堵得到一定程度缓解，综合管理水平逐步提高，道路交通秩序有了较大改善。

---

① 《积极为整顿长安街交通秩序出力》，《北京日报》1980年8月22日第1版。

第七章
社会主义精神文明建设

改革开放和发展商品经济的客观环境，迫切要求加强精神文明建设。党的十二大把建设高度的社会主义精神文明确定为我国社会主义现代化建设的一个战略方针。按照中央要求和部署，北京市广泛开展"学雷锋，树新风"、"五讲四美三热爱"和"文明礼貌月"活动，好人好事大量涌现，群众性的治理脏乱差取得较好成绩；推进军民共建精神文明，展现北京军民团结的光荣传统；努力培育"四有"新人，为"四化"建设提供人才支撑；坚持不懈移风易俗，节约办婚事丧事等，人民群众的精神面貌和社会风尚出现可喜变化。

一、"学雷锋，树新风"活动蔚然成风

"学习雷锋好榜样，忠于革命忠于党……"，一首《学习雷锋好榜样》唱响神州大地，成为一代代中国人心中温暖的成长记忆，成为鼓舞和激励亿万青少年成长进步的强大动力。早在1963年3月5日，毛泽东"向雷锋同志学习"的题词发表，全国各条战线、各个行业迅速掀起学习雷锋先进事迹的热潮。此后，每年的3月5日成为学雷锋纪念日。1977年3月5日，为实现党风和社会风气的好转，《人民日报》重新发表了毛泽东、周恩来、朱德等领导同志学习雷锋的题词，《人民日报》、《红旗》杂志和《解放军报》联合发

首都建设新风貌

表《向雷锋同志学习》社论。由此，全国上下迅速掀起学习雷锋的新高潮。

争当"新长征突击手"

1978年，第五届全国人民代表大会提出，要在20世纪内把中国建设成为农业、工业、国防和科学技术现代化的伟大的社会主义强国。这是新时期的新长征，任务艰巨复杂。3月4日，《人民日报》转载《解放军报》评论员文章《在新的长征中继续发扬雷锋精神》，指出：榜样的力量是无穷的。我们在为这个壮丽的事业而斗争中，需要千千万万像雷锋同志这样的无产阶级革命战士，需要把雷锋精神更广更深地发扬起来。[①]

6月8日，市委召开北京市共青团工作会议。会议要求全市各级团组织，最大限度地把全市青少年团结起来、组织起来，掀起关于新时期总任务的大宣传、大学习、大动员的热潮，掀起争当新长征突击手的热潮。[②] 12月，根据中国共产主义青年团第十次全国代表大会提出的"要把'争当新长征突击手'的活动广泛、深入、持久地开展下去"的精神，共青团北京市委将自1978年3月起开展的"学雷锋，创三好，争当社会主义革命和社会主义建设积极分子"的活动改称为"学雷锋，树新风，做新长征突击手"活动。12月22日，团市委召开首都青少年开展"学雷锋，树新风，做新长征突击手"活动动员大会，号召全市青少年学雷锋，做雷锋，发扬雷锋精神，为伟大的新长征贡献青春。北京市各级团组织积极响应北京市委和团中央的号召，从经济发展和青年实际出发，采取多种形式和方法，在全市青年中广泛开展"争当新长征突击手"活动。

市财贸系统12万名团员青年，开展以"搞好经营管理，降低消耗，提高效率，改进服务态度，提高服务质量"为主要内容的"新长征突击手"竞赛活动。他们把增产节约运动作为争当突击手的主攻方向，千方百计地支持工农业生产的发展，搞好市场供应，努力改进服务态度，提高服务质量，全心

[①]《在新的长征中继续发扬雷锋精神》，《人民日报》1978年3月4日第1版。
[②] 共青团北京市委员会编著：《北京青年运动纪事》（1919—2004），人民出版社2004年版，第424—425页。

全意为人民服务。首都建筑行业开展了青年突击队红旗竞赛活动,基建战线近千名团员和青年突击队代表,掀起了创全优、夺高产、争当新长征突击手的社会主义劳动竞赛等热潮。北京市建筑工业公司所属6个基层团组织,召开团员青年动员会,拟定青年突击队竞赛内容和评比条件。市第一建筑构件厂三车间天车班20多名青年,以英雄为榜样,比事业心,比责任感,比基本功。市建筑木材厂开展学英雄,争当"四手"的活动,即人人争当安全、优质、高产能手,技术革新能手,节约能手,操作能手。

全市"争当新长征突击手"活动取得丰硕成果。据统计,仅1979年1月至7月,全市工交、基建、财贸系统的团员青年增产节约创造价值24500多万元,完成技术革新14500多项。① 活动中,全市涌现出一大批青年积极分子、新长征突击手、优秀少先队辅导员、"三好"学生和不同类型的先进集体。

天桥商场是一个综合性的中型百货商场,有职工234人,其中青年职工占55%,共128人,有60名共青团员。② 他们在开展"争当新长征突击手"活动中,积极为"四化"贡献青春,努力改进服务态度,提高服务质量。售货员们热情接待顾客,主动打招呼、拿商品、做介绍。一位要求配一块同色的确良的农民顾客说:"我跑了好几个地方都没配上,没想到在这儿配上了,太感谢你们了。"团员、青年苦练包扎、称秤、量尺、打算盘等基本功,熟悉商品"八知道",知道品名、编号、产地、单价、质量、特点、使用方法和保管方法。青年职工中有近一半担任组长、进货员、核算员、物价员等,努力学习经营管理,当好商店主人。1978年1月至1979年6月,全场团员、青年为顾客做好事9100多件,受到书面表扬4700多次。1979年上半年,全场得到表扬信最多的12人中,有8名是青年,全场评出的68名优秀售货员中,有青年48名。商场各项经济指标超过了历史最好水平,1979年上半年,全场

---

① 共青团北京市委员会编著:《北京青年运动纪事》(1919—2004),人民出版社2004年版,第426页。
② 《天桥百货商场团员青年努力提高服务质量》,《北京日报》1979年10月8日第1版。

的销售额和上缴利润分别比 1978 年同期增加 13.7% 和 8.7%，资金周转比 1978 年同期加快 7 天。经营品种突破万种大关，达到 10020 种。①

1979 年 9 月，团市委在人民大会堂召开北京市青年"学雷锋，树新风，做新长征突击手"活动表彰大会，授予天桥百货商场团总支等 62 个单位"新长征突击队"称号，授予陈爱武等 1452 人"新长征突击手"称号。这是北京市青年"新长征突击队"和"新长征突击手"首次表彰活动。

1980 年开始，全市围绕建设发展大局和重点工程，在广大青年中广泛开展"争当新长征突击手"活动。北京市各级团组织开展的"争当新长征突击手"活动，广泛宣传了学雷锋活动中涌现的先进事迹、先进经验，在全市掀起了"比、学、赶、帮、超"的热潮。

学雷锋活动向纵深发展

在广大团员青年争做新长征突击手的同时，学雷锋活动广泛性不断提高、形式逐渐丰富，并逐步向纵深发展，为推动发展人与人之间团结、友爱、互助的社会主义新型关系起到积极作用。

北京市成立各种学雷锋小组、青年服务队，广泛开展学雷锋活动日、雷锋就在我身边、争做八十年代的雷锋、学雷锋做好事、学雷锋见行动等活动。有的在本职工作岗位上学雷锋，有的义务服务或上街学雷锋，有的军民携手学雷锋等，党政军民学各界形成学雷锋的浓厚社会氛围。1980 年至 1984 年，北京市每年 3 月开展集体性大规模的学雷锋活动，在实践中培养教育青少年，建设社会主义精神文明。

1981 年 3 月 1 日，北京市百万青少年和驻京部队指战员，开展学雷锋为人民服务日活动。东城区各行各业的 300 名新长征突击手，来到北京车站，和受到嘉奖的 250 名解放军指战员一道，扫地、维持秩序、扶老携幼、帮助旅客接送行李。宣武区组织 2000 名中小学生和 400 名解放军战士参加建造南菜园公园的义务劳动。崇文区动员 5 万名中小学生，走上街头、车站，搞环

---

① 《天桥百货商场团员青年努力提高服务质量》，《北京日报》1979 年 10 月 8 日第 1 版。

境卫生，开展宣传活动和为植树做准备的义务劳动等。① 市委和市政府的主要领导同志、共青团中央、中国人民解放军各总部的负责同志，以及各兵种的负责人，和首都青少年一块儿劳动，一块儿交谈学雷锋树新风的意义。

1982年3月5日，北京市1万多个学雷锋小组、青年服务队开展利民服务活动，为城近郊区5000家鳏、寡、孤、病、残和烈属、军属、困难户、五保户送温暖、送方便。东城区东四南电视修理部、东单理发店等单位的青年联合行动，形成一支综合性的服务队，到东四六条西居委会，为15户孤寡老人、烈属、军属和困难户送去了副食、粮、煤等生活用品。市木材工业公司所属的北京市木材厂、光华木材厂等8个单位，分别组织服务队到13所中小学去义务服务，一天修理桌椅、门窗近700件。市一轻局、二轻局、仪表局等单位的青年服务队，深入部队、机关、学校、工厂、农村和街道，开展修理服务活动。北京洗衣机厂青年服务队分别到朝阳区十八里店公社和丰台区黄土岗公社，为社员义务检修洗衣机40多台。市纺织局毛麻丝公司的80多名团员、青年，到市社会救济院为荣誉军人、残废军人、孤身老人理发、缝补衣服。

全市各级党政领导干部和人民代表积极带头参加，出席宣武区七届人大二次会议的20名青年代表，利用中午休会间隙，分四个组到附近街道的烈属、军属、困难户家中帮助打扫卫生，料理家务。群众表示：党的干部、人民代表带头学雷锋，改变社会风气有希望，我们的国家有希望。一位家住团结湖北三条、双目失明的救济户激动地说，他没有出门就办了四件事，一是理了发，二是修了一双鞋，三是修好了半导体收音机，四是修好了门锁。

全市公共交通、财贸、服务、医疗卫生等各行各业的青年们，立足本职岗位，开展多种形式的学雷锋活动。北京市第一服务局所属北京、友谊、新侨、民族、前门饭店、宾馆职工，拾到财物以后及时交还失主。据1980年上半年不完全统计，共拾照相机56架，手表29块，录音机4台，珍贵首饰10件，人民币7369元，人民币外汇券6752元，日元334.3万元，美金2.1万

---

① 《百万青少年和解放军学雷锋做好事》，《北京日报》1981年3月2日第1版。

元，以及英、法等其他外币若干，大部分都已及时交还失主，受到内外宾客好评。①

市房修一公司三处三队是一个施工单位，担负着繁重的房屋修缮任务，工作条件比较差。特别是施工生产紧张时，职工们常常顾不上理发、洗工作服。根据这些情况，三队团支部自1981年6月成立了一支青年服务队，利用每星期三中午的时间，为职工们理发、洗工作服、修鞋等；队里有几位单身的老职工，过去常常为拆洗被褥发愁，服务队洗衣组的同志，主动承担了任务。截至1982年1月，服务队发展成有理发、洗衣、修鞋、摄影洗相、半导体修理等7个小组40多人。半年多来，为职工理发78次，洗工作服537件，修鞋172双、洗照片1000多张、修理各种收音机40多台。服务队活动不仅方便了职工生活，而且也培养青年助人为乐的思想品德，促进全队风气的好转。服务队的同志们说："我们开展服务队活动，为的就是要在青年中大力发扬好的风尚。因此，我们决心坚持下去。"②

学雷锋树新风，出现一批雷锋式先进人物和"八十年代活雷锋"，进一步丰富了雷锋精神的时代内涵。

曹振贤是北京市公共汽车21路车队售票员，1980年农历正月初二晚上10点多，主动为别的同志顶班，在另一个终点站铁路医院准备调头时，忽然从对面上车站候车的人群中，蹿过来两个黑影，挤上了车。曹振贤平静而又坚定地劝说道："调头车不带客，是我们的制度。"两个家伙无奈，悻悻地下了车。下车后，纠集另外两个同伙蓄意寻衅闹事。汽车调头后，这四个歹徒上了车，行车途中，他们肆意起哄，怪声叫嚣，曹振贤多次严词劝阻，遭到他们推搡辱骂。车行一路，吵闹一路。行至羊坊店站，曹振贤下车服务乘客上、下完毕，刚刚迈上车门时，车内的四个歹徒猛然冲向车门，将曹振贤夹挤至车下，动手就打。曹振贤奋起自卫，黑暗中，一名歹徒拔出一把匕首，朝曹振贤胸前猛力扎去，随后拔腿逃窜。曹振贤不顾匕首还插在胸口，飞快

---

① 《新风尚》，《北京日报》1980年9月4日第1版。
② 《组织青年服务队为职工做好事》，《北京日报》1982年1月31日第2版。

革命烈士曹振贤塑像和纪念碑在北京市会城门公园建成

地追赶凶犯,因流血过多,栽倒在马路上。追赶上来的司机和乘客们,立刻将曹振贤送进医院抢救。但终因伤势过重,光荣牺牲,年仅21岁。市公共交通局党组、工会、团委联合发出通知,号召党、团员和职工向曹振贤同志学习;共青团北京市委授予曹振贤"模范共青团员"荣誉称号;北京市人民政府授予曹振贤烈士光荣称号;团中央授予曹振贤"学雷锋树新风模范青年"称号。全市不少工厂、学校、车队、商店的职工,热烈开展学习曹振贤的活动,大家说从曹振贤的身上看到了雷锋的形象,称赞他是"新长征中的新雷锋"。

此外,北京社会各界还涌现出拾金不昧归还失主、奋不顾身扑烈火、舍己为人拦惊马、抢救危重病人、勇救落水儿童、照顾孤寡老人等好人好事,展现了首都人民群众的良好风貌。

首都建设新风貌

首创"综合包户"服务

北京市在学雷锋活动中,还创新形成了"综合包户"服务,即组织商业、服务业职工,用定服务人员、定服务对象、定服务时间的办法,服务上门,为孤、老、病、残解决生活困难。

"综合包户"服务活动源于宣武区大栅栏街道。在学雷锋树新风活动中,各种"学雷锋服务小组"虽然为孤老困难户做了不少好事、解决了不少困难,可是在服务行业、服务时间上觉得还很不够。大栅栏街道的青年们提出,要把为社会作贡献、尽义务的活动发展到一个新水平,既有分工,又有合作,并且能与各单位本职工作紧密结合。他们提出了由街道团委牵头,组织各个服务行业的青年与服务对象签订协议书的办法,得到团市委、团区委以及街道办事处的热烈支持。

1983年2月27日,宣武区大栅栏地区的9家商业服务业单位的团支部和大栅栏街道团委、街道办公室,联合举行为本区19户孤寡老人和烈属实行"综合包户服务"的协议书签字仪式。协议书规定为孤寡老人和烈属服务的内容有送菜、送粮、送百货商品、送煤、送副食品,接老人理发、洗澡,到户巡诊,维修检查房屋,定期打扫室内卫生,拆洗被褥等10项服务内容。[①] 团中央书记处第一书记王兆国等领导出席签字仪式,并在讲话中对这项活动给予高度评价,称之为"五讲四美活动的新创举""共产主义思想的体现",并提出"这个创举要向全国推广"。[②]

签约后,各单位认真履行协议,使学雷锋、送温暖的利民行动经常化、制度化。大栅栏医院的团员、青年分成6个小组,利用业余时间,为老人送医送药,19位老人家中,他们都已巡诊两次以上。大栅栏煤厂和天桥煤厂的团员、青年,每月初和月中为老人送两次煤。大栅栏副食品商店下属有4个

[①] 共青团北京市委员会编著:《北京青年运动纪事》(1919—2004),人民出版社2004年版,第306页。
[②] 《泉源——大栅栏街道"综合包户"志愿服务30年》,人民出版社2015年版,第5页。

商店参加综合服务活动,青年们坚持每周送两次货。粮店、百货、理发、浴池等行业的团组织,也各自建立了严格的服务制度。一些未参加签字的单位,也纷纷要求参加"综合包户"服务活动。

这种签订综合服务协议、搞好社会服务的活动,迅速在宣武区各处开展,形成高潮。各街道团组织积极行动,深入街巷,一户一户地走访老人,确定服务内容、服务时间。3月16日,宣武区陶然亭街道、广安门街道分别举行"综合服务协议"签字仪式,对30多位孤寡老人实行综合承包、长期服务。至此,宣武区8街130多位孤寡病残老人、老烈属,都由青年们包了下来,形成了一个为老人服务的比较正规的网络。

北京市委、市政府对广大青年开展综合包户服务活动非常重视,给予有力支持,有关各级党组织也把这项工作列入议事日程,从而使这一活动迅速在全市推广开来。到1983年底,全市共有综合包户服务小组8132个,其中做到组织领导、服务人员、服务内容、服务时间、服务对象"五落实"的约占80%;拥有成员26319人,主要是副食、菜蔬、粮食、煤炭、饮食、百货、服务、服装、土产、房管、卫生、街道等系统的青年职工,还有部分中小学生,其中共青团员占绝大多数。[①]

实行"综合包户"服务后,老人的吃粮、吃菜、烧煤、洗澡、理发、看病、打扫卫生、拆洗被褥等全都被包下来,大大方便了孤寡老人。过去,蔬菜供应紧张时,许多老人吃不到青菜,现在菜蔬部门服务小组一周几次送菜,粮食、煤炭等按月送到家,日用百货行业的同志也常来问问缺什么。许多商店还专门为老人留出物美价廉的商品。大雨过后,房管所的青年来查房,家具、电器坏了有人修理,洗澡理发有人照料。有的老人自己不能做饭,附近的饭馆还按时送饭送菜。一位老人高兴地说:"还是社会主义好,赶上了这样的好时候,我还要再多活几年哪!"[②] 广内街道有位老人和一位病残青年做饭有困难,广丰饭馆、长丰饭馆职工热情地为他们每日三餐送饭到户,老人拉

[①] 共青团北京市委员会编著:《北京青年运动纪事》(1919—2004),人民出版社2004年版,第306页。

[②] 《宣武区"综合包户服务"值得推广》,《北京日报》1983年9月15日第1版。

首都建设新风貌

着他们的手流着热泪说:"我打心眼里谢谢你们啦!"① 一位盲人说,旧社会我们盲人面前三条路:卖唱、算卦、要饭;新社会我们盲人心里充满阳光,这是雷锋精神在大放光芒,是青年把党的温暖送到了我们心坎上。②

同时,在服务过程中,团员青年和服务对象的关系也日益亲密起来。杂品经营部团支部学雷锋小组每星期都到邵飘萍烈士的妻子、94岁的汤修惠老人家中,帮助料理家务。老人很喜欢这些年轻人,1983年,老人感到身体不佳,就把青年们叫到身边,请他们代笔写了一份遗嘱。这种非同一般的信任,使青年们深受感动。③

"综合包户"服务活动,使服务单位之间、服务人员和服务对象之间形成了有机的联系,构成了一张严密完整的综合服务网,使服务活动同青年的本职工作结合起来,成为学雷锋活动经常化、制度化的一条较好的途径。1983年3月,《人民日报》称"综合包户"是"首都青年创造为社会尽义务好形式"。1984年3月,共青团中央发出《关于学习、推广团北京市委开展"综合包户"服务经验的通知》,号召各地团组织学习和推广北京市团员、青年开展综合包户服务的经验,使这一活动在各地开花结果。

改革开放之初,学雷锋活动成为北京市群众性精神文明创建活动的重要内容与载体。学雷锋活动和精神文明建设紧密结合,对凝聚社会价值共识,推动社会道德建设起到了积极的推动作用,促进了首都社会风尚出现可喜变化。

二、广泛开展"五讲四美三热爱"活动

为响应中央关于开展社会主义精神文明建设的号召,1981年2月25日,全国总工会、共青团中央等9个单位联合发出《关于开展文明礼貌活动的倡

---

① 《泉源——大栅栏街道"综合包户"志愿服务30年》,人民出版社2015年版,第11页。
② 《走雷锋的路》,《北京日报》1984年4月14日第2版。
③ 《宣武区"综合包户服务"值得推广》,《北京日报》1983年9月15日第1版。

议》，倡议全国人民特别是青少年，广泛开展讲文明、讲礼貌、讲卫生、讲秩序、讲道德和心灵美、语言美、行为美、环境美的"五讲四美"文明礼貌活动。以后其内容除"五讲四美"外，又同"三热爱"活动紧密结合，"三热爱"即热爱祖国、热爱社会主义、热爱中国共产党。据此，"五讲四美三热爱"活动作为一项经常性的活动在全国开展起来。

以治理"脏乱差"为突破口推进文明礼貌活动开展

1981年5月，中共北京市委作出《关于深入持久地开展文明礼貌活动的决定》，要求各部门、各单位都要从实际出发，根据各自的特点，积极开展文明礼貌活动，并召开经验交流会，号召全市人民迅速掀起"五讲四美"文明礼貌活动的高潮。

1982年2月，党中央倡导开展第一个"全民文明礼貌月"活动。根据党中央的号召，市委决定当年3月是北京市第一个"全民文明礼貌月"。整个活动贯彻"人民城市人民建，人民城市人民管"的方针，把广泛发动群众同有计划的综合治理相结合。活动主要围绕"三个重点"，即：搞好环境卫生，解决一个"脏"字；整顿公共秩序，解决一个"乱"字；改进服务态度，解决一个"差"字。活动期间，几百万人上街对城乡的"脏、乱、差"进行全面治理。

2月27日，首都40万名少先队员走上街头，踊跃参加创建"红领巾卫生街"活动，拉开了全市"全民文明礼貌月"活动的序幕。东城、西城、崇文、宣武、朝阳、海淀、丰台、石景山等区以及许多小学，分别举行了隆重的建街仪式。许多小队，在建街的第一次活动中，不怕脏，不怕累，主动打扫卫生，进行宣传，纠正不讲卫生的行为，受到过往行人的赞扬。创建"红领巾卫生街"活动，受到首都各界群众的欢迎。海淀区海淀镇上的一些单位，听说孩子们要开展"红领巾卫生街"活动，立即买了120把笤帚以及其他劳动工具，送给南海淀等四所小学。许多同志说，我们要和红领巾一起，搞好"全民文明礼貌月"活动，共同为首都的社会主义精神文明建设作贡献。

首都建设新风貌

2月28日,在北京市委统一领导下,市人民政府和工、青、妇组织共同组织,首都党政军民200多万人走上街头,大搞环境卫生,维护公共秩序,宣传文明礼貌,为首都"全民文明礼貌月"活动开了个好头。党和国家领导人、中央直属机关、国家机关的领导同志和机关干部共7万人、驻京部队的15万名指战员,同群众一起打扫环境卫生,维护公共秩序。中共北京市委第一书记段君毅,市委第二书记、市长焦若愚等以及市人大常委会、市政府、市政协负责同志,也和全市人民一起参加了打扫卫生等活动。活动规模之大、参加人数之多,超过了以往任何一次。全市从机关到基层,从工厂到学校、商店,从城市到乡村,广大干部、职工、中小学生、街道居民、待业青年,都有组织地走上街头、车站、公园,开展公益劳动和利民活动,或在单位内、院内、家中打扫。

在北海公园,来自中央军委、总政、共青团中央、北京市直属机关等单位的领导同志和干部300多人,参加整理园容卫生的劳动。经过清扫、整理,秀丽多姿的北海公园,显得更加整洁、清新。在天安门广场,中国人民解放军总参谋部领导同志和北京卫戍区指战员等,同在京的全国青联和市青联的委员、中小学生一道,擦洗金水桥栏杆、华表和石狮子,打扫广场卫生。

东城区把50多处最脏的地段、角落作为突击的重点,动员15万名干部和群众,在驻京部队指战员的支持下,全力以赴,使这些地段和"死角"明显改观。西城区共计有1500个单位、27万余人参加公益劳动,共清扫1400多条街巷,清运垃圾渣土9390吨,清理积水坑和污水池、口4757处,使全区许多地区面貌一新。首都广大青少年,公共交通、卫生、城建等系统的青年和职工,首都各高等院校的师生员工,商业、服务业战线广大职工等,分别以不同形式开展活动。

北京站每天迎送数以万计的旅客。由于有些人随地吐痰,乱扔果壳、纸屑,站内外的卫生很难保持。在"全民文明礼貌月"活动中,北京站建立了一支由51人组成的卫生监督检查队,佩戴臂章,手拿话筒,昼夜巡回在大厅、走廊、餐厅、站台和候车室。遇有随地吐痰和乱抛纸屑的旅客,他们就有礼貌地进行劝阻,宣传"小小一口痰,细菌千千万"的道理,并动员对方把痰擦去，否则予以批评和按照规定给予罚款。经过监督检查，在北京站候车亭、餐厅、走廊、大厅等处，吐痰入盂的人多了，地上的痰迹大大减少了。①

3月27日至29日，北京市又出动100多万人次，针对卫生死角，连续三天开展了大规模的卫生突击活动，清运垃圾、渣土近3万吨。② 一个月来，城近郊区清理垃圾近20万吨，植树1700万株，7000多处大大小小的卫生"死角"改变了面貌，创建了2500多条"红领巾卫生街"。③ "全民文明礼貌月"的开展标志着群众性精神文明建设活动的全面兴起。此后数年，每年3月都是"文明礼貌月"。

1982年4月8日，首都"全民文明礼貌月"总结表彰大会在人民大会堂举行。会上，市总工会、团市委和市妇联联合发出关于制定《首都人民文明公约》的倡议，受到参加大会的6000多人的热烈赞同。全市人民群众、驻京部队指战员积极参加关于公约的讨论，提出许多修改补充意见。8月17日，《首都人民文明公约》正式发布。广大干部群众认真贯彻执行，把它同各行各业制定的《公约》《守则》和乡规民约联系起来，把首都文明公约的精神、要求具体化到这些守则中去，使《首都人民文明公约》落到实处。

广泛开展"三优一学"活动

1983年1月，中央宣传部等24个单位发出《1983年继续开展"五讲四美三热爱"活动的意见》，要求各地加强对"五讲四美三热爱"活动的领导，把这一活动落实到基层，使之经常化、制度化。3月，中央"五讲四美三热爱"活动委员会成立，指导、协调、监督全国活动的开展。

根据中央部署，1983年2月23日，北京市召开表彰1982年"五讲四美"先进集体、动员1983年"全民文明礼貌月"活动大会。27日，北京市以

---

① 《北京站地上痰迹大大减少》，《北京日报》1982年3月18日第1版。
② 《本市三天出动百万人开展卫生突击》，《北京日报》1982年3月30日第1版。
③ 《首都举行"全民文明礼貌月"总结表彰大会》，《北京日报》1982年4月9日第1版。

首都建设新风貌

"优质服务、优良秩序、优美环境和学习雷锋"（简称"三优一学"）为内容，揭开了全市第二个"全民文明礼貌月"活动序幕。活动内容丰富，有各种便民、送温暖，有优质服务竞赛，也有清扫环境卫生等活动。习仲勋、杨尚昆、杨得志、乔石等党和国家领导人及北京市委负责同志同首都各界青年一起，参加了整修天安门前玉带河的劳动。

在文明礼貌月活动中，北京百货大楼、东风市场、西单百货商场、东四人民市场和新新服装店等五大商场和各区属大中型商场广泛开展了以优质服务为内容的竞赛活动。在竞赛动员誓师大会上，全国劳动模范张秉贵代表中老年职工表示："我要和青年人一起发扬'一团火'精神。百货大楼有3000多名职工，要变成3000多团火，让顾客一进店就感到热乎乎的。"①

1983年3月13日，北京市百货大楼、东风市场、西单百货商场、东四人民市场和新新服装店等五家商店开展青年优质服务日活动。图为顾客在百货大楼投票评选青年优秀服务标兵。

---

① 《首都军民揭开第二个"全民文明礼貌月"活动序幕》，《北京日报》1983年2月28日第1版。

五大商场以文明礼貌教育、职业道德教育为中心,以优质服务为重点,开展了"青年优质服务杯"竞赛,评选青年服务标兵。3月13日上午,一位50多岁的盲人到北京百货大楼买被面,所到之处受到售货员的搀扶和热情接待。售货员不但帮助他挑选了称心的被面,还将剩下的1982年布票给换成了1983年的。这位盲人感动地说:"开展优质服务活动就是好!我也要投售货员一票!"在优质服务竞赛活动中,百货大楼被评为场际竞赛优胜单位。五大商场中新新服装店规模最小,人员最少,但是这个店的青年在服务上积极向老商场老职工看齐。商场设有顾客接待处,便民服务项目多,备有桌凳、开水、针线,挂有北京市的交通图、地图、游览图和列车时刻表,3名售货员专门为顾客送饮水、缝衣服、钉扣子,解答询问,照管小孩,替老弱病残和外地顾客办理代购、邮购、函购业务。货场设有标准尺,各柜台设有方便尺和缺货登记本。同时,商场还狠抓职业道德教育,仅三四月份,就向职工讲了《什么是营业员的职业道德》《提倡职业道德,建设精神文明》等9讲,还在全店组织了7次礼貌待客观摩表演。最后,新新服装店在此比赛中夺得青年优质服务杯。

为把共产主义思想教育贯穿在"全民文明礼貌月"活动的始终,北京市各单位普遍组织共产主义思想宣传报告团。据市经委、市委财贸部、市建委3个系统和7个城、郊区统计,共组织宣传报告团152个,1553人,到各基层单位巡回报告1383场,听众30多万人。市二商局针对体制改革中出现的新问题,引导职工正确处理好国家、集体、个人和消费者的关系,对外要维护消费者的利益,对内要争苦干让享受、争困难让方便、争贡献让荣誉。公共汽车44路车队在讨论中提出"要和自己的不文明礼貌行为过不去",自查自摆出200多个问题,研究解决办法,纳入职业道德规范。北京铁路局、市卫生局、市公共交通总公司、市公安局交通处等单位对职工开展了职业道德教育。

全市在开展优质服务的同时,围绕公园秩序等进行了维护和整顿。市政府决定,从1983年4月1日起,对本市各公园和风景游览区的治安秩序进行为时一个月的整顿。经市人民政府批准,市公安局、市园林局发布了

首都建设新风貌

《关于维护本市公园、风景游览区公共秩序和安全的通告》，要求游人和驻公园、风景游览区内的各单位、职工，提倡"五讲四美"，维护优良的秩序和优美的环境；游人购票要顺序排队；严禁在名胜古迹、古建筑、古树、具有纪念意义和史料价值的建筑物以及其他一切公共设施上涂抹、刻划、粘贴等。

颐和园管理处成立由公安、工商管理等单位组成的整顿办公室，通过广播和口头讲解，向游人宣传通告精神，并组织专门力量维护园内治安秩序，发动全园职工制止违反通告的行为。在知春亭、佛香阁、石舫等游人集中的地方，商业、服务单位的职工边卖货边维护治安秩序。整顿办公室组织专门力量，加强对后山、西堤偏僻地带进行巡查，取缔园内一些坑骗游人的无证照相摊商。经过整顿，园内出现了新的气象，游人自觉地排队买票，不折花木、不踩草坪、不乱扔果皮，并积极协助园丁维护秩序和卫生，园内虽然游人很多，但秩序良好。公园的工作人员说："这是整顿公园秩序以后出现的新气象。"[①]

1983年4月，北京市"五讲四美三热爱"活动委员会成立。其任务是开展"五讲四美三热爱"活动和军民共建精神文明活动，推进首都社会主义精神文明建设。此后，北京市"三优一学"活动逐步走向经常化、制度化。

开展共建自建文明单位活动

1984年2月，中央"五讲四美三热爱"活动委员会在《关于1984年五讲四美三热爱活动的意见》中提出，各地区、各部门、各单位都要把建设文明单位作为"五讲四美三热爱"活动的基本形式和基本内容。

根据中央安排，北京市发布的1984年开展"五讲四美三热爱"活动的意见提出，全市"五讲四美三热爱"活动要以"做文明市民、创文明单位、建文明城市"为主要目标，大力开展创建文明单位的活动，以更高的标准治理

[①]《颐和园游人多秩序好》，《北京日报》1983年4月27日第1版。

"脏、乱、差",进一步提高广大群众的共产主义思想觉悟和道德水平,为提前实现首都社会风气的根本好转而努力。此后,创建文明单位活动成为"五讲四美三热爱"活动的中心环节。

全市以"做文明市民、创文明单位、建文明城市"和"党政军民学共建文明北京城"为行动口号,以做文明市民为思想教育的主要内容,深入开展大讨论,制定和落实自建共建文明单位规划,加强综合治理,同时开始了对重点地区的整顿和建设,使"五讲四美三热爱"活动进一步落实到基层,文明单位、文明地区建设开始走向系列化、网格化,并逐步同首都建设的总体规划结合起来。

八宝山办事处是北京市建设社会主义精神文明中的第一个"共建文明地区"。[①] 该办事处管辖范围面积15.2平方公里,有工厂、学校、商店、机关、科研单位近40个。为了把这一地区的社会主义精神文明建设搞得更好,在石景山区委、区政府的领导下,1984年2月26日,八宝山办事处召集辖区各单位协商,成立了共建文明地区委员会,拟定了共建文明地区公约,以加强绿化、卫生工作为突破口,搞好城市建设和管理;坚决拆除各种违章建筑,加快居民区商业小群建设,并创造条件建设文化、教育设施,解决小学生吃午饭难等生活问题。"共建"公约一经通过,立即见诸行动。当天,八宝山地区25000多名工人、干部、居民、民警、中小学生等,冒着寒风清理了街头和居民区的近百个卫生死角,清扫草坪80块,整理堆物堆料、拆除破旧工棚等十几处。

财贸部门是首都的一个主要窗口行业,开展文明礼貌月活动中,以治理服务态度差为主要目标,有针对性地解决群众意见最大、反映最多的问题。在争创文明商店活动中,重点抓好50个文明商店和王府井、西单、前门、大栅栏、朝外、海淀等6条文明服务街。大栅栏街是一条历史悠久的繁华商业街,共有33家商店,商业、服务业职工提出"服务第一,顾客第一,信誉第一,首都声誉第一"的口号,坚持抓改革促服务,努力争创文明单位,争当

---

① 《共建本市第一个文明地区》,《北京日报》1984年2月27日第2版。

首都建设新风貌

文明售货（服务）员，服务态度明显改进，柜台纪律普遍好转，服务质量稳步提高，在文明经商、礼貌待客、方便群众、优质服务等方面取得了显著成绩。各商店服务态度明显改进，柜台纪律普遍好转，出现了"三多"，即主动和顾客打招呼的多了，使用文明语言的多了，多问不烦、多挑不厌的多了。大多数售货（服务）员做到了"三齐、三不、三个一样"，即：工作服、发帽、证章"三齐上岗"；工作时间不趴柜台，不靠货架，不看书报；对本市顾客和外地顾客、买商品的顾客和不买商品的顾客、退换商品的顾客和买商品的顾客一样热情接待。便民利民服务项目显著增加，到1984年9月底，各店公布落实的便民措施累计达342项，经营的花色品种达29044种，比1983年同期增加了2296种。1984年11月20日，被命名为"大栅栏商业文明服务街"。①

1984年首都72所高校开展了"文明宿舍、文明教室、文明校园、文明食堂、文明大学生"的五文明活动。3月4日，开展"首都高校文明大学生日"活动，1万多名大学生走上街头，在劳动人民文化宫、王府井大街、北京站、劲松小区、门头沟矿区等30多个地区开展了各种形式的为民服务活动。北京体育学院的80多位师生热情地解答关于身体保健、老年医学、比赛常规知识等方面问题；北京经济学院的300多名师生对有关经济学自学、物价、就业、经济信息等多方面问题，展开咨询服务；中央民族学院和北京武装警察二支队是共建精神文明的合作单位，双方举办了首次"民族团结咨询宣传服务站"，仅头两个小时，就解答了汉、回、满、蒙古、维吾尔等族群众提出的上百个问题等。3月10日，团市委、市文教局、市学联在北京师范大学联合召开"首都大学生文明宿舍现场会"，与会同志参观了北师大男女生宿舍。截至3月上旬，北京市各高校共涌现出89个市级文明宿舍和29个市级文明教室，校级文明宿舍已达2000多个。②

同时，在军民共建的示范推动下，警民共建、厂街共建、厂校共建、

---

① 《大栅栏商业文明服务街昨命名》，《北京日报》1984年11月21日第1版。
② 《首都涌现八十九个大学生文明宿舍》，《北京日报》1984年3月11日第1版。

城乡共建、干群共建等多种形式的共建、自建文明单位，在城乡各地迅速发展，全市城乡出现了党政军民学共建文明北京城的热潮。文明单位的建设已经开始成为上下结合、条块结合、点面结合、内外结合的整个社会网络。据不完全统计，截至1984年4月中旬，全市涌现出来的共建点3600多个，区、县、局以上的机关单位中，已有90%以上的单位参加了所在地区的共建活动。①

"五讲四美三热爱"活动是改革开放新时期亿万群众改变社会风气、建设社会主义精神文明的一种创造。通过广泛开展这项活动，北京市民道德风尚明显提高，市容市貌、社会治安、社会秩序等都有了比较明显的变化。

三、首都军民共建精神文明

拥军优属、拥政爱民是党的优良传统和特有政治优势。1981年10月，解放军总政治部召开全军拥政爱民工作抓落实汇报会，介绍了参加华北某地军事演习部队与驻地群众共建文明村的经验。会议充分肯定了军民共建文明村的做法，要求全军各部队迅速开展以建设社会主义精神文明为主要内容的群众工作。②北京驻京部队多，具有军民团结、共同奋斗的光荣传统。市委和解放军总政治部携手共建首都军民精神文明，从柳荫街、北京市第二十中学等共建点开始，各单位主动挂钩，由试点逐步向面上推广。在首都军民共建文明北京城的号召下，文明街、文明校、文明村等活动广泛、深入、扎实地开展起来。

"柳荫军民文明街"

柳荫街军民率先开展军民共建活动，涌现出许多先进典型，优秀警卫战士袁满囤就是其中的杰出代表。

---

① 《本市城乡共建文明点发展到三千多个》，《北京日报》1984年4月18日第1版。
② 总政治部群众工作部编：《军民共建文明概述》，长征出版社1987年版，第4页。

| 首都建设新风貌

1982年2月24日临近午夜,柳荫街北边的什刹海突然传出"救人"的呼声。正要上岗的警卫战士袁满囤闻声跑去,就见两个黑影在冰窟中一起一伏,情况十分危急。他脱去棉衣,奋力破冰向前,抓住落水人游向岸边。闻讯赶来的工人、战士都要下水救人,他让大家在岸上接应,自己再次返回水中。落水群众得救了,他却献出了年仅21岁的生命。

为纪念袁满囤,徐向前元帅亲笔题词"优秀警卫战士袁满囤烈士",柳荫街老百姓在街心花园建起袁满囤塑像。在徐向前的关怀下,军民共建文明街活动轰轰烈烈地在柳荫街展开了。

柳荫街居委会管界内有大小13个单位946户居民3000多口人。[①] 为搞好文明街建设,柳荫街军民成立共建领导小组、制定军民共建条约。着眼广大居民需求,组成6个组,走访了700多户居民,广泛开展调查研究。从广大居民最迫切希望解决的问题入手,推动军民共建文明街向纵深发展。

柳荫街共有失足青年25人,曾一度吃喝赌博,打架斗殴,闹得这个地区不得安宁,家庭和邻居说他们是"冻豆腐难拌(办)"。居委会、连队、管片民警和家庭组成"四结合"帮教小组,与他们一一结成帮教对子,促膝谈心交朋友,使他们都有了不同程度的转变。1983年"五一"前夕,柳荫街军民还到天堂河、团河农场,看望本街道前几年被送来的劳改人员,给他们带去了书籍、笔记本和毛巾肥皂等,鼓励他们好好接受改造。他们深受感动,有的第二天就给共建领导小组写了信,表示出去后一定重新做人,为文明街争光。1983年,柳荫街没有发生一起刑事案件。

针对街道有20多户家庭不和问题,军民共建领导小组开展了创"全五好家庭"活动,对重点户做了大量耐心细致的调解工作。家住西口袋胡同11号院的一位女同志,与婆婆闹矛盾,长期互相不说话,丈夫和孩子都对她有意见,一家人经常吵架,闹得四邻不得安宁。司法人员调解多次,法院也严肃提出过警告,效果都不明显。群众说:这家人非要闹到妻离子散不可!部队

---

① 中共北京市委宣传部编:《春风吹拂着首都——北京市五讲四美三热爱活动经验选》,北京出版社1984年版,第86页。

官兵和居委会的干部，一连几十次到她家，与她及家庭其他成员逐个谈心，还陪他们一起看电影。经过反复做工作，一家人终于和好了，儿媳妇的一声"妈"让婆婆激动得落下了泪，呜咽着说："是军民共建温暖了我们的家。"①从那以后，婆媳俩互敬互爱，婆婆生病了，媳妇就把药端到婆婆眼前，星期天还陪着老人出去游玩；婆婆身体好时，也尽量多帮儿媳干家务活。一家人和和睦睦，还照了一张"全家福"挂在墙上。这事在居民中产生了很大影响。一些闹家庭或邻里不和的居民表示：我们也不能再闹下去了，不能给文明街抹黑。经过努力做工作，共建领导小组为街道20多户不和睦的家庭化解了矛盾。

街道上有些居民住房拥挤，自行车放到屋里没法转身，放在院里又不安全，存放自行车成为群众的一大难题。对此，警卫战士们记在心头。他们把部队营门小院腾出来，盖起简易存车棚，还准备好修理工具和打气筒，主动给老百姓修车，轮胎气不足的给充好气，脏了的给擦干净，老百姓称它为"爱民车棚"。②柳荫街六号楼有1户住在三层，全家三口人，3辆自行车。夫妻俩身体不好，每天上下班全由十几岁的女儿将自行车扛上扛下。连队修好车棚后，小姑娘高兴地说："这下可把我解放了，不然压得我都不长个儿了。"③来存车的群众为了表示感谢，提出要给存车费，警卫战士婉言谢绝了。

部队官兵爱护街道人民群众，柳荫街的居民也时刻把战士的冷暖挂在心上。居委会老主任高玉桂四世同堂，孩子们孝敬她的东西舍不得吃，送给了"兵儿子"。冬天，担心站岗战士衣着单薄，她连夜为战士织毛衣，被战士们

---

① 《情满柳荫街——徐向前同志关心军民共建活动纪事》，《人民日报》1985年12月1日第4版。

② 中共北京市委组织部组织编写：《中国共产党北京历史》，北京出版集团公司、北京出版社2019年版，第209页。

③ 中共北京市委宣传部编：《春风吹拂着首都——北京市五讲四美三热爱活动经验选》，北京出版社1984年版，第91页。

首都建设新风貌

亲切地称为"柳荫妈妈"。①战士们缝缝补补有难处，街道成立了居委会缝纫组，大妈们义务为战士缝补衣服。街道上一些退休的技术人员，义务为官兵们讲文化技术课；北京市第十三中学主动表示，只要连队需要，学校随时安排教师帮助战士学文化。

通过军民共建文明街活动，柳荫街好人好事大量涌现，文明单位、家庭标兵、先进个人层出不穷，1983年底评选出10个文明大院标兵、15个文明家庭标兵、78名文明先进个人、3个文明单位标兵。同年，柳荫街居委会和卫戍区某部一连分别被评为地方和部队的精神文明建设先进单位，②徐向前为柳荫街欣然写下"柳荫军民文明街"的题词。从柳荫街开始，军民共建活动走向全国大中城市。

树立在北京市西城区后海南沿柳荫街的"柳荫军民文明街"牌

---

① 中共北京市委组织部组织编：《中国共产党北京历史》，北京出版集团公司、北京出版社2019年版，第209页。
② 《柳荫街共建文明活动成绩显著》，《北京日报》1984年3月15日第1版。

1984年，在首都举行中华人民共和国成立35周年庆典时，一辆彩车徐徐通过天安门广场。彩车两侧嵌着徐向前亲笔题写的"柳荫军民文明街"七个苍雄遒劲的大字。天安门城楼上，徐向前元帅微笑着向彩车挥手致意。①

军民共建文明校

军民共建文明校在全市广泛开展，部队为学校改善办学条件、协助老师做思想教育工作，学校积极开展拥军活动，增进了友谊，加强了团结，促进了青少年健康成长。

北京市第二十中学的校舍设施很不健全，校园没有大门和围墙，行人可以任意穿行；厕所窄小，课间十分钟学生上厕所成为难事；教学楼、办公楼不够用等问题，严重影响了教学秩序和教学质量。共建双方组成共建领导小组，制定共建规划，召开共建文明校誓师大会。双方以整顿校区脏、乱，改善办学条件为突破口，携手开展共建文明校活动。干部战士和师生们一起，清理了楼里楼外的垃圾、杂物，平整了校园道路，修建了围墙、厕所、办公室等共1800多平方米的教学及其他辅助设施，修筑了1000多米长的水泥路，并种植了花草树木，绿化美化了校园，校容、校貌大为改观，教学环境显著改善。

针对部分学生思想品德、组织纪律方面存在的问题，共建领导小组和学校党支部，把搞好学生的思想教育作为共建文明校的一项重点工作。解放军同志顶烈日、冒严寒，帮助学校改善办学条件的事迹，被学校拿来作为思想教育素材，引导学生爱学校、爱集体、爱护公共财物，并把思想教育同组织学生劳动结合起来，培养学生热爱劳动、爱护公物的好品格。每逢新学期开学，战士们给学生写信，鼓励同学们努力学习，迈好新的一步。部队每年9月对学生进行军事训练，组织学生参观部队的队列表演、军事操练、连队营房，听老战士讲革命故事、战斗经历，对学生进行革命传统教育和纪律教育。

---

① 《情满柳荫街——徐向前同志关心军民共建活动纪事》，《人民日报》1985年12月1日第4版。

生动活泼的教育形式，深受学生欢迎，大大提高了学生的思想觉悟。一次，全校队列广播操比赛，下起了小雨，全校学生没有一个乱动的，始终保持着良好的秩序和纪律。

部队还派出几十名优秀干部、战士做校外辅导员，协助老师做好学生的思想教育工作。他们和各班班主任老师一起，走访了800多名学生家庭，占学生总数的一半以上。1983年，学校调查了10个班500多名学生的学习情况，其中180名学生的学习成绩明显提升。有的老师说，原来担心共建活动多，不扎实，学生浮，老师累，学习上不去，现在可认清做好学生思想工作和提高教学质量的关系了。

关怀、帮助教师，也是军民共建文明校的一项重要内容。北京市第二十中学有教职工170多人，其中，中、老年教师占半数以上。初二（3）班班主任的爱人在外地工作，家中有83岁的老母亲和两个孩子，一人操持一家老小的生活，家务负担很重。部队官兵和学校老师经常前去帮助她料理家务，让这位班主任老师深受感动，把更多的精力用在教书育人上，从未误过一节课。共建部队还集中组织医务人员，为老师建立了病历档案，每年搞一次体格检查。

北京市第二十中学充分发挥文化知识方面的优势，先后派出30多人次为部队指战员补习文化知识，培养军地两用人才。1982年，学校为部队办了士兵报考院校的文化补习班。针对战士们文化程度参差不齐，教课难度大的实际情况，老师们认真备课、讲课，仔细批改作业，有的进行个别辅导。当年，报名院校考试的68名战士，有48名被录取，录取率达到71%，从1981年的落后状态一跃成为卫戍区的第一名。①

全市军民共建文明校的典型事例不断涌现。驻丰台区的部队给7所小学派出60多名辅导员，协助老师做学生的思想教育工作。北京卫戍区某部和市盲童学校挂钩，派出指战员帮助学校修马路、平操场、整理美化校园，并带

---

① 中央五讲四美三热爱活动委员会办公室编：《建设文明城市经验选编》，人民出版社1984年版，第264—265页。

领盲童春游，让双目失明的孩子们有生以来第一次登上香山。部队还大力帮助学校改善办学条件，总参某部给蒲黄榆小学购置了 3 台投影仪和一些图书，为学校 16 个教室装了电灯。许多中小学也根据实际情况，积极开展拥军活动。北京市第十三中学为总政机关开办文化补习班，50 多名指战员参加。北京市第一六一中学派出 4 名教师，为中央警卫团战士补习文化。截至 1983 年 7 月底，首都军民共建文明校总计 147 所。

军民共建文明村

党的十一届三中全会以后，改革首先在农村取得突破性进展。改革过程中，加强农村思想政治工作尤为重要。军民共建文明村，成了农村建设社会主义精神文明的好形式。

北京卫戍区某部通信连与通县梨园公社砖厂大队，军民携手共建文明村。1983 年初，砖厂大队要实行包产到户的责任制。部分群众受"左"的思想束缚，习惯于吃大锅饭，把责任制误认为是"分田单干"，也有的担心政策变化，存在观望思想，包产到户责任制的推行受到阻碍。通信连官兵和大队党支部一起学习党的路线、方针、政策，并联合组成宣传小组，用广播、板报、报告会等形式进行宣传，打消了干部群众的疑虑，生产责任制很快在全村得到落实。

为发挥大队党支部委员和党员的带头作用，在通信连的帮助下，大队党支部制定了"约法八章"，要求每个党支部委员做到不吃请，不受贿，不搞特殊，不徇私情，秉公办事等。有一户为了盖房要地，给党支部领导送烟送酒，都被退了回去。支委带了头，党员也严格要求自己。

砖厂大队有近 300 户人家，青年人约占全村人口的 1/4。一到晚上，不少闲着没事的青年人便三个一堆、两个一伙，凑在一起东拉西扯，或东溜西逛，许多家长为此感到担忧。看到这种情况，通信连和大队决定建立"青年民兵之家"，把青年的教育抓起来。在用房紧张的情况下，大队腾出会计用的 3 间房，通信连送来书架和 300 多本图书，还有乒乓球台子和球拍子、扑克、象棋、军棋、羽毛球拍等，建起了"青年民兵之家"。通信连和大队团支部一起研究活动计划，定期组织青年民兵开展丰富多彩的学习、娱乐活动，不仅吸引着青年，连老人和中年妇女，也常来看一看。团员青年们在这里阅读各类报刊、书籍，学习理论知识和农业科普知识。1983年实行责任制以后，广大青年坚持科学种田、科学管理，全村夏粮产量比1982年翻了近一番，由19万多斤增长到32万多斤。①

"青年民兵之家"不但提高了青年民兵的文化水平，还陶冶了思想情操。青年民兵主动成立义务送报组，为全村230多户送报刊，受到全村干部群众的赞扬。社员们说，"青年民兵之家"收拢了年轻人的心，他们都变得有出息了。通信连被市委、市政府树立为精神文明标兵单位，砖厂大队被评为县、社精神文明标兵单位。

首都军民共建文明村在全市各区、县广泛开展，某部与密云县河槽大队开展军民共建文明村活动，利用4个星期天，投入1000多个劳动日，帮助村里修了一条长250米、宽10米的"军民友谊路"。② 在他们的影响下，大队团支部、妇联一起行动，把村里的几条主要街道修得平平整整，改变了全村的环境。卫戍区某部和顺义县武装部，协助焦庄户大队办起了青年民兵俱乐部，制定了乡规民约；组织妇女服务队，对全村10户老人实行包户服务；办起政治夜校，组织群众学习时事政治和科普知识。

截至1983年7月底，首都军民共建文明村283个。通过共建活动，村容街貌很大改观，社会风气明显好转，全市农村社会主义精神文明建设得到加强。

军民共建文明镇

全市各区、县及企事业单位积极行动起来，从实际出发，开展多种形式的共建活动，不仅有共建文明街、文明校、文明村，还有共建文明厂、文明店、文明医院、文明乡镇等。不少单位成立了军民共建领导小组，昌平县南

---

① 中共北京市委宣传部编：《春风吹拂着首都——北京市五讲四美三热爱活动经验选》，北京出版社1984年版，第109页。

② 《军民共建"文明村"》，《北京日报》1983年1月24日第1版。

口镇和驻军单位联合办公，定期研究共建工作。

南口镇是个有四五万人口的集镇，下属 20 个居民委员会，1 个生产大队。镇内有中央、市、县属企事业单位 60 多个，还有 12 个部队单位①，具有开展军民共建工作的有利条件。1979 年，南口镇社会秩序、城镇建设较为落后，全镇没有一条像样的街道。狭窄弯曲、坑洼不平的土路，雨天满街泥，晴天满街尘。街上没有下水道系统，人们随地泼脏水，夏季长流水，冬季一路冰。大街小巷没有一盏照明路灯。②广大群众迫切希望加强治理，彻底改变落后面貌。

整顿和建设工作得到驻镇各部队的大力支持。治理过程中，南口镇面临的主要困难是建设经费严重不足，据估算总投资至少需要 250 万元。实际上，市、县拨款 60 多万元，各单位集资 10 多万元，直接投资 80 多万元，有近 100 万元的投资缺口，只能依靠广大群众参加义务劳动和各部队、各单位出人、出物解决。驻镇部队的支持起了关键作用。据不完全统计，扩建改建主要道路时，其中三分之二是由部队承担的。有 3 个部队单位承担了总长 1460 米路面的全部施工任务，仅用一个月时间就完成了。还有 1 个部队承担了总长 1400 米路基、路面，以及 550 米下水管道的施工任务。南口镇 5 条街、11 条镇内公路全部铺成水泥和沥青路面，大大改变了落后状况。

南口镇小学的校址原是一座破庙，由于是 2 所小学合并而成，在校学生大量增加，原有教室不能满足需要。在南口镇驻军的帮助下，学校校舍不足的问题得到解决。部队先后出资出人为学校盖起 12 间教室，新修 2200 平方米水泥地面和 10 个乒乓球台，捐献了图书，解决了教室不足问题，还给学生们开展文体活动创造了条件。学校各项工作有了很大进步，1982 年，该校学生学习成绩及格率和升学率都达到 100%，卫生、少先队等工作被评为市级先进单位。

镇容卫生由脏乱到经常保持清洁。在驻镇部队的积极协助下，全镇统一

---

① ② 中共北京市委宣传部编：《春风吹拂着首都——北京市五讲四美三热爱活动经验选》，北京出版社 1984 年版，第 94 页。

组织卫生突击活动，部队上至师、团首长，下到连、排干部战士，都积极参加。据不完全统计，1979 年至 1982 年间，在卫生突击活动中治理卫生死角 100 多处，清运垃圾渣土 10 万多吨，用车 14000 多台次，其中 70%—80% 是由部队解决的。1982 年，南口镇被评为市级爱国卫生先进单位。

为把军民合作常态化，1983 年春节前，南口镇提出开展军民共建文明镇的倡议，得到各部队和地方单位的支持。各部队和南口镇共同组织、协商军民共建问题，对各项活动统一组织安排。各共建单位成立军民共建领导小组，协商拟定共建公约、计划。南口镇与部队协商，把商业、服务业和学校作为开展军民共建的突破口，选择的 15 个共建单位中，有 8 个商店、1 个火车站、2 个学校。

南口镇小学与某部工兵连共建之后，学校聘请了 6 名干部战士，做校外辅导员。辅导员给学生讲故事、做思想工作，组织学生参观连队内务，观看队列表演，进行组织纪律性教育。为配合宪法学习和法制教育，副指导员为全校讲了《怎样争当遵纪守法的好学生》一课，使学生受到深刻法制教育。

在有组织、有计划的军民共建文明镇活动中，军民鱼水情谊更加深厚，南口镇群众开展了多种形式的拥军活动。铁路俱乐部家属宿舍院的 12 位老人到部队送慰问信，帮助指战员拆洗被褥，还送给部队官兵 120 双鞋垫。南口镇小学派出优秀老师，帮助部队开展文化教育和文娱活动，每星期一晚上给指战员讲语文课，每星期四晚上帮助指战员学唱歌曲，讲乐理常识，并在节日给部队送慰问信、光荣花等。

军民密切配合、共建文明镇活动，使南口镇面貌发生了巨大变化。南口镇广大干部、群众热情赞扬人民子弟兵：没有解放军的大力帮助，南口镇变化不会这么快！南口镇的每一条街道，都洒下了子弟兵的汗水，南口镇的每一项成就都浸透着驻军指战员的心血。①

随着首都军民共建活动的深入开展，全市军民共建文明点由最初的打扫

---

① 中共北京市委宣传部编：《春风吹拂着首都——北京市五讲四美三热爱活动经验选》，北京出版社 1984 年版，第 97 页。

卫生、美化环境，向综合治理方向发展。截至 1984 年 7 月，全市军民共建点发展到 1500 多个，有 500 多个共建点受到表彰。① 军民共建活动极大地推动了首都精神文明建设，在开展军民共建活动的地方和单位，环境面貌、社会风气、社会秩序、社会治安有了很大改善。

四、培育"四有"新人

改革开放后，邓小平站在社会主义现代化建设的高度，高瞻远瞩地提出培育"四有"新人要求。1980 年六一儿童节前夕，邓小平给《中国少年报》和《辅导员》杂志题词："希望全国的小朋友，立志做有理想、有道德、有知识、有体力的人，立志为人民作贡献，为祖国作贡献，为人类作贡献。"② 1982 年 7 月，他在军委座谈会上再次提出："搞社会主义精神文明，主要是使我们的各族人民都成为有理想、讲道德、有文化、守纪律的人民。"③ 在 1985 年 3 月全国科学工作会议上，邓小平明确提出要"教育全国人民做到有理想、有道德、有文化、有纪律"④。北京市认真贯彻落实中央精神，努力培育大批有理想、有道德、有文化、有纪律的劳动者，为推进首都社会主义现代化建设提供坚强人才支撑。

开展青工政治轮训

20 世纪 80 年代初，我国工人阶级队伍正处在新老交替的重要历史时期，青年职工所占比重逐渐上升，已经成为生产建设的骨干和主力。但是，这一

---

① 《驻京部队广泛开展活动建设文明北京城　全市军民共建文明点已达一千五百个》，《北京日报》1984 年 7 月 22 日第 1 版。
② 中共中央文献研究室编：《邓小平年谱（一九七五——一九九七）》（上），中央文献出版社 2004 年版，第 639 页。
③ 中共中央文献研究室编：《社会主义精神文明建设文献选编》，中央文献出版社 1996 年版，第 116 页。
④ 邓小平：《建设有中国特色的社会主义》（增订本），人民出版社 1987 年版，第 98 页。

代青年基本没有接受过马克思主义基本理论和社会主义各项原则的系统教育。重新向这一代青年职工进行系统的共产主义思想教育,建设一支有理想、有道德、有文化、有纪律的工人队伍是一项战略任务。

1981年2月,中共中央、国务院发布了《关于加强职工教育工作的决定》。1983年,第一次全国职工思想政治工作会议召开,制定和实施《国营企业职工思想政治工作纲要(试行)》,该纲要指出:"各级领导应把对职工群众的思想政治工作的重点放到青年工人方面来","正规办学,脱产轮训,应逐步成为对企业职工进行系统的共产主义思想教育的一种主要形式"。[1]

北京市与全国一样,职工队伍新老交替速度加快,青年职工在生产第一线占60%以上。按照中央的要求,1983年4月,市委转发市委宣传部、市总工会、团市委《关于开展对青年职工脱产政治轮训的意见》。市委指出,对职工系统地灌输共产主义思想,从根本上提高工人阶级的阶级觉悟,是党对职工思想政治工作的一项重大改革。[2]

市委文件发出后,北京市各企业普遍开展了对青工的脱产政治轮训。轮训的主要内容是:中国近现代史,进行热爱祖国、热爱社会主义、热爱共产党的教育;科学社会主义常识,进行社会主义制度优越性和社会主义各项原则的教育;中国工人阶级,进行中国工人阶级的历史地位、历史责任和优良传统的教育,进行做一个有觉悟的工人阶级成员的教育。轮训开始前,普遍积极进行青工思想情况调查,制订教学计划,培训教员和工作骨干。轮训中,围绕训练内容组织读书演讲、专题讨论、知识竞赛和文体活动。轮训结束后,抓好日常的思想工作,巩固学习成果。

北京市纺织系统有职工10万多人,30岁以下的青年工人约6万人,其中1978年以后进厂的青工近3万人。随着大批老工人退休,青年工人成为企业

---

[1] 《中共中央关于批转〈国营企业职工思想政治工作纲要(试行)〉的通知》,中共中央文献研究室编:《十二大以来重要文献选编》(上),人民出版社1986年版,第366—367、369页。

[2] 《当代中国的北京》编辑部编:《当代北京大事记(1949—2003)》,当代中国出版社2003年版,第369页。

生产和各项工作的骨干。但就青工的政治素质来看,要挑起这副重担,还有相当大的困难。为此,北京市纺织局党组早在1982年初就作出决定,要以"三热爱"教育为中心,以青工为重点,加强职工队伍的基础思想政治教育。为使培训工作更具有针对性,他们首先对青工的基本情况和思想特点进行调查,发现这一代青年对祖国、对党的历史了解甚少,有些青工思想后进,还跟不上"四化"要求。针对这种情况,在"三热爱"教育中,选择了各层次青年都容易接受的爱国主义教育作为突破口。

第一针织厂作为试点单位,举办了系列培训班,从系统讲解中国近代史入手,对青工进行爱国主义教育:从第一次鸦片战争、第二次鸦片战争、中日甲午战争和八国联军侵华战争这四个重大历史事件,讲中国贫穷落后的原因,激发青年强烈的民族自尊心和自信心;从洪秀全、康有为、孙中山、毛泽东等4位历史人物救国救民的事迹,讲中国应走的道路,启发青年树立"只有社会主义才能够救中国"的科学信念;用新中国成立后社会主义建设的伟大成就同资本主义作对比,讲两种社会制度的优劣,引导青年树立振兴中华、建设"四化"的志向;从先进人物的成长过程,讲青年一代的历史责任,树立工人阶级主人翁思想。在此基础上,还进行了共产主义思想和共产主义道德教育。

在办班过程中,各单位开展了智力竞赛、辩论会、学唱革命歌曲、实物教学和典型人物现身说法等形式多样、丰富多彩的活动,青年们受到深刻教育。北京第一针织厂有一个后进青工,给他讲了很多道理都没有明显变化。后来,一个残疾青年在轮训班作报告,以他身残志坚的亲身经历,深深打动了这个后进青年的心。他当场写了一首诗:"你的身体是残废的,可你有坚强的意志;我有健全的身体,可恰恰缺乏你那钢铁般的意志。……今天我不仅看到了你闪光的精神,也看到了自己的希望;当我的青春之花开过之后,我也要献给人民一颗实实在在的果实。"① 后来,他积极转变思想认识,努力工

---

① 北京市经委政治部:《关心企业的未来就要关心青工教育》,《思想政治工作研究》1983年第2期。

作，取得了很大成绩。至1983年7月底，北京市纺织局共举办225期青工政治轮训班，参加学习的青工达12000多人，占1978年后进厂青工总数的43.7%。①

北京义利食品厂从1983年下半年至1984年1月，举办了11期青工脱产政治轮训班，全厂84%的青年工人参加了学习，出现了"没想到"的新变化。许多青工学习态度端正，不仅上辅导课时认真听、认真记笔记，课下还认真复习、参加讨论。刚进班时，有些青年上课说话、抽烟，但当听了悲壮激昂的近代史故事，他们想得多了、坐得住了、遵守纪律了。厂党委还发挥团委和宣传部门5位青年干部的作用，自编教材讲课，自己当教员。其中有一名选料女工，爱人在外地，自己带个4岁孩子在北京，家务事多，但她坚持上夜大，被挑选当了轮训班教员。她讲课既生动，又比较深刻。参加轮训的青年们原以为她是被请来的历史老师，当知道了她的实际情况后都很受教育，看到了自己的差距，特别是一些30岁左右的孩子妈妈克服各种困难，大都积极参加学习。轮训后，厂领导发自内心感慨，没想到青年人这么爱学，没想到还能练出一支小教员队伍。

截至1984年底，全市参加政治培训的青年职工达到100多万人，占青工总数的91%。②通过轮训，青年职工增强了爱国主义情感，提高了对社会主义和共产党的认识，精神面貌发生了很大变化，推动了生产的较快发展。如北京第一纺织配件厂铸工车间31名青工参加轮训以后，扭转了车间过去存在的不良风气，不只完成当月生产计划，而且补齐了上一季度的欠产。③

---

① 中共北京市委宣传部编：《春风吹拂着首都——北京市五讲四美三热爱活动经验选》，北京出版社1984年版，第3页。

② 北京市人大常委会办公厅、北京市档案馆编：《北京市人民代表大会文献资料汇编》（1949—1993），北京出版社1996年版，第791页。

③ 北京市经委政治部：《关心企业的未来就要关心青工教育》，《思想政治工作研究》1983年第2期。

开展"学史建碑"活动

为加强对青少年进行革命传统教育，1983年下半年起，全国相继有十几个省市的团组织带领青年寻访革命史迹、收集编写史料，通过集资、共建、义务劳动等多种办法，在革命纪念地、革命遗址兴建了一批碑、牌、亭、馆、雕塑等历史纪念物。北京市也充分发挥首都历史文化资源丰富的优势，开展了丰富多彩的"学史建碑"活动。

12月8日，团市委、市学联在卧佛寺樱桃沟举行首都青年学生纪念一二九运动48周年大会，北京大、中学生代表200多人和部分参加过一二九运动的老同志参加了大会，会上发出在樱桃沟建立一二九运动纪念亭的倡议。这次活动，成为北京市开展"学史建碑"活动的开端。1984年1月8日，团市委决定在全市青少年中开展"寻先辈足迹，点信念火炬，树理想丰碑"活动，即"学史建碑"活动，要求各级团组织动员青年通过自己的义务劳动和勤工俭学等途径，因地制宜，用各种材料建造起包括说明、示意性标记的墓碑、陵园、塑像、浮雕等革命历史纪念物。

为深入开展好"学史建碑"活动，4月12日，团市委决定在五四前后开展以革命传统教育为中心内容的各种纪念活动，大力宣传和表彰英雄模范人物。全市广大团员和青少年寻访革命先辈足迹，采取不同形式广泛开展革命传统教育活动，为革命烈士、革命遗址建碑和树碑。

有的区县和单位团组织在发生重大历史事件的地方和先烈生前曾经活动过、战斗过的场所建碑立牌，编写、宣讲本村、本厂、本地区的革命斗争史。

京西煤矿工人曾在中国共产党领导下，同国内外反动派进行了长期艰苦卓绝的斗争，他们用鲜血和生命谱写了京西矿区革命斗争史。北京矿务局团委组织团员和青年走访当年在这里战斗过的老党员、老前辈，举办多种形式的报告会，编写《北京矿区革命斗争史》。他们还冒着寒风平地、垒石，建起一座高5米、宽8米的花岗岩纪念碑，碑上装上了一幅塑有烈火中高举煤镐的煤矿工人浮雕，表达青年们继承先烈遗志、革命到底的决心。1984年4月4日，"京西矿区革命烈士纪念碑"落成，团中央、共青团北京市委、北京矿务局领导和2500多名青年、少先队员参加揭牌仪式。

1943年春，八路军六壮士在老帽山阻击战中，与日寇英勇搏斗，弹尽后宁死不屈，慷慨赴死，跳崖就义。民兵在山下找到6位烈士血肉模糊的遗体后，将其就近安葬在老帽山下。至今没有人知道老帽山六壮士姓甚名谁，但知道他们有一个共同的名字——八路军。为表达对6位无名烈士的缅怀之情，1984年2月26日，共青团房山县委和十渡乡党委、政府在十渡村北的老帽山上建立老帽山六壮士纪念碑亭。碑阳是中共房山县委原书记李永芳的题词："为中华民族解放事业英勇献身的六壮士永垂不朽"。① 碑阴记载着八路军6名战士的英勇事迹。

有的学校、部队团组织等为本地区、本单位社会主义革命和建设时期涌现的革命烈士、英雄模范树碑立传，开展向身边的英雄模范人物学习的活动。

王恒岳烈士是北京市第89中学65届初中毕业生，1969年入伍，1973年加入中国共产党，后来参加过对越自卫还击战。1979年2月28日，在攻打天险弄压山口时，王恒岳身先士卒，在第一线鼓舞士气，协助连长指挥战斗。就在接近山口时，敌人的一发炮弹落在阵地前，王恒岳全身30多处负伤，壮烈牺牲。1984年3月4日，第89中学举行"王恒岳班"命名仪式，授予校先进班集体初三级二班为"王恒岳班"，并决定在班内永远保留王恒岳烈士的座位。②

1984年，育才学校组织学生调查整理本校在解放战争和抗美援朝战斗中牺牲的4位校友的事迹材料。为了让学生永远记住学校的光荣历史，学习先烈的献身精神，学校修建了一座烈士纪念碑，正面上部是4位男女青年的头像浮雕，中部镶嵌着汉白玉石板，上面镌刻着"烈士献身精神永存"。③ 1984年6月30日，育才学校1200名师生在校园举行了烈士献身精

---

① 中共北京市委宣传部、中共北京市委党史研究室组织编写，中共北京市委党史研究室编著：《北京红色遗存》，北京出版集团、北京出版社2021年版，第185页。
② 《89中举行"王恒岳班"命名仪式》，《北京日报》1984年3月5日第1版。
③ 《育才学校举行烈士纪念碑揭幕式学习校友革命献身精神》，《北京日报》1984年7月1日第2版。

神永存纪念碑揭幕仪式，师生们向纪念碑敬献了花篮，新入团的 10 名学生在烈士献身精神永存纪念碑前庄严宣誓，决心继承先烈遗志，为共产主义奋斗终身。

全市中学少先队员广泛开展"学英雄事迹，创英雄中队，走英雄道路"活动，用英雄的名字命名少先队中队，这是北京市中学少先队开展的一项有深远意义的革命传统教育活动。1984 年 3 月 3 日，北京市中学少先队英雄中队命名大会举行，用吴运铎、朱伯儒、张海迪、雷锋、邱少云、方志敏、刘胡兰、安业民、董存瑞、黄继光等英雄的名字，命名了 50 个中队。北京市第六十一中学的"安业民中队"全体少先队员，在大会上向全市英雄中队的少先队员们倡议：把"创英雄中队，走英雄道路"的活动长期开展下去，离队时，把队旗交给下一个年级的中队。

中学少先队通过这项活动，激发了广大少先队员学英雄、树理想，让青春闪光的强烈愿望。1984 年 3 月 4 日，被命名的中学少先队英雄中队的 2000 多名少先队员，朝气蓬勃地投入到美化首都的公益劳动，以实际行动学英雄，走英雄的道路。当天上午，永定门中学董存瑞中队、天坛中学黄继光中队、七中邱少云中队、六十一中安业民中队、永乐中学雷锋中队、一四七中朱伯儒中队的 300 多名少先队员，高高兴兴地同朱伯儒以及 5 位英雄生前所在连队的代表一起瞻仰了毛泽东遗容。随后，走到毛主席纪念堂外，清除草坪中的杂物，擦拭栏杆上的灰尘，扫净砖地上的尘土。自 1983 年 10 月，四十四中初一（1）班中队开展创建"吴运铎中队"活动，邀请年近七旬的吴运铎来中队，吴运铎为他们题词："努力学习，振兴中华。"吴运铎是中国抗日战争时期根据地兵工事业的开拓者，是中国国防兵器工业的奠基人之一。战争年代，他为了研制枪炮弹药，多次身负重伤，却始终战斗在生产第一线，被誉为"中国的保尔·柯察金"。吴运铎的事迹给少先队员们极大鼓舞，全体队员们向吴爷爷保证："要向您那样，刻苦学习，攀登高峰。"[①] 在吴爷爷的精神教育鼓舞下，整个中队开始变了，过去这个中队学习成绩在全年级是靠

---

① 《在英雄的旗帜下》，《北京日报》1984 年 3 月 4 日第 2 版。

后的,纪律也不好,上早读的时候,得有老师"督"着。而开展创建活动后,早自习没有人随便说话、走动,期末考试成绩一跃为全年级第一,他们以自己的行动赢得了"吴运铎中队"的称号。

此外,有些单位团组织还组织开展寻找革命史迹、访问革命老人、开展向革命先辈学习、建立革命雕塑等活动。北京革制品厂团委组织15个考察小组走访革命前辈,搜集了很多实物,并利用调查结果举办了"学史建碑"活动成果展览。各小学聘请革命老前辈做校外辅导员,进行革命传统教育。据统计,全市各小学共聘请校外辅导员1887名,革命老前辈薛明、王定国等均被聘请为校外辅导员。1985年3月,团市委举行北京青运史雕塑群奠基仪式,群雕共分7组,分别题为"向先驱者致敬""五四运动""血肉长城——纪念一二九运动""一二一运动""和平解放北平""50年代青年突击队员""走向未来",为北京市青少年开展"学史建碑"活动的重要项目。

截至1984年9月,全市共建立纪念碑、标志牌、烈士塑像等近百处。[1] 到1985年,已建纪念碑等多种形式的纪念物120多处。[2] 青少年在"学史建碑"活动中,组织了几千个寻访先辈足迹的调查组、考察团,走访了上万名老干部、老党员、老烈军属和革命老人,并考察了几百处革命历史遗址。通过亲身实践,以生动、形象的教育形式,自己寻查史迹、收集编写史料,了解、学习和掌握革命斗争的史实,受到了深刻的理想信念教育。

向张海迪学习

张海迪,被称为保尔·柯察金式的女英雄、当代青年的光辉榜样。她幼时患病,造成严重高位截瘫,胸部以下完全失去知觉。然而她用惊人的毅力忍受着令人难以想象的痛苦,同疾残做顽强的斗争,同时勤奋地学习,忘我地工作。先后自学了小学、中学、大学的专业课程,自学了英语、日语、德语和世界语等。她还用自学的医药知识和针灸技术,不要任何报酬为群众治

---

[1] 《本市青年已建碑树碑近百处》,《北京日报》1984年9月26日第1版。
[2] 《当代中国》丛书编辑委员会:《当代中国的北京》(下),中国社会科学出版社1989年版,第628页。

病。她以"活着就要做个对社会有益的人"的顽强毅力，把自己的光和热献给人民。她在日记中写道：既然是流星，就要把光留给人间……即使跌倒一百次，也要第一百零一次站起来！她的事迹在全国青少年中引起极其强烈的反响。

1983年3月，团中央授予张海迪"优秀共青团员"称号，并作出向张海迪学习的决定，号召全国共青团员和广大青年学习张海迪正确对待人生，树立崇高的理想。同月，团市委作出在全市团员和青少年中广泛开展向张海迪学习的决定。3月11日，在纪念向雷锋同志学习20周年报告会上，张海迪向首都8000多名青年作了报告。她的报告使到会同志深受感动，不少青年流下了眼泪。5月4日，邓小平亲笔题词："学习张海迪，做有理想、有道德、有文化、守纪律的共产主义新人。"[1] 同月，中共中央批复团中央和中共山东省委《关于进一步开展学习宣传张海迪活动的报告》，希望全国人民特别是青少年深入地向张海迪学习。

5月14日，市委第一书记段君毅等到北京部队总医院看望张海迪。市委领导赞扬了张海迪百折不挠、乐观向上、刻苦自励的顽强毅力和对社会尽责、为人民服务的献身精神。段君毅对张海迪说："你到北京两个多月，做了很多工作，在北京市人民特别是青少年中产生了很大、很好的影响，对首都的精神文明建设也起了促进作用。我们全市人民和青少年都感谢你。"段君毅号召北京市人民特别是青少年，应该带头响应党中央号召，深入开展学习、宣传张海迪的活动。学习张海迪，不仅青少年要学，各行各业各条战线上的人们都要学，党员、团员要带头学。要在全市树立千百个张海迪式的先进人物，进一步把首都的精神文明建设搞好。[2]

随后，团市委召开贯彻党中央批示和中央领导同志题词精神，进一步深入学习宣传张海迪活动座谈会，并制定《关于深入开展"向优秀共青团员张海迪同志学习"的意见》，提出要注意抓好"三个结合"，即与青年的思想实

---

[1] 中共中央文献研究室编：《邓小平年谱（一九七五——一九九七）》（下），中央文献出版社2004年版，第907页。

[2]《带头响应党中央号召　深入学习张海迪》，《北京日报》1983年5月15日第1版。

际相结合、与学习身边的先进人物相结合、与各系统正在开展的各项教育活动相结合，掀起学习张海迪活动的高潮。①

  北京部队总医院是张海迪住院治疗的所在医院。张海迪救治小组的医务人员在与张海迪朝夕相处的日子里，亲眼看到她病情稍有好转，就夜以继日地读书、写作、翻阅外文的动人情景，深受激励，感慨地说："她是病人，也是老师啊!"② 全院医务人员深入开展"学习张海迪，做张海迪式的有志青年"活动，以实际行动全心全意为伤病员服务，决心做有理想、有道德、有文化、守纪律的共产主义新人。他们说：张海迪不是医生，却惦记着许多病人的安危痛苦，我们更应该把心拴在病人身上。外一科积极开展了使伤病员"六满意"的活动，医务人员做到了带着感情进病房、带着笑脸进病房。他们将标有工作人员姓名、职务的名牌挂在白衣左上角，随时接受监督，大大提高了服务质量。外二科医务人员走出医院大门，到群众家中巡诊时，发现一名腰椎结核的病人有褥疮感染，他们立即把病人接回医院治疗，受到群众赞扬。

  团中央宣传部和北京朗诵艺术团为首都青少年举办"向张海迪学习专题朗诵演唱会"，演出了许多专业和业余作者新近创作的诗歌和歌曲，让青少年们进一步了解张海迪、学习张海迪，观众们兴致勃勃地学唱歌曲《希望的曙光》，颂扬张海迪敢于同病魔做斗争的顽强精神。北京市中学生举行"向张海迪学习，做八十年代的雷锋"演讲比赛，经过各校选拔推荐，共有46名同学参加市里比赛，同学们用主题鲜明、感情充沛、短小精悍的演讲，表达对张海迪事迹的认识和学习张海迪的收获体会，博得近千名中学生的热烈掌声。6月8日，应共青团中央的邀请，山东省张海迪事迹报告组为北京市团干部和团员、青年400多人作了第一场报告，报告真实感人，受到北京市团员、青年的欢迎。

  张海迪事迹在北京市人民特别是青少年中引起非常强烈的反响。首都青

---

  ① 共青团北京市委员会编著：《北京青年运动纪事（1919—2004）》，人民出版社2004年版，第249—250页。
  ② 《她是病人也是老师》，《北京日报》1983年5月26日第2版。

年热情表示要像张海迪那样工作、学习和生活，做有理想、有道德、有文化、守纪律的共产主义新人，回报党中央和老一辈无产阶级革命家对青年一代的关怀。

开展"振兴中华"读书活动

在开启改革开放和社会主义现代化建设新时期的形势下，广大职工群众和青年渴望国家振兴富强、渴望读书学习。1982年，上海市总工会等单位共同酝酿发起读书活动，通过社会征集将活动命名为"振兴中华"，职工群众组成众多读书小组，掀起读书热潮。1983年5月，中华全国总工会作出《关于在全国职工中开展读书活动的决定》。由此，"振兴中华"读书活动如星火燎原，蓬勃发展起来。

5月21日，在市委统一领导下，北京市总工会、共青团北京市委、《北京日报》、北京市文化局和北京出版社联合发出倡议，在全市职工中开展"振兴中华"读书活动，并成立市职工读书活动指导委员会。市委分管副书记任主任委员，各发起单位负责人任副主任委员，聘请学者、专家和社会知名人士担任委员，下设负责具体工作的办公室，由各发起单位派干部组成，日常工作由市总工会负责。①

5月25日，上海市"振兴中华"职工读书活动报告团受邀介绍经验和讲演。26日，中共北京市委宣传部、市总工会和团市委联合召开欢迎上海市"振兴中华"职工读书活动报告团，动员全市职工开展读书活动大会，会议要求各级党委把这项工作认真抓起来，在广大职工中把读书活动开展起来。6月初，北京市职工读书活动指导委员会公布了1983年推荐书目，包括历史知识、政治经济理论、人物传记、思想修养和文学艺术等方面共41种，书目有《社会发展史》《通俗哲学》《马克思的伟大一生》等。一个群众性的读书活动在北京热烈开展起来了。

---

① 北京市地方志编纂委员会编著：《北京志·人民团体卷·工人组织志》，北京出版社2005年版，第458—459页。

首都建设新风貌

1983年11月,北京焦化厂工会和图书馆,将北京市职工"振兴中华"读书指导委员会推荐的书籍及时陈列在阅览室,为工人们阅读提供方便。

在成立市职工读书活动指导委员会的基础上,北京市各级成立读书指导委员会或指导小组,由党委书记或副书记任主任,工会、共青团的负责人任副主任,并负责日常工作,大专院校、文化团体、研究机构从各方面予以支持。读书活动贯彻自愿参加、自学为主、自由结合、自己安排计划和时间的"四自"原则,根据群众的水平和爱好,采取灵活多样的形式开展。比如建立读书小组、开展知识竞赛、演讲比赛、心得交流会、征文活动、开办讲座、自创诗歌演唱会、黑板报展览等。

各单位开展了各具特色的读书活动。北京第一制药总厂帮助车间制订读书计划,帮助工人总结读书心得,组织由6名读书骨干组成的讲演团,到总厂和各分厂巡回讲演,让各种班次的工人都有机会听到讲演,扎扎实实引导职工针对迫切需要解决的思想问题,进行自我教育。片剂车间洗瓶组一位青工,原来感到洗瓶工作又脏又累没前途,工作散漫,情绪不好时随便摔瓶子。参加厂里讲演会后,思想上有所触动,主动报名演讲《振兴中华,匹夫有责》，厂党委书记、副书记专门和他谈话，鼓励他刻苦读书，带动其他同志。到 1983 年 8 月上旬，全厂建立 36 个读书小组，1100 多名职工成为读书小组成员，有四五十名职工作了读书心得讲演。① 北京矿务局各基层单位图书馆为配合读书活动，与职工建家活动同步，集资增购了新书，有的煤矿采取专门购置或与单位图书馆交换的方式，建立了便于职工就近借阅书报的车间图书室与坑口图书室。到 1984 年底，该局 27 个基层单位建立职工读书领导小组或指导委员会，组建了 714 个职工读书小组，有 13020 名职工参加。②

在开展读书活动的基础上，1983 年 9 月开始，北京市开展以 "振兴中华" 为主题的职工读书心得演讲比赛。比赛扎根于群众，立足于基层，先在本单位比赛，择优推荐，最后参加全市评比。遍布全市各条战线的读书演讲员，广泛学习政治、经济、历史、文学、科技等方面的书籍，参加了各级读书指导委员会举行的读书心得演讲比赛。据统计，全市有 72 个区、县、局（总公司）和直属基层单位举行了比赛。

经过层层评选，有 10 名获一等奖，24 名获二等奖，40 名获三等奖，164 名获纪念奖。1984 年 2 月 22 日，举行了 "市职工'振兴中华'读书心得演讲比赛发奖大会"。③ 获奖成员中，大多数是青年工人，也有参加工作二三十年的老工人，其中年龄最大的 53 岁。他们工作在生产第一线，克服工作忙、家务重等方面的困难，积极参加 "振兴中华" 职工读书活动，成为思想政治工作和生产技术等方面的骨干。市职工读书指导委员会从获全市一、二、三等奖的 74 人中挑选有代表性的 22 人组成读书演讲团到各单位演讲。到 1984 年 4 月 10 日，北京市职工 "振兴中华" 读书演讲团共巡回演讲 72 场，直接听众达 6 万多人。④

此外，市职工读书指导委员会还委托《北京日报》举办以学习中华民族

---

① 《引导职工通过读书活动进行自我教育》，《北京日报》1983 年 8 月 8 日第 1 版。
② 《中国煤炭志》编纂委员会编：《中国煤炭志·北京卷》，煤炭工作出版社 1999 年版，第 416 页。
③ 《本市职工"振兴中华"读书活动中涌现大批读书心得优秀演讲员》，《北京日报》1984 年 2 月 23 日第 1 版。
④ 《群众爱听"振兴中华"读书演讲》，《北京日报》1984 年 4 月 13 日第 1 版。

首都建设新风貌

文明史、发扬爱国主义精神为主旨的读书知识竞赛。1983年10月24日，测验试题公布，竞赛正式开始。测验内容包括：祖国的自然风光、物产资源，古代的物质文明和精神文明，近代现代爱国运动史，爱国人物和爱国诗文，社会主义中国的巨大成就和光辉前景等，共100题。同时，读书竞赛知识测验办公室向读者推荐了五本参考书：《祖国》、《近代中国简史》、《中华民族杰出人物传》（一）（二）、《北京史话》和《社会主义优越性问题分析》。

读书知识测验活动强烈地吸引了各行各业的广大读者，试题公布后的第二天，就有读者寄来连夜答出的试卷。在王府井新华书店里，许多人争相选购试题参考书；书店门口，每天从早到晚都有大批青年三五成群地聚在一起讨论、寻找答案、填写试题。在很多单位的图书馆里，借阅关于祖国历史、地理、文化和经济书籍的人显著增多，有关书刊几乎全部被借出。有的是全家合答，有的是读书小组、全班学生或全厂工人共同商答等。很多同志说："这几天读的书比我过去几个月读的都多。"还有的同志说："以前总觉得自己懂得不少，这次连第一、二、三题都答不上来，才真感到自己知识少得可怜，必须加劲学才行呀！"天堂河农场直属二中队后勤班全体失足青年在给《北京日报》的信中说："在我们看到你报组织的读书竞赛活动后，我们全体矢（失）足青年决心积极投入到这项活动当中去，用知识来武装自己空费（虚）的头脑，把荒废的时光抢回来。虽然我们答的有许多不完善之处，但我们热情地希望你报能给予我们邦（帮）助与指正。同时我们要继续以此为动力，不断学习，争取掌握更多的知识，为祖国富强，为民族的振兴，贡献出我们的一份力量。"①

至11月10日答卷投寄截止时，共收到答卷近20万份，其中北京市占19万份，《北京日报》组织了5个单位的400多位同志进行评卷。经过初评、复评和复查，并对得分高的答卷者的平时学习情况进行调查了解，最后评选出一等奖10名、二等奖50名、三等奖200名、四等奖500名，纪念奖3000名。1984年1月4日，北京市职工读书指导委员会和《北京日报》在人民大会堂

---

① 《用知识来武装自己空虚的头脑》，《北京日报》1984年1月6日第4版。

联合召开了发奖大会。会前,王震、宋任穷分别为这次知识测验活动题词。胡乔木特地写来贺信说:"你们举办的这次读书竞赛活动,吸引了北京市以及北京市以外的成千上万的群众,对推动职工'振兴中华'读书活动起了积极作用。""希望你们能总结自己的经验,并且学习外地的经验,把北京市的职工读书活动更深入地推广下去。"① 邓力群在大会上讲话说,振兴中华,先要知我中华,爱我中华。按照这样一个好的设想,组织这次读书竞赛活动,获得了值得称赞、值得学习的成果,调动了大家求知的热情,增强了祖国的荣誉感,提高了民族的自豪感。②

"振兴中华"读书活动,提高了广大职工的思想政治觉悟和精神境界,进一步激发了读书的热情。每天下班后,青年们从工厂、机关、商店赶到新华书店,或选购图书,或在书店门口交流学习情况,在知识的海洋里充实自己的生活。一位刚买完书的青年工人在王府井新华书店门口高兴地说:"'振兴中华'读书活动开展得好。过去下班后,我爱和几个朋友聊大天,逛马路,现在业余时间就想看书。读书原来也会上瘾,越读越觉得自己知道的东西少,就越想看。最近,朋友们给我起了个外号叫'小书虫',对这个尊称,我倒挺乐意接受。"③

截至1984年底,北京市参加"振兴中华"读书活动的职工达到77万人。④ 其中,据不完全统计,1983年5月至1984年5月,上台演讲的职工达6.3万人,参加征文、书评活动的近3万人,参加各种知识竞赛的达75万人。⑤ 1984年6月,在全国职工读书活动经验交流大会上,北京市有9名读书积极分子受到表彰。

---

①② 《知我中华 爱我中华 兴我中华 "'振兴中华'读书竞赛"知识测验昨发奖》,《北京日报》1984年1月5日第1版。

③ 《为振兴中华奋发读书——王府井新华书店见闻》,《北京日报》1983年10月7日第2版。

④ 北京市人大常委会办公厅、北京市档案馆编:《北京市人民代表大会文献资料汇编》(1949—1993),北京出版社1996年版,第791页。

⑤ 中共北京市委党史研究室编:《社会主义时期中共北京党史纪事》第九辑,人民出版社2012年版,第52页。

全市通过开展多种形式的教育活动，提高了广大职工和青年学生的共产主义思想觉悟和道德水平，对于培养一代"四有"新人发挥了重要作用。

五、移风易俗倡导社会新风

改革开放初期，由于受旧的思想意识和传统观念的影响，大办婚事、厚葬薄养、封建迷信等陈规陋习有所抬头，给北京社会风气带来不良影响。为此，市委、市政府坚持不懈推进移风易俗，提倡婚事新办、文明治丧、相信科学等，努力形成社会新风尚。

提倡婚事新办，反对大办婚事

常言说："男大当婚，女大当嫁。"结婚，是人生道路上的一件喜事，是一辈子的"终身大事"。中国自古就有热热闹闹喜喜庆庆办婚礼的传统。但社会上也出现喜宴铺张、随礼攀比等不良习俗，使有的家庭花掉全部积蓄，负债累累，甚至有的为结婚讲排场走上犯罪道路，让喜事变了味、走了样。如何婚事新办，让甜蜜爱情不再有负担，成了移风易俗的重要内容。

1980年春节前后，市总工会、团市委和市妇联联合发出关于进一步做好移风易俗婚事新办宣传的通知，要求在党委领导下，工、青、妇等各有关方面协同配合，大力开展一次移风易俗，婚事新办的宣传活动。① 9月10日，第五届全国人民代表大会第三次会议通过的第二部《中华人民共和国婚姻法》提出，禁止借婚姻索取财物；女方可以成为男方家庭的成员，男方可以成为女方家庭的成员等。根据中央的要求，1981年9月，北京市人民政府办公厅发布《关于反对讲排场、大办婚事的通知》，要求大力提倡移风易俗、婚事新办的新风气，反对铺张浪费、讲排场的旧风俗；组织教育职工和青年节约办婚事，提倡和组织集体结婚等。同月，团市委、市青联致青年朋友一封信，殷切希望所有即将结婚的青年要以坚持勤俭节约为荣，以实际行动抵

---

① 《提倡婚事新办》，《北京日报》1980年2月1日第1版。

制形形色色的旧风俗、旧习惯。

根据中央和北京市的要求，全市各单位推进婚事新办，出现举办集体婚礼、旅游结婚、班前班后会、茶话会、小型家庭会、歌舞会等多种形式，减轻了青年人结婚负担。

水利电力印刷厂有职工约600人，其中青年职工占70%，而且大部分进入婚期。过去，这里也有大操大办的风气，干部和群众意见很大。1981年"五一"劳动节，车间有一对青年准备结婚，迫于周围舆论的压力，他们在办婚事的问题上踌躇不决，矛盾苦恼。要大办就得欠一身债，不办又怕别人说闲话。工会和团支部得知这一情况，就动员他们在车间里办喜事。开始，这对青年还有顾虑，经过做工作，终于同意了。办喜事的当天，下班后，车间里张灯结彩，彩灯和彩带是工会借来的，没花一分钱。新郎、新娘只花20元钱买了些烟、糖、瓜子招待大伙。车间里的职工和厂领导近200人前来祝贺，婚礼热热闹闹、喜气洋洋。在这对青年结婚之后，厂里又有5对青年以他们为榜样，用不同的形式节俭办了婚事，还有不少青年也要求在车间举办婚礼。职工们说：这样办婚事既文明、节俭，又热闹，还解决了结婚要请客、职工们碍于情面"凑份子"这两大难题。

北京矿务局对青年广泛进行宣传教育，专门成立"青年友谊社"，号召青年结婚不讲排场、不比阔气，要求广大青年的家长积极支持子女婚事新办、俭办，帮助青年按照文明、节俭、热闹的原则举办婚礼。自1981年5月至1982年9月，北京矿务局先后举办5次集体旅行结婚活动，共有247对新婚青年参加。这种集体旅行结婚活动，最受大家欢迎。一些青年的家长说："这几年常为儿女的婚事发愁，举办一次婚礼，花钱多不说，还得受累。现在局里组织集体旅行结婚，自己花上五十多元钱就把事儿办了，孩子们还能出去开开眼界，真是美事。"青年们也说，这种形式既新颖，又有意义，还能长点见识。

举办青年集体婚礼逐步成为很多青年的选择。全市各区、县、局和直属单位的各级工会、共青团和妇联组织，本着把婚事办得文明、节俭、热闹、有意义的要求，按照统一行动、分头操办的原则，陆续为本单位新婚青年举

| 首都建设新风貌

办各种形式的集体婚礼。

1982年春节期间,北京市举办了大规模的青年集体婚礼。由于市里举办比较集中的大型婚礼,远远不能满足要求婚事新办青年们的愿望,因此采取设立主会场和各级组织分头操办的方式,提倡以基层为主。截至1月20日,报名参加这次北京市各界青年集体婚礼的新婚青年总数达到5554对,[①] 分别由西城、朝阳、石景山、海淀等区和市一商局、顺义牛栏山公社等单位操办。

1982年1月20日,在北京市劳动人民文化宫举行集体婚礼。

1月20日下午,来自全市各条战线的70对新婚青年代表,汇集在北京市各界青年集体婚礼的主会场——市劳动人民文化宫,喜气洋洋地举行婚礼。婚礼会场上,张灯结彩,正中是一个大"囍"字,两侧悬挂着一副对联,"一对新人对对新人树一代新风,千簇春花簇簇春花映千家春景"。[②]新郎新娘们有工人、农民、解放军战士、人民警察、文艺工作者,还有刚从大学毕业

[①][②] 《本市70对各界青年代表昨热烈举行集体婚礼》,《北京日报》1982年1月21日第1版。

的学生。不少是退掉预订好的酒席、租好的汽车报名参加的，有的是兄妹三人全都报名参加的。市委第二书记、市长焦若愚致贺词。他代表市委市政府向新郎新娘，并通过他们向参加全市青年集体婚礼的新婚夫妇表示祝贺，勉励青年们继承和发扬中国青年在革命历史上充当革命先锋的精神，为建设社会主义物质文明和精神文明作出贡献。北京歌舞团、北京市曲艺团等文艺团体和著名表演艺术家常香玉等，为婚礼做了精彩的祝贺演出。

患病在家休息的全国人大常委会副委员长、全国政协副主席许德珩，听到北京市在春节期间举办各界青年集体婚礼的消息，十分高兴，挥笔书写了"移风易俗婚事新办"的题词。[①]

此后，北京市又多次举办青年集体婚礼。社会各界出现不租车、不摆宴席、不捞份子、骑车接新娘、坐公共汽车结婚、男到女方家落户等婚事新办新气象。

提倡相信科学，反对封建迷信

封建迷信活动沉渣泛起，不仅在少数群众中引起思想惑乱，造成财物损失和医治延误，而且也破坏安定团结，影响生产建设。北京市及时加强宣传教育，耐心细致做好工作，提高广大群众觉悟，制止封建迷信活动的蔓延，保护人民群众的利益。

1979 年，延庆县一些社员群众和个别职工误信谣传，到外省某地求仙治病。为了教育群众，制止迷信活动，延庆县委及时召开电话会议，要求各级党组织从正面宣传教育入手，揭穿谣言的真相。县委宣传部和县卫生防疫站分别编写了世上没有鬼神的宣传讲话。县公安局抽出 20 多名干警到主要汽车站、火车站，协助工作人员进行宣传劝阻。一些单位还利用广播、板报进行无神论的宣传教育。不少单位召开现身说法座谈会，由前去求仙讨药的群众述说上当受骗的经过，有效教育了其他群众。县广播站组织多次破除迷信、

---

① 《本市各界青年集体婚礼已有 2470 对青年报名参加》，《北京日报》1982 年 1 月 12 日第 1 版。

相信科学的专题广播。经过一周宣传教育，基本上制止住了迷信活动的蔓延。

1980年初，在大兴县一些地方，谣传"蛇仙娘娘"显灵赐药的封建迷信活动，造成很不好的影响。当地公社和有关部门及时对群众做了宣传教育工作，并在所谓"蛇仙"显灵的地方，通过喇叭广播："同志们，你们听信谣传，深更半夜来到这个地方，挨冻受寒，根本求不到什么'仙药'。偶尔你们的纸包里，吹进一些尘土、香灰、树叶、草棍，也不应该当成'仙药'去吃，有了病赶紧去医院治疗。你们想想《祝福》里的祥林嫂，迷信鬼神结果又是怎样的遭遇呢……"本地原来听信谣传的群众已经很少了，曾经上当受骗的一些群众说：封建迷信，就是自欺欺人。可是，有些远处的个别人，仍然听信谣传，前去烧香、磕头。

对此，曾有《北京日报》记者于1980年1月14日到大兴县红星公社变电站这个拜仙求药闹得比较凶的地点，通过现场调查，揭开了事情真相。红星公社变电站新中国成立前是个庙，调查时只残存着一块石碑。调查当天晚上寒气袭人，两位中年妇女，两眼紧闭，双手合掌，在残石碑前虔诚地跪着，她们烧的六根熏蚊香已经燃尽，六个叠成三角形的纸包，都是一边开口冲着前面的香火，纸包上面压着供品。当记者走近时，其中一位妇女站起来，掸了掸衣服上的尘土，对记者说："您看我这三个包里有药吗？"她一一打开，借手电光一看，前两包什么都没有，第三包打开时，她有些激动，高兴地说："这包有，你看这不是黄药面吗！"记者接过纸包，仔细地观看那点黄渣渣，并用手摸了摸，看了看她上供的饼干，跟她说："这不是饼干渣吗？"这时她也明白了，随手扔掉了纸包。另外一位妇女，三个纸包都是空的。她们不好意思地说：我们是头一次，听人家传说这地方很灵验，我们家里有人患病，想来试试，原来是骗人的事，以后我们可不来了。记者又去看其他人的纸包，都是空空如也。

经过记者调查揭开实情，人们认清了"蛇仙娘娘赐药"就是一个谣传，都是骗人的。一位在那里跪着求药的小伙子，当场拔掉香火，拿起上供的饼干大口吃了起来，一边吃一边说我可不信了，站起来就走。

1984年，通县、顺义、大兴等县流传着一封荒诞无稽、蛊惑人心、宣扬封建迷信的所谓"王母娘娘的信",信中说:"王母要从天堂来到人间把信传,一传十,十传百,三传全家保平安,如有不信者,天地不容,十日归天……"通县教育局介绍,"一封信"在通县4个公社的13所中学和100多所小学中都有流传。某中学一个班的学生,轻信谣传,在上政治课时就低头抄写、复写"一封信",准备散发,造成了学生思想上的混乱和学习成绩的下降。有的学生说:"'一封信'搅得我们心神不宁,也没心思学习了。"发现这些情况后,通县教育局、各公社党委和派出所及时采取措施,大力宣传科学,宣传无神论,破除封建迷信对学生的影响,并做好"一封信"的收缴销毁工作。

为了向广大群众宣传科学,宣传唯物论,揭露和批判封建迷信活动的欺骗性、危害性和破坏性,促进两个文明的建设,中国科协、浙江省科协、北京市科协联合举办了"普及科学知识,破除封建迷信"展览。展览共分"世上本无鬼神,愚昧产生迷信""各种迷信活动都是骗人的把戏""封建迷信,祸害无穷""学习科学知识,正确认识自然""破除封建迷信,加快四化建设"五大部分。1984年2月28日,展览在北京展览馆开幕。展览讲述了产生迷信的缘由,揭穿了各种迷信活动的骗局,控诉了封建迷信活动害国、害民的罪恶行径,用科学道理揭示了各种迷信传说的荒诞,介绍了一些积极普及科学知识,坚决反对封建迷信,努力促进两个文明建设的科普村、文明村先进典型。为了让普及科学知识、破除封建迷信的活动深入农村,中国科协和市科协还为北京市每个郊区县提供了一套小型巡回展览图片。各郊区县运用这些材料,通过小型流动展览等各种方式,积极把这项活动开展起来,以使更多群众受到唯物主义、无神论的教育。

截至3月13日,有6万多人参观。不少机关团体、厂矿企业、城镇街道、部队、学校,把这个展览当作学习科学知识的课堂。一位75岁的老人连着看了两遍,第二次还把十几岁的小孙子带来了。老人感慨地说了自己的亲身体会,解放前,他家里很穷,算命人对他说,要想过上好日子,就必须拜神求仙。于是,他一家人省吃俭用买香火、供品拜佛。一连拜了十几年,神仙不但没还愿,反而花费了他用血汗换来的钱,日子更穷了。直到新中国成立后,他全家才真正过上了好日子。老人说:"我担心孩子受骗上当,特意带着孙子来看展览,受受科学知识的教育,让他们从小记住,只有信共产党、信科学,才能过上好日子。不能信神仙。"①

提倡文明治丧,反对丧葬陋习

文明、简朴、节约办丧事,这是一个关系到建设社会主义精神文明的大问题。早在20世纪50年代中期,党和政府就开始在城市提倡火葬,并逐步向农村推广。1978年,中共中央66号文件提出"要积极推行火葬,加强殡葬改革的宣传教育"。②

为了加强对推行火葬的宣传,北京市民政局编印了一套火葬宣传材料,发放到城镇居委会和农村生产大队。1978年,据大兴、顺义、通县、密云、昌平5个远郊区县统计,其平均火化率达75%(大兴县高达93.1%);城区达到87.6%。1979年,远郊10个区、县全部建起了火葬场。至此,全市共有12个火葬场(城区2个,郊区10个)。③

但是,由于宣传不充分,旧的落后的丧葬习俗仍存在于人们的意识之中。1979年以后的二三年内,全市火化率有较大反复。上述5个远郊区、县的平均火化率1979年为52.4%,1980年下降到45.9%,1981年更降至35%,火化率最高的大兴县也从93.1%下降到30.6%。城区火化率亦从1979年的89.6%降至1981年的79.8%。④伴随火化率下降,全市对土葬缺乏统一管理,占用耕地、乱埋乱葬的情况再度出现,个别地区毁掉耕地、恢复旧坟头的现象也时有发生,旧的丧葬习俗有所抬头。

1980年至1981年,《北京日报》、北京电台大力开展殡葬改革宣传,报道了一批先进事迹和实行火葬的典型。一些县广播站、文化站也利用板报、橱窗、标语等形式开展火葬宣传教育。

昌平县崔村公社大辛峰大队从1974年起,就在群众中广泛宣传实行火葬

---

① 《警惕啊,莫上封建迷信当》,《北京日报》1984年3月11日第2版。
②③④ 北京市地方志编纂委员会编著:《北京志·政务卷·民政志》,北京出版社2003年版,第467—468页。

的好处。他们向群众算了算土葬一个人要占用的工作日和花费。通过算账，群众认识到，土葬浪费大，对个人、对国家都没有好处。针对有些人存在的"老人去世不花钱，就是不孝顺"的思想，大队反复宣传"对去世老人多好，也不如活着照顾好"的道理。考虑到有些老人对火葬存在惧怕的心理，又向群众讲解人生老病死的科学常识，破除了迷信思想。同时，还制定了几项制度，不准占用耕地进行土葬；大队不批给做棺材的木料，劝木匠不要去做棺材；对实行火葬的，大队利用公益金负担除骨灰盒以外的全部费用。1980年冬天，一位老人因病去世了，针对老人家中有亲人反对火葬的情况，大队党支部找到老人的这位亲人，向他介绍火葬的好处和大队几年来的火葬情况，做通了思想工作。

1981年12月，全国殡葬改革工作会议在北京召开，要求各级政府要重视殡葬改革工作，加强领导。党员、干部，特别是领导干部，要节俭办丧事，在殡葬改革中作好表率。报刊、广播、电影、电视等要对殡葬改革工作积极进行宣传，表扬好人好事，批评不良风气。[①]

北京市1982年6月召开殡葬改革工作会议，要求各区、县要把殡葬改革纳入精神文明建设的范围，坚持殡葬改革的方向，积极推行火葬；有条件的生产大队，对实行火葬的群众，可派车运送遗体，报销火葬费，还可设立简易的骨灰堂，免费寄存骨灰；在允许土葬的深山区，应选择荒山瘠地建立集体公墓；要继续改革旧的丧葬习俗，大力提倡文明、简朴、节约办丧事，反对铺张浪费和搞封建迷信活动，禁止做和出售用于丧葬的迷信品；要尊重少数民族的风俗习惯等。[②]

各殡仪馆加强设施建设，改进服务态度，满足丧主办丧事的需要。东郊殡仪馆1978年利用场内空地建筑400平方米的骨灰堂20间，可存骨灰13000

[①] 《进行殡葬改革　建设精神文明》，《北京日报》1981年12月29日第4版。
[②] 《京郊各县都建起火葬场　本市召开殡葬改革会议，要求积极推行火葬》，《北京日报》1982年6月7日第1版。

份；1983年又建三层小楼的骨灰堂可存骨灰12000份。[①] 1984年，在全市火葬场、殡仪馆推行经营承包责任制，北京市殡葬事业开始由行政管理型向经营服务型转变，要求全体殡葬职工要做到态度和蔼，热情接待；方便群众，丧主要车随叫随到（4小时之内）；严格按照火化尸体文明程序操作，骨灰达到质量标准；一律拒收丧家烟酒和一切礼物。万安公墓拓展服务项目，发展出租墓穴，代做墓穴工程，寄存骨灰，出售鲜花、树苗、绢花、蜡果等小商品，代写墓碑文、刻字等业务，方便群众。

各区县、街乡（镇）逐步建立健全组织，开展宣传工作。根据各自具体情况划分了火葬区和土葬改革区；有的区、县发布了废止土葬，推行火葬的布告；一些社队对实行火葬的群众报销全部或部分火葬费、运输费，作为鼓励；规定坚持土葬的要平地深埋，并收取一定的占地费等。

朝阳区贯彻全国和北京市殡葬改革工作会议精神，发布《禁止土葬埋坟的通知》，要求各街乡普遍组织殡葬改革小组，实行岗位责任制，做好死者亲属思想工作，管好农村土地。1985年，组织各乡总结交流殡葬改革工作经验，表彰和推广大屯、东风、崔各庄等乡的先进经验，即把殡葬改革列入乡规民约和建设文明乡村条件，思想教育与行政措施相结合，党员、干部以身作则等。当年全区死亡5011人，火化4021人，火化率上升到80.2%。[②]

经过长期广泛深入的宣传教育，建立实施各种规章制度，自1982年，全市火化率有所提升，当年为55.4%，1985年上升至83.9%。1985年8月，北京市人民政府发布《北京市殡葬管理暂行办法》，规定在全市范围内，除交通不便、不具备推行火葬条件的边远山区允许土葬外，都必须推行火葬。1986年达到90%（城区火化率达到96.5%）。至此，火葬成为普遍的殡葬形

[①] 北京市地方志编纂委员会编著：《北京志·政务卷·民政志》，北京出版社2003年版，第496页。

[②] 北京市朝阳区地方志编纂委员会编：《北京市朝阳区志》，北京出版社2007年版，第614页。

式。因火葬而兴起的新的、节俭文明的丧葬礼俗也基本确立。①

移风易俗，涉及面广、群众性强，是个持续推进的过程。除此之外，北京市还在提倡孝敬老人、男女平等、反对赌博等方面，抵制陈规陋习、歪风邪气，移风易俗、破旧立新，首都的社会风尚出现可喜变化。

---

① 北京市地方志编纂委员会编著：《北京志·政务卷·民政志》，北京出版社 2003 年版，第 469 页。

第八章
人民生活新变化

让人民过上好日子,是改革开放和社会主义现代化建设的根本目的。党的十一届三中全会后,北京市按照中央要求,采取多种措施,努力发展生产,扩大社会就业,初步解决了大批待业人员就业难题;积极推进工资制度调整和改革,发展农村多种经营,促进城乡居民收入和消费水平较大提升,使市民衣食住行等有了明显改善。同时,大力推进文化建设,发展群众性体育、电视、电影等社会事业,丰富人民群众业余文化生活,使人民群众的生活逐步改善。

一、就业渠道不断扩大

"文化大革命"结束后,全国许多城市存在着数量庞大的返城知识青年及其他待业人员。针对严重的就业问题,1979年4月中央工作会议指出:"大批人口要就业,这已经成为一个突出的社会问题,如果处理不当,就会一触即发,严重影响安定团结。"[1] 1980年8月,中共中央召开全国劳动就业工作会议,提出劳动部门介绍就业、自愿组织起来就业和自谋职业相结合的就业方针。1981年10月,中共中央、国务院又发布《关于广开门路,搞活经

---

[1] 李先念:《在中央工作会议上的讲话》(1979年4月5日),中共中央文献研究室编:《三中全会以来重要文献选编》(上),人民出版社1982年版,第109页。

济,解决城镇就业问题的若干决定》,提出广开门路,发展集体经济、个体经济和第三产业解决就业问题的战略决策。在中央有关政策指导下,北京市坚持全民、集体、个体"三扇门"一齐开,广开就业门路,多渠道、多形式、多层次促进城市待业人员就业。

加大全民所有制单位招工力度

改革开放初,北京市长期积累的待就业人员越来越多,主要包括返城知青、落实政策人员、新增城镇劳动人口和其他城镇闲散待业人员等,其中以待业青年占大多数。1979年全市待业青年约40万人,占城市总人口的8.6%,平均每2.7户城市居民中就有1人待业。① 在这40万急需安排的城市青年中:1977届以前的毕业生有10万多人,多数已闲散一两年,还有的达七八年之久;1978届高中毕业生有20万人;符合政策回城的插队知青有5万人;大、中专毕业生近1万人;复员转业军人有1万多人;落实政策回城需要安置2万多人;刑满释放,解除劳改、强劳、少管尚未安置的0.5万多人。至1984年,全市每年需要安置的待业人员都在20万人以上。全民所有制和集体所有制单位尽管受到招工指标等限制,但仍克服困难积极扩大招工,增加待业青年就业。

根据邓小平在1978年4月全国教育工作会议上提出的"各部门招工用人也要逐步实行德智体全面考核的办法,择优尽先录用"② 这一指示,1979年3月24日国家劳动总局发布《关于招工实行全面考核的意见》,规定了考核标准、办法,提出在招工考核中要注意贯彻统筹安排劳动力的方针和有关劳动政策。4月,北京市革委会制定了《关于改革招工办法的规定》,指出:为保证招工质量,适应四个现代化的需要,今后招工用人要逐步实行德、智、体全面考核、择优录用的办法。

7月30日,全市首次以招工考试的方式录用新工人。招工实行自愿报

---

① 《改革开放初北京市促进城市青年就业工作史料》,《北京档案史料(2009.1)》,新华出版社2009年版,第154页。
② 《邓小平文选》第二卷,人民出版社1994年版,第106页。

名，文化知识和德、智、体全面考核，择优录取的办法，受到了待业青年、家长、招工单位和社会各界的热烈欢迎。自17日招考公告发布到22日止，全市10个城近郊区有7万多待业青年报考，占符合报名条件的待业青年人数的84%。招工考试根据不同行业、不同工种的生产、工作特点的需要，分为三种形式进行：对一些要求年龄小、文化程度高、技术性较强的工种，按高中文化程度进行考试；一般性技术工种或熟练工种，按初中文化程度进行考试；对一些本人有专业特长，招工单位又需要的，可进行专业测试。专业测试，主要考专业理论和操作技能。文化考试只考数学、语文两门，由全市统一命题。考试在10个近郊区1882个考场同时进行。通过考试考核，首都的冶金、基建、化工、纺织、电子仪表、交通运输、财贸等各条战线的全民所有制和集体所有制企业，择优录用了4万多名新工人。①

这其实是在传统的"统包统配"分配方式上打开了一道缺口，实行更为公开、严格、具有竞争性的招工方式，有利于多渠道安置待业人员。截至1979年12月底，北京市通过招工分配的方式安排了10.8万人就业，占安置青年总数37.8万人的28.6%。②

面对巨大的就业压力，职工退休退职、子女顶替的办法也被大规模推广。1978年5月，国务院颁发《关于工人退休、退职的暂行办法》，规定"工人退休、退职后，家庭生活确实困难的，或多子女上山下乡、子女就业少的，原则上可以招收其一名符合招工条件的子女参加工作。招收的子女，可以是按政策规定留城的知识青年，可以是上山下乡知识青年，也可以是城镇应届中学毕业生"。③

根据国务院文件的规定，北京市制定了退休职工子女顶替暂行办法，并在1978年下半年开始试行，到年底办理退休职工子女顶替的有1325人。1979年，全市办理退休手续的职工达11万多人，其中办理子女顶替的有

---

① 《本市招工考试将于三十日进行》，《北京日报》1979年7月28日第1版。
②③ 庄启东、唐丰义、孙克亮：《北京市是怎样解决劳动就业问题的》，《中国社会科学》1980年第3期。

7.38万人,占退休职工总数的67%。① 由于在实施过程中出现了有的单位放宽职工退休条件,把不够招工条件、病残的或品德不好的子女招进单位等问题,1984年3月,市政府转发市劳动局拟定的《北京市招收退休工人子女暂行办法》,改变了由退休工人单位直接招收子女的办法,实行统一考核、择优录取的方式分配工作。

此外,市有关部门还采取了缩短工时、进一步调整全市劳动力结构等措施,加大招工力度。如轻纺工业进行了工时制度改革,煤矿、化工行业的一些工种也缩短工时以提供更多的招工指标。1980年,北京市全民和大集体所有制单位通过招工、子女顶替方式共吸纳13万人就业,占当年需安置24.9万人的52.2%。其中,当年市属单位招收的11.2万人中,轻纺工业、城建系统和财贸部门共招收7.5万人,占市属单位招工总数的67%,既扩大了待业人员就业,也改善了全市轻纺、建筑、商业等行业劳动力不足的状况。②

大力发展集体所有制企业扩大就业

当时,仅靠全民所有制和现有的集体所有制企业解决待业人员就业是远远不够的。为缓解就业压力,北京市开始探索解决待业青年安置问题的新途径和方法。

全市首先开展了两次深入细致的调研。1978年7月,在北京市委领导下,由劳动、统计、公安、规划局和知青办等部门组成北京市城市社会结构调查小组,对崇文区开展调查,并写出了《从调查城市社会结构入手,统筹解决新成长劳动力的问题》报告。在此基础上,1979年三四月间,全市又进一步摸查了待业青年的数量、分布等情况。这两次摸底调查发现北京存在"大批人无事干,大量事无人干"现象。许多群众需要的小商品摊位被挤掉了,不少带有特殊风味的小吃,如炒肝、爆肚、老豆腐、豆汁、烤白薯和冰糖葫芦等也很难吃上;不少中外驰名的传统手工艺,如"葡萄常五处女"做的葡

---

① 北京市地方志编纂委员会编:《北京志·综合经济管理卷·劳动志》,北京出版社1999年版,第36页。
② 《去年本市安置待业青年十八万人》,《北京日报》1981年3月6日第1版。

萄,"泥人张""面人汤""面人郎"等都消失了,有的手艺面临人亡艺绝;人民生活需要的大量修理服务事业如拆洗缝补、搬家、修理房屋、修理家具等,找不到人干;商业、饮食等服务网点大量减少,给群众生活带来很大不便。

面对这种情况,市委、市革委会经过反复研究讨论,决定广开就业门路,大力发展集体所有制生产服务事业,逐步解决待业青年就业问题。1979年4月,市革委会颁布《关于组织待业青年参加手工业生产服务合作社有关福利待遇几个问题的意见》,放宽各类人员就业限制,实行宽松的就业政策,其中提出:参加生产服务合作社工作的知识青年,今后全民所有制单位和其他集体所有制单位招工,大专院校、中专学校招生和国家征兵时,应一视同仁;知识青年参加生产服务合作社的,可以从参加之日起计算工龄等,鼓励待业青年参加集体生产服务事业的积极性。[①]

为发挥示范带动作用,北京市首先在崇文区开展发展集体所有制生产服务事业试点。崇文区较早提出大办集体经济企业,安排青年就业的工作思路。1979年3月,崇文门外街道率先办起了手工毛织、木器加工及刻写誊印等合作社。4月上旬,崇文区开展试点后,区委、区政府总结推广崇文门外街道的经验,鼓励各街道想方设法、发挥优势,组织待业青年建立家具维修、机械加工、汽车修理、针织服装、餐饮服务等生产服务合作社,各种生产服务合作社如雨后春笋般涌现。

前门茶点综合服务社就是其中一个典型代表。1979年4月,前门街道鲜鱼口居民党支部组织张占英等13名待业青年,从家里搬来床板、方凳,借来茶壶和碗,靠30元资金在前门箭楼东侧摆起北京市第一家茶摊,卖2分钱一碗的大碗茶。小小茶摊,很快就招来了很多游客,第一天就卖了30多元钱,头一个月就盈利600多元,不仅还掉了从街道借来的10多元资金,还添置了锅炉、保温桶和消毒用具。不久茶摊定名为前门茶点综合服务社,经营规模

[①] 《改革开放初北京市促进城市青年就业工作史料》,《北京档案史料(2009.1)》,新华出版社2009年版,第152页。

不断扩大,张占英还被伙伴们推举为服务社的副主任。①

张占英和卖大碗茶起家的综合服务社

市委、市政府总结推广崇文区的做法和经验,推动各区县广开门路,大力兴办街道集体生产服务事业,分期分批安排待业青年就业。截至1979年7月初,全市共建立起1000多个生产服务合作社或小组,6万多名待业青年走上了工作岗位,占当年计划安排人数的80%,包括顶替全民所有制单位退休职工的1.1万多人,参加街道原有生产组(厂)和"三站、两代、一所"②的1.1万多人,街道新办生产服务合作社(组)和劳动服务合作社(组)安排了3.85万多人。集体生产服务事业涵盖茶水站、酒馆、馄饨挑、搬运、照相、木器加工、誊写刻印及各种临时性的劳动服务等100多个行业,过去许多没有人干的活有人干了,群众上街喝茶、买家具、买书画等日常生活也开

---

① 全国青联办公室编:《成功者——当代青年人才集锦》,中国展望出版社1987年版,第92—93页。
② "三站、两代、一所"指红医站、校外活动站、服务站;代营食堂、代销店;托儿所。红医站即红色医疗站,是街道办的卫生保健机构。

首都建设新风貌

始方便了。①

在此基础上,市委、市革委会统筹规划、全面安排,号召各部门、各行业担负起应尽的责任,将发展集体经济作为解决城镇青年就业的主要渠道。1979年8月,为加强对集体生产服务事业工作的组织领导,北京市成立城市生产服务合作总社,各区县、街道相继成立生产服务合作联社,大多数居委会建立了基层社(组),有的工厂成立劳动服务社或待业青年劳动大队。1980年10月,北京市劳动局成立北京市劳动服务公司,同时成立北京市集体企业办公室,使集体企业从上到下有了一个组织领导系统。

一些中央、市属职能部门、单位、大院,积极配合各区、街道安置待业青年,发展集体经济,不仅从货源、设备、技术等方面提供方便,还积极创办厂(店)带合作社,或与街道联合办社。中国石油勘探开发科学研究院是我国石油工业勘探开发的科学研究机关,有1100多户职工家属,5000多人口的大院。为了把科研工作搞上去,大量的服务工作需要人去做,可是大院里又有一批中学生毕业后闲在家里,无事可做。在研究院党委的支持下,该院组织本大院待业知识青年办起"石油大院服务部",安排待业青年70多人,开展绿化、卫生、木工、搬运、绣花针织、洗衣、基建等十几项生产和生活服务工作,既安排了待业青年就业,又支援了科研和生产,方便了职工生活。②

全市还积极开展文化技术培训工作,举办各种类型的职业学校、职业训练班、文化补习班等,大力培训司机、旅游服务、会计统计、厨师、花工、特种手工艺、服务修理技工等人员,为广大待业青年创造就业条件。崇文区组织服装公司开办技工学校,在全区待业青年中,通过考核,择优录取了300多名1978届毕业生。为了办好这个学校,区服装公司克服困难兴建校舍,腾出了500多平方米的办公楼作为技校的实习车间,保证了技校按时开课。他们还从公司有关科室和工厂抽调30多名干部和有一定技术水平、生产经验

---

① 《本市六万多名待业青年走上工作岗位》,《北京日报》1979年7月31日第1版。
② 《组织待业青年办起石油大院服务部》,《北京日报》1979年7月31日第1版。

的老师傅担任教员，自编教材，组织实习。这个学校实行半工半读制，学员经过一年的学习，能够掌握中档衣服6个品种的制作工艺，能初步了解有关服装面料和缝纫机维修的基础知识。①

通过发展各种集体经济生产服务合作社，安排待业青年，不断取得新成效。截至1979年底，全市各区、街道大力发展城镇集体经济，新建轻工业、加工工业、手工业等厂、社、店、站、组1600多个，安置城市待业青年14万人。② 此后，又继续扶持兴办各种类型的自筹资金、自负盈亏的合作社和合作小组，积极促进待业青年就业。

1980年4月，中央书记处关于北京工作方针作出四项指示，其中提出要使北京经济上不断繁荣，人民生活方便、安定，积极发展适合首都特点的经济。北京市贯彻落实中央书记处四项指示精神，进一步解放思想，大力开辟商业服务业网点，使之成为安置待业青年的主要渠道。

各区统筹规划，在居民集中、买东西不方便的地区和街道，以及近郊新建住宅区大力增设网点，积极兴办商业街（群），扩大城镇青年的就业面。海淀区从1980年至1982年，打开89个大院围墙，办了120多个副食、修理、百货、饮食点，安置了4000余名青年就业。位于白石桥的中国农业科学院，组织20多名青年开办"天天饭馆"，经营各种炒菜、烟酒、冷饮和早点，很受附近群众和过往行人的欢迎。③ 门头沟区调动工矿企业、劳动服务公司、手工业联社、街道办事处和居委会的积极性，共同想办法，主动为安置待业青年出力。区委、区政府所属各单位，组织青年办起商店、饭馆、代销店、理发馆、修车、黑白铁加工等20多个项目服务网点，安排近3000名待业青年。④

机关厂矿单位利用公园、办公场所等增建商业服务业网点，安排待业青

---

① 《崇文区服装公司办待业青年技工学校》，《北京日报》1980年1月3日第1版。
② 《安置待业青年满足社会需要 本市一年来集体经济蓬勃发展》，《北京日报》1980年2月7日第1版。
③ 《打开围墙办起120个营业点安置了4000多名青年就业》，《北京日报》1982年5月7日第1版。
④ 《发展服务网点可吸收近三千待业青年》，《北京日报》1981年6月18日第2版。

年就业。1981年，市园林局筹集资金，在天坛、陶然亭、动物园、中山、北海、紫竹院等公园中，新增加70余个商业服务业网点，出售工艺美术品、冷热饮料、食品、儿童玩具、书报等，安置待业青年就业。① 有些机关、厂矿附近饮食网点较少，群众吃饭很不方便。同年，33个机关、厂矿单位和科研院所挖掘潜力，挤出行政用房或在门口盖简易饭棚，并招收一些职工待业子女办起对外营业的饭馆。地处海淀区半壁店的橡胶工业研究设计院，腾出3间房，组织10名待业青年和家属，办起了"燕春知青饭铺"，供应油饼、豆浆、馒头和糖三角等食品。国营永定机械厂所在地区只有一家饭馆，满足不了群众的需要，工厂就利用厂外空地盖起了面积有200平方米的饭铺，招收25名职工待业子女，办起了"永定饭馆"，很受群众欢迎。②

1981年5月至7月，北京市还开办早晚市32处，设置摊位325个。这些早晚市经营品种很多，从饮食、副食、蔬菜到百货、服装加工、土产杂货，基本上照顾到群众"吃、穿、用"等方面的生活需要，市场开办后，购销两旺，生意兴隆。各有关区政府责成交通、公安、工商、市容等部门负责维护市场秩序，检查市容卫生、物价等，共安置待业青年800多人。③

商业服务业网点的增加，有效扩大了城镇青年的就业面。仅1981年，集体、个体商业服务业中就安置了3.7万待业青年，占全市当年安置待业青年总数的28%。④ 到1984年底，全市劳动服务公司和生产服务合作社系统兴办的轻工业、手工业、商业、饮食、服务、修理以及劳务服务等行业的企业（包括网点）已发展到7100多家，安排了20多万青年就业。⑤

---

① 《在各公园办青年生产服务合作社》，《北京日报》1981年9月21日第2版。
② 《本市有三十三个机关厂矿办营业饭馆》，《北京日报》1981年5月20日第1版。
③ 《本市已开办早晚市三十二处》，《北京日报》1981年7月22日第1版。
④ 《"三扇门"一起开，方便群众生活，扩大待业青年就业面，本市去年新建4600个商业服务业网点》，《北京日报》1982年1月1日第1版。
⑤ 《全民、集体、个人"三扇门"一齐开，以第三产业为主要就业方向，本市五年安置待业青年一〇八万人》，《北京日报》1985年1月3日第1版。

积极发展个体经济自谋职业

在鼓励发展城镇集体经济的同时,个体经济的发展也有所突破,成为待业青年就业的新途径。1980年8月,国务院下发《关于进一步做好城镇劳动就业工作的意见》,指出个体经济是"社会主义公有制经济的不可缺少的补充,在今后一个相当长的历史时期内都将发挥积极作用"。[①] 1981年10月17日,中共中央、国务院又发布《关于广开门路,搞活经济,解决城镇就业问题的若干决定》,强调个体经济对发展生产、搞活经济、满足需要、扩大就业具有重要作用。[②] 根据中央精神,全市大力扶持个体工商户的发展,帮扶待业青年自谋职业。

1980年10月初,"悦宾饭馆"在东城区翠花胡同开业,成为改革开放后京城第一家个体经营的饭馆,在社会上引起强烈反响。10月7日,《北京晚报》报道了刘桂仙创办的悦宾饭馆开业的消息,随后《北京日报》进行了追踪报道,引起社会广泛关注。来吃饭的客人越来越多,既有周边上班的公职人员,也有居住在附近的社区群众,还有很多外国人。

北京市从政策层面多方着手,在税收、贷款、货源、物价管理、开业批准手续等方面逐步"松绑",推动了个体经济在商业、服务业等领域的发展。1980年10月,北京市政府批转市工商局《关于允许个体户从事饮食小吃和小商品经营的请示》,明确要求各级政府和有关部门对个体经济要"统一认识,积极扶植"。此后,市税务局、市二商局、市粮食局等部门先后制定扶持个体经济的政策,推动了北京个体经济迅速发展。如在税收政策方面,对新建立并吸收一定数量待业青年的集体商业、饮食服务业企业实行3年免税,对个体户由14级累进税改为8级累进税征收,并扩大了个体经济的经营范围;对群众生活需要的微利行业,适当提高了征税起点,予以照顾扶持。市粮食部门对集体和个体饮食业需要的粮油原料列入计划,保证供应。市物资

[①] 劳动部劳动科学研究所、全国总工会劳动工资社会保障部编:《中国劳动、工资、保险福利政策法规汇编》,海洋出版社1990年版,第318页。

[②] 《三中全会以来重要文献选编》(下),中央文献出版社2011年版,第299页。

首都建设新风貌

部门划出一部分修理用的物资,开设专供门市部,专门供应集体和个体修理户等。《北京日报》等新闻媒体也加大了对发展个体经济的宣传力度,鼓励青年"自谋职业同样光荣"。

在政策支持和宣传引导下,搞个体经营自谋职业的待业人员逐步增加。截至1981年10月,全市从事个体经营的青年已达1124人,而1980年全市仅有127人。他们所从事的大多是与群众生活密切相关的行业,如修鞋、修自行车、服装加工、粉刷房屋、三轮车运输及售卖副食杂品、日用百货等。他们的营业点小、分散,经营方式灵活,很受群众欢迎。①

宣武区一待业青年,幼时患病后反应迟钝,小学毕业了一直赋闲在家。后来,他在街道组织的修车组里学会了修车技术,并于1980年10月底领了个体营业执照,摆摊修车。他早出晚归,营业时间长,方便了群众,每月收入80多元。②西城区采取集体管理、分散经营的办法,组织212名待业青年卖冰棍,使全区冰棍车摊增加80多个。各街联社和劳动服务公司为他们提供冰棍车和保温瓶,商业部门为他们就近提供货源,遇有阴天下雨,冰棍卖不完,待批点还负责回库代存,减少售卖人员的损失。这些青年积极性很高,平均每人每月收入四五十元,进入旺季收入还会增加。③

随着个体经济的发展,餐饮、旅店等服务行业个体工商户逐步增多。到1981年5月,全市餐饮业新成立的集体、个体经营户发展至511户(其中集体209户、个体302户),相当于国营网点的1/4;新成立的集体和个体旅店199户,相当于国营旅店床位的2/3,这些从事服务行业的集体和个体经营户成为北京市第三产业新的重要增长极。截至1981年底,全市个体工商户发展到8405户、从业人员10116人,比1979年分别增长35倍多和近40倍。④1982年后,个体经济迎来了快速发展,从业人员增长迅猛,从1982年的1.6

---

① ② 《本市一千多青年自谋职业搞个体经营》,《北京日报》1981年10月9日第1版。

③ 《西城区组织二百名待业青年卖冰棍》,《北京日报》1981年5月20日第1版。

④ 高尚全等主编:《中国经济改革开放大事典》(下),北京工业大学出版社1993年版,第1785页。

万人快速增至1984年的8.44万人。①

全民、集体、个体"三扇门"一齐打开，大量吸纳了社会待业人员。从1979年至1984年，北京市共安置待业青年108万人，待业青年安置问题得以基本解决。②依靠群众、广开门路，采取多种办法解决待业人员特别是青年就业，既解决了人民群众的实际生活困难，促进社会安定团结，又满足了群众生产生活需要。

二、城乡居民收入和消费水平逐步提高

改革开放后，党和政府把实现小康作为经济建设的奋斗目标。1980年12月，邓小平在中央工作会议上的讲话中正式提出："经过二十年的时间，使我国现代化经济建设的发展达到小康水平，然后继续前进，逐步达到更高程度的现代化。"③北京市根据中央的部署和要求，乘着改革开放的春风，加快改革，扩大就业，着力增加城镇职工和农民收入，使城乡居民购买力和消费水平显著提高，全市人民生活不断改善。

城镇职工工资制度改革和调整

长期以来，全国职工工资增长缓慢。1958年至1977年，职工年平均货币工资都在600元以下，年均增长率仅为1.25%，月平均工资不到50元。④同期，北京市职工年平均工资也在616—716元，月平均工资在60元以下。⑤职工工资增长缓慢，其中一个重要原因是没有坚持实行按劳分配原则。1977年

---

① 北京市统计局、国家统计局北京调查总队编：《北京六十年（1949~2009）》，中国统计出版社2009年版，第327页。
② 《全民、集体、个体"三扇门"一齐开 以第三产业为主要就业方向——本市5年安置待业青年108万人》，《北京日报》1985年1月3日第1版。
③ 《邓小平文选》第二卷，人民出版社1994年版，第356页。
④ 国家统计局编：《中国统计年鉴（1988）》，中国统计出版社1988年版。
⑤ 北京市地方志编纂委员会编：《北京志·综合经济管理卷·劳动志》，北京出版社1999年版，第161—162页。

首都建设新风貌

邓小平在谈到按劳分配问题时指出："应该有适当的物质鼓励，少劳少得，多劳多得。"① 1978年3月28日，邓小平同国务院政治研究室负责人谈话时进一步指出："按劳分配的性质是社会主义的，不是资本主义的。我们一定要坚持按劳分配的社会主义原则。"② 为此，随着国民经济的恢复和发展，在邓小平等中央领导人的推动下，全国工资制度调整和改革逐步启动。

为推进全市工资制度改革，市委成立北京市工资改革委员会及办公室，各区、县、局也建立了相应的领导机构和办事机构。根据国家劳动总局开展工资调查的要求，全市召开劳动工资工作会议，部署了职工工资调查工作。调查工作采取点面结合、普查与专题调查相结合的方式进行，选择少数单位进行典型调查，在一些区、县和基层单位进行物价、工农生活状况等专题调查，并按照国家劳动总局和国家统计局制定的调查表，在全市范围内进行普查，充分摸清了全市各单位、各行业工资状况。

在对全市工资开展调查研究基础上，根据国务院发布的《关于调整部分职工工资的通知》精神，北京市首先开展了部分职工工资调整工作。调整的重点是工作多年、工资偏低的职工，保证这些职工大多数能够增加工资，也使一部分工资相对不算低，但表现好、贡献大的职工增加了工资，体现了关心群众生活和"各尽所能、按劳分配"的原则。至1978年6月，全市全民所有制单位实际增加工资的职工有73.6万人，占职工总数的43.9%，平均每人每月增加6.21元。全市区县以上集体所有制单位的职工参照执行，共有17.8万人增加了工资，平均每人每月增加5.08元。③ 1981年，根据国务院发布的《关于1981年调整部分职工工资的通知》，又对中小学教职工、医疗卫生单位职工和体委系统的工作人员调整了工资，一般在原工资基础上升一级。集体所有制事业单位的职工，凡属调资范围内的也在原工资基础上升一级。

---

①② 中共中央文献研究室编：《邓小平年谱》（一九七五——九九七）（上），中央文献出版社2004年版，第171、288页。

③ 《北京市革命委员会关于调整部分职工工资的情况向华总理、国务院的报告》（1978年6月6日），北京市档案馆、中共北京市委党史研究室编：《北京市重要文献选编（1978）》，中央文献出版社2014年版，第285—286页。

十年动乱期间,奖金和计件工资被作为修正主义的东西予以取消。1978年6月,根据国务院有关文件精神,北京市有计划地恢复了奖励和计件工资制,执行以精神鼓励与物质鼓励相结合的方针,打破分配上的平均主义。1979年,北京市属全民所有制企业中81.4%的职工实行了奖励制度,人均年奖金121元。1980年,实行奖励制度的人员占职工总数的比例上升到96.7%,人均年奖金123元。①

随着企业体制改革的推进,1983年4月,北京市按照国务院批转的劳动人事部《关于企业调整工资及改革工资制度的报告》的规定,决定自1983年10月起,对企业职工工资进行调整。这次升级范围比较大,1983年9月30日以前的正式职工及原上山下乡插队满5年以上的城镇青年都在调资范围之内。全民所有制企业104.1万名固定职工中,有98.4万人增加了工资,占总人数的94.5%。大部分职工增加一级工资,平均每月增加7.7元,少部分职工中的骨干(如中年知识分子)增加两级工资,平均每月增加16.2元。②

此后,国营企业工资制度改革持续深入。北京市在天桥百货商场和双桥农场等国营企业中试行职工工资总额与企业利润挂钩的办法,职工收入随企业效益好差而增减。建立企业工资增长基金制度,企业效益增加,可提取工资增长基金;工资总额提高,职工可进行内部浮动升级。

北京天桥百货商场始建于1953年4月,早在1958年就被评为"全国第一面商业红旗"。1983年,商场与上级部门崇文区百货公司签订合同,率先实行经营承包责任制,并提出主动进行自费工资改革,把承包应得的奖金用于调整工资,得到相关部门的支持。商场将传统的商业十级工资制改为八级工资制,适当提高了起点工资标准,以解决商业职工工资偏低的问题。同时,实行店内工资,建立经常的浮动考核升级制度,按月考核每个职工完成各项定额和优质服务指标的成绩,除据此发放奖金外,还将这些分数积累起来,作为全年晋级的依据。符合标准者再经过技术业务考试就可向上浮动一级。

---

①② 北京市地方志编纂委员会编著:《北京志·综合卷·人民生活志》,北京出版社2007年版,第51页。

首都建设新风貌

商场还规定，职工升级后，如果第二年或第三年达不到原来升级分数标准，已经升的一级还要浮动下来。只有连续三年合格方可转为固定工资。职工在本商场退休，按企业工资计算退休金，而这个退休金比一般商场退休职工要高。职工形象地评价这种工资制度是："月月有甜头"，即按月拿奖金；"年年有盼头"，即干得好年终有升级的希望；"到老有奔头"，即退休后可以领更多的退休金。

这种企业工资制的最大好处就是把职工的眼前利益和长远利益结合起来。商场经营得好，超额利润多，企业就可以有较多的钱为更多的职工升级；如果经营亏损，全商场的职工不但不能晋级，而且已经晋级的也得浮动下来。因此，职工不仅关心自己如何完成任务，而且十分关心商场的经营效益，维护商场的信誉，这就促使职工加倍努力地工作。当年，天桥百货商场比1982年营业额增长4%，利润增长21%；全员劳动效率和费用水平在全国60家重点百货商场中名列第一，其他经济指标也名列前茅。[1] 北京市试行工资总额与经济效益挂钩浮动的办法，很快就产生了明显的效益，受到了中央有关部门的肯定，并建议在全国推行。

1983年下半年，北京市又扩大了工资制度改革试点范围，对不同企业实行与不同的经济指标挂钩的办法。对光学仪器厂、化工二厂、电冰箱厂、内燃机总厂、清河毛纺厂等7户企业实行工资总额与上缴税利挂钩浮动办法。对北京人民机器厂等30户工业企业及宣武门饭店等8户商业、饮食服务业试行职工人均工资与人均实现利润挂钩办法。[2] 对职工的奖金实行上不封顶、下不保底的政策，企业全面和超额完成国家计划且上缴利税比上年增加的，可相应增加奖金。这些改革的核心是在提高企业经济效益的前提下，提高职工收入，企业不吃国家的"大锅饭"，职工不吃企业的"大锅饭"。

1984年，市政府又批准市建筑工程公司试行百元产值工资含量包干办

---

[1] 陈宪鑫：《完善责任制的探索——天桥百货商场结合责任制实行工资改革》，《人民日报》1984年12月15日第2版。

[2] 北京市地方志编纂委员会编：《北京志·综合经济管理卷·劳动志》，北京出版社1999年版，第118—119页。

法。"百元产值工资含量包干"是指把按人头核定工资总额改为按百元产值工资系数包干，使企业工资基金与生产经营成果直接挂钩的一种工资分配形式，使工资总额与完成的建筑产品数量成正比。6月，市建设委员会又批准市住宅建设总公司、市政工程总公司、市城市建设总公司的百元产值工资含量办法。到年末，全市建筑单位实行"百元产值工资含量包干"办法的已达68户，职工20万人，占职工总数的80%。建筑业实行百元产值工资含量包干后，生产效率和职工工资有较大提高，当年完成产值比上一年提高32.7%，工资总额提高19.8%，实发工资提高18.2%。① 此外，国营饮食、服务、修理、服装零活加工和民用煤炭加工、销售企业还实行了提成工资制，这些行业职工工资也有所增加。

1984年底，为解决商业系统业务人员多年工资偏低的问题，市财贸办公室、市劳动局发出《关于调整商业工资标准的通知》，规定商业系统的职工工资实行新八级工资制，并公布了新的工资标准。这次改革后，商业系统职工工资普遍有所提高，如北京市第二商业系统共有91004人纳入了新标准，月人均增资4.22元。②

工资制度的调整和改革，使北京城镇居民收入有了较大提高，调动了职工的积极性。1984年，北京市城镇职工平均工资达到1086元，比1978年的673元增加413元，增长了61.4%；③ 全市城镇居民人均可支配收入693.7元，比1978年增长89.8%。④

发展多种经营提高郊区农民收入

改革开放前，由于实行人民公社"三级所有，队为基础"的高度集中统

---

① 北京市地方志编纂委员会编：《北京志·综合经济管理卷·劳动志》，北京出版社1999年版，第118—119页。

② 北京市第二商业局史志办公室编著：《当代北京副食品商业》，中国财政经济出版社1994年版，第302—303页。

③ 北京市地方志编纂委员会编著：《北京志·综合卷·人民生活志》，北京出版社2007年版，第51—52页。

④ 北京市统计局、国家统计局北京调查总队编：《数说北京改革开放三十年》，中国统计出版社2008年版，第38页。

一的经营体制，越来越束缚农村经济的发展，遏制了农民生产积极性的发挥，制约着农村产业结构的变革和社会生产力的发展。

党的十一届三中全会拉开了农村经济改革的大幕。1979年起，根据中央有关精神，市委指导郊区农村进行生产责任制试点，建立联产计酬、联产承包等多种责任制，有的村根据实际保留了集体经济，还推行适度规模经营，极大调动了农民的生产积极性。在此期间，国家又几次提高农产品价格、最终取消了统购统销，在这些利好政策的刺激下，北京迈入农民收入快速增长的好时期。

为进一步促进郊区农业发展，1981年7月，市委、市政府出台《关于进一步把郊区农业搞活、加快发展农业生产的决定》，提出：要充分发挥郊区的优势，在抓好粮食生产的同时，积极地、有计划地开展多种经营，发展种植业、养殖业，有条件的地方适当发展适合首都特点的工副业、农副产品加工工业等，实现农林牧副渔全面发展，农工商综合经营。根据市委、市政府的部署，全市逐步改变农村单一农业生产，推行多种经营。一批村庄建起商品菜基地、规模猪场、规模鸡场，并出现了养鸡、养猪、种菜等专业户。随着农村经济改革的推进和乡镇企业的崛起，农村产业结构得到不断调整，行业分工更加细化，京郊农村逐步形成农、林、牧、副、渔、工、商、建、运、服十业并举的局面，有的行业已达到相当的规模和水平，促进了京郊农民收入的快速增长。大兴县长子营镇留民营村和房山县东营乡韩村河村就是其中的典型。

留民营村在20世纪70年代初还是一个贫穷落后的村庄。村民90%都从事种植业，加上自然条件恶劣，土地低洼，盐碱地易涝，形成了"春天白茫茫，夏天水汪汪，秋天不打粮"的局面。穷则思变。党支部书记张占林等村干部带领全村进行改土造田，把贫瘠的土地变为良田，而且将种玉米、高粱改成种水稻，粮食产量增加了一倍，解决了吃饭的问题。村里还开始了乡村建设，推倒土坯房，建起大瓦房，而且帮各家各户搞起小沼气、太阳灶试验，农民生活逐步改善。

从1982年起，留民营村又在北京市环境保护科学研究所引领下开始新的尝试。环保所研究员、生态专家卞有生带领一个20多人的课题组来到留民营村,向张占林介绍了什么是生态农业、循环农业,如何发展生态农业,走良性循环之路。卞有生的介绍使张占林茅塞顿开,他邀请卞有生课题组在留民营村住了一个多月,他们一起下地干活,一起制定留民营村的发展规划。留民营村以发展生态农业为中心,串联农、林、牧、副、渔多种经营方式,形成了种、养、加、产、供、销一条龙的生产体系。他们通过向银行贷款等多种途径筹集资金,在已建成的鱼塘的基础上,扩建了四大养殖场,即鸡、鸭、猪和奶牛场,使种植业从单一种粮调整为粮、菜、果和苗圃一起发展。另外,村里建起了无污染蔬菜温室大棚20公顷,苹果园、葡萄园10公顷,优良无性系苗圃10公顷。粮田全部实现了灌溉喷灌化和农田作业全过程的农业机械化,大大节省了人力,人均种田7公顷。后来,该村又先后办起饲料加工厂、粮食加工厂、肉食加工厂等企业,形成了一个布局合理、互为利用、互相依托、互相促进的生产结构,全村的人均收入不断增长。[①] 1982年为405元,1988年则达到1600元,是1982年的3.9倍。[②]

改革开放前,韩村河村很穷,共有居民700多户,2300余口人,到处是臭水沟、烂泥塘,人们把韩村河称为"寒心河"。1978年,全村总收入只有91.3万元,人均收入118元。党的十一届三中全会后,在改革开放的大好形势下,以村党支部书记田雄为班长的村领导班子,认真分析"村情",认为韩村河耕地少,光靠农业难以富起来。韩村河远离城市,村里没有经商传统,唯一的优势是有一批耍泥瓦刀的能工巧匠,要想发展经济,突破口就在建筑业上。

1978年,在田雄的带领下,全村泥瓦匠组织起来,成立了一支30多人的建筑队。他们抓住建筑市场放开搞活的机遇,在全市承揽建筑工程,一边施工,一边建设队伍。通过派人到大公司学习,选送技术人员去深造,请专家给职工讲课等形式,很快培养了一批建筑技术骨干,整体素质有了较大提高,

---

[①] 中共中央党史研究室编:《创业之路》,中共党史出版社2009年版,第8页。
[②] 段柄仁主编:《北京市改革十年(1979—1989)》,北京出版社1989年版,第286页。

首都建设新风貌

队伍也由 30 多人发展到 100 多人，具备了较强的施工能力。1984 年承建的紫玉饭店工程，是韩村河建筑队跻身首都建筑市场的重要转折。这项工程建筑面积 7300 平方米，内部装修 8400 平方米，质量要求高、建设工期短、工程难度大。韩村河建筑队勇敢地承接了这项工程。他们争时间，抢速度，严把质量关，使工程提前半个月交付使用。建筑队因此被市政府授予"模范集体"称号，在首都建筑市场有了一席之地。紫玉饭店工程竣工后，韩村河建筑队连创 5 项国优、市优工程，18 项市农建系统优质工程，这些工程使韩村河建筑队声名大振。

建筑业的迅速兴起，带动了韩村河村工农业的全面发展。从 1985 年起，韩村河村每年从建筑公司的收入中拿出几百万元用于发展村办企业，先后建起了建筑构件厂、高频管厂、钢窗厂等 13 家工业企业，进一步促进了村集体经济发展，提升了全村农民收入。①

居住在北京郊区的少数民族群众，在党和政府帮助下，也积极发展多种经营，生活水平逐年提高。回民聚居村密云县穆家峪公社北穆家峪一队，过去单一经营，集体经济十分薄弱。1979 年，市民委拨给他们生产补助专款 1 万多元，帮他们办起了养鸡场，建立了渔业队。1980 年，这两项副业获利 4.6 万元，平均每户增加收入 600 多元。② 怀柔县长哨营公社东南沟大队是满族聚居村，大队党支部副书记说："1980 年，我家卖肥猪 7 头，卖鲜蛋 150 斤，加上刨药材、采酸枣、交蜂蜜等，收入 1210 元，每人平均 242 元，加上从集体所得的收入，全家一年总进款 2193 元，每人平均 438 元，党的好政策使我家由穷变富。"③

通过农村经济改革，发展多种经营，1978 年至 1985 年农民收入超常规增长，人均纯收入由 224.8 元增至 775.1 元，扣除物价因素后的年均实际增长

---

① 芮人、王永华主编：《北京开放十五年》，同心出版社 1994 年版，第 192 页。
② 《京郊少数民族过着安居乐业的生活》，《北京日报》1981 年 6 月 27 日第 2 版。
③ 《党的政策使我家由穷变富》，《北京日报》1981 年 6 月 27 日第 2 版。

率达到 18.2%。①

居民消费水平不断提升

城乡居民收入的提升，为社会消费增加创造了条件。北京市逐步改变"重积累，轻消费""先生产，后生活"的政策和观念，积极发展食品、轻工业等消费品，大力搞好市场供应，满足人民群众日益增长的消费需求。

全市居民消费总水平有较大提高。过去由于商品供应短缺，购买东西都要拿票证，如粮票、布票、棉花票、鞋票、肉票、蛋票、糕点票、饼干票、豆票、针织品票以及购粮证、居民购货证等。有老北京人回忆说：那时候每人每月 28 至 31 斤不等的定量，其中 20% 是白面，5% 是大米，其他的都是粗粮。还有每人每月 2 两油票，半斤肉票。到了过年的时候，才能按人口凭购货证买点儿花生和瓜子，每人 2 两糖块。随着改革开放政策的实行，市场上的商品日益丰富，许多过去凭票证限量供应的商品逐步都敞开销售，首都市场购销两旺，城乡人民购买力显著提高。

据 1980 年统计显示，从 16 种主要吃的商品销售情况来看，除鲜蛋、水产品、鲜菜和糖果销量略有下降外，其他商品如猪肉、羊肉、糕点、食糖等均有增销。在 42 种主要穿、用商品中，销售量比 1979 年增加的有 31 种。② 1983 年，全市社会商品零售总额达 83.3 亿元，比 1949 年增长 28.6 倍，平均每年递增 10.5%，特别是党的十一届三中全会后的 5 年间，平均每年递增 13.6%。随着农民收入连年大幅度增长，农村购买力也显著提高。1983 年，农村居民家庭平均每人年生活费支出为 384 元，比 1978 年增加近 200 元，而 1957 年至 1978 年的 22 年间只增加 35 元。③

消费总水平提升的同时，消费结构也发生了比较显著的变化。从城镇居民家庭的饮食结构看，这一时期城镇居民粮食消费量逐步下降，副食消费量

---

① 北京市地方志编纂委员会编著：《北京志·农业卷·农村经济综合志》，北京出版社 2008 年版，第 365 页。
② 《去年本市社会商品零售额增长 15.3%》，《北京日报》1981 年 1 月 19 日第 1 版。
③ 《京郊农民三十五年来生活水平显著提高》，《北京日报》1984 年 9 月 14 日第 1 版。

首都建设新风貌

逐渐提高。人均粮食消费量从 1978 年的 182.70 公斤下降到 1984 年的 141.84 公斤,而且 90%以上都是细粮。① 城镇居民蔬菜消费量稳步上升,消费档次逐年提高。计划经济体制下,除应季的"大路菜"佐以咸菜外,很少变换花样。党的十一届三中全会以后,先进的蔬菜生产技术得以推广,塑料薄膜大棚广泛运用,不少品种的鲜菜,提前了种植期,缩短了生长期,有的上市时间大大提前,有的可以不分季节均衡生产上市,对部分蔬菜品种实行价格补贴。1982 年,市场蔬菜供应形势进一步好转,品种多、质量好的鲜菜源源不断进入居民家庭,城镇居民家庭人均蔬菜消费量达到 180.04 公斤。1983 年,北京市扩大了蔬菜种植面积,除黄瓜、西红柿、洋白菜、大白菜等品种外,还生产相当数量的苦瓜、丝瓜、空心菜等南方蔬菜品种。外埠菜也大量供应至北京。1984 年,大量的反季节菜进入市场为居民家庭食用提供更多选择。

从城镇居民的耐用品拥有量看,被称为"老三大件"的手表、自行车、收音机已不再新鲜,黑白电视机基本普及,"新三大件"即电风扇、洗衣机、电冰箱,迅速走入千家万户。1978 年"新三大件"的拥有量基本为零,而 1986 年每百户拥有电风扇 98 台、洗衣机 76 台、电冰箱 62 台。彩色电视机开始进入居民家庭,并成为 1985 年的消费热点,全市彩色电视机从 1984 年的每百户 8.0 台猛增到 1985 年的每百户 32.2 台。摩托车、录像机、空调器等高档耐用消费品也开始进入居民家庭。②

北京第一针织厂机动科有 12 名老职工,1976 年以前因家庭人口多,就业人数少,个人经济收入有限,生活负担较重,其中最困难户每人每月平均生活费只有 11 元,经常申请补助。1982 年 5 月,他们的家庭生活费每人每月平均达 30 元以上,不仅没有一户再申请补助,还户户有存款,吃、穿、用水准明显提高。老职工赵文禄激动地说:过去钱紧,只顾养家糊口,每月副食本上的东西都买不齐。现在每月生活有结余,不仅平时,就是冬季也买些柿子

---

① 北京市地方志编纂委员会编著:《北京志·综合卷·人民生活志》,北京出版社 2007 年版,第 203 页。
② 北京市统计局编:《八年来首都改革和建设成就 1979—1986》,中国统计出版社 1987 年版,第 104 页。

20世纪80年代北京城市居民家庭内景

椒、蒜苗等细菜吃;过去过春节哪敢花钱买鸡吃啊,去年春节我们家吃了8只鸡。过去我花26元买了个旧柜子,就算家里值钱的一大件了。如今,我家添置了2个大衣柜和1对沙发,还买了电视机、录音机。①

为扩大市民消费,全市逐步加强商品供应能力。加快一些重要民生产品如牛奶、肉蛋、水产等生产供应,保障市民基本生活需求。以牛奶生产为例,改革开放后,随着人民生活水平的逐步提高,成年人营养用奶大量增加,再加上处于生育高峰,全市牛奶需求量越来越大,出现了供应紧张的状况。1983年11月25日,中央政治局委员王震到北京市北郊农场了解牛奶生产情况时对北京市的牛奶生产提出要求:要下决心,采取各种有力措施,尽快地把牛奶生产搞上去。② 在中央领导的关心和支持下,北京市采取了一系列措

---

① 《过去"老发愁"现在开口笑 更要想国家 努力干工作》,《北京日报》1982年5月2日第1版。

② 《要下决心尽快把牛奶生产搞上去》,《北京日报》1983年11月27日第1版。

施，进一步加大发展牛奶生产。

全市贯彻"国营、集体、个人一齐上"的方针，通过向集体和社员户提供牛源、供应精饲料，对集体、个人到外省市购牛给予一定补贴，对集体牛场返还利润、提供技术服务和人员培训以及增建鲜奶收购点；加快繁殖牛群，降低成年母牛淘汰率；提高牛场管理水平，落实奶牛专人负责、挤奶联产计奖的经济责任制等措施，牛奶生产大幅增长。1983年，全市奶牛头数发展到3.3万头，牛奶年产突破2亿斤，五年翻了一番，总产奶量比1978年增长92.6%。① 在此基础上，1984年2月，市政府作出加快奶业发展的新决定，动员社会各方力量加快发展奶牛业，大力发展郊区集体、个人养奶牛，发展奶牛村，欢迎北京有关单位和外省市在京郊联办奶牛场。市政府还成立奶业领导小组，在牛场布局、牛群管理、协调配种和防疫以及奶产品分配等方面加强统一领导。

全市还积极建设商品交易设施，便利市民扩大消费。1978年后，随着农村集市贸易的恢复，农民又自发进城摆摊出售农副产品。市政府因势利导，逐步开放城市农贸市场，上市商品丰富，品种逐年增加，购销两旺。据统计，1979年至1981年，41个农贸市场累计成交各种商品9亿多吨，成交金额7900多万元，其中粮食、油脂油料、肉禽蛋、水产、烟叶、干鲜果品等成交量每年都有较大幅度的增加。农贸市场还为国营企业提供了一些货源，活跃了市场经济。② 1981年，在海淀区中关村建成了北京市第一座大型室内农贸市场，有近400个售货摊位，大厅宽阔、通风、透光，卫生条件较好，可同时接待2000多顾客。③ 1982年，全国最大的冷库——北京西南郊食品冷冻厂第一、二期工程建成并投入使用，占地165亩，建筑面积11万平方米，设计冷藏能力为3万吨，实际存放的肉、蛋等食品达到3.1万吨，改善了市民副食品供应。1984年，北京市第一家大型日用工业品交易市场——坐落在翠微路附近的市一商局日用工业品批发市场开业，这个市场多渠道组织货源，经

---

① 《本市牛奶年产突破二亿斤》，《北京日报》1984年1月13日第1版。
② 《本市农贸市场交易活跃购销两旺》，《北京日报》1981年10月2日第2版。
③ 《本市第一座大型室内农贸市场明开业》，《北京日报》1981年9月17日第2版。

1982年,北京西南郊食品冷冻厂第一、二期冷库建成使用。

营本系统几家主营公司的产品,并代销工业部门和外埠商业、外贸等部门的商品,经营针棉织品、百货、鞋帽、钟表眼镜、文化用品共五大类,上万种商品,使这里成为全市日用工业品的重要集散基地。①

三、服饰衣着开始多彩多样

有人说,服装是一种记忆,也是一幅穿在身上的历史画卷。改革开放后,由于经济快速发展和对外交流的扩大,世界时尚文化开始进入中国,首都人民的服饰衣着逐步走向多样化。北京市大力推进服装业的发展,为市民衣着需求提供了更多选择,提升了人民的生活水平。

"皮尔·卡丹"走进北京

1978 年初的北京街头,春寒料峭,人们戴着解放帽、穿着皱巴巴的蓝卡

---

① 《本市开办第一家日用工业品批发市场》,《北京日报》1984 年 4 月 13 日第 1 版。

首都建设新风貌

其布制服和军便装。在一片蓝、黑、灰、绿的世界里，一名老外，身着肩膀上翘的银灰色毛料大衣，挂着围巾，双手插兜，从人群中不羁地穿过。人们自然而然地闪开，对他细细打量，表情像是在看外星人。这个人就是法国著名时装设计师皮尔·卡丹。

皮尔·卡丹先后三次获得法国时装业界最高荣誉大奖——金顶针奖。1974年12月，还登上了美国《时代》杂志封面，该杂志称他是"本世纪欧洲最成功的设计师"。出于对中国文化的浓厚兴趣，也想开拓中国市场，皮尔·卡丹"希望去中国看看"。经中国驻法使馆的安排，1978年春，他第一次来到中国，登上了长城，还到北京、天津等地考察了一番。让他震撼的不仅是中国长城的伟大，更让他吃惊的是当时北京乃至中国人民的衣着。

改革开放前，北京市民的服饰基本都是"老三样"——干部装、中山装、人民装和"老三色"——蓝色、灰色、黑色，千篇一律。同时，中国服装业发展比较落后，物资紧缺。1978年，中国人均购买棉布12.75尺、呢绒0.19米、绸缎0.25米、布制服装0.68件，毛线及毛衣裤0.29斤。[①] 从1970年至1983年，北京布票发放标准一直是城镇居民每人每年18.1尺，农民居民18.5尺。[②] 这种状况下，"新三年旧三年，缝缝补补又三年"一直是很多中国民众的真实写照，对服装的色彩与款式自然更属奢望。

不过，皮尔·卡丹当时就坚信，中国必将开放并有巨大的市场潜力。他决定将服装时尚事业带到刚刚改革开放的中国，率先申请在北京举办时装表演。但他的申请，很多部门不敢批准，因为那时很多人都没有见过时装表演，思想上有顾虑。

随着中国改革开放步伐的加快，中国各个方面都发生着深刻的变化：饭店服务员拿出瓶装可口可乐；演员陈冲正在拍电影《小花》，这部戏后来被称为中国电影的一朵"报春花"……这一切都预示着一个巨大的转变正在发生。

[①] 《人民美好生活见证党矢志不渝奋斗目标》，《中国纪检监察》2018年第24期。
[②] 北京市地方志编纂委员会编著：《北京志·综合卷·人民生活志》，北京出版社2007年版，第273页。

第八章 人民生活新变化

1979年初,国务院提出要加快发展投资少、见效快、积累多、换汇率高的轻工业,服装行业赫然在列。在皮尔·卡丹的不懈请求下,1979年4月,经国家外贸部、纺织部、轻工部三部会签,联合邀请皮尔·卡丹来中国"走秀"。① 模特表演的合作单位是中纺公司,但在表演时不面向公众,只称"观摩会"。

1979年4月的一天,这场别开生面的服装观摩会在北京民族文化宫举办,一个临时搭起的简易T型台上,上演了中国改革开放后第一场时装秀——一群身着耸肩衣裙的高挑外国模特,在流行音乐的伴奏下,迈着轻盈的猫步,向人们展示着华丽的服装……

1979年4月,皮尔·卡丹率领的法国时装表演团在北京民族文化宫举行服装表演。

这场展示会的消息传开后,在北京立即引起了一波不小的波澜。有人形容这场表演为"洪水猛兽",认为这是"极不庄重"的,而更多的人对此持开放态度。对于组织者皮尔·卡丹来说,他对这波冲击波非常满意并意犹未尽,次日,他又带着时装模特们参观了长城。来自巴黎的模特、卡丹品牌女装部主任玛丽斯·加斯帕德,穿着她设计的彩色裙子在长城跳舞,围观群众

---

① 孙文晔:《霓裳来袭——皮尔·卡丹中国之行(上)》,《北京日报》2023年3月21日第9版。

都充满着好奇的眼光——这一幕刚好被来中国旅游的法国玛格南图片社摄影记者伊芙·阿诺德拍到，从而引起世界注目。

1981年，皮尔·卡丹再次到中国进行服装展示，而且首次面向公众。这次，展示服装的模特不再是外国人，而是皮尔·卡丹组建的第一支中国模特队。他以"服装广告艺术表演班"的名义招生，在北京挑选出十几个姑娘，几乎全部来自基层：有卖蔬菜的、织地毯的、打毛衣的、卖水果的、卖油条的，还有纺织女工。她们每天晚上集中在一起，接受来自巴黎的两位专业教练的指导。由于害怕被别人知道，她们大多对家人和单位隐瞒了真相，偷偷跑来训练。

经过几个月的专业训练后，模特队在北京饭店举行了首场表演。由于这些模特第一次进行时装表演，穿起露肩膀、超短裙时装时难免感到尴尬和害羞，穿着金色高跟鞋步履也不稳，还有一个女孩羞得面色绯红，中途打退堂鼓。面对这些无比紧张的模特，皮尔·卡丹和助理鼓励她们说：这是艺术，要勇敢一点。最后，这些模特鼓起勇气，完成了全部表演，演出取得了超乎寻常的成功。

第二天，"中国举办时装表演"的消息占据了很多国际媒体的头条位置。后来，皮尔·卡丹还将这支模特队带出国，向更多人宣示中国的开放之声。皮尔·卡丹说："在那个人们都穿着中山装的时代，我把中国的模特们带到了巴黎、纽约，在那时我推介中国，就如同中国是世界的未来。"[①]

以皮尔·卡丹的时装表演为起点，中国社会掀起了一股追求时尚的潮流，人们认识到原来服装不仅仅是用来穿的，还可以成为一种时尚。后来被称为"中国模特之父"的张舰说："民族文化宫的这场时装表演，让我萌发了组建时装表演队的想法，这件事，一干就是35年。"[②]

此后，皮尔·卡丹又推出系列服装，组织大型时装表演，开办服装工厂，遍设时装店，使中国的"皮尔·卡丹"热不断升温。很长一段时间，"皮

[①②] 孙文晔：《霓裳来袭——皮尔·卡丹中国之行（下）》，《北京日报》2023年3月21日第12版。

尔·卡丹"成为中国消费者心目中知名度第一的外国高档服装品牌。

国际流行服饰进入中国

随着中国人民思想观念的解放、经济上的改善，人们对于多样化服饰的追求越来越强烈，之前的"蓝灰黑"逐渐被色泽明快、款式新颖的服装替代。1981 年，北京市决定凭日用工业品购货券供应的商品全部免收工业券，购买化纤织物不再需用布票。1983 年，通行了 30 年的布票正式取消，各种面料和服装均敞开销售，为人们的衣着提供了更多选择。

1983 年 5 月，北京、上海、天津、江苏、辽宁五省市服装鞋帽展销会在全国农业展览馆举办。这五省市生产的服装、鞋、帽在设计、造型、配色、制作等方面都具有独特的风格和精湛的技艺。共有 5000 多种服装在展销会上亮相，包括北京的 268 个品种 500 多种花色的新式服装。[①] 5 月下旬，党和国家领导人郝建秀、黄华等到展会现场参观，他们对服装款式的多样化很感兴趣。郝建秀对轻工业部负责同志说："服装业的思想应该解放些。要提倡男同志穿西装、两用衫；女同志穿旗袍、西装、裙子。"[②] 随后，新华社在发布的社论《服饰样式宜解放》中提出：服装应当解放些，服饰款式要大方，富有民族特色，符合中国的习惯。

1984 年，张明敏作为第一位被邀请到内地电视台亮相的中国香港歌手，在春晚舞台上演唱了一首《我的中国心》。第二天，不但《我的中国心》这首歌火遍了大江南北，就连张明敏演唱时戴的金丝眼镜，穿的浅灰色西服套装和同色系围巾，也成了当时最时髦的打扮。电影《街上流行红裙子》也向服装界投掷了一枚红色"炸弹"，一抹鲜艳的红色在街头裙摆飞扬。一时间，喇叭裤、花衬衫、健美裤、皮夹克、连衣裙等新式服装在北京街头涌现。

喇叭裤伴随着港台歌星的流行风行内地。喇叭裤，又称"喇叭口裤"，是一种短立裆、臀部和大腿部分剪裁紧凑合体，而在膝盖以下逐渐放开裤管，

[①]《五省市服装鞋帽展销 5 月 1 日开幕》，《北京日报》1983 年 4 月 26 日第 2 版。
[②]《参观五省市服装展销会对轻工业部负责同志的讲话》，《光明日报》1983 年 5 月 27 日第 1 版。

使之呈喇叭口状的长裤。这种裤子原先是西方的水手服，水手们为了防止海水和冲洗甲板的水溅进靴子当中，加大了裤管罩住胶皮靴筒。久而久之，这种裤子的形状被应用到服装界，逐渐成为时尚。20世纪60年代，美国一些青年开始穿着。美国摇滚乐男歌手"猫王"——埃尔维斯·普莱斯里在演出中经常穿着喇叭裤，把喇叭裤推向了时尚巅峰，随后流传到日本和中国港台地区，并在世界范围内流行。

中国对外开放的时候，先是广东、福建的青年人穿上喇叭裤，后来迅速传播到全国。在人们的思想还没有十分开放和宽容的情况下，喇叭裤的流行受到了社会的强烈抨击。1980年《大众生活报》发表文章称："当下某些时髦的青年，头发留着大鬓角，唇间蓄着小黑胡，上身花衬衫，下身喇叭裤，足踏黑皮鞋，手提播放着邓丽君《甜蜜蜜》情歌的双喇叭收录机，招摇过市。这些年轻人是在盲目模仿西方资产阶级的生活方式。"

北京社会上还展开了一场批判喇叭裤的风潮：学校勒令，学生穿喇叭裤就会受到纪律处分；工厂通告，穿喇叭裤不准进工厂……《北京日报》的热心读者，给报社写了一封信，对身穿喇叭裤的男女青年极为不满，建议报社在这方面加强宣传引导，以帮助这些青年提高思想认识和道德水准。尽管褒贬不一，20世纪80年代中期，喇叭裤还是在青年中流行了一段时间。

这一时期，和喇叭裤一起进入中国的还有牛仔服。牛仔服起源于美国，它的发明纯粹是劳动的需要，是美国矿工、铁路工人、拓荒者和牛仔的服装，后来才慢慢进入时装的行列。到20世纪70年代，牛仔裤文化得到国外广泛认同，牛仔装成为引领全球服装潮流和时尚的代名词。

中国人心目中牛仔裤第一个名牌是香港的"苹果"。1979年上海电视台播出第一条牛仔裤广告，播音员念的是"苹果牌牛仔（音"子"）裤"，还让时髦的小青年嘲讽三天。除了广告，日本电影《阿西门的街》、南斯拉夫的电影以及一些歌手也起到了引导作用。如20世纪80年代很受欢迎的歌手成方圆，她穿着牛仔裤，弹着吉他，唱英文歌的形象非常受年轻人欢迎。很快，牛仔裤在北京遍地开花，品牌店、个体服装摊位甚至地摊上，都有牛仔裤卖。

改革开放以后，以西装为代表的西方服饰又一次涌进中国。中国领导人为了展现改革开放新形象，也在公开场合陆续穿上了西装，在国内外引起极大关注。1984年西装市场甚至出现了供不应求的局面。出国人员自不用说，公派出国的人员，一般单位会给购置西服、领带、皮鞋的置装费。不少单位纷纷给职工发放或以优惠价格定做西服，让许多人平生第一次穿上了西装。一些学校的校服也采用了西装样式。1984年10月1日，北京举行了新中国成立35周年庆祝大典。一些高校的学生被编入群众游行队伍，其中有些高校就采取统一学生着装的做法。北京师范大学参加游行的队伍分外抢眼，学校给每个男生发了一套蓝色的西装。

西装也成为市民结婚礼服。那个时候，新娘还不时兴穿白色的婚纱，顶多是新人们到照相馆拍一张婚纱照，很多新郎、新娘都非常喜欢穿西装。一位在北京机关工作的周先生说，1982年5月结婚时，夫妻二人花了500元置办了两套西装和两双皮鞋作为结婚礼服，让同事和邻居们羡慕不已。[①]

此外，流行服装中还有踩蹬裤、各种裙装、T恤、蝙蝠衫等，丰富了人们的生活。踩蹬裤，又称踏脚裤、健美裤、紧身裤，其原型是舞蹈演员在练功、跳舞时的服装。由于贴身合体，富有弹性，能清晰地展现女性的体态，从而深受当时女性的欢迎。踩蹬裤面料广泛，以长丝针织物较受欢迎，颜色以黑色为主，兼有其他颜色。把踩蹬裤穿在大摆裙里，外面再来个蝙蝠衫什么的，就成了当年最前卫的打扮。说起蝙蝠衫，不能不再提到霹雳舞。《霹雳舞》是20世纪80年代最震撼中国青少年的歌舞片，身着蝙蝠衫，头绷裹布，脚踩高帮运动鞋，一遍遍模拟擦玻璃或者外星人行走动作的情景，实在是受人瞩目，田壮壮的电影《摇滚青年》就是对那段日子的真实记录。

北京服装业大发展

改革开放后，市民对服装多样化的需求，推动了北京服装业新的发展，无论是服装工业、服装营销，还是服装研究、服装文化，都得到了恢复和发展。

---

① 当代北京编辑部编：《当代北京服装服饰史话》，当代中国出版社2008年版，第86页。

| 首都建设新风貌

  生产好服装首先需要好的面料。北京市不断加大纺织服装工业基本建设，服装工业规模不断扩大。北京化学纤维厂、北京毛条厂、北京毛纺动力厂相继建成投产，扩建了北京第二印染厂、北京涤纶厂、北京涤纶实验厂、北京维尼纶厂等厂，为丰富服装多样化创造了条件。在生产规模扩大的同时，服装工业的科技水平也得到了迅速的提高。在此期间，北京市相关部门按照高起点、新技术、大投入、快节奏的原则，对北京各个纺织服装生产企业进行了大范围的技术改造和引进，使其技术装备水平和产品质量明显提高。

  1985 年，北京纺织系统全国优质产品金（银）奖和被评为部优产品的数量在全国同行中居第三位。优秀产品的产值率已达 30.52%，位居全国同行业第一。服装产品的构成也发生了根本改变，中高档西服、夹克衫、羽绒服、风雨衣等逐步成为引领时尚的主导产品。[①] 长城风雨衣、铜牛内衣、雪莲羊绒衫、国王牌衬衫、伊里兰羽绒服等北京人耳熟能详的品牌，都是这一时期诞生的。

  风雨衣，是从雨衣演变而来的。最早的风雨衣，是第一次世界大战期间英国士兵在堑壕里穿着的防风防雨大衣。后来，随着时代变迁，这款实用的军服渐渐变成了生活服装。在 20 世纪五六十年代，北京人春日里遇上刮风下雨，大多都是用雨衣来防风雨侵袭。时髦一点儿的，会穿一件花布雨衣，就是色彩和图案都像最时兴的花布一样的橡胶雨衣。

  改革开放后，北京市民物质文化生活水平提高了，人们对穿着的要求自然也水涨船高。厚重的橡胶雨衣再也不能满足人们在春日里追求美的需要。1980 年的春天，北京市服装三厂第一次生产出国际上流行的时装化风雨衣，并在东风市场、西单商场等大商场试销。这批试销的长城牌风雨衣，虽然男女新式样各自只有一个，但是一下子就卖出了 4 万件，受到了人们的热烈欢迎。

  北京市服装三厂始建于 1952 年，曾是北京市的棉服专业生产厂。改革开放后，随着人民的生活水平和消费结构发生了明显变化，老厂生产的棉服严重滞销，订单锐减，生产难以为继，企业一度面临濒临倒闭的危险。在这个

---

  ① 当代北京编辑部编：《当代北京服装服饰史话》，当代中国出版社 2008 年版，第 101—102 页。

第八章 人民生活新变化

危急关头，共产党员、生产科科长张洁世当选为服装三厂副厂长，经过市场调研和行业分析，发现风雨衣在华北地区还是一个空白，尤其是中高端带有实用功能性的风雨衣。他带领服装三厂的技术人员，根据北京地区春季风大雨多的特点，吸取国外风衣的优点，设计了披肩、开关领、袖襻、腰带等，使风雨衣具有防风、防雨、防尘的效能。为了做到经济实惠，美观大方，他们还设计了活筒绒里，天冷时可用拉锁装在风雨衣内防寒。而且，这批风雨衣用的是质地优良的灰、米黄、深蓝等色的涤卡作原料，经防雨处理制成，具有坚固、美观、耐磨、挺括、防雨、透气的特点。① 这种创新，使风雨衣不仅具备基本雨衣功能，而且平时也能作为时装穿着，一衣多用，所以一上市就受到人们的追捧。

张洁世带领北京市服装三厂研制长城牌风雨衣

这种新式风雨衣取名为长城牌风雨衣。试销几个月后，1980年9月开始，长城风雨衣正式在百货大楼、东四人民市场设专柜展销。为了提高关注度，

---

① 《新式风雨衣投产试销》，《北京日报》1980年4月1日第2版。

他们还特意购置了一批服装模型，给它们穿上长城风雨衣，摆放在百货大楼专柜前，布置成一个鸭蛋圆形的展台……这一"新招"赢来了更多的顾客，长城风雨衣展销专柜前人头攒动，你拥我挤，有次竟挤坏了柜台，不得不实行"控制售货"。

1981年10月，张洁世在厂职代会上以全票当选为市服装三厂厂长。此后，他带领服装三厂以更大的改革力度，全面加快向风雨衣等新产品转型，彻底告别了棉服生产。长城风雨衣花色品种也逐年增多，质量水平不断提高。1982年投产86种，1983年投产107种，1984年投产160多种。风雨衣面料从普通涤卡发展到化纤、毛涤混纺、毛料、锦纶丝光绸等多种。长城风雨衣不仅填补了华北地区空白，还占据了全国风雨衣市场的半壁河山，有20多个国家的外商向其订货。当时，在中国流传着这样的说法：北有"长城"，南有"大地"，指的就是中国两家生产风雨衣的名厂，其中"长城"是长城牌风雨衣，"大地"是上海的产品。① 1985年，北京市服装三厂更名为北京长城风雨衣公司，成为具有世界影响的服装企业。张洁世的改革举措和贡献得到了社会肯定，被评为北京市特等劳动模范，还获得中华全国总工会"五一劳动奖章"。

"国王牌"高级衬衫也是这一时期的畅销产品。1980年3月，北京衬衫厂试制出一种高级衬衫，定名为"国王牌"。它的主要特点是选用了世界上首创的新面料。当时，衬衫最高等级面料是棉织100支纱，而国王牌衬衫用的面料是北京衬衫厂采用新技术和新工艺生产的新面料——120支精毛"和时纺"。它是用羊毛和涤纶混纺而成，薄似蝉翼，美观结实，富有弹性，穿着舒适、挺括，不同胖瘦体型的人四季穿着均适宜。该衬衫生产成功后，不仅国内客户非常喜欢，还获得外商的普遍好评，远销海外多个国家。

老字号服装企业也在改革开放春风下重新恢复了活力，继续在首都人民的生活中扮演重要角色。在20世纪80年代初，市政府作出决定，陆续恢复

---

① 当代北京编辑部编：《当代北京服装服饰史话》，当代中国出版社2008年版，第104页。

各行各业的老字号的生产。1981年，在"文化大革命"中被迫关门停业的雷蒙西服店，率先在王府井大街恢复营业。1984年成立了雷蒙西服公司。1985年引进73台国外20世纪80年代先进水平的进口设备，为大批量生产高档西服创造了条件。北京雷蒙西服公司生产的雷蒙牌男西服、男大衣，采用各种中、高档精纺、粗纺呢绒面料，内在工艺考究，集"轻、软、挺、薄"为一体，外形挺括，造型典雅，是根据亚洲人的体型特点精心设计制造的，穿着舒适美观，成为年轻人结婚的首选，深受人们喜爱。

盛锡福帽店也在这一时期获得了新生，恢复了传统生产特色和技艺，受到广大消费者欢迎。盛锡福不仅能生产高档礼帽、旱獭帽、海龙帽以及各式男女草帽，而且也生产各式大众帽子和少数民族用帽。他们生产的数百种各式帽子，不仅满足了国内各族人民的需要，而且还出口到东南亚、欧洲、非洲等70多个国家和地区。

北京红都是名副其实的老字号，被称为共和国"高端定制第一家"，几乎每一位共和国领袖，都穿过红都的衣服。1956年，在周恩来总理和时任北京市市长彭真的安排下，上海波纬、造寸、蓝天等7家服装店迁到北京，和中央办公厅附属加工厂合并组成北京红都时装公司，这一事件在红都企业史上被称为"红都迁京"。从那时起，红都便为毛泽东、刘少奇、周恩来、朱德等党和国家领导人和一些外国元首、外交使团制作工作服。天安门城楼上的巨幅画像中，毛泽东穿的中山装便是红都制作的。邓小平从1956年开始穿红都制作的中山装，后来出席联合国第六届特别会议、国庆35周年大阅兵等重大场合，穿的正装基本都是出自红都。

改革开放后，红都的衣服开始走出红墙，进入寻常百姓家。1984年，红都服装店成品部正式对外开放，面向市场，真正成为一个国民服装品牌。由于长期为党和国家领导人及国际友人制装，红都形成了做工精益求精、选料庄重大方、服装量体制作、经营服务至上的制作工艺和经营特点，很受消费者的欢迎。后来，北京市红都时装公司等几家老企业合并重组成立了北京红都集团公司，拥有"红都""蓝天""造寸""双顺""华表"5个近百年历史的民族服装品牌，其中"红都""蓝天""造寸"被评为"中华老字号"，

"双顺""华表"被评为"北京市著名商标"。①

北京服装业的大发展，为京城乃至全国人民群众提供了更多高品质的服装服饰，也成为北京出口创汇的拳头产品。从 1978 年起，北京服装出口创汇额平均每年以 50% 的速度增长，1984 年至 1988 年服装出口连续突破 1 亿美元大关。

四、群众性体育活动恢复开展

体育是关系到亿万人民健康的大事。为实现四个现代化建设的宏伟目标，党中央积极推进体育事业的恢复和发展，增强人民体质。邓小平深刻指出，体育是精神文明建设的重要方面，是全面提高中华民族素质的重要途径；体育运动搞得好不好，影响太大了，是一个国家经济、文明的表现。② 1978 年 1 月，全国体育工作会议在北京召开，提出体育事业要为"四化"这个最大的政治服务。③ 按照中央对体育工作的要求，北京市立足于服从和服务首都改革开放和现代化建设的需要，推动首都体育事业特别是群众性体育活动迅速恢复和发展。

群众性体育运动掀起热潮

群众性体育运动是中国体育事业的重要组成部分。1978 年 3 月，北京市革命委员会召开全市体育工作会议，讨论了全市体育事业三年和八年发展规划，提出北京市体育事业高速度高质量发展的目标。会议还着重研究加强中、小学体育工作和少年儿童业余训练工作，要求切实加强学校体育工作的领导，建立健全市、区（县）两级教育部门和大、中、小学的体育工作机构。④ 5月，国务院在转发国家体委《1978 年全国体育工作会议纪要》的批示中强

---

① 杨府：《老字号与中国传统文化研究》，西安交通大学出版社 2017 年版，第 116—117 页。
② 刘金田：《邓小平在 1984》，江苏人民出版社 2018 年版，第 249 页。
③ 《全国体育工作会议在京召开》，《北京日报》1978 年 2 月 3 日第 1 版。
④ 《高速度发展首都体育事业》，《北京日报》1978 年 3 月 27 日第 2 版。

调,要高速发展体育事业,"坚持普及与提高相结合的方针,进一步广泛开展群众体育活动"。① 此后,全市广泛动员、加强组织,推动群众性体育活动蓬勃开展起来。

大、中、小学体育工作逐步恢复,体育课、广播操、眼保健操的质量广泛提高,青少年体育活动日趋活跃。各学校坚持按照《国家体育锻炼标准》开展体育活动,一些中、小学校还成立运动队。至1982年8月,全市达到锻炼标准的学生人数达30万多人,中小学校运动队发展到4500多个,运动员达6.1万多人。②

1982年,垂杨柳中学男子篮球队荣获世界中学生篮球锦标赛冠军。

北京市第四中学是一所市级重点中学,针对部分学生课业负担加重、体质下降的情况,学校成立由11人组成的体育工作领导小组,把搞好体育、增强学生体质作为学校工作的一项重要任务来抓。学校体育教研组是市、区先

---

① 国家体委政策研究室编:《体育运动文件选编(1949—1981)》,人民体育出版社1982年版,第121页。
② 北京市人大常委会办公厅编:《北京市人民代表大会常务委员会文献资料汇编》(1979—1988),北京出版社2006年版,第190页。

进集体，学校领导注意发挥他们在群体活动中的主导作用，积极采纳他们的合理建议。学校还发动全校师生讨论确定，"三好学生"必须达到《国家体育锻炼标准》，没达到者，不能评为"三好学生"；评选"先进班集体"，也必须有50%以上的学生达标。学校还规定，每天下午第二节课后20分钟为全校统一的"体育锻炼课"，任何人、任何部门不得侵占挪用。同时，学校要求坚持做眼保健操和广播体操，开展多种形式的体育比赛活动。由于领导重视、措施有力，学生体质和运动水平提高很快，全校达标的学生由1977年的50.8%上升到1978年的70.3%，有9个班达到90%以上。①

机关、厂矿企业单位体育活动发展较快，干部职工身体素质不断提升。这一时期，第六套广播操逐步在机关等单位推广。1980年8月，市政府批转市体委《关于恢复机关工间操和其它体育运动的请示》。1981年9月，市政府又转发国务院办公厅《关于重申一九五六年政务院关于在政府机关中开展工间操和其他体育活动的通知》，要求在全市各级机关积极推行广播体操，开展多种多样的体育活动。此后，第六套广播体操正式与公众见面，动作新颖舒展，还首次配制了两支富有民族风格乐曲交替使用，增加了做操的兴趣。市体委和市总工会等单位培训了3600多名领操员，并组织全市机关广播操评比活动，推动全市各级机关掀起了做广播体操的热潮。当熟悉的音乐响起，身体不自觉地做起伸展运动，它不仅仅是一套广播体操，更是一代人难以忘怀的美好记忆。此外，各单位还积极组织球类、跑步、打拳、拔河等运动会或比赛活动，引导干部职工进行锻炼健身。

群众体育健身活动也广泛开展。有关单位在市区部分公园和郊区县增辟了游泳池，各公共游泳场、游泳池坚持面向群众、提高使用率，积极组织群众游泳，同时扩大了冬季滑冰场的面积，使参加夏季游泳和冬季滑冰的群众逐年增多。1981年参加游泳的群众达400多万人次，滑冰人数达110万人次。② 参加武术锻炼的群众迅速增加，全市有太极拳辅导站160多个，基层单

---

① 《开展体育活动 增强学生体质》，《北京日报》1979年2月15日第2版。
② 北京市人大常委会办公厅编：《北京市人民代表大会常务委员会文献资料汇编》(1979—1988)，北京出版社2006年版，第190页。

位的太极拳训练点 1000 多个，每天打拳的群众达五六万人。东城区、西城区还分别建立了武术馆、武术社，宣武、朝阳、海淀、石景山等区举办了各拳种训练班，参加学拳、练拳的人十分踊跃。

诞生于 1956 年的北京春季长跑，更是全市各界群众特别是长跑爱好者广泛参与的一年一度的体育盛会，被人们亲切地称为"北京跑"。长跑比赛最初名为"北京市胜利杯环城赛跑"，第二年更名为"北京春节环城赛跑"，从天安门起跑，途经长安街、西单、平安里、张自忠路和东单，最后回到天安门广场，全程约 13.3 公里，每年都有数千人参加比赛。1980 年，北京春节环城赛首次有外籍选手参加，日本东京作为友好城市派出了 18 名选手参赛，身为公司职员的佐藤健二在大雪天气下一举夺冠。1982 年，春节环城赛开始使用新建的二环路，并将赛程延长。新的路线、新的面貌，反映了国家的好形势。市委卫生体育部一位同志说："要大力支持群众锻炼身体，增强体质。这样，我们就能更好地攀登体育高峰了！"① 后来，春节环城赛先后改为春季长跑比赛、北京国际长跑节、北京半程马拉松，参与人数逐步发展到数万人。

1983年2月15日举行的北京春节环城赛跑，有2200多名长跑爱好者参加。

---

① 《新的一页　记十九届北京春节环城赛跑》，《北京日报》1982 年 1 月 28 日第 4 版。

首都建设新风貌

随着农村经济形势的好转、生活条件得到改善，农民对文体活动需求不断提高。1980年1月，中央宣传部、文化部、共青团中央联合下发《关于活跃农村文化生活的几点意见》，提出："国家文化事业单位和专业团体要更好地为八亿农民服务，要根据经济条件和群众需要，有计划、有步骤地筹建体育场设施。"1981年12月，市委农村工作部、市文化局、团市委在顺义县召开各涉农区、县文化工作会议，要求加强对农村文化生活的领导，体育工作应成为农村文化工作的重要内容。1982年，市体委根据国家体委农村体育工作座谈会精神召开了郊区、县体委群众体育干部会议，要求将农村体育工作列入体委的群体工作计划，公社、大队积极筹建文化站和俱乐部，扩展文化体育活动的阵地，为开展农村体育运动创造条件。截至1982年7月，全市有209个公社建立了文体活动站，占全市公社总数的78%；1036个大队建立了俱乐部，占全市大队总数的26%。①

在中央和北京市积极推动下，全市农民体育运动日益活跃。到1982年8月，大部分区县体委、文化部门、团委组织了农民篮球、乒乓球、棋类等比赛；全市有半数以上的公社、大队组织了各项比赛，项目广泛，参加人数也较多。如海淀区有8个公社，其中有7个公社分别举办了篮球、乒乓球、羽毛球、摔跤等比赛，玉渊潭、永丰等6个公社举行农民田径运动会，有的还举办了文体骨干学习班。参加者有白发苍苍的老人，也有八九岁的小学生，大家高兴地说："咱农村出现了'体育热'。"②

体育设施建设助推群众体育活动

体育事业的发展离不开公共体育设施的建设，公共体育设施是发展体育事业的重要基础。改革开放后，党中央提出规划城市运动场地，增加体育活动场所，建设现代化体育场地设施的目标。北京市率先响应认真落实，市、区、县加快体育场馆建设，以满足体育事业发展需求和人民群众健身需要。

---

① 《北京市体育运动委员会、北京市文化局、共青团北京市委关于北京市农村体育工作情况的调查报告》（1982年7月23日），档案号185-002-00186-00030。
② 《开好市运会　推动体育活动广泛开展》，《北京日报》1982年6月27日第4版。

市政府不断增加体育经费,提倡全社会动手办体育,支持体育部门兴建体育场、馆。加强对体育场地保护,要求任何单位不得以任何理由挤占学校体育场地和各种体育场所,对过去挤占的要进行清理;把体育场馆的建设列入城市建设规划,逐步增加市和区县的体育场馆建设。先农坛训练基地、四块玉训练基地、首都体育馆综合训练馆等一批体育场馆陆续开始兴建或扩建。

首都体育馆综合训练馆位于首都体育馆东侧,1983年12月开始动工兴建,建筑面积1.02万平方米,与首都体育馆有地下甬道相通。该馆由北京市建筑设计院设计,市城建二公司承担施工任务。城建二公司直属九队队长、共产党员胡占一带领施工队伍日夜奋战,克服多种技术难题,努力推进工程建设。如在施工过程中,遇到钢结构的防火问题,需要一种新型防火材料。而当时中国在防火材料领域还是空白,他多方查找资料,最后从欧洲某国进口了一种型号为F-20型的防火涂料,达到了工程质量要求。1985年8月,训练馆顺利建成。馆内分上下两层,下层层高7米,设有国际标准的冰球场,也可供篮球、排球、羽毛球等球类训练比赛使用;上层层高10米,是体操、艺术体操、击剑、篮球、排球、羽毛球等多种体育项目的训练场所。此外,馆内还设有运动员休息室、电化教育室、舞蹈练功房、按摩室、浴室和蒸汽浴等附属设施。① 首都体育馆综合训练馆被列为京津唐三市全优观摩工程,成为当时中国规模较大、功能齐全的重要综合训练基地。胡占一也先后荣获"北京市劳动模范"和"全国劳动模范"称号。②

随着全市体育设施的数量不断增加,截至1983年底,市、区、县体委系统,共建成各种公共体育设施163项,占地面积和建筑面积分别为新中国成立初期的14.37倍和43.13倍。③ 这些体育设施的建成,使北京逐渐成为一个

---

① 《首都体育馆综合训练馆动工兴建》,《北京日报》1983年12月18日第1版。
② 中华全国总工会办公厅编:《中华群英录 1979—1990》,中国大百科全书出版社1991年版,第15页。
③ 北京市地方志编纂委员会编著:《北京志·体育卷·体育志》,北京出版社2004年版,第342页。

能够承接国际比赛的城市,也为群众性体育活动的开展提供了良好条件。

申办亚运会对于北京来说,既是一个新的机遇,也是一次严峻的挑战。1984年北京成功申办第十一届亚运会后,因当时中国经济实力有限、筹备时间也很紧,为建设数量更多、符合国际标准的比赛及练习场馆和运动员村等设施,北京市在国家大力支持下,动员全社会力量,开始兴建和改造体育设施,掀起了体育场馆建设的新高潮。

市建筑设计院承担了首批15个亚运场馆建设工程约80%的设计任务,500名设计人员用了3年时间,绘制了上百万张设计图纸。为了弥补筹办亚运会短缺的资金,北京亚运会组织委员会号召全国人民捐款。全国数千万人慷慨解囊,共捐款2.7亿元,大大缓解了资金的压力。当时有"亚洲第一馆"之称的北郊游泳馆是由香港爱国人士霍英东捐资兴建的;位于木樨园的亚运场馆,由全国2000万个体户捐资2050万元兴建,定名为"光彩体育馆";来自北京各机关、企事业单位、部队等各行各业的人们,纷纷走上亚运工地,参加义务劳动。最终,在全国人民共同努力下,北京市新建和改建了包括国家奥林匹克体育中心、大学生体育馆、海淀体育馆、地坛体育馆、石景山体育馆等在内的33个体育场馆,为举办一届高水平、精彩的亚运盛会奠定了坚实基础。①

体育后备人才的培养

为培养体育运动人才,全市建立起三级训练体制。三级训练的第一环节是,发展中小学校体育,提高体育质量,组建学校体育代表队,为业余体校输送学生;第二环节是,重点办好业余体校,进行基本功和一些专项技术、战术训练,为优秀运动队输送运动员;第三环节是,组建优秀运动队,进行高级的专项基本功和技术、战术训练。为使这三个环节有机地衔接,早出人才,快出人才,解决优秀运动队后备力量不足问题,北京市重点抓了业余体校的恢复和组建。

---

① 《长城托起的月亮》,《北京日报》1990年8月30日第2版。

1980年，市体育工作会议和市业余训练工作会议对业余体校的任务提出明确要求，即培养竞技体育后备人才，为优秀运动队做好选才、育才、送才工作。业余体校以青少年为主要培训对象，开设短训班和长训班。短训班主要利用寒暑假组织小学生作短期集训和测验。长训班是从短训班中挑选身体素质、心理状态都比较好的学生按项目分班，进行3—6年的系统培训。有的体校还开始设立提高班（重点班），从长训班中选择身体素质、基本技能和心理状态、思想品质都比较好的学生，按奥运会和全国运动会的重点项目编班，成为优秀运动队选才的主要班次。截至1982年2月，全市建立34所业余体校，共设有31个训练项目，在训学生7500多人。[①]

业余体校的建立，为优秀运动队输送了大批人才。其中，从北京什刹海体育运动学校走出了一位功夫巨星——李连杰。什刹海体育运动学校原名北京青少年业余体校，1955年建立，是培养北京武术、羽毛球、棋类等运动项目的重点体校。1971年，正值学生暑期，什刹海体校的吴彬老师，来到厂桥小学挑选未来的武术苗子，经过了百里选一的程序后，一个名叫李连杰的8岁男孩，进入了他的视野。李连杰出身于北京的一个工人家庭，人虽然比较瘦小，但运动天赋过人，跳远可以跳2.2米，短跑速度快，爆发力强，身体柔韧性好，于是他决定让李连杰进体校练武术。自进入什刹海体校后，李连杰不怕辛苦，勤学苦练，一个动作要练三四个小时，一个招式要练上百次，刀、枪、棍、剑，样样都得精通。

功夫不负有心人，李连杰没有让吴彬教练失望。1974年到1979年，尚未成年的李连杰共蝉联5届全国武术冠军，被北京市体委记特等功，多次随中国武术代表团出国访问。1979年底，李连杰因伤退出武术队。正当他为未来犯愁的时候，1982年导演张鑫炎找到了他，最终拍出了电影《少林寺》这部经典之作。在该部影片中，李连杰出演主角觉远和尚，将其性格特点表现得透彻而自然，情感的深化也十分真切。特别是他在电影中展现的武术功夫更

---

① 北京市人大常委会办公厅编：《北京市人民代表大会常务委员会文献资料汇编》（1979—1988），北京出版社2006年版，第190—191页。

| 首都建设新风貌

是高人一等,各项武艺精纯,惊险而真实,让中外观众啧啧叫绝,扩大了中国武术在国际上的影响。

为扩大体育人才培养渠道,全市还开始在中、小学创建体育班。早在1973年12月,市体委与市教育局建立全市第一所学生集中食宿的半读半训的学校——北京市第200中学(又名北京市第二体育运动学校),招收初中学生入学,设田径、篮球、排球、足球四个项目。此后,各区体委和区教育局合作,在16所中、小学开办了田径、篮球、排球、足球体育班,学校负责学生的文化学习,区业余体校派教练员负责学生的专项体育训练,学生计入业余体校编制,享受业余体校学生的待遇。1979年,丰台区又率先办起了"三集中"班,招收小学毕业生做为期三年的训练,食宿、文化学习、体育训练都集中在一所中学,由区业余体校和所在中学共同管理。1981年,"三集中"班在全市得到推广。当年,在10所中学和1所小学办了11个"三集中"班,招收学生320人,对学生实行专人管理、集中训练。"三集中"班和中、小学体育班的设立,较好地解决了文化学习与体育训练的矛盾,有利于体育人才的更快成长。[①]

1979年,中国恢复为国际奥委会成员国后,首都国际体育交往任务日益繁重,参加国际比赛的项目逐渐增多,需要建设更多优秀运动队。为此,北京市除了对原有的田径、游泳、跳水、体操、篮球、排球、足球、乒乓球、网球9个项目扩大队伍,充实教练力量外,又恢复并加强了射击、举重、自行车、飞机跳伞、摩托车、棋类、航模7项运动队;还组建了摔跤、击剑、柔道、羽毛球、手球、棒球、垒球、技巧、武术9项运动队。同时,北京市充分利用首都人才优势,加强教练员、运动员的培养和训练,提高他们的文化素养和科学知识,为提升竞技体育水平奠定坚实基础。各项目优秀运动队逐步建立起比较科学的选才标准和制度规定,严把业余运动员进入优秀运动队的条件,坚持以训练为中心,贯彻从严、从难、大运动量的训练方针,同

[①] 北京市人大常委会办公厅编:《北京市人民代表大会常务委员会文献资料汇编》(1979—1988),北京出版社2006年版,第191页。

时不断探索训练的科学性，使训练质量逐步提高。

北京市排球运动员郎平，自小热爱体育运动，1974年被北京市第二业余体校排球班录取。她刻苦训练，两年过去，进步很大，不仅比较熟练地掌握了排球的基本技术，身体条件也有了改变，身高1.79米，全队第一。1976年，她入选北京青年女子排球队。1978年，年仅18岁的郎平参加全国排球甲级队联赛，让排球界对这个身材高大、球风凶狠的队员印象很深。她被中国女排教练袁伟民看中，进入了国家排球队，经过训练，练就了出色的拦网和扣杀技术，后被称为"世界三大扣球手之一"，让世人为之惊叹。郎平自此成为中国女排的标志性人物，被人们誉为"铁榔头"。除郎平外，北京运动队还培养出了著名围棋选手聂卫平、乒乓球运动员张怡宁、中国跳伞史上第一个世界冠军李荣荣等优秀运动员。

体育竞赛激发群众运动热情

竞技体育对普及体育运动和提高运动水平具有重要作用。改革开放后，北京市积极举办各项体育竞赛活动，激发全社会参与体育运动的热情，进一步推动群众性体育活动发展。

1979年9月举行的第四届全国运动会吸引了首都广大人民群众广泛关注。运动会开幕前的火炬活动7月1日从上海开始后，50万参加接力的青少年爬雪山、过草地，途经16个省、自治区、直辖市，历时70多天，9月12日传到北京。接到火炬后，首都的青少年欢欣鼓舞，开展了丰富多彩的庆祝活动。9月15日上午，天安门前红旗招展，鼓号齐鸣，北京市举行欢送新长征火炬大会和环城接力活动，4000多名各条战线的青少年代表参加。市委第一书记、市革委会主任林乎加等领导出席大会。林乎加亲自将主火炬交给青年钢铁工人、新长征突击手，环城火炬接力开始，由30多名来自北京各条战线的新长征突击手组成的火炬队跑完第一棒后，火炬依次传给西城、宣武、东城、崇文、朝阳区的优秀青年和运动员代表，最后传到工人体育场主会场。

9月15日，在即将迎来庆祝中华人民共和国成立30周年之际，全运会在

首都建设新风貌

北京隆重开幕,党和国家领导人华国锋、邓小平、李先念等出席开幕式。① 在京参加决赛的运动员和在天津、保定、石家庄、长沙赛区参加决赛的运动员共4000人,同首都8万名各界群众一起参加了开幕式。开幕式上,由首都1.7万名青少年表演了大型团体操《新的长征》,展现了中国人民进行新长征的磅礴气概和锦绣前程。这届运动会是新中国成立后规模最大的一次运动会,是粉碎"四人帮"之后召开的第一次全国运动会,包括中国台湾在内的31个代表团1.5万余名运动员参加比赛。北京代表团获得总分第二名好成绩,共获金牌44块,银牌37块,铜牌49块,19人35次打破22项全国纪录。此外,还与其他省市合作打破了2项世界纪录、2项亚洲纪录。②

为进一步发展群众体育运动,市委、市政府决定于1982年7—9月举办第六届市运会。北京市运动会(以下简称市运会)是北京市级别最高的综合性体育赛事,自1958年创立以来,由北京市人民政府主办,一般四年举办一次,从1974年第四届市运会后中断。1978年举办了第五届。第六届市运会是这一时期北京市举办的规模最大的运动会,设置了田径、游泳、跳水、体操、足球、篮球、排球等26个竞赛项目,还设置了面向青少年的田径、棋类、举重、航空模型、航海模型、足球、篮球、排球等项目。

为了开好这届市运会,市委、市政府强调各单位要大力开展群众性体育活动,增强群众体质,发现和培养人才,促进北京市体育事业实现较大发展。为此,北京市成立市运会组委会,各区、县、高校、中专、技校等系统都分别成立了参加市运会领导小组,由负责同志挂帅,认真抓好组队和集训工作。同时,组委会把各项竞赛分别委托各区、县、体育院系、体育场馆和市体委的一些直属单位承办,不少区、县和系统举行了运动会或联赛、选拔赛,推动职工体育活动的开展,培养和选拔体育人才。

7月2日,第六届市运会在北京工人体育馆隆重举行。市委第一书记段

---

① 《第四届全国运动会在北京隆重开幕》,《北京日报》1979年9月16日第1版。
② 《进一步发展体育运动 提高我市运动水平(摘要)——1982年8月27日在市人大常委会第二十三次会议上的讲话》,北京市人大常委会办公厅编:《北京市人民代表大会常务委员会文献资料汇编》(1979—1988),北京出版社2006年版,第190页。

君毅，市委第二书记、市长焦若愚和国家体委负责同志等出席开幕式。参加比赛的有 25 个竞赛单位、7000 多名运动员。运动会比赛成绩优秀，其中有 5 人 9 次破 7 项全国纪录和全国青年纪录。①

积极申办第十一届亚运会，也是这段时期北京体育工作的一个亮点。亚运会于 1950 年创办，每四年举行一次。中国在亚运会联合会的合法权利 1973 年得到恢复后，1974—1982 年间，相继参加了第七、八、九届亚运会并取得了较好成绩。在中国举办亚运会，是中国人民、体育工作者和全体运动员多年的夙愿。亚洲各国体育界的许多朋友也多次提出，希望中国举办亚运会。随着中国综合国力大幅提升，体育发展水平也有了新的飞跃，作为亚洲大国的中国，申办亚运会的条件成熟。1983 年 8 月 24 日，中国奥委会正式致函亚奥理事会，申请由北京承办 1990 年第十一届亚运会。② 同时，成立由北京市副市长张百发、国家体委副主任何振梁等人组成的"北京市争取申办第十一届亚运会代表团"。

但在中国正式公开申请之前，日本广岛已提出举办申请。1990 年正值广岛市建市 100 周年，又恰逢广岛市遭受原子弹轰炸 45 周年。广岛市民乃至日本全国都期望借此机会承办亚运会，以隆重纪念这座曾受战火摧残的城市，并向世界展示其 45 年来的巨大变化和民族的奋斗精神。而中方经过半年多的酝酿，申办第十一届亚运会的请示也已报经中央批准。怎么办？何振梁提出，除了劝说日方退出竞争之外，希望再想别的方案。当时大家真是绞尽脑汁，一位同志建议，为什么不能一次会上定两届东道主？我们先办，广岛后办。大家认为这个想法好，如果既确保北京能办 1990 年第十一届亚运会，又能提前决定 1994 年第十二届亚运会在日本广岛举行，岂不是一举两得？但关键要看日本方面是否同意，以及此建议能否得到亚奥理事会大多数代表的支持。③

为此，北京市申办代表团一面与日本奥委会代表协商，一面尽可能展示

---

① 《振奋精神　迎头赶上　把北京市体育工作迅速推向前进——市第六届运动会隆重开幕》，《体育博览》1982 年第 5 期。
② 《我国正式申请举办第十一届亚运会》，《北京日报》1983 年 9 月 8 日第 4 版。
③ 龙眠、文华：《新中国 60 年大事本末》，四川人民出版社 2009 年版，第 248—249 页。

北京申办的优势。11月，张百发率代表团前往亚奥理事会总部科威特，向理事会各国代表介绍北京市为举办亚运会的准备工作及有利条件。1984年9月，北京市申办代表团还早早到达亚奥理事会第三次代表大会举办地汉城，展开强大宣传攻势，在汉城电视台反复播出一部27分钟的录像片《北京风光》。一时间韩国人民被震动了，各代表团成员也被吸引住了：雄伟的万里长城，辉煌的皇家宫殿，灿烂的五千年文明，勤劳好客的中国人民……北京太有魅力了！同时，经中方代表团多次同日方协商，日本虽不情愿，但考虑到中日两国体育界的长远关系，还是同意了中方建议。最终，1984年9月28日，在离中国第35个国庆日还有两天的时候，在亚奥理事会会议上，北京以43票对22票赢得了第十一届亚运会举办权。大会也同时批准，第十二届亚运会于1994年在广岛举办。北京申办亚运成功的消息传来，全市人民群众不禁涌上街头，争相欢呼，很多人夜不能寐。①

这一时期，全市还举办了北京国际足球友好邀请赛、第一届至第四届北京国际马拉松赛等有较大影响的比赛活动，参与人数众多，有力带动和激发了人民群众参与体育活动的热情。

五、业余文化生活逐步丰富

随着改革开放深入推进和国民经济逐步好转，广大人民群众物质生活逐步提高，对精神文化生活也提出了更高的要求。1981年8月，中共中央发出《关于关心人民群众文化生活的指示》，1983年9月又批转中共中央宣传部等四部门《关于加强城市、厂矿群众文化工作的几点意见》，要求各级党委和有关部门积极创造条件，使群众文化活动走上更丰富健康的轨道。北京市遵照党中央的指示，多次召开群众文化工作会议，研究部署群众文化工作，恢复和健全基层文化机构，恢复和兴建群众文化设施，推动城乡人民业余文化

---

① 中共北京市委党史研究室、北京市老干部局编：《执政新中国》，中共党史出版社2005年版，第168页。

生活逐步丰富起来。

电视电影丰富人民群众生活

改革开放后，影视业迎来蓬勃发展的黄金时期。电视机逐渐走入寻常百姓家，成为老百姓获取信息、休闲娱乐的重要渠道。一幕幕国产和进口优秀电影，也让人们的生活变得丰富多彩。

20世纪70年代末开始，北京具备了大批量生产小屏幕黑白电视机的能力，北京电视机厂、东风电视机厂分别生产的"牡丹牌""昆仑牌"黑白电视机，9英寸的200多元一台，12英寸的400多元一台，凭票购买。尽管屏幕比较小，价格还有点贵，但京城市民还是省吃俭用争相购买。有些单位人多票少，每次发票前要经过慎重讨论，做思想政治工作也做不通，最后还争执不下，不得不采取"抓阄儿"的办法来决定。

一位北京市民回忆小时候家里买第一台电视机的情景时说：1979年，我妈妈的同事魏阿姨帮我家买了一台9英寸的黑白电视。这台巴掌大的电视轰动了全楼，大人小孩特别高兴，几乎天天都来看电视。有一次演日本电影《追捕》，差不多全楼的人都挤到我家那间十几平方米的屋里，凳子不够就坐地上，最后我是在边上站了2小时看完了电影。[①]

1979年，北京电视机厂与日本胜利公司（JVC）合作组装JVC彩电获得成功，全国第一台牡丹牌彩色电视机下线。1981年，北京市又支持该厂与日本松下电器公司合作，建成年产15万台彩色电视机生产线，使得北京拥有彩电的家庭越来越多。截至当年底，北京市每百户家庭拥有电视机达81.7台，其中拥有彩色电视机1.7台。

当时，北京市民能够收看到的电视节目主要来自"北京电视台"。这个"北京电视台"并不是今天的北京电视台，而是1958年成立、1978年5月经中共中央批准改名的中央电视台。中央电视台的《新闻联播》栏目，就是自1978年1月1日正式推出的，成为亿万中国人民了解国内外动态的一个窗口。

[①] 当代北京编辑部编：《当代北京电视史话》，当代中国出版社2012年版，第36页。

首都建设新风貌

原北京电视台正式改称中央电视台后,为满足首都电视观众的需要,北京市决定建一座市属电视台。因此,北京人民广播电台抽调一批业务人员,从1977年2月开始筹建北京市属电视台。

市属电视台筹建时,真的是"白手起家",一无台址、二无机房、三无电视设备、四无频道、五无经费、六无懂行的电视技术人才。筹备组为了让全市人民早日看上市属电视台节目,顶着困难,群策群力,发扬敢想、敢干、巧干的精神,决心大干一场。没有地皮,筹备组向市成人教育局借来新街口外大街14号一所停建校舍三层楼的一部分使用;没有电视频道,筹备组四处求援,最后河北任丘电视台(后改称华北油田电视台)将分配给自己的米波频道6频道让给了北京市属电视台;没有发射塔,经市委批准,在宣武饭店16层楼顶上竖立一座20多米高的简易发射塔,经过该发射塔,可覆盖北京城区及近郊区……就这样,经过两年多的筹备,1979年初北京市属电视台的建设基本就绪。经中央广播事业局研究,将北京市属电视台定名为"北京电视台"。

1979年5月16日,北京电视台开播,立即受到社会的广泛关注。从1980年起,北京电视台先后创办《体坛巡礼》《北京地区天气预报》《科普园地》《万花筒》《北京新闻》《一周综合报道》《京华博览》《北京剧院》《大观园》《电影欣赏》等百姓喜闻乐见的节目,丰富了市民文化生活。其中,《北京新闻》于1982年正式开办,开始每周播出5次,每次10分钟。后来经过改革和调整,增加了播出天数和播出时长,扩大了新闻节目的思想性和主要内容,成为首都群众获取新闻信息的重要窗口。

北京电视台播出的一批电视剧,如《家事》《奖金》《姿三四郎》《霍元甲》等,很受京城观众喜爱。其中,《姿三四郎》是1981年由上海电视台引进的26集电视连续剧,是中国大陆引进的第一部外国电视剧,讲述了姿三四郎在学习柔道的过程中,从一名好勇斗狠的鲁莽青年,成长成为一名柔道武术家的故事。该电视剧在北京电视台播出后,许多观众纷纷来信来电要求将晚上播放一集改为两集连播。有一天,有几个区停电,为了不影响观众们观看,供电局特意安排临时供电一小时,这个电视剧的火爆程度可见一斑。

随着农村经济的发展，电视机在郊区农村越来越普及。但是，由于高山阻挡电视台的发射信号，全郊区有 170 多万农民看电视信号差，有 30 多万农民根本看不上电视。针对这种情况，1984 年初，市委提出要下决心解决农民看电视问题，争取让郊区广大农民都能看到国庆 35 周年纪念盛况。市广播电视局迅速成立了规划小组，制定了郊区电视覆盖规划。规划制定以后，市、区（县）广播电视部门在市委农村工作部、市政府农办和文办等部门支持下，动员各方面力量，很快筹集到了建设资金，并在兄弟省市的大力支援下，解决了相关设备。至当年 9 月底，计划建设的 60 多座电视差转台大部分都建设完成，实现了全市 98% 的人都能通过电视收看国庆盛况。地处怀柔深山区的汤河口公社在国家的资助和县有关部门的指导下，建起小功率的电视差转台，使这里的农民也能收看到电视节目。门头沟区斋堂乡下岭村农民收看到电视信号后，高兴地说："党和政府把欢乐送到山村，为咱老百姓又办了一件大好事。"[1]

同电视走进千家万户一样，电影也开始在城乡广泛放映。市电影公司、各电影院定期向社会公布影讯，特别是在春节和暑假，推出丰富多彩的电影活动，一批新故事片如《瓦尔特保卫萨拉热窝》《第二次握手》《血沃中华》《敢死队》等，故事精彩激烈，教育意义强，很受市民喜爱。[2]《瓦尔特保卫萨拉热窝》是由南斯拉夫拍摄的电影，讲述了游击队队长瓦尔特凭借个人出色的谋略与众多英勇的游击队员让打入内部的间谍现出了原形后，成功地挫败了敌人的阴谋的故事。1977 年影片在中国上映，影片主角瓦尔特也迅速深入国人心。《第二次握手》于 1980 年上映，影片通过苏冠兰、丁洁琼和叶玉菡之间的爱情故事和坎坷遭遇，描写了我国老一代知识分子的理想、事业和生活道路，感动了整整一代人。

1981 年 "六一" 儿童节，北京 200 多家影院、影剧院和对外开放的礼

---

[1] 《京郊电视覆盖工作有重大进展　全市 98% 的人能收看国庆盛况》，《北京日报》1984 年 9 月 23 日第 1 版。

[2] 《春节期间将放映六部新影片》，《北京日报》1981 年 1 月 21 日第 1 版。

堂，免费为儿童放电影，接待少年儿童20余万人。① 自1982年开始，北京市科协和市劳动人民文化宫共同举办"北京科技电影日"活动，每周日放映有关介绍国内外科研成果、推广新技术和普及科技知识的影片，一年多的时间，放映各类影片130多部（次），共100多场，观众达5万人次。②

郊区农村电影发行放映也不断增多。1979年，在京郊农村发行和恢复上映的国产故事片有近120部，放映了20余万场，观众达到2.1亿人次。到1980年3月，京郊已有近1500个农村电影放映队，各公社都有一两个放映队，还有1/4的生产大队自办了业余电影放映队。③ 1981年，市电影公司落实《文化部、教育部关于积极开展儿童电影放映活动的通知》，选出适合学生、儿童观看的国产故事影片121部、美术影片20部、纪录影片34部、科学教育影片51部，向郊区县电影发行放映公司（管理站）推广放映。④ 1982年京郊农村地区电影放映数量进一步增加，仅上半年就发行故事影片79部，农村社队放映队放映8.3万场电影，人均看电影22场。⑤

合唱歌咏活动吸引群众广泛参与

合唱歌咏艺术是具有广泛群众性的艺术。改革开放以来，群众参加合唱歌咏活动热情高涨，演唱的形式和歌曲题材也更为多样。为加强对群众音乐生活的正确引导，以健康向上、具有时代特征、鼓舞斗志的歌曲来丰富群众文化生活，北京市组织开展了一系列群众合唱歌咏活动，在社会上引起很大反响。

1982年5月，国家文化部、中国音乐家协会、解放军总政治部、北京市政府等联合举办首届北京合唱节。"我们欢乐的笑脸，比那春天的花朵还要鲜

---

① 《"六一"免费为儿童放映电影》，《北京日报》1981年5月17日第2版。
② 《北京科技电影日举办一年来收效好》，《北京日报》1982年4月9日第2版。
③ 《郊区农村电影发行放映有新发展》，《北京日报》1980年3月14日第1版。
④ 《市电影发行放映公司发出通知要求积极为郊区放映儿童电影》，《北京日报》1981年3月9日第2版。
⑤ 《本市农民文化生活水平日益提高　上半年郊区人均看电影22场》，《北京日报》1982年8月14日第2版。

艳；我们清脆的歌声，比那百灵鸟还要婉转"；"年轻的朋友们今天来相会，荡起小船儿，暖风轻轻吹，花儿香，鸟儿鸣，春光惹人醉，欢歌笑语绕着彩云飞"……5月26日，一首首豪迈抒情的歌曲在二七剧场响起，首届北京合唱节拉开帷幕。至6月8日，首届合唱节历时14天，参加演出的有38个单位4500多人，演出11台21场，各种合唱歌曲297首，观众达2万多人，全国26个省、自治区、直辖市300多人观摩。①

参加演出的有中央乐团合唱队、总政歌舞团合唱队、中央广播艺术团合唱团、战友文工团合唱队、中央音乐学院学生合唱队等专业文艺团体、艺术院校，还有工人、农民、学生、教师等业余合唱团体。人们在音乐会上听到了五四以来的著名作曲家赵元任、黄自、聂耳、冼星海等人的代表作，也听到了新中国成立后创作的不少优秀合唱作品和由民歌改编的合唱作品，还听到了外国优秀合唱曲和歌剧合唱选曲。在290余首曲目中，新创作的有180余首。这些新作品的内容、题材十分广泛，歌颂了新时期的人民群众的劳动和斗争，反映了工人、农民、战士、学生、教师等的精神面貌，表达了人们对未来的美好希望和理想……②

影响最大的是"五月的鲜花"群众歌咏活动。1982年12月，第五届全国人民代表大会第五次会议作出恢复《义勇军进行曲》为中华人民共和国国歌的决定，并要求全国开展学唱国歌活动。以此为契机，为鼓舞群众斗志，振奋革命精神，丰富活跃群众文化生活，1983年2月底，市委宣传部转发市文化局、市总工会、团市委等9个单位拟定的《关于组织北京市一九八三年"五月的鲜花"群众歌咏活动的意见》（以下简称《意见》）。《意见》指出，群众歌咏活动要结合"全民文明礼貌月"活动进行，首先要组织广大群众学唱、唱好国歌。通过开展群众性的、生动活泼、健康有益的歌咏活动，对群众进行以共产主义思想为核心的教育，提高大家对建设社会主义精神文明重大意义的认识。活动计划于5月举行汇报演出，并选择基层单位推荐的优秀

---

① 北京市地方志编纂委员会编著：《北京志·文化艺术卷·群众文化志、图书馆志、文化艺术管理志》，北京出版社2001年版，第35—36页。

② 《首届北京合唱节即将举行》，《北京日报》1982年5月13日第1版。

节目，举办全市群众歌会。此时正是京城鲜花盛开的季节，故借用抗日救亡运动时期的知名歌曲《五月的鲜花》来命名，寓意继承光荣革命传统，并使之发扬光大。《意见》发出后，群众歌咏活动很快开始启动。

3月11日，中山公园音乐堂举办了一场别开生面的教唱国歌活动，拉开了"五月的鲜花"歌咏活动的序幕。参加学唱的有社会音乐学院、青年民歌合唱团、教师合唱团、钟声合唱团、工人合唱团的部分成员及部分中小学校音乐教师、共青团基层干部，共2000多人。他们当中有的人是刚下夜班赶来的，有的是从郊区县赶来的，唱歌气氛热烈，催人奋进。①

1983年"五月的鲜花"群众歌咏活动开展。图为清华附中的少年儿童歌咏队在表演节目。

随后，"五月的鲜花"群众歌咏活动在基层广泛展开，从工厂到农村，从街道到学校，从机关到部队，纷纷成立了歌咏队，上至八九十岁的老人，

---

① 《本市开展"五月的鲜花"群众歌咏活动》，《北京日报》1983年3月12日第1版。

下到五六岁的幼儿园娃娃，都参加了这项活动。大家积极性很高，利用业余时间教歌、唱歌、作词、谱曲、排练节目，唱歌成了群众的事业。《北京音乐报》先后推荐了130多首比较好的歌曲；各行各业的文艺骨干还结合行业特点，自创歌曲数百首。许多专业音乐工作者深入基层，不辞辛苦，给群众上辅导课，办训练班，培养骨干，有的还为群众谱写和修改歌曲，上台伴奏。①

"我们退休职工听党的话，誓把余热献四化"……白纸坊街道37个居委会的退休职工组成了一支50多人的合唱队，每周三下午排练，不到一个月就学会了国歌、《我们是校外辅导员》等歌曲。市交通运输局所属几个工厂的工人们分别成立了业余演出队、民乐队，培养出一批业余文艺积极分子。他们演唱的歌曲大部分是自己创作的"行业歌"，表现了汽车运输工人热爱本职工作，驾车"行进在祖国城乡"，"为四化贡献力量"的自豪感。海军军人俱乐部从各连队抽调20个文艺骨干，成立了海直业余合唱队。他们集中学习训练一个多月，白天学习基础乐理知识和进行视唱指挥练习，晚上下到连队教唱歌曲，推荐学唱《精神文明大发扬》《我的军装美》等11首歌曲。②

"五一"前后，30多个区、县、局和直属基层单位举办了职工歌会、文艺会演或歌咏比赛，推动了基层歌咏活动的深入开展。一批生活气息浓、有时代特点的作品应运而生，一批单位创作的厂歌、校歌、行业歌，比如铁路工人的《路徽歌》、市政工人的《我爱市政这一行》、中小学教师的《我是光荣的人民教师》、财贸职工的《快乐的售货员》等，生动反映了职工的生活、工作及精神面貌。③ 在基层开展活动的基础上，市总工会从5月4日起举行汇报演出，280多个单位近万名职工演出了19台300多个节目。

经过各系统的比赛、会演，选出了8台节目参加全市的歌会。5月22日，少年儿童专场歌会首先在中山公园音乐堂登场。161中合唱队演唱了《月光曲的传说》，节奏明快，感情充沛，表现了年青一代的新面貌；铁五中的小朋

---

① 《歌声响彻城乡　人们斗志昂扬》，《北京日报》1983年5月30日第1版。
② 《海军军人俱乐部组成业余合唱队》，《北京日报》1983年4月14日第2版。
③ 《"五月的鲜花"歌咏活动成绩显著》，《北京日报》1983年5月22日第1版。

首都建设新风貌

友演唱了西班牙儿童歌曲《请来看看我们美丽的村庄》和中国歌曲《共产儿童团歌》,一首富有儿童情趣,一首充满革命豪情;空军幼儿园小朋友的演唱更是悦耳动听……少年儿童的演唱引起大家阵阵掌声,展示了中国下一代的风采和希望。①

5月23日,职工专场演出举行。14个单位近700名工人、干部、教职工、科技人员参加。丰台区三中的范明杰老师指挥本区教师合唱团演唱《接过雷锋的枪》和《社会主义好》两首歌;北京电子管厂工人唱了《团结就是力量》;市一轻局、市文化宫、市机械局、市公用局、市纺织局等单位相继演出唱了起来。歌声、掌声、加油声汇成一股巨大的声浪,在音乐堂大厅里久久回荡。②

5月27日,大学生专场演出又在音乐堂响起。120人的北京中医学院合唱队高唱《让祖国的未来灿烂辉煌》,表达了他们的理想;北京大学的男声小合唱《理想之歌》,是西语系学生自己创作的,音调雄洪有力,唱出了北大学生的光荣传统和炽烈感情;清华大学表演的歌舞节目《在希望的田野上》,歌声动情,舞姿翩翩,形式新颖,气氛热烈……③

1983年,全市参加"五月的鲜花"歌咏活动的群众达200万人,其中职工有50多万人,中小学生达百万。大家歌唱了包括国歌在内的数千首歌曲,歌颂党,歌颂社会主义,表达了对党对祖国的深厚感情和对四化建设的坚定信念。从这一年开始,"五月的鲜花"群众歌咏活动在北京蓬勃开展起来,连续举办了数年,每届都根据当年全国或全市的宣传要点,制定活动主题,满足了人民群众不断增长的文娱需求,也培养了一大批群众业余文艺团体,如金帆、银帆、大学生、警官、钟声、科学家等合唱团就是在该活动中诞生的。

---

①② 《歌声歌舞斗志丰富生活 本市"五月的鲜花"歌会连日举行进入高潮》,《北京日报》1983年5月24日第1版。

③ 《"五月的鲜花"群众歌会继续举行 大学生感情炽烈唱理想》,《北京日报》1983年5月27日第1版。

消夏文化和会演活动丰富多彩

北京夏日傍晚，人们有室外乘凉的习俗。因此，自新中国成立后，举办夏日文化活动成为一种习惯。改革开放后，随着人们物质生活的改善，为丰富市民文化生活，全市开始恢复举办一系列形式多样的消夏文化活动，深受人民群众欢迎。

一些单位常在公园内举办各类晚会演出，进行慰问或颁奖活动。1980年7月，市总工会在劳动人民文化宫和中山公园音乐堂分别举行游园和文艺晚会，慰问首都教育、科技和卫生工作者，1.8万多名教师、科技和医务工作者参加。晚会内容丰富多彩，除同时露天放映5部电影外，还有音乐、舞蹈、曲艺、武术和气功表演以及棋类活动等。中国歌剧舞剧院也参与演出了精彩节目。①

有的区县在公园内举办夏日游园晚会，有文艺演出、电影放映、舞会、美食小吃等，让群众流连忘返。1980年7月的一个周末，北海公园恢复中断了15年的消夏晚会。尽管傍晚下了一场阵雨，仍有1万多市民来游玩。在湖中心装饰着彩灯的画舫上，一支业余乐队演奏着轻音乐，长达两个小时的"水上音乐会"吸引了300多条游船围聚在一起。游船上有青年情侣，有携儿带女的中年人，也有白发苍苍的老年人，人们都聚精会神地聆听。而在五龙亭、九龙壁等处的游艺场所，还有相声、评剧演出和4场露天电影。② 1984年7月，宣武区群众文化工作委员会和陶然亭公园联手，在陶然亭公园联合举办为期3天的"宣武之夏"游园晚会，活动内容丰富，场面热烈，有歌舞演出、武术表演、皮影、茶座、音乐会、放电影等，过去只在春节才露面的民间花会也破例出现在晚会上；200多名青年参与的集体舞会，吸引了数百名观众围观，"红娘"们忙碌其间，为大龄男女青年搭"鹊桥"。3天的游园晚会，参加活动的群众多达六七万人次。③

---

① 《本市为教师等安排丰富多彩的暑期活动》，《北京日报》1980年7月25日第1版。
② 《公园的消夏晚会》，《北京日报》1980年7月20日第2版。
③ 《"宣武之夏"游园晚会受欢迎》，《北京日报》1984年7月29日第2版。

首都建设新风貌

1984年8月，在北京市海淀区文化局和文化艺术中心联合举办的消夏纳凉晚会上，人们边品茶边欣赏北京曲艺剧团演员表演的相声。

  有的区县还积极举办文化夜市，有文艺表演、书画展览、图书借阅等活动，给群众提供更多精神食粮。1984年7月，海淀区在海淀影剧院和区文化馆举办了首届文化夜市。夜市设有冷饮茶座，内容丰富多彩，有15项之多。有出售新旧书刊、工艺美术品及文化用品的小摊，还有书画家为群众当场写字作画。一个年轻人好不容易买到一位书法家为他写的一帧横幅，高兴极了，爱不释手。文化夜市还有图片、美术、文物展览，有露天电影和体操、武术表演等。参观的群众络绎不绝，多时达3000多人。①

  舞蹈作为群众特别是青年喜爱的一种娱乐形式，在夏日晚上尤为常见。在劳动人民文化宫，常常聚集了很多跳集体舞的年轻人，他们迈着时尚的步伐，跳着轻盈的舞姿，引起路人纷纷驻足观看。刚开始，部分群众看不惯这些跳舞的年轻人，认为他们"伴着靡靡之音，伸颈扭臀跳起不三不四的舞"，

---

  ① 《海淀区举办规模较大的文化夜市》，《北京日报》1984年7月19日第2版。

认为应该限制。《北京日报》等媒体发表《怎样理解生活上的丰富多彩?》《要积极组织舞会》等读者来信和文章,认为积极健康的舞蹈能丰富职工的业余文化生活,交流感情、增加友谊、促进团结,引导人们正确看待舞蹈活动。京棉二厂、北京电线总厂等单位团组织积极引导办好舞会,要求职工讲文明、有礼貌,跳健康的舞蹈,以调动职工工作积极性。一些单位还组织交谊舞、国际标准舞、霹雳舞、秧歌舞等舞会,满足人们对舞蹈健身活动的需求。

群众性的会演比赛活动也开始活跃起来,种类繁多,规模很大。1981年四五月间,由共青团北京市委、市文化局、市文联、学联共同举办首都大学生文艺会演,这是当时全市高等院校规模最大的一次盛会,57所大专院校的近2000名学生参加,历时38天。共演出大小节目300余个,包括声乐、器乐、舞蹈、戏剧、曲艺等,从各个方面反映当时大学生的学习生活、精神风貌,进一步活跃了学生的文化生活。[①]

1982年2月,为了活跃郊区县农民的文化生活,推动农村社会主义精神文明建设,市文化局举办北京市农民文艺调演。来自通县、怀柔、房山、密云、门头沟、顺义、石景山等12个区县的基层文艺团队,带来各自创作的具有浓郁民间特色的多种文艺节目,受到广大农民的热烈欢迎。丰台区王佐公社怪村大队和海淀区苏家坨公社苏三四大队把民间花会中的《太平鼓》进行改编、加工,配上节奏明快的乐曲,第一次搬上舞台。房山县石楼公社大次洛大队演出的小戏曲《补缸》,反映农村经济政策调整后新面貌;小评剧《喜鹊喳喳》、相声《大喜的日子》等,宣传了喜事新办的新风尚。[②]

群众文化场馆不断完善

为了给群众开展文化活动提供场所,按照中央关于大力建设群众文化设施的指示,北京市积极恢复和建立文化馆、图书馆和文化站等群众文化场馆。

[①]《首都大学生文艺会演第一轮结束》,《北京日报》1981年4月11日第1版;《首都大学生文艺会演昨总结颁奖》,《北京日报》1981年5月22日第2版。

[②]《本市明起举行农民文艺调演》,《北京日报》1982年2月10日第2版。

首都建设新风貌

市文化系统恢复和建设文化馆、文化站，发挥其在推进群众文化工作方面的主力军作用。北京群众艺术馆是市级群众文化事业机构，1955年建成，1968年被撤销建制。1979年1月，市政府批准恢复北京群众艺术馆建制。群众艺术馆恢复后，各项业务迅速展开，创办了全国第一张音乐专业报纸《北京音乐报》，成为音乐爱好者学习、了解音乐信息的重要渠道；推进业务培训工作，1979—1982年以区县文化馆、站干部为对象，举办了儿童歌舞、集体舞、合唱指挥、美术、化妆、导演、戏曲等20多个培训班。

各区县文化馆也逐步恢复原有建制并展开活动。市、区（县）共同投资，分期分批翻建、新建各区县文化馆，到1982年，全市翻建、新建延庆、海淀2个文化馆，1984年大兴、通县、石景山、怀柔、房山、平谷6个文化馆竣工，后续又逐步完成全部区县文化馆建设任务。① 农村和城市街道恢复和新建文化站。截至1984年10月，全市已有群众艺术馆、文化馆20个，338个基层文化站和集镇文化中心，群众文化活动场所初具规模，为开展各种文化娱乐活动，丰富群众的文化生活提供了条件。②

市工会系统积极恢复和建设文化宫、俱乐部，"学校和乐园"作用得到全面发挥。北京劳动人民文化宫1973年恢复活动，党的十一届三中全会后，更加注意发挥其社会功能，以多样的文化活动吸引不同层次的职工。1979—1983年，共举办各类活动累计6.1万余次，参加群众达5000余万人次，如举办了交响乐欣赏讲座、现代舞训练班、灯会、灯谜、对联等活动。区、县工人俱乐部有12个进行了翻建，有的更名为文化宫。原来空缺的远郊县如平谷、大兴也都建了工人俱乐部或文化宫。各区、县文化宫、俱乐部根据自身条件，举办了各类特色活动。如崇文区工人文化宫多年坚持开展以戏曲、戏剧为重点的职工文艺活动，其领导的职工京剧团已建立40多年，是全市成立

---

① 北京市地方志编纂委员会编著：《北京志·文化艺术卷·群众文化志、图书馆志、文化艺术管理志》，北京出版社2001年版，第81—84页。
② 《本市群众文化事业蓬勃发展》，《北京日报》1984年10月10日第2版。

最久、坚持最长的一支业余戏曲队伍。①

服务青少年的少年宫、少年之家、少年活动站也纷纷恢复和建立。根据中央提出的全社会都要关心少年儿童的健康成长，多办、办好青少年文化活动场所的要求，北京市把建设青少年活动阵地作为一项事业来办，继续办好少年宫、青少年活动中心、少年之家和校外活动站等设施，各单位都积极为少年儿童提供更多的活动场地，活跃青少年业余文化生活。1982年3月，中央书记处决定把位于官园的一座风景秀丽、建筑雄伟的园林建筑，作为珍贵礼物赠送给全国少年儿童。这座建筑物占地面积8万平方米，建筑面积3.2万平方米，邓小平题写"中国儿童少年活动中心"名字。8月5日，活动中心开幕，成为国内最大的少儿校外活动场所。作为校外教育基地，中国少年儿童活动中心通过丰富多彩的主题教育活动和艺术、体育、科技、语言等各类兴趣技能技巧的培训，帮助广大儿童少年学习知识、陶冶情操、增长才干、健康成长。一些机关、企事业单位和农村公社，如北京第二印染厂、首钢机械厂、门头沟区清水公社下清水大队等，也利用闲置空间办起青年之家、青年宫，为活跃青年文化生活提供便利条件。人民大会堂、全国农业展览馆、部分中央机关单位礼堂等还主动向首都青少年开放，进行爱国主义教育，普及科学文化知识等。

朝阳剧场、劲松影院等影剧院，以及北京图书馆及部分区县图书馆等文化设施也相继建成或扩建。1981年4月，全市第一座地下影剧院——崇文影剧院建成开放。这座影剧院位于天坛公园东门南侧，全部使用面积2500平方米，共设观众座位1080个。整个剧院结构布局合理，建筑质量较高，装修美观，受到周围群众的欢迎。② 1983年11月，北京图书馆（后改称国家图书馆）新馆工程开工，由基本书库、阅览室、视听报告厅等13个子工程组成。新馆建成后，扩大了服务范围，改善服务条件，使北京图书馆真正成为全国

---

① 北京市地方志编纂委员会编著：《北京志·文化艺术卷·群众文化志、图书馆志、文化艺术管理志》，北京出版社2001年版，第104—106页。

② 《地下影剧院——崇文影剧院昨开放》，《北京日报》1981年4月29日第2版。

首都建设新风貌

藏书中心、书目报道中心、技术研究中心。① 北京市属的公共图书馆也取得较大发展,截至 1984 年 10 月,除原有的首都图书馆、北京市少年儿童图书馆外,19 个区县都建起了公共图书馆,是全国最早实现"六五"计划中提出的"县县有图书馆"的六个省市之一。此外,同期全市建成公社、街道图书馆(室)近 200 个,形成了市、县、公社(街道)三级图书馆网络。全市馆舍面积增加到 1.7 万多平方米,藏书 500 多万册,分别比 1949 年增加 6 倍和 48 倍。②

随着改革开放的不断推进,首都人民砥砺奋进、阔步前行,经济社会各方面都呈现出令人鼓舞的新风貌。坚持改革开放不动摇,奏响这个当代中国的主旋律,人们有理由瞩望更加美好幸福的未来。

---

① 《为了人民更多更好地读书　北京图书馆新馆工程开工》,《北京日报》1983 年 11 月 20 日第 1 版。
② 《本市各区县都建起了图书馆》,《北京日报》1984 年 10 月 10 日第 2 版。

后　　记

为纪念邓小平同志诞辰 120 周年，深入研究党的十一届三中全会实现伟大转折的光辉历史，全面反映三中全会前后北京市委团结带领全市人民推进改革开放的历史进程和奋斗精神，市委党史研究室、市地方志办策划编写了"党的十一届三中全会前后的北京历史丛书"。

为优质高效推进编写工作，市委党史研究室、市地方志办专门成立编委会和编委会办公室，进行具体分工。经过近两年艰苦努力，顺利完成丛书编写任务。本书主编杨胜群、桂生对该书从确定大纲到谋篇布局，从甄别史实到统改审定，全程指导，严格把关，付出了大量心血和智慧。陈志楣负责丛书组织编写，并审改全部书稿。

《首都建设新风貌》作为这套丛书中的一部，由北京市委党史研究室、市地方志办同志负责撰写。具体分工为：第一章第一、三节，第八章，董斌；第一章第二节、第五章，武凌君；第二章，第六章第一、二、三节，王锦辉；第三章，李昌海；第四章第二、三、四节，韩旭；第四章第一、五节，范晓宇；第六章第四节、第七章，杨华锋。龙新民、黄如军、戴卫审阅书稿并提出宝贵意见。联络员杨华锋具体负责组织协调等工作。

北京出版集团所属北京人民出版社积极参与本书审校出版各项工作。本书参阅了许多公开出版或发表的文献资料和研究成果。北京市档案馆、市委图书馆等有关单位为查阅档案文献给予大力支持和帮助。新华社提供了部分照片。在此，谨向所有为本书编写工作做出贡献的单位和同志表示诚挚感谢！

由于时间仓促，加之编写水平所限，本书难免存在不足之处，敬请读者批评指正。

丛书编委会

2024 年 7 月